교육의 이해

권재환 · 김경희 · 오만록 · 이명주 · 이성주 · 최영표 공저

학지사

머리말

세상은 놀라운 속도로 변하고 있다. 이제 세상은 지식기반사회에서 지식창조 내지 지혜 기반의 사회로 변화하고 있다. 이러한 변화의 시대에 교육의 역할은 그 어느 때보다 중요시되고 있다. 지난 반세기 동안 우리나라는 외국의 원조를 '받던' 국가에서 외국에 원조를 '하는' 국가로 성장하였다. 이러한 놀랍고도 눈부신 발전의 원동력을 많은 사람들은 교육에서 찾는다. 실로 놀라운 교육의 힘이다.

우리는 태어나면서부터 교육을 접하게 되며 죽을 때까지 교육하는 환경 속에서 생활한다. 이처럼 교육을 하고 교육을 받으며 생활하면서 교육은 이제 우리 모두의 관심사가 되었다. 그렇기에 교육이란 무엇인가 그리고 어떻게 교육하는 것이 바람직한가에 대해서는 이 분야의 학문을 연구하는 전문가가 아니더라도 나름대로의 의견을 말하고 논쟁을 벌일 수 있다.

저자들은 모두 교육을 공부하며 교육을 가르치는 사람들로서, 보다 나은 교육을 위해 고민하지만 정확한 해답을 찾는 것이 갈수록 어렵다는 것을 느낀다. 교육을 알고자 하고 교육을 하고자 하는 젊은이들과 함께 호흡하면서 느끼는 것은 그들이 '교육' 그리고 '교육학'을 어려워한다는 것이었다. 이 책의 집필은 바로 그들이 교육학을 접하며 느끼는 난해함을 조금이나마 덜어 주고 싶은 선생의 마음에서 시작되었다.

기존에 출판된 훌륭한 교육학 개론서들이 많은 상황에서 또 하나의 개론서를 추가하는 작업이 되지 않을까 하는 염려도 있었지만, 우리 학생들에게 좀 더 새롭고 쉬우며 교육에 대한 관심과 흥미를 불러일으킬 수 있는 교재를 만들어 주고 싶었다. 하지만 여러 차례의 교정 작업을 거치면서 빠진 내용을 포함시키다 보니 결국 기존의 틀을 크게 벗어나지 못한 느낌이다. 집필 작업을 마무리하는 지금 과연 처음에 의도한 대로 되었는지, 또 하나의 비슷비슷한 개론서를 보탠 것은 아닌지 하는 진한 아쉬움이 든다.

이 책은 교육의 본질과 현상을 이해하기 위한 대학 교양과목의 교재로, 더불어 대학의 교직과정에서 교육학의 이해나 교육학개론의 교재로 활용될 수 있도록 집필하였다. 따라서 대학생이나 일반인들이 교양으로서 교육학을 이해하는 데 많은 도움이 될 것이다. 더욱이 교직과정을 이수하려는 뜻을 지닌 학생들은 사전에 이 과정이나 교재를 접하고 교직과정에 들어가는 것이 많은 도움이 될 것이다.

이 책은 총 12장으로 구성되어 있다. 제1장에서는 교육에 대한 전반적인 개념적 기초를 다룬다. 제2장부터 제5장까지는 교육학의 기초학문으로서 교육에 대한 역사적, 철학적, 심리적, 사회적 관점을 다룬다. 그리고 제6장부터 제12장까지는 교육의 실천적인 측면인 교육과정, 교육평가, 교육방법, 교육공학, 생활지도와 상담, 교육행정, 평생교육을 다룬다. 각 장의 시작 부분에는 학습목표를 제시하고, 끝 부분에는 그 장에서 반드시 이해해야 할 내용들을 간추려서 학습과제로 제시한다.

한 권의 책이 나오기까지 많은 집필 회의가 이루어졌다. 바쁜 와중에도 일정에 차질 없이 나올 수 있도록 많은 시간과 열정 그리고 인내를 보여 주신 집필진 모두에게 감사를 드린다. 그리고 이 책이 나오기까지 모든 면에서 수고를 아끼지 않으신 학지사 김진환 사장님, 정승철 차장님을 비롯한 관계 직원들께 깊은 감사를 드린다.

2010년 7월
저자 대표
권재환

차 례

제1장

교육의 기초

학습목표

1. 교육의 의미를 알고 개념을 정의할 수 있다.
2. 교육의 구성요소를 알고 그 의미 변화를 논의할 수 있다.
3. 교육의 가능성과 한계가 무엇인지를 논의할 수 있다.
4. 교육이 수행하는 기능이 무엇인지를 설명할 수 있다.
5. 교육은 어떠한 형태로 존재하는가에 대하여 준거에 입각하여 분류할 수 있다.

제1장

교육의 기초

제1절 교육의 어의와 정의

칸트(I. Kant)는 "인간은 교육을 필요로 하는 유일한 존재이며 교육적 산물 이외의 아무것도 아니다."라고 하였다. 이렇게 우리는 어떻게든 교육과 관련되어 살아왔으며 앞으로도 교육과 관계를 지으면서 삶을 영위하여 나가게 될 것이다.

그렇다면 교육의 의미와 개념은 어떻게 논의할 수 있는가? 이 물음에 대해서는 교육이 문화적 산물로서 시대적이면서도 가치적인 의미를 띠고 있어 쉽게 규정하기가 어렵다. 우리는 이 부문을 공부하면서 이러한 물음을 탐구하고 교육에 대한 지식을 하나씩 쌓아 가게 될 것이다.

1. 교육의 어의(語義)

교육은 하나의 사회현상이어서 그에 대한 논의가 매우 다양하다. 이러한 노력 중의 하나는 교육의 어원을 살펴보는 일이다.

한자의 敎育이란 말은 동양의 고전인 『맹자(孟子)』의 진심편(盡心篇)에 처음 나온다. 이 책에는 '孟子 曰 君子有三樂…… 得天下英才而敎育之三樂也'라는 문구가 나오는데, '군자는 세 가지 즐거움이 있는데…… 천하의 영재를 얻어 교육하는 것이 세 번째 즐거움이다.'라고 해석된다. 교육이란 단어는 『설문해자(說文解字)』를 통하여 더 구체적인 의미를 알 수 있다. 이 책에서는 敎를 '上所施下所效也'로 풀이하고 있는데, 윗사람이 모범을 베풀고 아랫사람이 그것을 본받는다는 뜻이다. 즉, 경험이 많은 어른이 시범을 보이고 경험이 부족한 아이는 그것을 모방한다는 의미를 내포하고 있다. 한편 育은 파자(破字)로 풀면 子와 肉의 합성으로, 어머니가 아이를 따뜻한 젖가슴에 안음을 묘사하고 있다. 『설문해자』에서는 '養子使作善也'라 하여 자녀를 길러서 선하게 행하도록 한다는 의미로 풀이하고 있다. 따라서 育은 부모가 사랑과 관심을 지니고 미성숙자의 선천적인 능력들이 바람직하게 발휘될 수 있도록 이끌어 내고 길러 준다는 의미를 가진다고 할 수 있다.

우리말에서 교육을 뜻하는 '가르치다'와 '기르다' 또한 한자어와 비슷한 의미를 지니고 있다. '가르치다'라는 말의 어원은 'ᄀᆞᄅᆞ치다'인데, 이 말은 'ᄀᆞᆯ다' 혹은 'ᄀᆞᄅᆞ다'와 '치다'의 두 동사가 합성된 것이다. 'ᄀᆞᆯ다'는 '물건을 깨뜨리고 부수다' '연마하다'라는 의미를 지니고 있으며, 'ᄀᆞᄅᆞ다'는 오늘날의 '가라사대' '가리키다'라는 단어의 의미를 지니고 있다. '가라사대'는 성현께서 말씀하여 가르친다는 뜻이며, '가리키다'는 목표를 지적하거나 말 또는 동작으로 있는 곳을 알려 준다는 뜻이다. 한편 '치다'는 '낫을 친다'는 예에서와 같이 무디고 쓸모없는 쇠를 가지고 유용한 도구로 만든다는 뜻을 지니고 있다. 즉, 성숙한 사람이 아직 개발되지 못한 미성숙자를 단련시킴으로써 유능한 인간으로 개발하여 준다는 뜻을 지니고 있다고 하겠다. 따라서

'치다'는 敎의 의미와 비슷함을 알 수 있다.

'기르다'는 짐승을 사육하거나 식물을 재배한다는 뜻으로 길들이거나 자라나게 하는 일을 의미한다. 교육적 관점에서 보면 미성숙자의 선천적인 능력이 제대로 나타나도록 도와준다는 의미라고 하겠다. 따라서 '기르다'는 育의 의미를 내포하고 있다고 할 수 있다.

한편 서양에서 교육을 뜻하는 단어로는 'pedagogy'와 'education'을 들 수 있다. 'pedagogy'는 그리스어에서 어린이의 뜻인 'paidos'와 이끈다의 뜻인 'agogos'의 합성어다. 이는 과거 상류층의 자녀들을 교육적인 장소로 데리고 다니면서 의미 있는 체험을 시키는 사람들을 지칭하는 의미로 사용되기도 하였는데, 그 내용상 의미 있는 체험을 통하여 가치 있는 문화유산들을 학습자가 습득하도록 이끌어 간다는 뜻을 내포하고 있다.

영어의 'education'은 라틴어의 'educare'와 'educo'에서 유래하였는데, 이는 밖으로의 뜻인 'e'와 꺼내다, 이끌어 내다의 뜻인 'ducare' 또는 duco'의 합성어로서 밖으로 이끌어 낸다는 의미를 지니고 있다. 따라서 'education'은 학습자가 지니고 있는 잠재 가능성이 발현되도록 하거나 발달하도록 돕는다는 의미를 지니고 있다. 이렇게 볼 때, 'pedagogy'가 한자어의 敎 그리고 우리말의 가르치다와 유사한 개념으로 성숙한 자가 미성숙한 자를 이끈다는 의미가 강조된다면, 'education'은 한자어의 育, 우리말의 기르다와 같이 미성숙자의 내적인 잠재 가능성을 개발할 수 있도록 도와준다는 의미가 강조된다고 하겠다.

이상의 어원으로 볼 때, 교육의 의미는 두 가지를 포함하고 있음을 알 수 있다. 하나는 성숙한 자가 미성숙한 자를 이끌고 모범을 보이고 인도하여 가치 있는 존재로 형성하여 준다는 의미며, 다른 하나는 성숙한 자가 미성숙한 자의 내면에 잠재되어 있는 가능성을 인정하고 그것을 개발하고 성장할 수 있도록 돕는다는 의미다.

전자는 미성숙자가 무지의 상태에 있으며 가치 있는 표준이나 실체는 밖에 존재하고 있어서 그것을 익히고 받아들이도록 함으로써 무지의 상태에서 벗어나 바람직한 인간으로 성장할 수 있도록 한다는 전제에 기반하고 있다. 즉, 새로운 바람직한 인격체로 만들어 준다는 주형론의 입장을 견지하고 있다. 이에 반해 후자는 학습자 자신의 잠재 가능성을 인정하여 가치 있는 실체나 능력이 이미 학습자의 내면에 존재하고 있기 때문에 그것을 밖으로 이끌어 내고 성장할 수 있도록 도와주어야 한다는 점을 강조하고 있다. 그리하여 조력하는 것이 교육의 바람직한 방법이라는 입장에 서 있다.

앞서 언급한 '敎'와 '育'의 의미, 그리고 우리의 'ᄀᆞᄅᆞ치다'와 '기르다'의 개념은 위의 두 가지 측면을 동시에 강조하고 있음을 알 수 있다. 따라서 교육이라는 사상은 어느 한쪽만으로는 이루어질 수 없고 외적인 주입이나 내적인 성장의 두 의미를 함께 지니고 있으며 이들이 상호작용하는 실체라고 보는 것이 타당하다고 하겠다.

2. 교육의 정의

교육이란 무엇인가에 대한 개념은 교육을 이해하는 방식에 따라 각각 다르게 규정될 수 있다. 교육이 본질적으로 지니고 있는 가치적인 관점, 변화의 관점, 혹은 사회적으로 요구되는 기능의 측면 등 학자들의 사상적 배경에 따라 교육의 개념은 서로 다르게 정의될 수 있다. 이처럼 교육의 개념이 학자들에 따라 다양하게 논의되고 있는 것은 그들이 자신의 사상적 배경에 따라 교육을 통하여 도달하고자 하는 목표, 달성하고자 하는 가치 있는 존재 또는 변화를 강조하면서도 어떠한 변화가 가치 있는 것인지, 어떻게 변화하는 것이 교육적으로 바람직한 것인지 등에 있어 입장도 강조점도 서로 다른 데서 연유한다. 이러한 상황을 감안하여 지금까지 논의된 교육 개념에 대한 정의를 분류해 보면 크게 규범적 정의, 기능적 정의, 조작적 정의의 세 가지로 나눌 수 있다.

1) 규범적 정의

교육은 가치 지향적 활동이라는 특성을 띠고 있다. 우리는 교육은 사람다운 사람을 길러내야 한다, 인격을 완성시켜 주어야 한다, 자아실현에 목적을 두어야 한다 등과 같이 교육이 지향하여야 할 본연의 가치 또는 바람직한 가치를 말하고 있다. 이처럼 교육활동 속에 들어 있는 가치나 기준을 제시하는 방식으로 정의하는 것을 규범적 정의라고 한다.

교육에 관한 규범적 정의의 대표적인 예는 피터스(R. S. Peters)에게서 찾아볼 수 있다. 그에 따르면 교육은 근본적으로 '교육의 개념 속에 내재해 있는 가치를 도덕적으로 온당한 방식으로 그리고 의도적으로 전달하는 행위'다. 페스탈로치(J. Pestalozzi)는 인간을 자연적 상태, 사회적 상태, 도덕적 상태로 구분하고, 교육은 자연적 상태에서 사회적 상태로 그리고 나아가 도덕적 상태로 높이는 작용이라는 입장을 취하고 있다. 이처럼 규범적 정의는 자연적인 상태의 개인을 사회를 초월하는 인격을 갖춘 이상적인 인간으로 성장할 수 있도록 해 주는 교육자의 인격적 또는 정신적 작용이 가치 있는 교육이라고 보는 시각에서 규정하고 있다.

이러한 입장을 취하고 있기 때문에 규범적 정의는 흔히 강령적 정의라고도 이야기한다. 교육이 '어떻게 해야 하는가, 그리고 어떻게 하는 것이 교육적으로 바람직한가'와 같은 규범이나 강령의 방식으로 정의를 내리고 있는 것이다. 다음의 기능적 정의도 이처럼 강령적 방식을 취하는 경우가 있지만, 본질적으로 다른 점은 규범적 정의는 교육이 지향 또는 추구하여야 할 내재적인 본연의 가치를 취하고 있다는 것이다.

2) 기능적 정의

우리 교육의 가장 큰 병폐 중의 하나는 입시위주 교육이라고 이야기한다. 일부 학교교육에서 교육 본연의 인격 함양이나 전인적인 인간을 길러 내는 데 목적을 두지 않고 오로지 명문학교 진학을 위해서 교육과정을 운영하고 있는 사례가 있기 때문이다. 이러한 현상은 우리 사회가 학벌 위주의 구조를 띠고 있어서 실제로 명문학교에 진학하는 것이 개인의 사회적 지위를 신장시키고 졸업 후 취업에도 유리하다는 현실적인 이유에서 비롯된다. 이와 같은 관점에 따라 교육을 정의한다면 '교육은 명문학교 진학의 수단'이라고 서술할 수 있을 것이다.

이처럼 교육 외적인 목적 달성을 위하여 교육을 수단으로 활용하는 차원에서 교육의 개념을 정의하는 방식이 전형적인 기능적 정의다. 예컨대, '교육은 국가나 사회 발전에 공헌하여야 한다.' '교육은 사회발전의 수단이다.' '교육은 사회문화의 계승발전 수단이다.'와 같이 교육을 사회발전을 위한 도구로 보고 도구적 가치나 외재적 가치에 치중하여 정의를 내린다. 형식상으로 규범적 정의와 같이 강령적 정의방식을 취하는 경우가 많지만, 내용상으로는 교육 본연의 입장에서 벗어나 교육의 도구적 가치나 외재적 가치를 실현하는 차원에서 정의하는 점이 다르다고 하겠다.

3) 조작적 정의

조작적 정의는 교육의 개념을 보다 분명히 하기 위하여 교육활동의 요소와 그것이 작용하는 실제 과정을 관찰할 수 있는 방식을 취한다. 원래 교육이라는 실체는 구체적인 실체로 존재하는 것이 아니고 인류문화가 발달하는 과정에서 필요에 의해 만들어 낸 추상적인 개념이다. 따라서 구체적인 형태를 갖추고 있는 실체도 아니고 색깔이 있는 것도 아니다. 이 때문에 교육이란 추상적인 개념은 우리가 과학적으로 파악하고 이해하기 어려운 특성을 지니고 있다. 이러한 문제에 직면하여 교육 개념을 과학적으로 이해하고 관찰할 수 있는 실체로 파악할 수 있도록 하기 위해 조작적 정의를 하고 있다.

조작적 정의의 대표적인 예로는 정범모의 교육의 정의를 들 수 있다. 그는 교육을 "인간 행동의 계획적인 변화"라고 조작적으로 규정하고 있다. 이 정의에서 중핵적인 개념은 '인간 행동' '계획적' '변화'의 세 가지다. 여기서 '인간 행동'은 우리가 눈으로 관찰할 수 있는 외현적인 행동뿐만 아니라 눈으로 보이지 않는 내면적인 행동인 사고과정까지 포함하는 개념이다. '계획적'이라는 용어는 학습과 성숙을 구분하고서 자연적인 성숙을 배제하고 계획적인 학습을 통한 행동변화만이 교육이라는 의미를 내포하고 있다. 또한 의도하지 않은 무계획적인 학습을 통한 행동변화도 교육의 범주에서 제외하고 있다. 마지막으로 '변화'라는 개념은 부정적 변화를 배제한 긍정적 변화만을 교육이라고 한다는 전제하에 사용하고 있다.

이와 같은 정의에서 규정하고 있는 준거들을 통하여 우리는 인간 행동 중에 어떠한 행동이 교육의 범주에 속하며 어떠한 행동은 교육으로 볼 수 없다는 등의 이해를 할 수 있게 되며, 나아가 과학적으로 접근하여 교육의 성취수준 등을 분석할 수 있게 될 것이다. 이처럼 추상적인 교육이라는 개념을 조작적으로 정의함으로써 우리는 교육 개념을 보다 구체적으로 이해할 수 있으며, 과학적으로 접근하여 교육의 실상을 파악하고 분석함으로써 교육활동이 실제로 이루어졌는가, 어떠한 교육이 더 효과적인가 등의 논의를 할 수 있을 것이다.

이상에서 교육의 개념이 어떻게 이해되고 있는지를 세 가지 유형으로 구분하여 살펴보았다. 교육의 개념을 각기 다르게 정의하고 있지만, 어느 것이 옳고 어느 것이 그르다고 이야기할 수는 없다. 교육이라는 실체를 이해하기 위한 차원에서 서로 다른 관점에서 논의하고 있는 것이 다를 뿐이라고 하겠다.

이 외에도 교육을 정의하는 방식은 수없이 많다. 교육이라는 실체가 구체적이지 않고 추상적이어서 어떠한 입장에서 보느냐, 어떤 측면에 중점을 두느냐, 그리고 어떠한 기준에 따라 구분하느냐에 따라 서로 다른 정의를 할 수 있기 때문이다. 예컨대, 교육이 지향하는 가치 또는 중점을 어디에 두느냐에 의해 분류한다면 여섯 가지로 정의할 수 있다(정종식, 이경배, 정찬주, 최영표, 1999). 즉, 도덕적 인격성에 중점을 두는 정의, 문화와 지식 면에 중점을 두는 정의, 사회성에 중점을 두는 정의, 자연성에 중점을 두는 정의, 생활과 경험적 측면을 중시한 정의 그리고 종교성에 중점을 두는 정의로 구분하여 논의할 수 있다.

제2절 교육의 요소

우리는 학교나 가정에서 교육을 받는다. 이러한 교육활동이 이루어지기 위해서는 최소한 어떠한 조건이 마련되어야 하는가, 그리고 교육활동이 이루어지기 위해서 교육의 구성요소들은 상호 간에 어떻게 작용하며, 나아가 교육에 영향을 주는 요소는 무엇인가에 대한 논의가 우선하여 이루어져야 할 것이다.

교육요소들은 교육이 시대적인 산물이니만큼 시대별로 서로 다른 의미를 지니고 있다. 시대와 사회의 요구가 다르고 의미도 다르게 규정하거나 해석할 수 있기 때문이다. 교육에 대한 학우 여러분의 서로 다른 사고와 생각이 교육학의 발달에 도움을 줄 수 있을 것이다.

1. 교육의 구성요소

우리는 '학교에서 교육을 받는다' 혹은 '가정교육이 더 중요하다'는 말을 한다. 여기서 교육이라는 활동이나 행위를 자세히 들여다보면 한 가지 공통점을 발견할 수 있다. 그것은 반드시 무엇인가를 가르치는 사람과 배우는 사람이 있다는 것이다. 즉, 모든 교육활동에는 교육하는 사람, 교육받는 사람 그리고 교육하는 내용이 있다.

교육이 이루어지기 위해서는 무엇인가를 가르쳐 주고 주도하는 주체가 있는데 일반적으로 교사가 이런 역할을 담당한다. 교육하는 사람은 교사 이외에도 부모, 형, 선배 그리고 사회인사일 수도 있다. 이는 교육이 이루어지는 장이 학교 이외에도 가정과 사회 등 다양하며, 교육의 대상이 무엇이냐에 따라 특정 부문에 전문성을 지닌 자가 주체로 작용하는 것이 일반적이기 때문이다. 누가 교육을 담당하든지 교육활동이 이루어지기 위해서는 가르치는 사람이 필요한데, 자격증을 지닌 교사뿐만 아니라 정식 자격증을 지니고 있지는 않아도 이 역할을 담당하는 사람을 우리는 교사 또는 교육자라고 이야기할 수 있을 것이다.

교육활동에서는 교사나 교육자가 가르치는 것을 받아들이는 대상, 즉 피교육자도 필요하다. 가르치는 사람은 있는데 배우는 사람이 없다면 교육활동은 이루어질 수 없다. 뿐만 아니라 교육자와 피교육자 사이에는 무엇인가 가르치고 배우는 내용이 있어야 한다. 그것이 의도적으로 사전에 계획되고 문서화된 것이든 임의적으로 작성된 프로그램이든, 가르치고 배우는 사람 사이에 아무것도 오가는 것이 없다면 그 역시 교육이라고 할 수 없다. 그러므로 교육이 성립되기 위해서는 반드시 교육하는 사람과 교육받는 사람 그리고 교육내용이라는 세 가지 요소가 갖추어져야만 한다. 이와 같은 세 가지 요소들은 교육활동에서 반드시 요구되는 필수요인이다. 만약 그중에서 어느 하나라도 빠진다면 엄밀한 의미에서 교육은 성립될 수 없다.

요컨대, 교육자, 피교육자, 교육내용은 교육이 성립되기 위한 필수불가결한 최소한의 요건이라고 할 수 있다. 교육의 이러한 3요소에 비추어 볼 때, 교육은 교육내용을 매개체로 하여 교육자와 피교육자가 상호작용하는 실천의 과정이라고 할 수 있다. 다시 말해서, 이 세 가지가 동시에 서로 영향을 주고받으면서 작용할 때 성립하는 것이 바로 교육이다. 교육은 교육자와 피교육자 양자 간의 상호작용이 이루어짐으로써 그 효과가 나타나기 때문에 어느 한쪽에서 이끄는 일방적인 관계로는 성립될 수 없기 때문이다.

교육을 구성하는 세 가지 요소의 관계를 도식화하면 [그림 1-1]과 같다. 교육이 이루어지는 전형적인 학교를 대상으로 하여 살펴보면, 가르치는 교육자는 교사이고 배우는 피교육자는 학생이다. 그리고 교사가 가르치고 학생이 배우는 교육내용은 교과서와 같은 엄선된 교재의 내용이 될 것이다. 즉, 학교에서 교육의 3요소인 교육자, 피교육자, 교육내용은 교사, 학생, 교재로 대체될 수 있다.

그러나 교육자가 반드시 학교의 교사만으로 한정되는 것은 아니다. 앞서 언급한 바와 같이, 비형식적인 교육인 가정교육이나 평생교육에서는 교육자

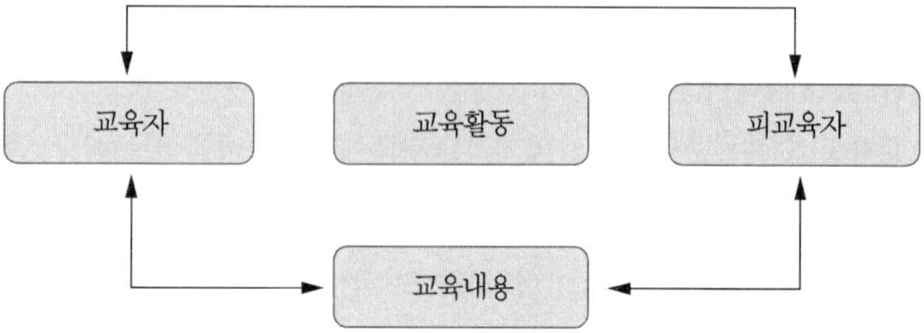

[그림 1-1] 교육의 3요소와 교육활동

가 정식 자격증을 지니고 있지 않을지라도 경험이 많다거나 특정 기능 또는 기술을 지니고 있다거나 특정 부문에서 상대적으로 아는 것이 많다면 가르치는 입장에 설 수 있으며 교육자의 역할을 수행할 수 있다.

피교육자의 경우도 마찬가지다. 학교에 다니는 학생만이 피교육자는 아니다. 교육의 본질적 입장에서 볼 때 특정 시간에 배우는 입장에 있으면 학생증이 없더라도 학생이 될 수 있다. 평생교육에서는 더욱 그러하다. 일반적으로 자녀를 포함한 모든 미성숙자, 즉 더 성장할 수 있는 가능성을 가지거나 발달의 여지를 가지는 자가 피교육자에 해당되는 것이 일반적이지만, 그렇다고 성숙자인 어른, 학문적 성취를 이룬 박사라 하여도 모든 것을 다 잘할 수는 없다. 따라서 모든 사람이 피교육자가 될 수 있다.

세 번째 구성요소인 교육내용은 교육자와 피교육자 간에 상호작용이 이루어지게 하는 매개체로서의 역할을 수행한다. 일반적으로 학교에서는 교육과정에 의해 활자화되고 정선된 교과서와 같은 교재가 교육내용에 해당되지만 평생교육에서는 보통 그러한 정규 교육과정이 없어서 필요에 따라 제작하여 사용한다. 이러한 실정을 감안할 때, 교육내용이란 교육이 이루어지는 장소에서 사용하는 모든 매개물이라는 개념으로 이해될 수 있다.

이상에서 논의한 것처럼 학교와 같은 제도적인 교육기관에서 정해진 시간에 이루어지는 형식적인 교육과 사회 곳곳에서 비정기적으로 이루어지는 비형식적인 교육을 비교할 때, 교육의 3요소는 약간의 차이를 보인다. 그 차이

〈표 1-1〉 형식적 교육과 비형식적 교육에서 교육의 3요소

구 분	형식적 교육	비형식적 교육
교육자	교사	부모, 선배, 동료, 사회인사, 이웃 어른, 특정 기능을 지닌 자
피교육자	학생	일반적으로 미성숙자, 일반인
교육내용	교과서 중심의 교재, 정선된 내용	제한이 없음
상호작용 장소	학교	가정과 사회의 모든 장소

를 비교하여 제시하면 〈표 1-1〉과 같다.

2. 교육요소의 의미

이와 같은 교육을 구성하는 3요소는 시대에 따라 그 의미가 달라져 왔다. 교육사를 통해 보면 교육을 구성하는 3요소의 의미가 크게 변화되어 왔음을 알 수 있다. 어떤 때는 교사의 위치가 교육에서 절대적인 것으로 여겨졌는가 하면, 또 어떤 때는 반대로 학습자가 교육의 중심에 놓이기도 하였다. 교육내용의 의미 또한 많은 변화의 과정을 겪어 왔다.

전통적으로 학교교육에서 교사는 교육에 관한 계획을 수립하고, 교육내용을 선정하여 조직하며, 그것을 수업에서 지도하는 존재였다. 이에 교육에서 주도적 위치를 차지한다는 의미로 교육 주체로 불려 왔다. 그러나 교사가 교육의 주체라고 보는 시각은 루소(J. Rousseau), 페스탈로치, 듀이(J. Dewey)와 같은 교육자와 교육학자에 의해 아동중심주의 교육관이 등장하면서 변화하기 시작하였다. 아동중심주의에서는 교육의 주체가 교사가 아닌 아동이어야 한다고 주장한다. 교육을 통하여 변화하여야 할 대상은 교사가 아닌 학생이며, 학생의 변화가 일어나지 않는 한 교육활동이란 의미가 없다는 것이다. 여기서 교사는 여전히 교육에서 중요한 위치를 차지하는 사람임에는 틀림없으나 교사의 역할은 학습자의 성장을 조력하고 안내하는 것으로 바뀐다. 학습자는 수동성이 강조되는 피교육자에서 학습을 통하여 변화하는 주체의 의

미를 지니게 된다. 즉, 이 입장에서는 교육의 주체가 학생이며 교사는 교육을 주도하는 자로 상정할 수 있다.

교육내용과 관련하여 깊이 생각해 보아야 할 문제는 과연 교육내용의 성격을 어떻게 규정하느냐 하는 것인데, 이는 교육을 이해하는 데에 중요한 시사점을 제공해 준다. 교육내용의 성격을 규정하는 전통적인 방식은 그냥 진술되어 있는 교과의 정보들로 보는 입장이다. 이 경우 교육내용은 교과서에 들어 있는 단편적인 사실(즉, 정보)로 보게 되고, 교육은 이러한 단편적인 사실을 가르치는 것으로 보게 된다. 이러한 관점에서는 오늘날 우리나라 교육의 중요한 병폐로 지적되는 단순한 암기식 교육도 하나의 교육으로 볼 수 있다. 또 하나의 입장은 교육내용을 학문으로 보는 것이다. 교과서에 있는 내용을 학문으로 본다는 것은 학문적 사고방식, 학문적 탐구, 학문적 체계, 학문적 개념구조의 한 부분으로 본다는 것을 의미한다. 이 경우 교육은 주어진 교과내용들을 학자들이 하는 활동과 같이 탐구의 과정을 통해서 가르치는 것이 되어야 한다.

교육내용을 보는 또 다른 입장은 경험으로 이해하는 것이다. 경험으로 이해한다는 것은 교과내용이 삶의 경험을 통해서 만들어진 것이며, 그러한 내용이 교과내용이 될 수 있는 것은 삶의 경험에서 갖는 의미 때문이라는 것이다. 그러므로 교육은 교과를 이루고 있는 내용으로 삶의 경험에서 갖는 의미가 되살아날 수 있도록 이루어져야 한다. 또한 교육내용은 객관주의에 의거할 것인가 혹은 주관주의에 의거할 것인가의 입장에 따라서도 현격한 차이를 보이고 있다. 객관주의에 의거하면 전통적으로 진리라고 여겨 왔던 지식을 모아 교육내용으로 편성하여 가르치는 것이 타당할 것이지만, 주관주의에 의거한다면 지식이란 학습자가 주도적으로 형성하여 가는 것이기에 획일적으로 편성하여 가르치는 것이 바람직하지 않을 것이다. 결국 교육내용의 성격을 어떻게 이해하느냐 하는 것은 교육을 무엇으로 보느냐 그리고 어느 것이 가치 있는 것이냐와 관련이 있다. 즉, 교육내용의 성격을 어떻게 규정하느냐에 따라 교육내용의 범위와 그 선정 기준이 달라질 수 있으며 가르치는 방법도 달라질 수 있다.

오늘날에 와서는 단순한 도식으로 교육의 주체와 객체를 나누는 견해는 사라지고 각 학파들의 관점과 입장에 따라 그것이 규정되고 있다. 따라서 교육의 구성요소를 주장하는 논의의 맥락을 벗어나서 교육의 주체와 객체로 단순 도식화하는 것은 별 의미가 없다고 생각된다. 그런데 여기서 주목할 것은 교육의 주체를 교사로 보느냐 혹은 아동으로 보느냐에 따라 교육을 이해하는 방식이 서로 다르다는 것이다. 교육의 어원과 관련해서 잠시 살펴보았듯이 교사가 교육의 주체라는 입장에서는 주형모형에 입각한 교육을 염두에 두고 있는 것이며, 학습자가 교육의 주체라는 입장에서는 성장모형에 입각한 교육을 염두에 두고 있는 것이다(윤정일, 송기창, 조동섭, 김병주, 2009). 이 외에도 동양에서는 만두모형에 입각한 교육이 존재한다. 이 모형은 인간은 태어날 때부터 소질과 능력을 갖고 태어나며 교육은 소질 계발과 능력 신장을 도와준다고 보는 성장모형과 비슷한 점도 있으나 자아실현보다는 자아극복의 관점을 강조한다는 점이 다르다.

이처럼 교사, 학습자, 교육내용 각각의 성격은 시대에 따라 그리고 학문의 입장에 따라 서로 다르게 간주되어 왔다. 교육 3요소의 각각을 어떻게 규정하고 상호 간의 관계를 어떻게 파악하느냐 하는 것은 교육의 의미와 성격을 이해하는 중요한 기초가 된다. 그리고 이 문제 역시 교육학의 중요한 탐구과제이며 그에 대한 새로운 답을 발견할 때 교육학은 새로운 패러다임을 형성하게 된다. 그러므로 교육학을 공부하는 교육학도들은 교육학을 공부하는 과정 내내 계속해서 이 3요소 각각의 성격과 상호 간의 관계를 이해하고 규정하는 노력을 기울여야 할 것이다.

제3절 교육의 가능성과 한계

우리는 교육을 하면서 의도한 목표에 도달할 것이라는 기대를 갖는다. 이러한 기대가 없이는 교육이 성립되지 않는다. 밭에 씨를 뿌려 곡식을 거두듯이, 우리는 교육을 통하여 바람직한 인간으로 변화되어 간다. 하지만 같은 환경, 같은 교사 아래서 교육을 받았다고 하여도 성취 수준은 각기 다르다. 무슨 영향 때문일까? 맹자 어머니는 세 번이나 이사하면서 맹자를 길러냈다고 한다(孟母三遷之敎). 이 고사는 무엇을 말해 주는 것일까?

이어서 교육 조건을 적절히 통제한다면 모두 원하는 성취 수준에 도달할 수 있을지에 대해서도 논의해 보자. 교육의 가능성과 한계에 대한 논의는 교육학의 이해에 대한 폭넓은 사고의 기회를 제공해 줄 수 있을 것이다.

1. 교육의 가능성

인간이 태어날 때는 미성숙 상태로 매우 불완전한 존재이지만 장기간의 성숙과정과 교육을 통하여 완전한 개체로 탈바꿈되어 간다. 이처럼 완전한 인격체로 성장·발달하여 가는 데 있어 교육활동은 필수적인 활동으로 자리매김하고 있다. 교육을 받지 않고서는 인격체로 거듭날 수도 없으며 우리가 기대하는 가치 있는 삶을 가꿀 수도 없기 때문이다. 칸트가 "인간이란 교육을 필요로 하는 유일한 존재이며 교육적 산물 이외의 아무것도 아니다."라고 정의한 것도 바로 이러한 이유에서라고 할 수 있다.

인간이 교육을 필요로 하는 존재라는 주장은 인간의 교육 가능성이나 변화 가능성을 전제로 할 때만 성립할 수 있다. 인간의 변화 가능성을 인정하지 않는다면 교육은 인간에게 필요 없는 활동이 되고 말 것이다. 소크라테스(Socrates)는 "우리 영혼 속에는 학습에 필요한 능력과 기관이 있다."고 하였다. 페스탈로치는 "인간의 힘은 스스로 발전하려는 충동을 지니고 있다. 교사는 산파처럼 개인 스스로의 발전을 도와야 한다."고 하였다. 이처럼 인간은 태생적으로 교육 가능성을 가지고 태어난다.

교육 가능성은 인간이 변화할 수 있고 성장할 수 있는 잠재된 가능성 또는 행동 특성이나 성향을 바람직한 방향으로 바꿀 수 있는 성질을 의미한다. 물론 인간만이 이러한 가능성을 가지는 유일한 동물이라고 단정 짓기는 어렵다. 많은 학자들이 인간 외의 다른 동물에게서도 그 가능성을 발견하였다. 그러나 동물에게서 발견되는 변화 가능성은 인간에게 견줄 만한 정도가 못 된다. 이런 점에서 볼 때, 인간은 교육 가능성이 매우 큰 존재라는 특성을 지니고 있으며 그것을 지속적으로 발전시켜 오고 있다.

그렇다면 인간이 바람직하게 변화할 수 있다는 가능성은 무엇으로 알 수 있는가? 우리는 인간 행동이 교육을 통하여 바람직한 방향으로 변화할 수 있다는 가능성을 서로 다른 측면의 활동을 통하여 파악할 수 있다. 즉, 생리심리학적 측면, 사회존재론적 측면 그리고 인격주의적 측면에 따라 교육을 통하여 변화 가능성을 발견할 수 있다(권건일, 1997).

첫째, 생리심리학적 측면에서는 교육의 가능성을 근육운동의 통제 가능성과 연습에 의한 숙달 능력에서 찾을 수 있다. 인간은 자신이 뜻하는 대로 멈추거나 움직일 수 있고 연습을 통해서 어떠한 활동을 능숙하게 행할 수 있다. 운동 기능, 타자 기능, 피아노 기능 등에서 근육운동이 연습에 의해 점차 향상되고 숙달되어 가는 것이 그 예다. 마음의 경우도 마찬가지다. 인간은 스스로 마음을 다스릴 수 있고 계속해서 정신을 수련하면 나중에는 특별한 노력 없이도 그러한 마음을 가지게 된다. 예컨대, 인간은 어떤 장면을 보고 슬퍼하거나 기뻐하는데, 이러한 마음은 반복되는 경험을 통해서 익숙해진 것이다. 이처럼 인간은 심신의 활동에 일정한 기계적인 습관 또는 경향성을 부여할 수 있고, 이러한 경향성에서 교육의 가능성도 찾을 수 있다.

둘째, 사회존재론적 측면에서는 인간이 사회적 존재로서 집단 속에서 집단을 위해서 공헌하고 사회를 바람직한 방향으로 발전시켜 나가는 특성을 지니고 있는 데서 교육의 가능성을 찾는다. 물고기가 물 없이는 살 수 없듯이, 인간은 기본적으로 누구나 집단 속에서 무리를 이루며 생활하는 사회적 존재다. 그러므로 인간은 일차적으로 사회에 적응하여야 하며 특정 사회의 규범을 수용하고 생활화하여야 한다. 또한 사회의 규범 위에서 개인의 개성을 신장하고 자아를 실현할 수 있을 뿐만 아니라 사회의 문제를 해결하고 특정 사회가 바람직한 방향으로 발전하여 나갈 수 있도록 하고 있다. 지금까지의 역사를 거시적으로 보면, 인간은 지속적으로 경제성장을 이루어 왔을 뿐 아니라 인권을 보장할 수 있는 사회를 형성하기 위하여 노력하여 왔으며 또 실제적으로 그것을 실현하여 왔다. 이렇게 보아 우리는 교육의 가능성을 긍정적으로 인정할 수 있다.

셋째, 인격주의적 측면은 인간이 자율적 판단력과 창조력을 가지는 존재라는 생각을 바탕으로 하고 있다. 인간은 스스로 옳고 그른 것을 판단하는 양심과 그에 따라 행동하는 의지를 가진 존재다. 그리고 외부에서 주어지는 것을 그대로 받아들이고 그것을 모방하려는 욕구 외에 새로운 것을 만들어 내고 싶어 하는 창조적 욕구를 가진 존재다. 그러므로 인간은 자기 스스로 인격의 특성을 자각하고 자유로운 창조활동의 주체가 되기도 하는데, 인간의 이러한 특성에서 인간의 교육 가능성이나 변화 가능성의 본질을 찾을 수 있다.

2. 교육의 한계

교육의 가능성이 크다고 하여 교육이 의도한 모든 것을 얻을 수 있으며 전능한 것은 아니다. 교육의 가능성이 있는 반면에 교육의 한계 또한 존재한다. 일반적으로 교육의 한계를 좌우하는 조건으로는 유전과 환경을 들 수 있다(윤정일 외, 2009).

첫째, 유전은 교육의 효과를 결정하는 선천적 요인이라고 할 수 있다. 인간의 생식세포는 유전형질에 의하여 선천적으로 결정된 것이며 후천적 영향에 의하여 변화되는 것이 아니다. 다시 말해, 인간이 태어날 때에 이미 결정되는 신체적 · 정신적 특징들은 출생 후의 영향이라고 할 수 있는 교육에 의해 변화시킬 수 없다는 것이다. 유전론자들은 '콩 심은 데서 콩 나고 팥 심은 데에 팥 난다.'는 속담과 같이 생물의 경우 특정 형상이나 성질이 후대에게 전해져 내려가는데, 이러한 유전은 교육에 의하여 근본적인 변화를 가져오는 것이 불가능하다고 보았다.

둘째, 교육의 한계를 설명하는 또 하나의 요인으로는 환경을 들 수 있다. 환경이란 교육을 포함한 후천적 요인을 말하며 자연적, 사회적, 경제적, 문화적 환경을 포괄하는 개념이다. 상식적으로 환경은 개체를 둘러싼 외부 세계라고 해석되지만 단순한 외부 세계는 엄밀한 의미에서 진정한 환경이라고 할 수 없다. 환경은 인간과 기능적 관련을 맺고 인간의 행동을 규정할 때 진정한 의미의 환경이라고 할 수 있다. 따라서 환경은 독립적으로 존재하는 것이 아니라 인간과의 상호작용 속에서 존재하는 것이다. 이는 인간의 성장이 환경과의 상호작용에 따라 전개되는 것임을 보여 준다.

출생 당시의 아동은 교육적 관점에서는 단지 다양한 가능성을 지닌 존재일 뿐이다. 그와 같은 가능성을 지닌 아동은 환경적 조건들에 의해 신체적, 지적, 정서적 형태를 구체적으로 갖추게 된다. 따라서 선천적으로 타고난 유전은 환경 여하에 따라 그 개발과 성장이 제한되며 아울러 교육의 한계가 결정되는 것이다. 이러한 측면에서 교육은 환경적 조건에 따라 한계를 지닌다고 할 수 있다.

이상에서 볼 때, 인간은 인간 특유의 유전적 · 환경적 특성에 따라 여타 동물에 비하여 교육의 가능성이 크지만 유전적 요인과 환경적 요인이 갖는 제약 또한 엄연히 존재하고 있어서 어느 정도의 한계를 지니고 있는 것이 현실이다.

제4절 교육의 기능

인간은 사회적 동물로서 사회를 떠나서는 살 수 없는 존재다. 따라서 교육과 사회는 필연적인 관계를 맺고 있다. 사회는 그 존속과 발전을 위하여 교육을 필요로 하고 있으며 사회의 구성원인 인간 또한 교육을 통하여 사회에 적응하고 자아를 실현하여 나간다. 따라서 교육은 그 자체가 사회현상이라고 할 수 있다.

그렇다면 사회적 맥락에서 교육의 기능과 역할은 무엇인가? 이에 대한 답은 사회의 유지 · 발전과 밀접한 관련이 있다. 첫째는 보수적인 관점에서 기존 사회의 유지에 중점을 두는 소극적 · 수동적 기능이며, 둘째는 발전적 관점에서 사회의 발전을 우선하는 적극적 · 능동적 기능이 있다. 그리고 교육이 인간을 키우는 일, 즉 인격을 함양하고 개인의 자아실현을 도모하는 본연의 기능 이외에도 교육을 매개체로 한 도구적 기능 또한 작용하고 있다.

1. 소극적 · 수동적 기능

1) 사회화 기능

하나의 사회가 통일성을 가지고 존속하고 발전하기 위해서는 그 사회의 구성원들 사이에 공통된 가치관이나 행동양식이 존재하지 않으면 안 된다. 학교교육은 의도적인 교수활동, 교사와 또래집단에 의한 모방과 동일시, 생활지도나 상담 등의 방법에 의하여 사회의 규범이나 가치관을 개인에게 심어 주는 일을 보다 계획적으로 한다. 이것이 바로 교육의 사회화 기능이다. 즉, 사회 구성원으로 하여금 그 사회가 인정하고 요구하는 언어, 사고, 감정, 가치, 행동의 제 양식을 학습하게 하고 건전한 사회생활을 할 수 있게 하는 기능은 교육의 중요한 사회적 기능이다. 교육은 이러한 사회적 기능을 통해서 사회 구성원들을 통합하는 데 기여한다.

우리가 살고 있는 사회는 민주주의 사회다. 민주주의 사회는 전체 사회의 통일성을 유지하면서도 다양성을 추구해야만 하는 어려움을 안고 있다. 그러므로 학교교육은 통일성과 다양성이라는 민주사회의 두 가지 과제를 동시에 수행해야만 한다. 아울러 현대사회는 변화의 속도가 매우 빠르므로 교육이 그에 잘 적응할 수 있는 인간을 길러 내는 데 주력해야 한다.

2) 문화유산의 전달 기능

문화는 한 사회의 구성원이 공동으로 가지고 있는 지식, 기술, 가치, 규범, 언어 등의 제반 생활양식과 행동양식으로서 그 사회를 구성하는 사람들이 생각하고 판단하고 느끼는 기준이 된다. 보다 구체적으로 문화는 한 집단의 구성원이 그들을 둘러싸고 있는 사물을 어떻게 보고 그 사물에 어떠한 의미를 부여하는지, 어떠한 것을 믿어야 하며 어떠한 것을 불신하여야 하는지, 그리고 무엇을 가치 있게 혹은 아름답게 여기는지에 대한 기준을 제공한다. 또한 특정 사물이나 현상을 어떠한 느낌으로 받아들여야 하는지를 결정하는 기준으로, 그리고 행동 절차와 방법을 결정하는 기준으로 작용한다.

이러한 문화는 한 사회를 이루는 구성원들이 학습하고 교육받은 결과로 공유하게 된 것이며 다시 교육을 통해서 다음 세대로 전달되어야 하는 것이다. 개인은 교육을 통해서 사회 구성원들이 공유하는 문화를 그대로 받아들임으로써 이전 세대가 물려준 문화를 다른 사람과 공유하게 되는데, 이것이 바로 교육이 가지는 문화전달 기능이다.

구체적인 예로는 전 세대가 다음 세대에게 전 세대가 수행한 질서 · 체제를 재정리하여 이어받게 하는 일을 들 수 있다. 브루바커(J. S. Brubacher)는 이를 고정적 사회질서의 존속의 이념으로 명명하고 있다. 기독교의 십계명, 불교의 오계(五戒), 유교의 삼강오륜(三綱五倫), 갖가지 봉건적 여성 도덕훈 등에서 이러한 예를 볼 수 있다.

3) 사회 통제 및 통합의 기능

교육은 사회를 구성하는 개인의 생활양식이나 행동양식을 통제함으로써 사회를 통합하는 역할을 수행한다. 이는 사회의 여러 가지 이질적 요소들이 고유한 기능을 유지하면서도 전체적으로는 모순이나 갈등 없이 조화를 이루면서 발전하여 가도록 하는 기능을 의미한다. 이러한 기능은 앞서 언급한 보수적 기능을 바탕으로 하고 그것과 더불어 사회의 안정과 질서를 유지하는 데 영향을 끼친다.

국가가 의무교육제도의 확충을 통하여 국민의 지적 수준과 문화 수준을 향상시킴으로써 새로운 국가의 목표를 일반화시키고 국민성의 형성을 꾀하는 것도 교육의 이러한 기능과 관련된다. 그리고 사회의 이념이나 가치관을 교육의 목적에 반영하고 교육의 내용이나 방법을 결정함에 있어서 사회의 변화나 요구를 반영하는 것도 같은 맥락에서 이해될 수 있다.

2. 적극적 · 능동적 기능

1) 사회 변화와 개혁의 기능

사회는 교육을 통하여 안정과 질서를 유지하기도 하지만 기존 사회를 개혁하고 혁신하는 힘도 교육으로부터 얻는다. 사회를 변화시키는 주체는 인간이다. 그런데 인간을 변화시키는 것은 교육이다. 그러므로 교육은 인간을 매개로 사회가 지향하여야 할 바람직한 방향을 결정하고 유도하며 변화를 촉진하기도 한다. 이것이 바로 교육의 사회 변화 및 개혁의 기능이다.

교육의 사회화 기능이나 문화전달 기능이 교육의 수동적이고 소극적인 역할이라면, 새로운 문화를 창조하고 사회의 변화를 꾀하는 교육의 기능은 교육의 적극적이고 능동적인 역할이다. 교육의 사회적 가치가 충분히 발휘될 수 있고 그 덕택으로 사회가 바람직한 방향으로 발전하려면 교육이 사회에 대해서 행하는 소극적 역할과 적극적 역할이 어느 한쪽으로 치우침 없이 조화를 이루어야 한다.

사회가 혁신을 통하여 기존 사회를 변화시키려고 할 때 가장 바람직한 방법은 교육을 통하여 인간의 의식과 가치 그리고 행동양식을 변화시켜 사회 혁신과 개혁의 기반을 조성하는 것이다. 인간이 사회 안에서 태어나 그 사회 집단의 언어, 행동, 생활양식, 지식, 기술, 가치관, 규범, 사회적 역할 등을 습득하는 동시에 사회적 문제의식을 고취함으로써, 기존 사회의 문제를 직시하고 문제 해결을 도모하게 해서, 그들이 사회 혁신과 개혁의 주체로서 활동하여 보다 나은 사회로 발전시켜 나가도록 하는 것이다.

2) 문화 창조의 기능

인간은 기존 문화체제나 사회적 문화유산을 그저 받아들이기만 하는 수동적인 존재로 머무르지 않는다. 인간은 문화를 개조하기도 하고 발전시키기도 하는 힘을 교육을 통하여 얻는다. 이것이 바로 교육이 가지는 문화 창조의 기능이다. 흐르지 않는 물은 썩듯이, 문화도 흐르지 않고 정체되어 있으면 썩게 된다. 사회가 추구하는 바람직한 가치관이나 문화를 흡수하여 새롭게 창조하여 나감으로써 사회의 건전한 발달을 도모할 수 있다. 이러한 연유로 교육을 통한 문화 창조의 기능 또한 매우 중요한 기능으로 작용한다.

교육은 개인으로 하여금 그 사회의 이전 세대가 가지고 있던 문화유산을 내면화할 수 있도록 하는 문화 전수의 기능과 이전 세대의 문화를 보다 발전적인 방향으로 이끌어 갈 수 있는 능력을 길러 주는 문화 창조의 기능을 적절히 조화시켜 나가야 한다. 교육이 문화유산의 전달 기능을 지나치게 강조하면 사회는 과거 지향 또는 보수적인 경향으로 흐를 위험성이 있다. 반대로 교육이 문화 창조의 기능을 지나치게 강조하면 사회는 지나치게 진보적인 방향으로 나가게 되어 세대 간의 심한 문화 차이로 갈등을 겪게 될 위험성이 있다.

3. 도구적 기능

1) 사회적 선발 및 배분의 기능

우리 사회는 농업사회를 벗어나 산업사회를 경험하였으며 이제는 지식사회에 접어들었다. 이처럼 급진적인 사회발전에 따라 직업사회는 엄청난 변화를 겪어 왔다. 대체적으로 직업 형태는 다양화되며 직종은 더욱 분화되고 전문화되는 추세를 보이고 있다. 이처럼 직업사회가 고도화되어 감에 따라 국가사회는 사회의 각 분야에서 요구되는 다양한 인력을 양성하여 공급하여 주기를 기대하고 있다. 따라서 사회가 길러 내는 인적자원은 국가사회 발전을 가름하는 핵심적인 관건으로 작용하고 있다.

그렇다면 인재를 양성·공급함에 있어서 고려하여야 할 사항은 무엇인가? 이 문제는 다양한 직업의 특정한 일을 수행할 수 있도록 하기 위하여 누구에게 일할 수 있는 기회를 줄 것이냐와 관련되어 있다. 이것은 바로 선발과 배분의 문제라고 할 수 있다. 사회계층에 관하여 연구하는 많은 학자들은 사회계층을 구분하는 기준의 하나로 학력을 들고 있다. 특히, 우리 사회는 자유경쟁을 기반으로 하는 개방사회와 학력을 중시하는 학벌사회의 특성을 동시에 띠고 있어서 어떤 단계의 어느 학교를 졸업하였느냐가 매우 중시되는 사회구조를 지니고 있다. 이처럼 교육은 사회에서 필요로 하는 인재를 선발하고 사회가 주는 기회와 혜택을 개인에게 배분하는 데 있어서 매우 중요한 역할을 수행한다. 이것이 바로 교육이 가지는 사회적 선발 및 배분의 기능이고 선발과 배분을 통한 사회 충원의 기능이다.

2) 사회적 지위 이동의 기능

자유개방사회에서는 주거 이전의 자유가 보장된다. 그리하여 자유의사에 따라 사회이동이 이루어지는데, 이와 같은 이동은 두 가지 양상을 보이고 있다. 하나는 상하 지위나 상하계층으로의 이동을 의미하는 수직 이동이며, 다른 하나는 지위나 계층의 이동 없이 직종이나 지역적으로 이동하는 수평 이동이다.

이와 같은 사회이동에는 여러 가지 요인이 작용한다. 그중 근대사회 이후 사회적 지위나 계층 이동에 있어서 가장 중요한 역할을 해 온 것이 교육이다. 특히, 학교교육은 개인의 사회적 지위를 결정하는 데 가장 중요한 요인으로 작용한다. 학교교육이 가정 배경이나 개인적 능력 요인에 비하여 개인의 사회적 성공이나 지위 획득에 더 중요한 역할을 한다는 것은 학교교육과 사회적 지위의 관계에 관한 실증적 분석에 의해서 이미 밝혀진 바 있다.

보통 사람에게 교육은 계층 이동의 통로로 간주되어 왔고, 지위 상승을 꿈꾸는 사람은 교육을 도구로 삼아 지위 상승을 위한 자격이나 자질을 획득하려는 노력을 하여 왔다. 특히, 우리 사회는 교육을 통한 성취를 매우 중시하는 숭문사상에 기반하고 있어서 교육열이 매우 높은 사회구조를 지니고 있으며 그로 인한 사교육 번성 등으로 사회적 문제로도 부각되고 있는 실정이다. 교육을 계층 상승 또는 사회적 지위 상승의 도구로 보는 관점, 즉 도구적 교육관이 우리 사회에 만연되어 있어 문제로 지적되고 있지만 현실적으로 가장 합리적인 기준으로 작용하고 있는 것도 사실이다.

제5절 교육의 형태

교육은 어디에서나 이루어진다. 학교, 사회, 가정 등 인간이 생활하고 있는 어떠한 장소에서도 이루어지고 있다. 이처럼 다양한 교육의 형태는 그 특성에 따라 분류하여 볼 수 있을 것이다. 방법론적으로는 먼저 어떠한 기준을 정한 후 그에 따라 대상들을 분류하는 절차로 접근한다. 우리 주변에서 다양하게 존재하고 있는 각종 교육에 대하여 기준을 정하여 분류하고 그 특성들을 논의하여 보자.

1. 형식교육과 비형식교육

교육이 이루어지고 있는 형태는 매우 다양하다. 이처럼 다양하게 존재하는 교육 형태를 이해하기 위하여 우리는 교육을 '형식적 교육'과 '비형식적 교육'으로 구분하고 있는데, 그 기준은 계획성, 조직성, 체계성이다. 이 세 가지 기준은 구체적으로 교육활동이 어느 정도 계획적으로 이루어지고 있으며 조직화 · 체계화되어 있는가를 보는 것이다.

형식적 교육은 사전에 철저한 계획에 의해 제도화된 교육기관을 통해서 조직적이고 체계적으로 행해지는 특성을 띠고 있다. 이에 반해 비형식적 교육은 제도화된 조직이나 기관에서 이루어지는 교육 외의 교육으로서, 특별한 계획이나 체계 없이 임의적으로 진행되는 형태의 모든 교육을 말한다. 형식적 교육의 대표적 예로는 제도화되어 있는 학교교육을 들 수 있다. 반면 비형식적 교육에는 학교 외의 교육, 즉 평생교육, 가정교육의 범주가 해당된다.

형식적 교육의 특징으로는 다음의 여섯 가지를 들 수 있다. 첫째, 교육의 목적이 명확하게 설정되어 있고 교육과정에 명시되어 있다. 둘째, 학교라는 교육이 행해지는 일정한 장소가 정해져 있다. 셋째, 조직화되어 있는 제도화된 교육기관에서 체계적으로 행해진다. 넷째, 교육자는 교사라는 일정한 자격을 갖춘 사람에 한한다. 다섯째, 여러 가지 면에서 비슷한 능력과 특징을 갖는 학생집단으로 피교육자가 구성된다. 여섯째, 교육내용이 표준화되어 있다.

비형식적 교육의 특징은 다음 여섯 가지로 요약된다. 첫째, 교육의 이상과 목적이 명확하게 설정되어 있지 않은 상태에서 자연발생적으로 행해진다. 둘째, 일정한 장소 없이 가정, 직장, 놀이터 등 생활하는 곳 어디서라도 행해질 수 있다. 셋째, 일상적인 경험 속에서 무의도적 · 자연발생적으로 행해진다. 넷째, 부모, 친척, 이웃사람, 친구, 대중매체, 서적 등 누구든 그리고 어느 것이든 교육자가 될 수 있다. 다섯째, 학생은 집단 또는 개인일 수 있으며, 자신이 학생이라는 사실을 의식하지 않을 수도 있다. 여섯째, 표준화된 교육내용이 없으며 예상할 수 없는 다양한 것들이 교육내용이 된다(권건일, 1997).

교육 형태를 계획성, 조직성, 체계성에 따라 분류한 이상의 형식교육과 비형식교육을 정리하면 〈표 1-2〉와 같다.

위에서 형식적 교육과 비형식적 교육의 특징을 살펴보았는데, 이처럼 기준상으로는 엄격히 제시하여 교육 형태를 분류하고 있지만 실제로 존재하는 교육조직들의 형태는 분명히 어느 한 범주에 포함시키기 어려운 경우가 많다. 예컨대, 평생교육은 기본적으로 비형식교육의 특성을 띠고 있지만 특정 평생교육의 프로그램은 정규학교에서 상당히 계획적으로 수행되는 경우가 점차 많아지고 있다. 그리고 각 대학에 설치되어 있는 평생교육원은 평생교육기관의 특성을 띠고 있지만 일부 프로그램은 점차 제도화되어 가고 있는 경우가 많다.

〈표 1-2〉 교육의 형태

구분	형식적 교육	비형식적 교육
교육목적	명확하게 문서화됨	불분명하고 명확하게 나타내기 어려움
교육 장소	학교	생활 경험이 이루어지는 모든 장소
교육기관	체계적인 제도와 조직을 갖춤	특정한 형식이나 제도 밖에서 행해짐
교육자	일정한 자격을 갖춘 교사	다양한 사람, 매체
피교육자	동일한 집단	모든 개인과 집단
교육내용	표준화된 내용	예상할 수 없는 다양한 내용
계획성	의도적, 체계적, 계획적	무의도적, 자연발생적

그리하여 교육의 형태를 형식적 교육과 비형식적 교육으로 구분할 때 교육 중에는 이 두 가지 형태의 교육 어디에도 속하기 어려운 것이 있음을 유의해야 할 것이다. 예컨대, 학원이나 복지관 또는 어린이집과 같이 학교라는 제도화된 교육기관에서 이루어지는 교육은 아니어도 어느 정도의 계획성과 조직성을 가지고 행해지는 교육도 있다. 이러한 형태의 교육은 학교교육이라는 형식적 교육에 비해서는 계획과 조직 면에서 떨어지지만 비형식적인 교육에 비하면 상당 수준의 체계성과 계획성을 갖추고 있다. 이처럼 형식적 교육과 비형식적 교육의 특징을 동시에 가지는 교육은 '준형식적 교육'이라고 한다.

또 하나 주목해야 할 것은 비형식적 교육의 중요성이다. 교육의 형태가 형식적 교육과 비형식적 교육으로 구분된다는 것은 형식적 교육인 학교교육에만 한정해서 교육을 생각해서는 안 된다는 것을 시사한다. 우리는 흔히 교육과 학교교육을 동일한 의미로 사용한다. 그러나 학교교육이 교육의 전부는 아니다. 정확하게 말하면, 학교교육은 교육의 일부일 뿐이다. 학교교육을 받지 않아도 교육은 가능하고 학교를 다닐 수 있는 연령 범위를 벗어나는 사람들도 교육의 대상으로 고려되어야 한다. 아동이 학교 안에서보다 학교 밖에서 보내는 시간이 더 많으며 성장기 청소년에게는 형식적인 학교교육보다 비형식적인 교육이 때로는 더 효과적이라는 사실과 인간 형성에 큰 영향을 주고 있다는 주장을 감안하여 비형식적 교육도 중시하여야 할 것이다.

오늘날에는 지식사회화가 되어 감에 따라 평생교육의 중요성이 강조되고 있어서 형식교육과 비형식교육의 적절한 균형을 유지하는 것이 더욱 요청되고 있다. 학교에서만 공부하고 졸업하여 사회에 나가서는 공부하지 않아도 되는 시대는 지나갔다. 이제는 평생 동안 학습하는 사회로 바뀌고 있으며 개인도 필요하다면 어느 때이고 접근하여 공부할 수 있도록 하고 있어 비형식교육이 많은 부분을 담당하여야 한다. 학습사회에서 형식화된 학교교육이 그것을 모두 담당할 수도 없고 또 그렇게 하는 것이 바람직하지도 않다.

2. 가정교육, 학교교육 및 평생교육

교육은 그것이 이루어지는 장소에 따라 가정교육, 학교교육, 평생교육으로 구분할 수 있다. 원래 평생교육은 요람에서 무덤까지의 교육 모두를 아우르는 개념으로 사용하여 장소에 따른 개념에 포함시키지 않고 사회교육이라는 용어를 사용하였었다. 그러나 2009년 5월 8일에 개정된 평생교육법에서 "평생교육이란 학교의 정규교육과정을 제외한 학력보완교육, 성인 기초 · 문자해득교육, 직업능력 향상교육, 인문교양교육, 문화예술교육, 시민참여교육 등을 포함하는 모든 형태의 조직적인 교육활동을 말한다."(평생교육법 제2조 제1항)라고 규정하고 있어 기존의 사회교육의 개념을 모두 포괄하고 있다. 이러한 상황을 감안할 때 가정, 학교, 그리고 평생교육으로 구분하여 논의하는 것이 바람직하다.

1) 가정교육

가정은 태어나면서 자연적으로 소속되는 집단으로서 최초의 교육환경으로 작용한다. 가정은 부모와 자식 간에 그리고 형제자매 간에 사랑과 애정으로 뭉친 집단이어서 원초적인 교육의 장이 된다. 따라서 부모의 인격이나 행동 또는 성격은 무의식적으로 자녀에게 전달되어 영향을 주게 된다. 그리고 교육도 자연적이고 무의도적으로 이루어지는 특성을 띠게 되어 비형식적인 교육에 속한다. 이와 같은 가정교육의 특성을 구체적으로 살펴보면 다음과 같다.

첫째, 가정교육은 자연적이며 무의도적으로 이루어진다. 태어나면서 자연적으로 부모-자식 관계, 형제자매 관계 속에서 생활하게 되는지라 강한 연대감과 동질감을 바탕으로 교육이 이루어진다. 그리고 생활하는 과정에서 자연적으로 다양한 것을 배우게 된다. 물론 가정이 정한 규율에 따라 조직적으로 교육이 이루어지는 경우도 있지만 형식화된 학교교육과는 비교할 수 없는 미미한 수준이다. 대부분이 의도하지 않고 인간 삶의 자연스러운 상태에서 이루어지게 된다.

둘째, 가정교육은 일반적인 삶에서 필요한 기초적인 사항들을 위주로 이루어지며 습관화되는 경우가 많다. 우리는 가정에서 사람으로서 살아가는데 필요한 기초적인 사항들—예컨대, 식사예절, 말하고 행동하는 예절, 위아래 사람과의 관계, 가장 기본적인 글자 쓰기나 수 세기 등—을 중심으로 배우게 된다. 그리고 가정 구성원들과의 복합적인 관계 속에서 조그마한 사회를 경험하면서 행동하는 방법을 습득하게 된다. 특히, 기본적인 예절은 대부분 가정교육을 통하여 형성된다. 아동들의 식사예절이나 젓가락 잡는 법을 보면 부모의 행동을 닮는 경우가 일반적이다. 부모가 특별히 가르치지 않더라도 아동이 무의식적으로 부모의 행동을 배우게 되어 자기도 모르게 습관화한 것이다. 성인이 된 후에 잘못된 행동이나 습관을 고치려고 하여도 쉽게 교정하지 못하고 그것을 지속하는 경우가 많은데, 이는 가정교육이 얼마나 중요한지를 일깨워 준다.

셋째, 가정교육은 인간성의 기초를 형성하는 장의 역할을 한다. 가정교육은 학교에 입학하기 전에 많이 이루어지는데, 이 시기에는 성격이 형성되고 인간성이 함양된다. 따라서 이 시기에 형성된 심리적 · 사회적 특성은 인간성의 기초를 형성하게 되어 성인이 된 후에도 지속적으로 영향을 미치게 된다. 이와 같은 중요성을 감안하여 아이가 부모의 사랑과 보호를 받고 양육될 수 있도록 사회적으로 배려하고 있는 것이다.

이처럼 가정은 원초적인 교육의 장으로서 매우 중요한데도 사회변화로 가정교육의 기능이 흔들리고 있는 실정이어서 많은 우려를 자아내고 있다. 우리 사회가 핵가족화되고 산업사회화되면서 가정이 예전과 같이 교육할 수 있는 환경을 갖추고 있지 못한 것이 그 주요 원인이다.

2) 학교교육

학교교육은 특별한 시설과 인력을 구비하고 계획적인 조직하에 일정한 목적을 가지고 행해지는 제도화된 교육이다. 이러한 학교교육은 인류의 유산인 문화재가 일상생활을 통해서만 전달되기에 불가능할 정도로 증가하면서 시작되었다. 특히, 문자가 발명되면서 문자가 문화유산을 전달하는 수단으로 사용되었고, 그것을 가르치는 기관으로 학교가 등장하게 되었다. 학교교육이 지금과 같은 모습을 갖추게 된 것은 19세기 이후부터인데 국민 통합을 이루고 많은 지식을 효과적으로 전수하기 위해 학교교육을 체계화하였다. 그 후 학교교육은 국가정책의 일환으로 사회발전에 기여할 수 있는 시민을 육성하고 개인의 발전도 도모하기 위한 방편으로 강조되어 오늘에 이르고 있다. 이러한 학교교육의 기능적 특징을 약술하면 다음과 같다.

첫째, 학교교육은 문화유산을 전승하여 사회의 유지 · 존속을 도모함과 아울러 새로운 지식과 문화를 교육함으로써 사회발전을 이끈다. 인류사회는 당해 사회의 지식과 문화 중에서 가치 있는 내용을 정선하여 후대에게 전수함으로써 사회의 유지와 존속을 도모하고자 하여 왔다. 이러한 취지에서 특정 사회는 학교를 세우고 문화유산을 교육내용으로 편성하여 교육과정에 포함시켜 학생들에게 전수함으로써 선조들의 문화를 알고 행동할 수 있게 하고 있으며, 학생들이 당해 사회의 정체성을 확보하는 일원으로서 행동하도록 하고 있다. 뿐만 아니라 사회발전의 차원에서 미래 세대가 필요로 하는 지식과 문화를 중심으로 한 교육내용도 정선하여 학생들에게 제공함으로써 변화하는 사회에 적응하면서도 사회발전을 이끌 수 있도록 하는 중차대한 임무를 담당하고 있다.

둘째, 학교교육은 국민 통합의 기능을 수행한다. 우리나라는 단일민족국가이기에 민족국가의 특성을 띠고 있지만, 대부분의 국가는 다민족으로 구성되어 있어 민족 간의 문화가 달라 국가사회의 통합에 어려움이 많다. 이러한 문제에 직면하여 모든 국민을 대상으로 의무교육체제를 수립하고 국가가 모든 교육비를 부담하면서 일정 기간 똑같은 교육을 이수하도록 하여 왔다. 그리하여 국가사회는 서로 다른 민족들의 문화를 소통될 수 있는 동질의 문화권으로 통합할 수 있게 되었으며, 나아가 국민 일체감을 형성할 수 있게 되어 국력을 신장할 수 있게 되었다. 이와 같은 중차대한 임무를 학교교육이 수행하고 있는 것이다.

셋째, 학교교육은 사회적 선발 및 배치의 임무를 수행한다. 학교는 사회가 요구하는 선발 기준을 정립하여 학생을 선발하고 학교별로 배치하는 임무를 수행하는데 입시제도가 바로 이런 기능을 수행한다. 나아가 학교는 입학한 학생을 일정 기간 이수시킨 후에 상급교육 단계나 직업사회로 보내고 있는데 이러한 기제를 학생의 적성과 능력에 따라 적재적소에 배치하고 있다고 이야기한다. 이처럼 학교는 사회적으로 필요로 하는 인재를 선발하여 일정 기간 길러 배치하는 임무를 수행하고 있는 것이다.

넷째, 학교교육은 개인의 자아실현을 도모한다. 우리 사회는 개인주의 사회의 특성을 띠고 있다. 따라서 학교교육은 우선적으로 개인의 자아실현을 도모할 수 있도록 환경을 조성하여 교육하여야 한다. 개인차를 인정하고 개인의 능력을 최대한 발휘할 수 있게 하여 개인이 자아실현을 도모하면서 사회발전도 이끌 수 있도록 하고 있다.

3) 평생교육

평생교육은 앞서 언급한 바와 같이 유아교육, 초 · 중등교육, 그리고 고등교육 단계의 학교에서 이루어지는 정규교육과정을 제외하고 이루어지는 모든 형태의 조직적인 교육활동이라는 개념을 지니고 있다. 이처럼 평생교육은 학교의 정규교육을 제외한 비정규교육이라는 특성을 띠고 있어서 학교교육기관에서도 부수적으로 실시하고 있지만 정규교육과는 여러 가지 차이를 지니고 있다. 이에 대해 약술하면 다음과 같다.

첫째, 평생교육은 강제성이 없이 자율적으로 참여한다는 특성을 띠고 있다. 학교교육은 제도화되어 있고 법적으로 강제성을 부여하고 있어 학생이 재학 중에 일정 규범을 의무적으로 수행하여야 하는 반면에, 평생교육은 개인이 자신의 요구에 따라 필요할 때 필요한 내용을 선택하여 자율적으로 참여하여 공부할 수 있도록 하고 있어서 자율적인 참여를 바탕으로 한다.

둘째, 평생교육은 삶의 과정에서 부딪히는 현실적인 문제, 개인의 취미나 특기 활동과 관련이 깊은 내용을 중심으로 하고 있어 현실성이 강하다. 학교교육은 사회가 필수적이고 기본적으로 필요하다고 인정하는 교육내용으로 구성하여 미래 지향적인 성격이 강한 데 반해, 평생교육은 살아가면서 개인이 자신의 삶을 영위하는 데 부딪히는 현실적인 문제를 해결하는 것과 관련된 내용, 즉 학력보완, 기초적인 문자 해득, 직업능력 향상과 관련된 교육, 그리고 인문교양교육, 문화예술교육, 시민참여교육 등의 삶을 윤택하게 할 목적을 지닌 취미 또는 특기 활동과 관련되는 내용을 위주로 하고 있어서 현실성이 매우 강한 특성을 지니고 있다.

셋째, 평생교육은 대상, 장소, 학습 내용과 방법이 매우 다양하다. 학교교육의 대상은 동질성을 지닌 집단인 데 반해, 평생교육의 대상은 나이, 성별, 직업, 계층, 거주지역 등 이질성이 많은 조직으로 구성된다. 장소 또한 학교교육이 학교라는 특정 장소에서 이루어진다면, 평생교육은 학교를 포함하여 공공장소, 민간 건물, 운동장, 임야 그리고 사이버공간 등 교육내용을 가르치고 배우기에 적합한 장소나 공간에서 수행된다. 따라서 평생교육 프로그램은 당해 사회의 현실적인 문제를 중심으로 하거나 취미 또는 특기 활동 등 매우 다양한 내용으로 구성되고 있으며 그 형태도 다양하다. 교육방법 또한 학습 대상의 성격이나 규모, 요구 그리고 교육내용 등을 감안하여 적절한 방식을 선택하고 있어서 강의식, 세미나식, 토론식이나 견학이나 참관, 실습 등의 다양한 방법이 동원된다.

학습과제

1. 교육의 개념을 교육을 이해하는 방식에 따라 정의하고 예를 들어 설명하시오.
2. 교육에 대한 관점의 변화에 따라 교육을 구성하는 3요소의 의미와 관계가 어떻게 변화하는지에 대하여 논의하시오.
3. 교육의 가능성과 한계에 대하여 예를 들어 논의하시오.
4. 교육이 수행하는 기능을 구체적으로 들고, 오늘날 강조되어야 할 교육의 기능은 무엇인지에 대하여 논의하시오.
5. 현실적으로 교육은 여러 가지 형태로 존재하고 있는데, 각각의 준거에 따라 어떻게 분류할 수 있는지 구체적으로 논의하시오.

제2장

교육의 역사적 이해

학습목표

1. 서양 고대교육의 특징을 설명할 수 있다.
2. 서양 중세교육의 성격에 대해 설명할 수 있다.
3. 서양 근대교육의 형성 배경에 대해 설명할 수 있다.
4. 유능한 교직자의 자질과 능력에 대하여 설명할 수 있다.
5. 고려와 조선 시대의 교육적 특징을 구분하여 설명할 수 있다.
6. 개화기 교육의 특징에 대해 설명할 수 있다.

제2장

교육의 역사적 이해

제1절 서양교육사

교육사는 교육에 관한 모든 사상과 제도의 형성, 전개, 의의 등을 역사적으로 검토함으로써 과거와 현재를 이해하고 나아가 미래의 교육을 창조하는 지혜를 얻는 데 그 목적이 있다. 그러므로 이 절에서는 서양의 교육 역사를 크게 고대와 중세, 근세와 현대로 구분하여 시대별 교육사상과 그 의의를 살펴보고자 한다. 이를 통해 교육현상의 보편적 관점을 이해시키고 아울러 우리의 현재 교육현상을 보는 안목을 길러 미래 교육을 전망하는 기회를 갖고자 한다.

1. 교육사 연구의 필요성

1) 교육의 역사 · 문화적 해석

교육은 기본적으로 성숙한 기성세대 또는 먼저 삶을 경험한 세대가 주도권을 가지고 자라나는 미숙한 세대를 가르치고 키우는 일이다. 교육하는 세대와 교육받는 세대의 관계에서 볼 때, 교육은 언제나 미래보다는 과거의 경험을 토대로 수행될 수밖에 없다는 체제 유지적 성격을 지니게 된다.

제도교육은 더욱 그렇다. 제도교육은 기존의 질서와 가치관 그리고 정치, 문화, 사회 체제의 옹호를 교육의 일차적인 목적으로 삼을 수밖에 없다. 그렇기에 모든 제도교육이 체제유지라는 목적을 지니는 것은 당연한 논리다. 그러므로 교육의 변화 · 개혁성도 교육의 안정 · 통합성을 바탕으로 이루어지는 것이다.

모든 교육 행위는 그것이 아무리 다양하게 분화된다고 하더라도 결국은 일정한 문화적 기반 위에서 수행되는 인간 활동이다. 모든 교육현상 속에는 바탕이 되는 문화의 성격이나 방향성이 직 · 간접적으로 반영되어 있을 것이고, 그런 문화적 성향은 교육 대상자들의 인격이나 의식구조 및 삶의 행위에 영향을 미칠 것이다.

이처럼 인간의 모든 행위는 문화 행위이고 그 삶을 가르치고 배우는 일을 교육이라고 한다면 문화 행위 속에는 교육의 의미가 들어 있다고 말할 수 있다. 과거의 문화 속에서 삶을 가르치고 배우는 일이 어떻게 이루어졌는가를 연구하는 것이 교육사가 하는 일이고, 그런 연구의 결과를 체계적으로 서술하는 일은 바로 교육사의 서술이 될 것이다. 오늘의 삶을 가르치고 배우는 교육 상황 속에서 우리가 미래를 위하여 무엇을 선택할 것인가를 결정할 경우 지난날의 교육의 역사가 필요한 연구 자료가 되기 때문이다.

하지만 교육사는 단순히 역사 속에서 이루어진 학교제도의 구성이나 선구적인 교육사상가들의 아이디어 또는 주장, 뛰어난 교육방법 등을 소개하기 위해 여러 교육적 사실들을 모아 놓은 것이 아니다. 대신 교육사는 연구와 관련된 교육의 역사적 사실들을 교육의 시각에서 규명함으로써 인간 형성에 대한 새로운 미래상을 제시하는 일을 과제로 삼고 있다. 이를 위해서는 역사적 시각에서 드러나는 교육 이념이나 사상이 인간 개인의 활동이나 인간집단의 노력, 사회의 전통적 가치나 규범 등과 어떤 관계를 이루면서 구현되었는가를 살피는 연구 노력이 이루어져야 한다. 그렇게 된다면 과거의 교육이 보다 정확하게 재해석되며 나아가 교육에 대한 보편적 요구가 파악될 수 있을 것이다.

2) 교육의 역사적 전망

교육사 연구는 교육 행위의 시대적 표현을 충실하게 보여 준다. 교육사를 연구하다 보면 오늘날 우리에게 중요한 교육의 문제들이 본질적으로는 유사한 형태로 오래전부터 대두되고 취급되어 왔음을 알게 된다. 그러므로 우리는 교육사를 통해 교육의 원리나 이치를 발견하기 위한 시대적 노력과 뛰어난 이론적 통찰을 살펴볼 수 있다. 아울러 인간의 삶을 형성하기 위한 역사적 전망을 밝혀 보다 나은 미래의 교육을 가능하게 할 수 있다.

교육사는 교육의 역사를 연구하고 서술하는 학문이다. 교육사는 인간의 여러 이상들이 역사 속에서 어떻게 발현되고 실천되었는지를 조명하면서 그 이상들을 존속시키기 위해 인간의 삶과 관련된 현상들을 교육의 시각에서 이해하고 탐구하려는 학문적 노력이다. 그런데 우리가 교육의 세계를 해석할 때 주어진 공간이나 내용에만 그 의미를 한정해서 볼 것이 아니라 주변의 가치 있는 모든 경험을 폭넓고 균형 있게 받아들이는 일이 무엇보다 중요하다. 특히, 역사적인 전통을 모두 배제하는 일은 불가능하기에 그것이 연구자에게 주변 세계에 대한 적절한 해석을 가능하게 하는 피할 수 없는 출발점이라는 사실을 간과해서는 안 될 것이다. 우리는 올바른 인간 이해와 세계 이해의 기반이 되는 역사적인 전통이 교육에 있어서 대단히 중요한 계기가 된다는 사실을 잊지 말아야 한다.

교육사 연구는 단순히 과거로 돌아가서 예전의 삶의 교훈을 살피고 보존하는 작업이 아니다. 교육사는 현재의 눈을 통해 현재의 교육이라는 관점에서 과거를 돌아봄으로써 성립될 수 있다.

2. 고대의 교육

1) 그리스의 교육

서양 문화의 원류는 고대 그리스에서 시작되었다(Boyd, 1994). 그리스의 문화는 도시국가(polis)를 기반으로 한 휴머니즘의 추구, 미와 진리에 대한 깊은 탐구 등을 그 특징으로 하고 있다. 특히, 스파르타와 아테네의 교육이 대표적이다.

스파르타는 도리아(Doria) 족이 세운 정복형 도시국가로 10배가 넘는 피지배계급인 노예들을 지배하고 있었으며, 이민족의 침입으로부터 도시를 보호하기 위하여 강력한 군대를 유지하고 있었다. 리쿠르구스(Lycurgus) 법전에 교육의 근거를 두었고, 건강한 신체 유지와 극기, 정신 배양, 엄격한 통제를 통한 강인한 전사의 양성이 교육의 목적이었다(Good, 1955). 교육은 크게 두 단계로 구분되었다. 유아기는 '어머니의 아들' 시기로, 남아는 출생 시 국가시험장(Lechese)에서 건강진단을 받아 합격하면 6세까지 가정에서 규칙적으로 엄격한 교육을 받았고, 불합격하면 산속 동굴에 버려졌다. 다음은 '나라의 아들' 시기로 7세에서 30세까지 24년간 국가에서 관리하는 공동훈련소(Agoge)에서 주로 군사훈련을 받았다. 이와 같이 스파르타에서는 엄격한 국가 관리로 군사교육을 실시하여 국가적 사업으로서 공교육제도를 최초로 실시했다고 볼 수 있다.

아테네는 이오니아(Ionia) 족이 세운 도시국가로, 공중의 복리를 위한 유용한 인간, 개인적 교양의 심화, 시민적 덕성 함양을 위한 힘과 슬기가 조화된 인간, 즉 심미적 인간을 양성하는 데 교육의 목적이 있었다. 교육내용은 3R(읽기, 쓰기, 셈하기) 교육과 음악, 체육, 유희, 시가 등이었고, 교육기관은 대부분 사립으로 운영되었던 체조학교, 음악학교, 김나지움(Gymnasium), 수사학교, 철학학교 등이었다. 대표적 교육사상가로는 소피스트(sophist)들과 소크라테스(Socrates), 플라톤(Platon), 아리스토텔레스(Aristoteles) 등이 있었다.

소피스트란 본래 지자 또는 현자라는 뜻으로 여러 분야의 지식이나 기능을 교수하는 직업적 학자들을 의미한다. 그들은 개인주의, 주관주의적 경향을 지녔으며, 웅변 및 수사학 등 사회적 출세를 위한 지식을 가르치는 유급 교사들이었다. 그들은 자연철학에서 벗어나 인간에 대한 사유를 하였으며 상대적 진리관을 주장하였다(김준섭, 1980). 대표적 사상가로는 프로타고라스(Protagoras), 이소크라테스(Isocrates) 등이 있다.

소크라테스는 철학적 각성을 통해 진지(眞知)를 알고 이를 실천하는 지행합일(知行合一), 지덕일치(知德一致)를 주장하여 덕의 교육 가능성을 열어 놓았다. 그는 아테네 시민들에게 보편타당한 진리와 도덕적 실천을 요구하였으며 진리의 절대성을 강조하였다.

플라톤은 소크라테스로부터 교육을 받았으며 아카데메이아(Academeia)를 설립하였다. 그는 교육목적을 도덕적 인간 양성에 두었고, 이데아(Idea)론을 주장하며 이상국가의 건설을 추구하였으며, 철인 정치가를 양성하는 데도 관심을 두었다. 또한 지혜, 용기, 절제, 정의 등의 4주덕을 강조하였다.

아리스토텔레스는 플라톤의 제자로 리케이온(Lykeion)을 설립하여 철학을 교육하였다. 그는 이데아론을 일원론적으로 규명하였는데, 이는 중세 기독교 교육의 스콜라 철학사상에 영향을 주었다. 또한 국민의 행복과 도덕적 인간 형성을 위해서는 국가에 의한 공교육이 실시되어야 한다고 주장하였다. 그리고 지덕일치의 실행을 위해서는 실천적 의지가 중요하다고 보았다.

2) 로마의 교육

로마는 기독교 사상과 그리스 철학, 헬레니즘의 자연과학을 받아들여 실용적인 교육을 강조하였고 정치가, 웅변가의 양성을 중시하였다. 책임감 있고 질서를 존중하며 권리와 의무를 지킬 수 있는 선량한 사람의 양성을 교육의 목적으로 삼았다. 그들의 교육적 이상은 주로 가정교육에서 성취되었다. 로마의 교육을 공화정시대와 제정시대로 나누어 살펴보면 다음과 같다.

공화정시대의 교육목적은 용감한 군인과 의무 관념이 강한 국민을 양성하는 것이었다. 교육내용은 3R과 12동판법, 체육이었고 가정 중심의 교육이 이루어졌다. 특히, 부모가 책임을 지고 자녀의 교육을 담당하였으며, 지적 교육보다는 암기훈련과 도제제도에 따른 실습 등이 강조되었다.

제정시대는 옥타비아누스(Octavianus)가 아우구스투스(Augustus)란 칭호를 받은 B.C. 27년부터 시작되었다. 이 시대에는 교육에 대한 국가의 관심이 증가되어 각종 학교를 설립하여 교육의 진흥을 기하였다. 교육목적은 국가와 사회에 봉사할 수 있는 지적 인간, 즉 웅변가를 양성하는 것이었다. 교육내용은 4과(산술, 기하, 천문, 음악)와 3학(문법, 수사학, 논리학)으로 구성된 7자유학과, 체육교육 등이었으며, 스토아 학파의 교육철학과 12동판법의 교육법규를 토대로 초등교육기관(Ludus), 중등교육기관, 수사학교, 철학학교 등이 설립되었다.

로마의 교육사상가로는 카토(M. P. Cato), 키케로(M. T. Cicero), 세네카(L. A. Seneca), 퀸틸리아누스(M. F. Quintilianus) 등이 있다. 이 중 키케로는 공화정시대의 교육사상가로 교육에서 인간의 천부적 소질을 완성하여 이성적 존재로서의 덕성을 발휘하게 하는 것이 중요하다고 강조하였다. 그는 인문주의와 자유주의 교육을 중시하였으며, 교육의 목적은 국가에 충성할 수 있는 로마시민을 양성하는 것이어야 한다고 하였다. 퀸틸리아누스는 제정시대 로마의 대학자로 황제로부터 교육보조금과 공적인 봉급을 받았던 최초의 공교육 교사였다. 그는 교육의 목적을 아동의 천부적 능력을 발전시키는 것으로 보고, 체벌 금지, 개성 존중, 조기교육 주장, 흥미와 유희의 중시, 교사 선택의 중요성 등을 강조했다.

3. 중세의 교육

중세의 교육은 기독교적인 교육이 주를 이루었는데, 도덕적 성격을 기반으로 내세에 대한 준비를 그 목적으로 하였다. 이상적인 기독교인의 양성을 지향하였으며, 내세주의, 신중심주의, 주정주의(主情主義) 등의 교육적 특징을 지녔다.

1) 기독교 교육기관

중세는 교황이 보편적 권위를 가지고 통치한 시대로서 교육의 주도권 역시 교회로 넘어가게 되었다. 11세기경에 모든 교회 안에 학교가 재정비되었는데, 문답학교는 주로 일반 대중과 이교도들을 교화하고 세례를 받지 않은 아동에게 기독교의 예비교육을 실시하였다. 교육내용은 교리문답, 찬송가, 읽기, 쓰기, 셈하기 교육 등이었다.

고급문답학교는 문답학교의 교수나 교회의 지도자 양성을 위해 설립된 교육기관이었다. 교육내용은 신학, 그리스 철학, 수사학, 자연과학, 수학 등 광범위하였다.

본산학교는 교회에 부설된 교육기관으로 감독학교, 사원학교라고도 불렸다. 성직자 양성과 일반인 자제의 교육을 담당한 학교로 철학, 신학, 수학, 그리스 문학 등을 교육하였으며, 우주 본질에 관한 신학적 논쟁을 통해 스콜라 철학도 심도 있게 연구하였다.

수도원학교는 수도원에 부설되어 성직자의 자제, 일반 성도의 자제들 중 5~7세부터 15세까지의 아동을 수용하여 교육하였다. 교육내용은 초등과 고등으로 나뉘었는데, 초등단계는 읽기, 쓰기, 셈하기 등을 가르쳤다. 고등단계에서는 7자유학과와 신학을 주로 다루었고 게르만족에 대한 포교활동을 위해 선교사를 양성하였다.

중세 최고의 학문은 신학이었다. 신학을 연구함에 있어서 학자들은 그리스 철학의 힘을 빌어서 가톨릭 교회의 교리를 이론적으로 설명하려 하였다. 즉, 신앙과 이성의 조화를 추구한 스콜라 철학은 중세 대학의 발달에 많은 영향을 주었다.

2) 기사도 교육

중세의 세속교육으로는 기사도 교육이 있었다. 기사도 교육의 목적은 신앙을 옹호하고 약자를 보호하며 교회와 국가의 권익을 위해 유능한 인재를 양성하는 데 있었다. 교육과정은 7~8세까지는 가정교육을 통해 종교교육과 순종하는 것을 배우게 하였으며, 14~15세까지는 시동이라 하여 중정 또는 하위의 귀족 집에서 다른 시동들과 생활하게 하였다. 이는 군주를 모시고 예절을 배워 장래 기사가 될 기초적인 훈련을 받는 상태이며, 15~20세까지는 선배기사로부터 기사가 되기 위한 체계적이고 강인한 교육을 받게 하였다. 그리고 21세가 되면 장엄한 종교 의식을 거친 후 기사의 지위에 올라 활약하게 하였다.

이러한 기사교육은 중세에서 세속교육을 대표한다. 그것은 학교에 의하지 않은 비형식적 교육, 즉 실생활을 통한 교육이라는 점과 상류사회의 교육이었다는 점 등이 그 특색이라 할 수 있다.

3) 중세 대학

12세기 말에 학자와 학생들이 자유로운 연구를 위한 연구단체(universitas)를 설립함으로써 대학교육이 시작되었다. 이 연구단체가 나중에 유니버시티(university)가 되어 종합대학의 성격을 갖게 되었다. 가장 먼저 세워진 대학은 이탈리아의 볼로냐 대학과 남부 이탈리아의 살레르노 대학이었다.

교육은 필기와 토론 중심으로 이루어졌으며, 대학 내 자치권, 학위 수여권, 각종 선출권, 면세 · 면역 특권 등이 있었다. 중세 대학의 성립은 학문의 발달을 가져왔으며, 인문주의 교육과 실학주의 교육, 계몽사상의 등장과 발달에도 많은 영향을 주었다.

4) 시민교육

중세 후기에는 시민교육, 즉 세속교육이 활발하게 진행되었다. 12세기 말에 인구 증가와 함께 자유민의 도시로의 유입이 확대되면서 이탈리아의 항구도시를 중심으로 상공업이 발달하였다. 상공업자들은 조합(guild)을 결성하여 직업의 이익과 발전을 촉진시키려고 노력하였으며, 후에 부를 축적하여 성직자나 귀족 계급에 맞서는 제3세력으로 등장하였다. 그들은 직업적이고 생산적인 교육을 실시하기 위해 조합학교(시민학교, 도시학교)를 만들었다. 조합학교는 크게 두 종류로 구분되었다. 하나는 대학 진학을 준비하는 예비 교육기관으로서의 라틴학교(독일), 문법학교(영국), 공중학교(영국) 등이었고, 다른 하나는 빈곤한 하류계층의 자제들이 다니는 직업학교로서 조합학교(영국), 독일어학교(독일), 습자학교(독일) 등이었다.

한편 비형식적으로 실생활을 통한 교육을 행했던 도제교육이 이루어졌다. 이러한 도제교육제도는 견습공(apprentice), 직인(journeyman), 장인(master)이라는 세 계층을 구분하여 직업적 전문 기술을 전수하였다. 높은 기술 수준과 그 기술을 뒷받침하는 전문적 직업윤리의 강조는 16세기 종교개혁 과정에서 프로테스탄트(protestant)에 영향을 끼쳐 근대 자본주의 정신으로 전승되었다.

4. 근세의 교육

1) 문예부흥과 인문주의

이탈리아를 중심으로 일어난 문예부흥(Renaissance)은 북유럽의 종교개혁과 더불어 유럽의 역사를 근대로 전환시킨 획기적인 사건으로, 이는 모두 중세의 권위에 억압당해 온 인간 정신의 해방과 새로운 인간성 수립을 추구하였다. 이 운동을 계기로 교권에 억압당하던 왕권은 다시 권위를 회복하게 됨으로써 신흥시민계급과 결탁하여 절대주의 정치체제를 확립하였다.

문예부흥의 근본사상은 인문주의였다. 따라서 교육은 인본주의 정신을 구현하기 위한 조화적인 인간상을 형성하는 데 그 목적을 두었다. 일반적으로 인문주의 교육은 개인적 인문주의와 후기의 사회적 인문주의 그리고 키케로주의(Ciceronianism)로 구분될 수 있다.

(1) 개인적 인문주의

개인적 인문주의는 이탈리아를 중심으로 전개되었는데, 국가나 사회보다는 개인의 발달, 개성의 신장, 개인의 행복을 더 중시하였다. 교육의 목적은 개인의 교양을 중심으로 자기표현, 창조적 활동의 자유를 누릴 수 있는 인간 형성이었으며, 이러한 교양은 그리스 · 로마의 고전에서 얻을 수 있다고 보았다. 건전한 신체와 정신의 조화로운 발달을 위해 체육교육이 중요시되었고, 교양 있는 신사 양성이 강조되었다. 교육내용은 인문과학과 그리스 · 로마의 고전문화, 고전예술을 중심으로 라틴어, 도덕, 예의, 체육, 음악 등에 관련된 것들이었다. 그리고 억압과 체벌 대신 개성과 흥미, 자유교육 등을 강조하였다.

(2) 사회적 인문주의

사회적 인문주의는 북유럽에서 시작된 인문주의로, 개인의 발달이나 개성의 신장보다 국가사회의 발달을 교육의 중요한 목적으로 삼았다. 즉, 사회개혁과 인간관계의 개선에 관심을 갖고 사회적 · 종교적 · 도덕적 교육을 강조하였다. 교육내용은 고전과 성서문학이며, 언어교육으로 라틴어, 그리스어, 히브리어 강좌가 개설되었다. 교육방법은 학습자의 흥미와 능력을 중요시했으며, 학습에 대한 이해와 연습, 기억을 강조하고 학습 후 생활에 응용하도록 하였다.

(3) 키케로주의

인문주의 교육이념은 문예부흥 말기에 이르러 고전 중심의 교육으로 변질되었다. 즉, 고전의 내용이나 정신보다 고전의 형식을 강조하고 주로 고전문장의 암송에 열중하였다. 이러한 고전어 학습의 경향을 언어주의라고 했는데 16세기 초에 절정을 이루었다. 특히, 고전문학 중에서도 키케로의 문장을 가장 우수한 것으로 여기고, 그의 문장을 암송하고 그가 사용한 단어 등을 활용하는 키케로주의가 성립되었다. 교육방법은 문체를 암송하고 표현할 수 있도록 하기 위한 암기 위주의 방법이었다.

〈표 2-1〉 개인적 인문주의와 사회적 인문주의, 키케로주의의 비교

	개인적 인문주의	사회적 인문주의	키케로주의
특징과 성격	• 이탈리아에서 발생 • 개인의 교양 중시 • 개성의 신장, 개인의 행복에 관심 • 심미적, 귀족적, 개인적	• 북유럽에서 발생 • 사회개혁과 도덕개혁 추구 • 사회 전체의 행복과 인간관계의 개선에 관심 • 종교적, 사회적	• 문예부흥 말기에 발생 • 고전중심 교육 • 고전의 내용이나 정신보다 형식을 강조 • 언어주의라 불림
교육목적	• 자유교육, 인간 완성	• 종교와 도덕에 의한 사회 전체의 행복 추구	• 키케로의 문체를 활용할 수 있는 인재 양성
교육내용	• 그리스 · 로마의 고전 • 고전어, 체육, 음악	• 고전문학 • 성서문학	• 고전문장의 암송 • 키케로의 문장 암송
교육방법	• 강의법 • 개성 존중 • 학생의 자치활동 중시 • 흥미 위주의 교육	• 학생의 자치활동 중시 • 흥미 위주의 교육	• 문체 암기 위주의 교육

2) 종교개혁과 교육

(1) 신교의 교육

종교개혁은 로마 가톨릭 교회의 부패와 타락, 중세의 신 중심의 권위주의, 형식주의의 속박으로부터 벗어나고자 했던 신앙개혁 운동이다. 특히, 문예부흥운동이 영주, 귀족, 상류층을 중심으로 전개되어 지적, 심미적, 문화적인 데 비하여, 종교개혁운동은 사회, 도덕, 종교, 정치적인 성격을 지니고 있다. 종교개혁자들은 교육을 통해 개인의 의식과 양심을 추구하는 한편, 사회와 국가와 교회를 위해 봉사하는 도덕적 품성을 기르고자 하였다. 종교개혁 사상 가운데서 교육에 가장 큰 영향을 미친 것은 국민 공교육에 대한 이념이다. 이 이념은 근대 보통교육제도의 정신적 토대로 작용하였으며, 그 결과로 나타난 것이 독일의 고타 교육령과 미국의 매사추세츠 교육령이라 할 수 있다.

고타(Gotha) 교육령은 1642년 고타공국의 영주인 에른스트(Ernst)가 루터(M. Luther)의 종교개혁 정신을 이어받아 제정한 것으로 취학의 의무, 학급편성, 학교관리, 교과과정, 교수방법 등을 갖추고 있다. 이 교육령은 세계 최초의 의무교육령으로서 역사적 의의가 있다.

매사추세츠(Massacuasetts) 교육령은 칼뱅주의에 입각하여 1642년에 공포한 법령으로, 신앙의 기초를 확립하기 위한 수단으로서 '교육은 국가의 책임'임을 인식하고 공교육체제를 마련하고 있다. 구체적으로 부모나 고용주의 교육 의무를 규정했고, 지방자치단체의 학교 설립 의무와 의무교육 감독권을 인정했으며, 세금을 기반으로 해서 운영되는 무상교육제도를 만들었다.

신교의 대표적 교육사상가로는 루터, 멜란히톤(P. Melanchthon), 칼뱅(J. Calvin) 등을 들 수 있다.

(2) 구교의 교육

신교의 세력 팽창은 로마 가톨릭 교회 내에 자체적 각성운동을 일으켰다. 가톨릭 교회의 교리를 향상시키고 교육의 보급을 통해서 반종교개혁운동을 조직적으로 전개한 단체는 예수회(Societas Jesuit)다. 예수회는 1534년 스페인의 군인이며 귀족 출신인 로욜라(I. Loyola)가 창립하여 1540년에 교황 바오로 3세로부터 교단으로 인가를 받았다. 예수회는 엄격한 훈련과 규율을 준수하고 중등교육과 대학교육을 중심으로 교육과 선교 사업에 정진하였다.

교육목적은 기독교 사회의 신앙심을 고무시키는 지도자를 양성하는 데 있었다. 예수회는 훌륭한 조직과 무상교육, 우수한 교사 양성을 위한 철저한 교육 등을 통해 교사양성제도를 확립함으로써 교사의 사회적 지위를 향상시켰다.

5. 17세기와 18세기의 교육

문예부흥기의 인문주의 교육은 인간의 존엄성에 대한 의식의 확산과 자유교육의 발전에 공헌하였다. 그러나 인문주의 교육은 시간이 지나면서 점차 언어주의와 형식주의로 변질되었다. 한편 종교개혁은 현실생활에 입각한 교육을 하는 계기가 되었으며 대중교육의 발달에도 기여하였다. 그러나 교육내용에 있어서 종교와 도덕 문제에 치중하는 이상주의를, 교육방법에 있어서는 형식주의를 견지하는 한계를 지니고 있었다.

이러한 교육문제가 누적되어 갈 무렵 코페르니쿠스(N. Copernicus)의 지동설을 비롯한 자연과학 영역의 새로운 이론들이 발표되었고, 이를 통해 새로운 지적 변화가 전개되었다. 이러한 지적 변화는 기존의 교육문제를 극복하기 위한 실학주의 교육사상이 등장하는 계기가 되었다.

1) 실학주의 교육

17세기에 등장한 실학주의 교육은 실생활이나 사물을 통해 지식을 습득하고 그것을 생활에 적용할 수 있는 유능한 인물의 양성을 그 목표로 하였다. 강제적이고 주입적인 교육보다 인간의 감각 작용을 중시한 교육을 실시하였다. 과학적 사고와 인간의 이성적 능력 개발을 교육목적으로 했으며, 학습방법에 있어서 관찰과 경험을 강조하는 감각적 직관교수를 중시하였다. 실학주의는 인문적 실학주의, 사회적 실학주의, 과학적(감각적) 실학주의 등으로 구분될 수 있다.

인문적 실학주의는 실학주의의 선구로서 고전을 추구한다는 점에서는 인문주의와 같으나, 고전을 배워 실생활에 이용하고 적용하려고 하였다는 점에서 차이가 있다. 교육목적은 실생활을 준비하는 도구로 고전을 추구하고 탐구하여 현세의 생활에 잘 적응할 수 있는 유능한 인간을 양성하는 것이었다. 교육내용은 그리스어, 라틴어, 히브리어 등이 주가 되었으며, 교육방법은 개인의 흥미와 능력에 맞게 교육할 것과 자발성의 원리에 따를 것을 강조하였다. 인문적 실학주의자로는 비베스(J. L. Vives), 라블레(F. Rabelais), 밀턴(J. Milton) 등이 있다.

사회적 실학주의는 유용하고 다양한 사회적 경험을 통해 신사로서 필요한 자질과 능력을 갖추는 것을 강조하였다. 특히, 교육이 사회인으로서 실제적이고 유익하며 행복한 삶을 영위할 수 있도록 준비시켜야 한다고 보았다. 사회적 실학주의자로는 몽테뉴(M. E. Montaigne), 로크(J. Locke) 등이 있다.

과학적 실학주의라고도 하는 감각적 실학주의는 사람의 감각이나 직관에 따라 지식 기능을 습득하는 것을 중시하였다. 또한 자연과학의 정신과 방법을 교육에 도입해야 한다고 보고, 귀납적 사고를 기반으로 하는 실물 위주의 경험교육을 강조하였다. 아울러 모든 교수활동이 자연의 순서에 따라 진행되어야 하며, 구체적 사물을 먼저 가르치고 법칙은 나중에 가르쳐야 한다고 주장하였다. 교육내용으로는 모국어, 자연과학, 사회과학 등 실제 생활에 필요한 과목들을 교수하여 인간 생활의 향상을 도모하였다. 감각적 실학주의자로는 코메니우스(J. A. Comenius), 라트케(W. Ratke), 베이컨(F. Bacon) 등이 있다.

2) 자연주의 교육

자연주의 교육사상은 18세기 서양 근대교육 운동으로 인간 중심의 자유교육을 지향하였다. 교육을 통해 아동의 내적 잠재 가능성을 발현시키고, 인위적 통제에 의한 교육은 배제하고 자연의 법칙에 따른 아동 중심의 열린 교육체제를 추구하였다.

대표적인 교육사상가는 루소(J. Rousseau)다. 그는 『에밀(*Emile*)』을 통해 교육의 목적을 개인의 자연적인 선을 잘 보전하고 개인의 권리를 기초로 한 사회를 건설하는 것으로 보았다. 『에밀』에서는 교육단계를 유아기, 아동기, 소년기, 청년기, 성인기의 5단계로 구분하고 각 시기에 따른 교육적 견해를 설명하였다. 루소는 당시의 사회적 출세를 위한 교육이 아동의 자연성을 무시하는 인위적 교육이라고 비판하였다. 따라서 아동의 선천적 선이 자발적으로 발전할 수 있도록 인위적인 사회의 모든 죄악에서 벗어나게 해야 한다고 보았다. 또한 선하게 성장하려는 선천적 경향성은 개인 나름의 자연성에 따라 다르다고 보는 주관적 자연주의를 주장하였다. 그의 자연주의 교육은 인간교육을 중시하고 아동의 자발성과 개성을 존중하는 교육이론으로, 아동의 흥미와 관심에 따른 직접적인 경험과 감각적 접촉을 교육의 내용으로 강조하였다.

그러나 루소의 교육사상은 자유주의 교육, 실물교육, 아동중심 교육에 커다란 영향을 끼쳤음에도 불구하고 많은 비판을 받고 있다. 즉, 자연성을 지나치게 중시한 나머지 역사적 · 사회적 전통을 도외시했으며, 아동의 자발성과 개성을 지나치게 강조함으로써 자유방임주의와 개인주의의 위험성을 내포하고 있다는 평가를 받고 있다. 또한 『에밀』에서 남성인 에밀과는 달리 여성인 소피아의 교육에 대해서는 현모양처라는 목표를 설정함으로써 남녀차별적인 교육관을 지니고 있다는 비판을 받고 있다.

3) 범애파 교육

범애파 교육은 루소, 코메니우스, 로크 등의 영향을 받아 독일을 중심으로 전개되었다. 일반적으로 범애주의란 기독교의 박애주의 정신을 의미하는 것으로 독일의 도덕교육 발전에 큰 영향을 주었다. 대표적 사상가로는 바세도브(J. B. Basedow), 살즈만(C. G. Salzman) 등을 들 수 있다.

특히 바세도브는 18세기 독일 교육을 개혁한 대표적 사상가였다. 그는 범애학원을 설립하여 루소의 자연주의 교육설을 그대로 실천하고 실제로 교육에 적용한 인물이다. 교육목적은 인류애에 기초를 두고 아동으로 하여금 공익에 힘쓰도록 하며 인간애와 애국심을 길러 행복한 시민생활을 준비하도록 하는 데 관심을 두었다.

6. 19세기의 교육

1) 신인문주의(계발주의) 교육

19세기에는 학습자의 심리를 교육적으로 활용하는 데 관심을 가진 교육자들이 많이 나타났다. 이 시기의 교육사상가들은 공통적으로 학습자의 심리를 존중하고 그에 따라 인간의 발달을 도모하는 것에 관심을 두었다.

이러한 신인문주의는 로마의 고전보다 그리스의 고전을 중시하였고, 인간성의 발달을 목적으로 하였으며, 개인의 완성과 자유의 실현을 추구하였다. 특히, 인간의 자연성과 이성을 조화롭게 발달시키는 데 교육의 목적을 두었다. 대표적 교육사상가로는 페스탈로치(J. Pestalozzi), 헤르바르트(J. F. Herbart), 프뢰벨(F. W. A. Fröbel) 등이 있다.

페스탈로치는 유아와 빈민교육의 아버지라 불리는 위대한 교육의 성자이며 교육실천 운동가였다. 그는 환경과 사회적 상호작용의 과정에서 아동은 적절한 행동의 변화를 가져오며, 교육을 통해 사회는 끝없이 개혁이 이루어진다고 역설하였다. 그리고 루소의 영향을 받아 인간의 선한 본성을 믿었으며 도덕적 · 지적 · 신체적인 각종 능력들의 조화로운 발달을 추구하였다. 그의 교육사상은 생활에 의한 도야를 주장하는 생활주의, 자연의 원리에 부합되는 교수원리, 그리고 도덕적이고 종교적인 마음의 계발과 각성에 대한 강조로 요약될 수 있다.

페스탈로치는 인간의 행복이나 불행은 교육을 통한 인간성 계발 여하에 따른다고 보았다. 이를 위해 덕(德), 지(知), 체(體)의 조화로운 계발을 강조하였으며, 그중에서도 도덕과 관계된 덕성교육을 중시하였다. 또한 초등교육의 본질적 요소는 수(數), 형(形), 어(語)에 있다고 보고, 수에 관계된 계산과 수학, 형에 관계된 도화, 습자, 측량, 그리고 언어에 관계된 쓰기, 말하기, 읽기를 강조하였다.

헤르바르트는 19세기 교육방법의 개선에 큰 영향을 주고 교육학을 과학적으로 체계화한 교육사상가다. 그는 교육목적을 도덕적 인간 육성에 두었으며, 아동 중심의 자발성 교육, 합자연성의 교육을 강조하였다. 또한 교육 목적에 대한 학문으로서의 윤리학과 교수방법에 관한 학문으로서의 심리학을 보조학문으로 하여 교육학을 체계화하려고 노력하였다.

한편 교육방법으로 대상을 뚜렷하게 인정하는 명료, 신·관념을 결합해서 인식하는 연합, 연합된 관념을 질서 있게 체계적으로 조직하는 계통, 체계화된 지식을 활용하고 유용하는 방법의 4단계 교수설을 제시하였다. 또한 교수활동에 있어 교수, 훈련, 관리의 상호 유기적 관계를 통한 교육의 전개를 강조하였다.

프뢰벨은 헤르바르트와는 달리 엄격한 지적 훈련방식을 지양하고 아동의 자발성과 창의성을 존중하는 교육이론을 전개하였다. 종교적인 세계관에 바탕을 두고 아동의 선천적인 잠재력을 계발하고 실현시켜 주는 것을 교육의 목적으로 삼았다. 그의 주된 관심의 대상은 발달의 초기에 있는 유아들이었다. 유아들의 잠재적 능력의 계발을 위해 유희, 수공, 노래, 언어, 율동 등을 교육활동에 적극적으로 활용하였다.

프뢰벨은 1837년 유아를 위한 교육기관을 설립하고 1840년 유치원(Kindergarten)이라는 이름을 최초로 명명했으며, 아동의 흥미를 유발할 수 있는 은물(恩物, Gaben)을 제작하여 교육에 활용함으로써 아동의 능동성과 자발성을 근간으로 한 유치원 교육의 발전 및 제도화에 많은 영향을 끼쳤다.

2) 산업혁명과 교육

산업혁명은 1770년대에서 1830년대까지 주로 영국을 중심으로 일어난 산업상의 혁명으로 경제적 자유주의의 승리였다. 그러나 산업자유주의는 동시에 경제적 무정부 상태를 초래했고, 자본가는 영리의 추구에만 몰두하여 공장에서 노동자를 혹사시켰다. 또한 기계는 인간의 노력을 절약시키기보다 오히려 임금을 저하시키는 결과를 가져와 많은 빈민을 발생시켰다. 이와 같은 문제를 해결하기 위한 방법으로 빈민들을 위한 교육이 등장하였고 일요학교, 자선학교, 조교제도, 유아교육운동 등이 나타났다.

일요학교는 영국의 레이크스(R. Raikes)가 창설한 것으로 공장의 노동자 자녀들에게 초보적인 종교교육과 읽기, 쓰기, 셈하기 교육 등을 실시하였다. 이는 영국 각지로 전파되어 1785년에 전국일요학교 진흥협회가 창설되었고, 1786년에는 미국에 급속도로 전파되어 국민 대중교육 보급에 큰 역할을 하였다.

자선학교는 빈민 자제의 교육을 위해 1680년 영국에서 창시된 교육기관으로, 빈민에 한해서 입학이 허용되고 무료로 수업이 진행되었으며 학용품 또는 의복 등도 무료로 제공되었다.

자선학교에 빈민 자제의 수가 급증하자 많은 학생들을 교육하기 위해 벨(A. Bell)과 랑카스터(J. Lancaster)에 의해 고안된 교수법이 조교제도(monitorial system)였다. 이는 성적이 우수한 상급생을 조교로 임명하여 하급생을 지도하게 함으로써 한 명의 교사가 많은 아동을 담임할 수 있도록 한 일종의 대량교육 방식이었다. 영국의 조교제도는 유럽의 다른 지역과 미국에까지 전파되어 보편적 교육, 즉 공교육제도의 발전에 크게 기여하였다.

유아교육운동은 교육을 사회개혁의 수단으로 보고 산업혁명으로 인해 부패된 사회를 교육을 통해 개혁하고자 했던 오웬(R. Owen)에 의해 시작되었다. 그는 노동자의 자제들을 위한 성격형성학원을 1816년 스코틀랜드에 처음으로 설립하였다. 그 부속기관이 유아학교로 탁아 기능과 교육 기능을 동시에 담당하였다. 유아학교는 초등교육법에 의해 영국 초등공립교육제도의 정규적인 일부 학교로 편입되어 오늘에 이르고 있다.

3) 국가주의 교육과 공교육

국가주의 교육은 19세기에 이르러 공교육체제의 강화, 교육사업의 국가관리, 교육제도의 국가 통제, 의무교육제도, 대중교육 실시 등을 보편적으로 현실화시키는 데 기여하였다. 교육을 통한 유능한 인재 양성과 함께 민족적 대단결을 추구하고 국가의 부국강병을 이루고자 했던 교육운동이었다. 피히테(J. G. Fichte), 슐라이어막허(F. E. D. Schleiermacher), 크리크(E. Krieck)

등의 교육사상가가 있다.

공교육제도는 서양사회에서 19세기 후반에 근대적 학교제도의 체제로 다져졌다. 독일에서는 이미 종교개혁자 루터가 공교육을 주장한 바 있고, 프랑스에서는 1870년 제3공화국이 탄생하면서 공교육제도를 확립하기 위한 노력이 적극적으로 이루어졌다. 미국에서는 매사추세츠 주에서 의무교육을 법으로 규정하여 근대적 교육제도의 선구를 이루었다. 공교육의 특징은 ① 교육과 종교를 분리하는 교육내용의 세속화, ② 모든 사람에게 교육의 문이 개방되는 무상교육, ③ 의무교육, ④ 학교의 설립과 유지를 감독하는 교육의 국가적 통제 등으로 규정될 수 있다.

7. 20세기의 교육

1) 유럽의 교육사조

20세기의 세계 정세는 유럽 각국으로 하여금 국민교육의 필요성을 절감하게 하여 중앙집권적이고 체계적인 교육제도를 지향하게 만들었다. 그들은 교육이 국가의 중요한 기능이며 정부의 중대한 의무라고 생각하게 되었다.

프랑스는 제2차세계대전 이후 통일학교운동이 전개되어 무상교육을 초등학교 수준에서 단계적으로 높이기 위해 많은 노력을 기울였다. 제4공화국에는 의무교육 연한의 연장 및 실업학교와 중등학교의 증설을 시도하고 모든 청소년에게 중등교육과 고등교육의 혜택을 제공하기 위해 많은 노력을 기울였다. 또한 지나친 중앙집권적인 교육체제를 개선하여 교육의 지방분권화를 꾀하였다.

독일은 제1차세계대전 이후 바이마르공화국에서 교육의 민주화 경향이 현저하게 나타났다. 독일 교육의 중앙집권적이고 귀족주의적 성격을 타파하고 모든 아동에게 동일한 교육 기회를 제공하기 위해 문호를 개방했다. 또한 교육에 관한 지방의 권한을 증대시키고 지방의 필요에 따라 교육정책의 수립을 용이하게 만들어 주었다.

영국은 1918년 피셔법을 통해 14세까지의 아동에 대한 의무교육을 결정하고 공립초등학교의 무상교육을 실시하였다. 또한 1944년의 교육법에 의해 중앙정부에 새로 교육부가 설치되어 지방정부에 대한 교육감독권을 장악하였으며, 지방정부의 초 · 중등교육은 교육부의 승인을 받아서 시행하도록 교육부의 권한을 강화하였다. 더불어 사립학교에 대한 교육부의 권한도 강화하여 재정지원, 교직원의 임면, 학교 시찰 등의 권한이 확대되었다.

20세기 유럽에서는 또한 아동중심 교육이 활발하게 진행되었다. 대표적인 아동중심 교육사상가는 엘렌 케이와 몬테소리다.

엘렌 케이(Ellen Key)는 기존의 아동교육의 최대 오류는 여전히 아동을 교사의 손에 의해 마음대로 만들어지고 개조되는 하나의 무기물처럼 취급하고 있는 점이라고 보았다. 이를 극복하기 위해서 아동을 목적 자체로 보고 아동의 생명에 대한 끝없는 외경을 기초로 아동중심 교육사상을 강조했다. 즉, 아동 생명의 자유로운 발전을 조성하는 일을 교육의 사명으로 보면서, 종래의 교육은 외부로부터 강제로 부과됨으로써 내부로부터의 자발적인 성장이 저해되는 경우가 많았다고 지적했다. 그녀는 아동중심주의가 교육의 휴머니즘 운동으로 전개되는 데 결정적인 역할을 담당하였다.

몬테소리(M. Montessori)는 1907년 '어린이의 집'을 설립하여 빈민 아동들을 지도하면서 기존의 교육이론과 아동관에 얽매이지 않고 아동의 자연적 모습 그대로를 관찰하면서 자신의 교육사상을 구체화시켰다. 그녀에게 교사란 아동이 주위의 사물에 주의를 빼앗기거나 자력으로 거기서 빠져나올 수 없을 경우 아동에게 일회적으로 개입하여 교육이 지향하는 자기 창조의 길로 인도해 주는 역할을 하는 사람이다. 그녀는 교육의 임무를 아동의 환경을 정리해서 아동의 자기발전을 조성하는 일이라고 보았다. 그러므로 교사는 아동의 자유와 활동을 존중하고 아동의 발달과정을 관찰 · 측정하고 보호해야 한다고 강조했다.

2) 미국의 교육사조

20세기 미국에서는 진보주의 교육사상을 실천하는 진보적 학교로서 생활학교가 나타나게 되었다. 1940년대부터는 올슨(E. G. Olsen)에 의해 생활 중심의 지역사회학교가 발전하기 시작하였다.

파커(F. W. Parker)는 듀이에 의해 진보주의 교육의 아버지로 불렸던 교육사상가로 미국 교육을 초기의 선험적인 교육에서 과학적이고 실증적인 교육으로 전환시키는 데 크게 기여했다. 그는 교수법에 관해서는 페스탈로치, 아동관에 관해서는 프뢰벨, 교육원리에 관해서는 헤르바르트로부터 많은 영향을 받았던 교육실천가였다. 그는 교육방법에 있어 관찰과 서술 그리고 이해를 강조했으며 아동을 교육과정의 중심에 두는 아동중심 교육의 원리를 중시했다.

듀이는 시카고 대학의 교수로 재직하면서 1896년 실험학교를 개설하였다. 실험학교의 학생들은 단순히 사물의 관찰자에서 점차적으로 이론적 연구자로 성장해 가며 협동학습과 독립학습을 동시에 하면서 자기의 생각을 분명하게 표현할 수 있도록 교육받았다. 그는 생활 경험 자체가 교육의 기초이며, 학습활동은 사회적 활동의 산물이라고 보았다. 또한 학습은 개인의 사려 깊은 활동으로서 새로운 상황에 대응할 수 있는 능력을 기르는 것으로, 학교교육은 협동과 과학적 방법을 통해 사회의 발전에 유익한 영향을 미친다고 보았다. 듀이의 실험학교의 성공은 미국 각지에 진보주의 학교의 설립을 촉진시켰고, 1919년 워싱턴에서 진보주의 교육협회가 결성되어 미국의 교육에 커다란 영향을 끼쳤다.

그러나 1929년 미국의 대공황으로 개인이 보다 잘 교육받는 것이 사회발전과 직결된다는 교육관은 통용될 수 없었고, 진보주의 교육도 개인에서 사회로 그 방향을 전환하게 되었다. 교육에 있어서 사회적 입장을 강조한 카운츠(G. Counts)는 1932년의 진보주의 교육협회 연차대회에서 새로운 사회질서의 확립을 위해 학교가 지도적 역할을 수행해야 한다고 강조하였다. 이런 주장을 기반으로 하여 지역사회학교운동이 시작되었다.

올슨은 지역사회학교의 원리를 지역사회 주민들의 삶의 질을 향상시키고, 지역사회를 학습의 장으로 활용하며, 학교를 지역사회의 중심으로 보는 것으로 규정하였다. 또한 인간 생활의 주요 과정과 문제를 중심으로 커리큘럼을 구성하며 학교정책이나 프로그램의 작성에 일반 주민을 참여시키고 학교가 지역사회의 조정자가 되어야 한다고 보았다.

제2절 한국교육사

이 절에서는 한국의 역사라는 시공 속에서 창출되었던 다양한 교육적 사유와 제도를 살펴봄으로써 오늘날 우리 교육의 문제점을 진단하고 교육 현실을 직시할 수 있도록 한다. 이를 위해 고구려, 백제, 신라와 통일신라의 교육제도를 먼저 살펴보고, 이를 기반으로 하여 형성된 고려와 조선, 개화기의 교육 제도와 사상에 대한 탐구를 사료 중심으로 살펴본다. 또한 일제시대부터 현재에 이르는 한국의 교육현상을 통사적으로 파악하여, 교육의 역사를 기반으로 한 과거와 현재 그리고 미래의 교육적 가치에 대해 고찰해 본다.

1. 고대사회의 교육

1) 원시시대의 교육

원시시대에는 각 집단의 성인이 미성년을 대상으로 생활중심 교육을 실시하였다. 즉, 가정을 중심으로 관찰과 모방, 시행착오를 통한 교육이 중점적으로 시행되었다. 우리나라는 고조선의 건국이념인 홍익인간 정신이 현재의 생활과 교육에 많은 영향을 끼치고 있다(『삼국유사』 권1, 기이2, 고조선 왕검조선).

2) 고구려의 교육

고구려의 공식적인 교육기관으로는 태학과 경당이 있었다. 태학은 고구려 17대 소수림왕 2년(372년)에 중앙에 설치된 우리나라 최초의 관학으로 관리 양성을 목적으로 설립되었다(『삼국사기』 권18, 고구려본기6, 소수림왕조). 상류계급의 귀족 자제를 중심으로 교육하였으며, 교육내용은 유교 경전인 5경, 3사와 함께 『삼국지(三國志)』, 『자통(字統)』, 『자림(字林)』, 『문선(文選)』 등이었다.

경당은 지방에 설립된 사립교육기관으로 우리나라 사학(私學)의 시초라고 할 수 있다. 입학 자격은 일반 서민 자제와 지방 호족의 미혼 자제에게 주어졌고, 유교 경전을 공부하는 통경(通經)과 활쏘기를 연습하는 습사(習射)를 함께 하는 문무일치 교육을 실시하였다(『구당서』 권199상, 열전149, 고려조).

3) 백제의 교육

백제의 학교 설립에 관한 공식적인 기록은 없으나, 근초고왕 때 박사 고흥이 『서기(書記)』를 기록하였다는 사실이 김부식의 『삼국사기(三國史記)』에 나오고 있다. 그리고 백제의 왕인 박사가 서기 285년에 천자문과 논어를 일본에 전하였다는 기록과 16관등 가운데 제1품으로 의례(儀禮)에 관한 업무를 맡았던 내법좌평이 있었던 기록으로 보아 학교가 있었을 것으로 추정된다.

4) 신라와 통일신라의 교육

(1) 신라의 화랑도

3국 통일 이전 신라 교육의 핵심은 화랑도 교육이었다. 화랑도는 우리 고유의 풍류정신과 유불선의 종교적인 사상이 통합된 청소년 수련단체였다(『삼국사기』 권4, 신라본기4, 진흥왕조). 평상시에는 사회적 지도자를 기르는 수양단체, 유사시에는 전사단의 기능을 하는 청년단체였다. 화랑제도의 목적은 국가에 헌신, 봉사할 수 있는 충실한 병사, 우수한 사회인, 능력 있는 지도자의 양성이었다.

교육방법은 산천과 명승지를 찾아다니며 호연지기를 기르고, 나라에 대한 사랑과 지식의 함양, 노래와 풍류의 정서훈련, 체력과 의지력의 단련이 주가 된 실생활을 통한 교육을 실시하였다. 화랑의 조직은 최고 책임자로 국선화랑이 있었고 그 밑에 3~4명의 화랑과 수백, 수천의 낭도가 있었다.

(2) 통일신라의 국학

통일신라의 교육기관은 국학(國學)으로 신문왕 2년에 당나라의 영향을 받아 설립되었다. 최고의 관학 교육기관이며 예부에 소속되었다. 교육목적은 중앙집권적 제도의 확립을 위한 관리 양성에 두었다. 교육내용은 유학과 기술학이었다. 유학은 『역경(易經)』, 『서경(書經)』, 『시경(書經)』, 『문선』, 『예기(禮記)』를 배웠고, 기술학은 산학, 의학, 천문학을 배웠다. 입학 자격은 무위자(無位者)에서부터 대사(大舍) 이하의 관직을 가진 자로서 15~30세를 원칙으로 하였다. 수업 연한은 9년을 원칙으로 했으나, 성적이 불량한 자는 9년을 넘어도 재학을 허락하였다. 우수한 학생들에게는 장학금을 주고 당나라에 유학을 보내기도 하였다(『삼국사기』 권38, 잡지7, 직관상).

원성왕 4년에는 독서삼품출신과로 불리는 관리선발제도를 실시하였다. 응시자의 성적에 따라서 상, 중, 하의 세 등급으로 구분하여 관리 임용의 순서로 삼았다. 시험내용은 국학의 과목으로 구성되었으며, 국학의 졸업시험과 같은 성격을 지니고 있었다.

신라시대의 교육사상가로는 힘과 슬기의 조화로운 인간상인 중도 인간상 또는 주체적인 의식인을 강조하며 불교의 대중화에 힘쓴 원효가 있다. 그리고 『화왕계(花王戒)』를 지어 군왕 교육이념을 제시한 설총이 있으며, 그 밖에 강수, 최치원, 김대문 등이 있다.

2. 고려시대의 교육

1) 교육기관

(1) 국자감

고려 민중들의 삶을 지배한 것은 불교사상이었으나, 통치 수단과 관리 양성에 있어서는 유교가 그 근간이 되어 각 학교에서 유교 경전이 교육되었다. 특히 고려 말 안향에 의해 원나라로부터 전래된 주자성리학은 새로운 정치철학과 교육철학으로 등장하였다.

성종은 유교적 교양에 투철한 인재를 양성하기 위해 국가적 교육기구인 국자감을 설립하였다. 국자감은 국자학을 중심으로 태학, 사문학, 율학, 서학, 산학의 6학으로 구성되었다. 국자학, 태학, 사문학에는 박사와 조교를 두었고, 문묘를 세워 향사하였다. 국자학의 경우 문무관 3품 이상의 자손, 태학은 문무관 5품 이상의 자손과 3품의 증손, 사문학은 문무관 7품 이상의 자녀가 들어갈 수 있었다. 그리고 율학, 서학, 산학은 문무관 8품 이상의 자녀 및 서인이 들어갈 수 있었다(『고려사』 권74, 지28, 선거2, 학교고).

(2) 학당

5부학당은 동서학당에서 시작해 개편된 고려 후기의 학교로 중앙에 설치된 관학이었다. 학당은 중등교육기관으로 지방에 세워진 향교와 같은 수준의 학교였다. 그러나 향교와 달리 문묘가 없는 것이 특징으로 조선시대의 4학으로 계승되었다.

(3) 향교

향교는 인종 5년(1127년)에 각 주현에 세운 지방학교로 관학교육기관이었다. 그 설립 기원은 확실치 않으나, 성종 5년에 유경습업(留京習業)했던 학생들 중 귀향한 학생들을 교육하기 위해 경학박사를 파견하여 지방 자제의 교육을 맡게 한 것이 향교의 시초였다. 문무관 8품 이상의 자녀와 서민들이 입학할 수 있었고, 성적이 우수한 사람은 국자감에 입학할 수 있도록 하였다. 고려의 향교는 문묘의 제를 두고 있는 것이 특색이었다. 교육 수준은 중앙에 있던 학당과 같은 중등 수준이며, 문묘 외에도 학생들에게 유학을 강의하는 곳으로 명륜당이 있었다.

(4) 12도

고려시대 사학(私學)인 12도는 12공도라 부르기도 하였다. 관학인 국자감이 부진하자 해동공자로 불린 최충이 세운 문헌공도를 비롯하여 당시의 유명한 학자들이 세운 12개의 사립교육기관을 12공도라 칭하였다. 12공도의 교육 수준은 관학인 국자감 정도의 수준으로, 교육목적은 관리와 인재 양성을 위한 과거 준비였다.

2) 과거제도

과거제도는 고려 광종 9년(958년)에 중국 후주 사람으로 고려에 귀화한 쌍기(雙冀)의 건의에 의하여 실시된 관리선발제도로 무과 없이 문과만으로 시작되었다. 쌍기는 한림학사의 자격으로 최초의 지공거가 되었다. 과거는 양민이면 누구나 응시할 수 있었는데, 초기의 과거 종목은 제술과, 명경과, 잡과 등이었고 시험 과목은 제술, 시, 부 등이었다.

초기의 과거는 단일제였다. 이러한 단일제가 계속 유지되다가, 공민왕 18년(1369년)에 이르러 원나라의 3층제 과거제도가 도입되었다. 그러나 과거제도는 등과하기 위한 출세 지향적 폐단으로 학문의 발전을 저해하였다. 치열한 경쟁으로 부정부패를 조장하였을 뿐만 아니라 교육이 귀족화 또는 특권화되는 부정적인 영향을 끼치기도 하였다(이만규, 1988).

3. 조선시대의 교육

1) 교육기관

(1) 성균관과 4학

조선의 교육은 유교 중심이었고, 성리학에 입각한 윤리철학을 교육철학으로 삼았다. 성균관은 태조 7년에 건립된 최고 교육기관으로, 교육목적은 인재 양성과 선현, 성현에 대한 제사 그리고 고급 관리의 배출이었다.

성균관의 교육은 독서, 제술, 습자 등을 통해 이루어졌는데 4서 5경이 특히 중시되었다. 경전의 학습에 있어 주자의 주석이 표준적인 해석으로 전제되어 다른 학풍과 서적들은 철저하게 금지되었다. 『대학(大學)』, 『논어(論語)』, 『맹자(孟子)』, 『중용(中庸)』, 『서경』, 『시경』, 『춘추(春秋)』, 『예기』, 『역경』을 단계적으로 학습했으며, 입학 자격은 생원과 진사를 원칙으로 하였다. 성균관에는 학생자치 기구인 재회가 존재하였다.

4학은 고려의 학당이 계승된 것으로 중앙에 설치된 중등교육기관이었다. 교육목적, 교육내용, 교육방법, 학제 등은 성균관과 거의 비슷했으나, 성균관이 성현들에게 제사를 지내기 위한 문묘를 갖추었음에 반해 4학은 순수한 교육기관이었다는 점에서 차이가 있다.

(2) 향교

고려 때부터 설립되었던 향교는 조선에 들어와 그 교육적 기능이 강화되어 지방의 중등교육기관의 중심이 되었다. 교육의 내용은 『소학(小學)』, 4서 5경이 중요한 과목이었고 『근사록(近思錄)』, 제례 등도 가르쳤다. 교육활동은 일과로 학습했으며, 매월 각 군의 수령은 그 결과를 관찰사에게 보고하였다. 관찰사는 순행하여 그들을 직접 고강(考講)하고 학령(學令)에 의하여 권징하며 교관의 성적을 기록·평가하였다. 향교와 향교 교관은 유생을 교도하는 일 이외에 향음례(鄕飮禮), 향사례(鄕射禮), 양노례(養老禮) 등을 통해 민간의 도덕적 향풍을 수립하였다.

(3) 서원

서원은 중종 말기(1541년) 풍기 군수 주세붕이 안향의 묘소에 사당을 세우고 백운동서원이라 명명한 후 청년들을 모아 학문을 강습하기 시작한 것이 그 효시가 되었다. 그 후에 이황의 건의에 의하여 '소수서원'이라는 이름으로 사액되어 면세, 면역의 특전까지 부여되자 전국에 많은 서원이 설립되었다. 그러나 서원은 조선 말기에 흥선대원군에 의하여 47개로 축소되었다. 교육목적은 선현에 대한 봉사와 후진 장학이었다.

(4) 서당

서당은 민중교육기관으로 훈장자영 서당, 유지독영 서당, 유지조합 서당, 촌락조합 서당 등의 다양한 형태로 설립되었다. 서당은 훈장과 접장 그리고 학도로 구성되었으며, 계절에 따라 가르치는 과목을 달리하였다.

교육내용으로는 『천자문(千字文)』, 『동몽선습(童蒙先習)』, 『소학』, 4서 3경, 통감 등을 강독했고 작문 등을 제술했으며 해서와 초서를 습자하였다. 그리고 교육방법으로는 개인별 수준학습 지도와 완전암송 방법이 사용되었다.

2) 과거제도

조선시대의 과거는 문과, 무과, 잡과가 실시되었다. 문과의 응시 자격을 취득하기 위해 치른 시험에서 4서와 5경의 시험에 합격한 자를 생원, 시·부 시험에 합격한 자를 진사라고 하였다. 문과시험은 초시, 복시, 전시의 3회로 나뉘어 실시되었는데, 3년마다 한 번씩 정기적으로 보는 식년시와 국가에 경사가 있을 때마다 수시로 보는 증광시, 왕이 문묘에 제례를 올릴 때 보는 알성시 등이 있었다.

조선시대에는 과거제도가 고려시대보다 더 체계적으로 운영되어 인재 발굴과 교육 진흥의 수단이 되었다. 그러나 한편으로 개인의 입신양명의 도구가 되어 정상적인 학문의 발달을 저해하고 학교교육의 비정상화를 초래하는 요인이 되기도 하였다.

3) 교육 관련 법규

조선시대는 교육 관련 법규를 제정하여 여러 교육제도를 법제화시켜 나갔다. 이러한 법규나 규범은 조선시대의 교육을 구체적으로 이해하는 데 도움을 준다. 주요한 학규를 개관하면 다음과 같다.

- 경국대전: 조선조 통치의 기본법으로서 교육과 관계 있는 내용으로 예조에 관한 사항, 성균관, 4학, 향교에 관한 조항이 들어 있으며, 과거제의 골격도 명시되어 있다.
- 권학사목: 권근이 태종에게 지어 올린 8개조의 내용으로 『소학』이 인륜에 필요하므로 학생들에게 먼저 읽히고 다른 책을 읽도록 했으며, 생원시와 성균관 입학에 『소학』을 시험 보자고 주장한 내용이 포함되어 있다.
- 학교사목: 선조 때에 이이가 왕명으로 지은 교사와 학생의 인사문제를 다룬 학규로, 교사의 선택 · 임용 · 승급 · 대우에 관한 규정과 학생의 입학 · 정원 · 선발 · 대우 · 장학 등에 관한 규정이 있다.
- 학교모범: 이이가 1582년에 지은 학생훈육 규범으로 16개조로 구성되어 있다. 입지(立志), 검신(檢身), 독서(讀書), 신언(愼言), 존심(存心) 등으로 이루어져 있다.
- 학령: 조선 초에 제정된 성균관에 관한 규정으로 성균관 유생들의 생활과 평가가 상세히 기록되어 있다. 조선조의 국시인 유학이념을 구체적으로 학교교육에 적용하도록 규제하였다.
- 원점절목: 세조 때 처음 제정되었으나 몇 차례 개정되어 정조 때 완비된 것으로, 재에 거처하는 유생의 출석 · 성적 · 평가에 관해서 규정하고 있다. 일례로 매일 아침과 저녁 식당에 참석하는 것을 1점으로 계산하였다.

4) 성리학

고려 말 안향에 의해 원나라에서 도입된 성리학은 조선에 와서 더욱 발전하게 되었다. 특히, 성리학은 조선 중기에 이르러 많은 학자들에 의해 정치와 교육의 이념으로서 받아들여졌다.

성리학의 목표는 수기치인(修己治人)을 기반으로 하여 인격적이고 도덕적인 품성을 갖춘 성인군자를 양성하는 것이었다. 그러므로 교육방법으로 성현의 행실을 따르는 것을 강조했고, 교육내용으로는 『소학』, 4서 3경 등이 중시되었다.

성리학은 인격의 향상과 도덕적 품성을 도야하는 데 긍정적인 영향을 미쳤으나, 경험적이고 실험적인 방법은 약해 공리공론적인 성격으로 흐르게 되었다. 결국 성리학은 지식의 실용성을 경시하여 조선사회에 유용한 지식을 제공하지 못하게 되었다. 이에 대한 반성으로 조선 후기에 실학사상이 등장하게 되었다.

실학사상은 조선사회의 현실성 없는 학문을 바로잡고 자아의 자각으로 우리나라의 사정에 입각한 실제적인 지식과 기술을 추구하는 실사구시(實事求是)를 목표로 한다. 실학자들은 문헌학적인 고증의 정확성을 존중하는 과학적 · 객관주의적 학문의 태도를 가졌다.

실학주의자들은 신분에 의한 교육차별을 반대하며 능력에 의한 교육이 되어야 한다는 교육의 기회균등을 역설하였고, 공교육의 필요성과 단계적인 학교제도의 개편을 포함한 학제개혁을 주장하였다. 아울러 우리나라의 실정을 이해하고 연구하는 데 필요한 우리나라의 역사, 지리, 풍속, 언어, 제도와 외국의 문물, 제도, 학술 가운데서 우수하고 발달된 것을 이해하고 연구하기 위한 내용 등을 가르쳐야 한다고 보고 교육과정의 개혁을 주장하였다. 아울러 기술교육, 직업교육, 과학교육 등의 실용적인 교육도 역설하였다.

그러나 이러한 실학파도 그 근본은 성리학에서 출발하였으며, 실학 자체가 유학적인 한계와 성리학의 가치관을 극복하지 못한 채 결국 근대적인 학문으로 발전하지 못하였다. 그러나 실학사상은 우리의 사고에 대한 주체적인 인식을 하고 우리 민족에게 실증적인 정신을 깊이 불어넣어 주었다는 점 등에서 의의를 지니고 있다.

4. 개화기의 교육

조선사회는 18세기 이후부터 실학의 대두와 서구 문화의 영향을 받아 전통적인 사상과 체제를 탈피하고 새로운 사상을 전개하려는 개화사상의 움직임이 있었다. 이후 19세기 후반 서구의 열강과 일본 그리고 청나라 등의 국제적 역학관계 속에서 일본과의 강화도조약 체결을 계기로 문호를 개방하게 되었다.

외국 열강의 개방과 통상 압력이 거세짐에 따라 기존의 유학적인 사회체제 대신 근대화에 대한 관심이 고조되었고, 교육에서도 구교육을 지양하고 새로운 근대적 교육에 대한 의식이 성숙되었다. 이는 결국 근대학교의 성립으로 나타났는데, 그 주체로는 정부, 외국 선교사 그리고 민족 선각자를 들 수 있다.

1) 정부에 의한 근대교육

균등한 교육 기회, 외국어 및 실업 교육 등의 필요성에 따라, 1895년 고종은 교육입국조서를 공포하였다. 이것이 한국 교육을 구교육과 신교육으로 나누는 분기점이 되었다. 교육이 실로 국가를 보존하는 근본이라 하여 교육을 국가 중흥의 기본 수단으로 인식함으로써 교육의 사회개조 기능을 중시하였다. 아울러 교육의 3대 강령으로 덕, 체, 지의 3육을 제시함으로써 교육에 의하여 추구되어야 할 인간상을 전인적 인간으로 설정하였다.

근대학교 설립을 위한 최초의 국가적인 노력은 육영공원의 설립으로 나타났다. 최초의 사범학교는 한성사범학교(1895)였고, 최초의 중학교는 한성중학교(1899)였다.

국민교육으로서의 초등교육을 설정하여 초등교육의 의무화에 공헌하였고, 교육의 기회균등 원칙을 설정함으로써 교육의 민주화에 공헌하였다. 외국어 교육, 실업교육, 교원 양성교육에도 노력을 기울였다. 교육내용은 충군애국의 사상을 고취하여 민족주의 교육을 실시하는 데 주력하였다.

2) 선교계에 의한 근대교육

한미통상조약(1882)을 계기로 기독교 선교사들이 우리나라에 입국하여 교육과 의료사업을 통해 선교를 시행하였다. 대표적인 선교사는 알렌(H. N. Allen), 아펜젤러(H. G. Appenzeller), 언더우드(H. H. Underwood), 스크랜턴(M. Scranton) 여사 등이었다. 선교사 아펜젤러는 배재학당(1885~1886)을, 스크랜턴 여사는 이화학당(1886)을 설립하였다. 언더우드는 1886년 고아원을 세워 구제사업을 시작했는데, 이것이 후에 경신학교가 되었다.

이후에도 수많은 기독교계 학교가 설립되어 우리 근대교육에 지대한 영향을 끼쳤다. 특히 우리나라에 서양식 교육제도를 처음으로 소개하고 신학문을 교육했으며, 계급을 타파하고 여성의 지위를 향상시켰다.

3) 민족 선각자에 의한 근대교육

근대학교는 정부 주도의 학교 설립과 더불어 민간인 사학의 설립도 활발하게 진행되었다. 민족의식의 고취를 위한 열망에서 비롯된 학교 설립은 초보적인 단계의 학교에서부터 중등교육기관에 이르기까지 다양하였다. 특히, 원산학사(1883)는 민족 선각자에 의해 설립된 최초의 근대적 사학으로 일본과의 강화도조약 이후 개항하게 된 원산의 주민들이 외국의 도전과 새로운 정세에 대응하기 위해 설립하였다. 1880년 원산항이 개항되자 자발적으로 서당을 개방하여 자제를 가르치다가, 1883년 덕원 부사 정현석에게 근대적 학교 설립을 요청하여 설립한 것이다(신용하, 1974).

이후 홍화학교(1895)는 민영환이, 점진학교(1899)는 안창호가, 그리고 보성학교(1905)는 이용익이 각각 설립하였다. 민족 선각자에 의한 사학의 건학정신은 국권 회복을 위한 민족 운동가의 양성이 주를 이루었다.

5. 일제시대와 그 이후의 교육

1) 일제시대의 교육

일본의 한국 교육에 대한 기본 정책은 내선일체 교육이었다. 이는 일본어 교육의 강조 및 일본 역사와 문화를 주입시키려는 보통교육이었다. 황국신민화와 우민정책을 실시했으며, 초보적인 농업이나 공업 기술의 전수 등이 주로 이루어졌다. 그리고 독립정신이나 항일정신을 말살하기 위해 사립학교령(1908) 등을 공포하여 민족 선각자들의 학교 설립을 규제하였다.

일제하 식민지교육(1910~1945)의 시행은 제1차 조선교육령 공포로부터 제4차 조선교육령 시기까지로 구분될 수 있다.

- 제1차 조선교육령 시행기(1911~1922): 식민지교육의 추진기로 충량한 국민 육성을 강조하였다. 사립학교 통제, 일본어 교육 강화 등의 교육을 시행하였다.
- 제2차 조선교육령 시행기(1922~1937): 1919년 3·1운동이 일어나자 문화정책을 추진했던 시기로 학교 종류와 수업 연한에서 일본과 동일한 학제를 채택하였다. 그러나 실제 교육에서는 조선인에게 민족적 차별 교육을 실시하였다.
- 제3차 조선교육령 시행기(1938~1943): 일제가 중국 침략을 계기로 조선을 병참기지로 재편성하고, 전시체제를 조선에 전면적으로 도입한 시기로 내선일체와 황국신민화 정책을 시행하였다. 조선어 교과목의 수업 시수를 감축시켰고 조선사와 조선지리는 초·중등학교에서 완전히 배제되었다.
- 제4차 조선교육령 시행기(1943~1945): 전시체제가 강화되면서 교육도 군사목적에 합치되게 실시되었다. 고등교육기관의 수업 연한 단축, 학도 전시동원체제 등을 통해 전문학교와 대학에 재학 중인 조선인 학생들을 전쟁터로 내보냈다. 1941년에는 국민학교령과 국민학교 규정을

공포하고 조선어 교과를 완전히 폐지하였다.

일제는 군국주의적 중앙집권체제의 교육 시행과 관학우위 정책을 시행해 우리나라 교육의 다양성과 자생성을 상실시키려고 하였다. 이에 대해 우리 민족은 조선민립대학 설립운동, 문자보급과 문맹퇴치 운동, 야학, 서당을 통한 민족교육운동 등을 전개해 저항하였다.

2) 미군정기의 교육

미군정기는 민주교육의 근본을 마련한 시기로 교육이념, 교육방법, 학습지도, 교육지도, 교육행정, 의무교육, 교육의 기회균등이라는 7대 교육 기본 방침을 세워 한국 교육의 방향을 설정하였다. 그리고 미국의 새로운 교육사조인 진보주의 교육이 소개되었다(손인수, 1964).

정부수립기인 1949년 12월 31일에 교육법이 공포되어 우리나라 교육의 방향과 진로가 확립되었다. 교육이념을 홍익인간에 두고, '교육을 통한 인격 완성과 민주생활을 영위할 수 있는 자질을 가진 인간의 양성'을 교육의 목적으로 삼았다.

3) 정부수립기 이후의 교육

1950년대는 6·25 이후 교육과정의 생활화, 교과서의 개편, 학습지도, 교육방법, 생활지도의 능률화 방안 연구, 전인교육 실시, 지역사회 교육, 산학 협동교육 등이 추진되었다. 5·16 이후에는 국민교육헌장이 제정·공포되었으며 새마을교육, 국민 정신교육 등이 강조되었다.

1960~1970년대는 진보주의 사상이 쇠퇴하고 학문중심 사상이 도입되어 지식의 구조화, 탐구학습, 발견학습 등의 학습방법이 강조되었다.

1970년대는 새마을교육, 국민 정신교육, 민족주체성 교육 등이 강조되었다.

1980년대는 학문중심 사조가 쇠퇴하고 인간중심 교육사조가 등장하였으며 국민 정신교육, 전인교육, 과학기술교육에 역점을 두었다. 1980년대 후반에는 지금까지의 교육과정을 통합한 제5차 교육과정을 만들어 창조적이며 도덕적인 한국인을 기르고, 반드시 이룩해야 할 민족 통일에 대비하는 미래 지향적인 교육이 강조되었다.

1990년대는 민족통일교육과 한민족공동체 교육, 한국의 국제적 위상과 민족적 화합을 대비한 교육이 실시되었다. 그리고 21세기를 준비하는 과학기술 교육이 강화되었다.

학습과제

1. 그리스의 자유교양교육을 설명하시오.
2. 중세 대학의 성립 배경과 그 성격을 설명하시오.
3. 자연주의 교육사상의 성격과 특징은 무엇인지 설명하시오.
4. 근대 국민교육체제의 특징에 대해서 설명하시오.
5. 고려의 국자감과 조선의 성균관의 교육적 특징을 비교 · 설명하시오.
6. 과거제도의 성립 배경과 발전과정을 설명하시오.
7. 개화기 정부의 교육정책을 설명하시오.

제3 장

교육의 철학적 이해

학습목표

1. 교육철학의 성격에 대해 설명할 수 있다.
2. 교육철학의 역사적 기원과 발달과정을 설명할 수 있다.
3. 미국 현대 교육철학의 특징과 한계점을 설명할 수 있다.
4. 유럽 현대 교육철학의 발전과정을 설명할 수 있다.
5. 서양 현대 교육철학이 교육 현실에 시사하고 있는 점을 설명할 수 있다.

제3장

교육의 철학적 이해

제1절 교육철학의 개념

생각하는 존재로서의 인간은 보다 나은 지혜를 얻기 위해 끊임없이 반성하고 노력한다. 그러므로 인간의 삶과 철학은 깊은 관계가 있다. 인간은 누구든지 인생관, 세계관, 도덕관, 교육관을 나름대로 형성하고 그 체계를 유지해 나간다.

교육에 대한 바른 이해를 위해서는 먼저 교육철학의 고찰을 통해 교육 및 교육학의 개념과 범위를 규정할 수 있어야 한다. 교육학의 한 분과학문인 교육철학의 성격과 탐구방법을 이해함으로써 교육철학 고유의 학문적 성격을 교육학 일반과 교육학 여타 하위 분야 그리고 교육 실제와의 관계 속에서 볼 수 있을 것이다. 또한 교육철학의 전통을 구성하는 여러 교육사조와 현대의 주요 교육철학적 탐구 주제들에 대한 이해를 통해, 교육철학적 지식과 방법의 변화과정과 그 실제적 함의를 오늘날 교육 현실과의 관련하에 살펴볼 수 있을 것이다.

1. 교육철학의 성격

1) 교육철학의 의의

교육철학은 교육의 세계에서 철학적 작업을 수행한다. 즉, 교육철학은 교육학의 언어와 논리를 명료화하고, 교육이론이나 교육에 관한 주장들의 논리적 가정을 밝힌다. 이를 통해 교육적 판단의 기준을 제시하고 교육의 이론과 원리를 비판하고 평가하는 등의 일을 한다. 또한 교육철학은 교육이론이 의미하는 바를 분명히 하고, 그 이론적 적합성과 정당성을 검증하고, 수용가능성을 평가하고, 그 가정과 전제를 밝히는 등의 활동을 한다.

교육사상가들의 교육이론은 때때로 교육철학이라 불린다. 교육철학에 대한 관점으로는 먼저 교육철학은 독립 과학이 아니라 일반 철학의 한 영역에 속한다는 관점, 교육철학과 일반 철학은 서로 독립적인 학문 영역으로서 교육철학은 내용이나 방법에서 일반 철학과 다르다는 관점, 교육철학은 교육 실제의 문제 해결을 위한 가장 중요한 논점을 탐구하는 학문으로서 일반 철학의 연구는 교육철학을 통해서만 성공적으로 이루어질 수 있다고 보는 듀이(J. Dewey)의 관점 등이 있다.

교육철학은 철학적 방법과 철학적 수준에서 교육의 기본 문제를 다루는 학문이라고 할 수 있다. 교육철학을 통해 교육에 관한 논의나 교육이론에 사용된 언어의 의미를 명료화함으로써 교육과 관련된 근본적인 문제를 해결할 수 있으며, 실제적인 교육 이론이나 정책을 비판할 수 있다. 또한 교육철학은 교육이론이 제시하는 사항이 정당화될 수 있는지의 여부를 판단할 수 있게 하며, 교육에 관해 철학적으로 탐구할 수 있는 능력을 기를 수 있게 한다. 이를 통해 교사는 교육의 세계를 더 분명히 인식하고 그 세계에서 자신이 하는 일의 참된 의미와 가치를 확인할 수 있다. 교육철학은 교육이 내포하고 있는 근본적이고 중요한 문제를 이해하는 데 도움을 줄 수 있는 학문이므로 교육이란 무엇인지, 왜 교육을 받아야 하는지 등에 대한 해답을 찾을 수 있게 해 준다.

2) 교육철학의 특징

과학이 사상의 일부분만을 대상으로 문제 삼는다면, 철학은 어떤 사상을 전체로서 이해하고 파악하려고 한다. 또한 과학이 사실의 발견과 그것의 객관적 기술 및 설명을 임무로 한다면, 철학은 사실의 발견과 함께 그 사실이 내포하고 있는 가치와 당위를 문제 삼고 그 대상의 진정한 모습을 파악하려고 한다. 그러므로 과학은 어떤 사상을 수량적으로 기술하고 표현할 수 있지만, 철학은 그런 문제보다는 가치평가에 관심을 기울인다. 선과 악, 올바름과 그릇됨, 아름다움과 추함, 진실과 위선, 행복과 불행 등에 관한 판단은 과학이 아닌 철학의 주요 관심사다.

이러한 점은 교육과학과 교육철학의 관계에도 마찬가지로 적용될 수 있다. 교육활동에 대한 연구(탐구)는 크게 철학적 접근과 과학적 접근으로 나눌 수 있는데, 전자의 입장은 '교육철학'이라고 하며 후자의 입장은 '교육과학'이라고 한다. 교육철학은 철학적 탐구를 통해 교육이론을 이끌어 내는 데 중점을 두며, 교육과학은 과학적 탐구를 통해 교육이론을 이끌어 내는 데 중점을 둔다. 이 둘의 차이점을 몇 가지로 구분하여 제시하면 다음과 같다.

첫째, 교육철학과 교육과학은 목적 면에서 차이가 있다. 교육철학은 교육과 관련된 사실이나 현상들을 사변(思辨), 분석, 평가, 통합하는 데 목적을 둔다. 즉, 교육철학은 경험적인 실증 자료가 아닌 순수한 사유에 의해 당면한 교육문제를 해결하고 그 발전에 대한 새로운 아이디어나 방안을 창출한다. 또한 교육이론이나 교육활동에 관한 개념이나 용어 또는 명제의 애매모호성을 최소화하기 위해 그것들의 정확한 의미를 탐색하며, 교육목적을 포함한 교육현상의 가치를 판단(구명)하고, 교육 이론이나 실제를 종합적으로 통찰하는 데 중점을 둔다. 반면 교육과학은 교육적 사실이나 현상을 기술(description), 설명, 예측, 통제하는 데 그 목적이 있다. 즉, 교육과학은 교육적 사실이나 현상의 본질을 개인의 판단이나 감정을 개입시키지 않고 객관적으로 밝혀 그러한 사실이나 현상의 인과관계(왜 그러한 현상이나 변화가 나타났는가)를 규명한다. 또한 앞서 이루어진 기술과 설명을 토대로 그러한 사실 혹은 현상의 추후 진전 상황이나 미래를 예측하며, 더 나아가 특정 현상의 결정요인을 제거 또는 보강하는 조작을 통하여 바람직한 현상을 유도함으로써 인간의 성장 · 발달을 극대화시키는 데 관심을 갖는다.

둘째, 교육철학과 교육과학은 가치 추구 면에서 차이가 있다. 교육철학은 교육적 사실이나 현상을 탐구하는 데 있어 근본적으로 가치 지향적인 입장을 취한다. 반면 교육과학은 교육적 사실이나 현상을 탐구하는 데 있어 기본적으로는 가치 중립적인 입장(몰가치적인 입장)을 취하는 것이 보통이다.

셋째, 교육철학과 교육과학은 접근방법 면에서 차이가 있다. 교육철학은 교육적 사실이나 현상을 탐구하고자 할 때 거시적 · 종합적 · 주관적 접근을 취한다. 반면 교육과학은 교육적 사실이나 현상을 탐구하고자 할 때 미시적 · 분석적 · 객관적 접근을 취한다.

넷째, 교육철학과 교육과학은 탐구 대상 면에서 차이가 있다. 교육철학은 주로 교육활동에 있어서 바람직하고 가치 있는 목적(목표)의 설정 및 내용의 선정과 관련된 문제에 직접적으로 관심을 갖는다. 반면 교육과학(특히, 교육심리학은 '교육과학'의 성격을 가진 대표적인 학문 분야임)은 그 목적을 달성하고 내용을 학습하는 적절한 시기의 선정 및 방법의 활용과 관련된 문제에 직접적으로 관심을 갖는다. 더 간단히 정리하면, 교육철학은 교육활동에 있어서 그 목적의 설정과 내용의 선정에 기여하는 반면, 교육과학(교육심리학)은 그 시기의 선정과 방법의 활용에 기여한다.

결국 교육철학은 교육과학에 의해 발견된 교육적 사실에 기초하여 비로소 전개되며, 교육과학의 근본 전제를 비판하고 또 새로운 기초를 교육과학에 제공한다. 이를 통해 교육의 시각을 넓히고 동시에 심화시키는 임무를 띠고 있다고 볼 수 있다.

2. 교육철학의 기능

1) 교육철학의 필요성

교육철학은 어떤 교과가 가치 있고, 학생들은 어떻게 학습하며, 어떤 자료와 방법들을 활용할 것인가에 관해 대답할 수 있도록 도움을 준다. 그리고 교육의 목적, 내용과 조직, 교수-학습의 과정, 학교와 교실에서 강조하고자 하는 경험과 활동을 결정하는 것과 같은 과업들을 위한 틀을 제공한다.

또한 교육철학을 통해 합리적 사고력을 계발할 수 있으며 교육에 대한 통찰력과 지혜를 터득해 나갈 수 있다. 교수에 있어서 윤리적인 차원을 밝히고, 교사로 하여금 직업윤리에 민감하고 비판적인 자기 각성을 하도록 하는 것도 교육철학이 필요한 이유다.

2) 교육철학의 탐구활동

교육철학의 탐구활동은 분석적 기능, 평가적 기능, 사변적 기능, 통합적 기능의 네 가지 기능을 통해 이루어진다. 이들 기능을 간략하게 살펴보면 다음과 같다.

- 분석적 기능: 이론적 혹은 일상적 언어의 의미 그리고 거기에 함의된 논리적 관계를 명백히 드러내며, 다양한 가치 기준을 밝혀 주는 기능을 말한다. 의사소통을 명확히 하고 올바른 사고를 전개하기 위해서는 무엇보다도 언어의 의미나 가치판단의 기준 등을 분명히 할 필요가 있다. 교육의 실천적 과정에서나 이론적 탐구에서 사용되는 언어가 언제나 명백한 의미를 가지는 것은 아니며, 교육의 실천이나 이론에 관한 주장에도 이론적 모순이 있기 때문에 논리적이고 개념적인 분석이 이루어져야 한다.
- 평가적 기능: 주어진 어떤 준거 혹은 기준에 비추어 어떤 실천, 이론, 주장, 원리의 만족도를 밝히는 기능을 말한다. 평가적 활동은 사물이나 사태에 대한 사실에서 그대로 나타나는 것이 아니라 그것이 좋은 것인지

나쁜 것인지, 혹은 바람직한 것인지 바람직하지 못한 것인지를 어떤 '기준'에 의해 판단하는 활동이다.

- 사변적 기능: 이론적, 실천적 문제를 해결하기 위해 새로운 가설, 생각, 제언을 성립시키고 제시하는 사고 기능을 뜻한다. 사변적 기능의 주된 임무는 교육이론이나 교육실천에서 따로 떨어져 있는 개별적이고 단편적인 여러 부분을 하나의 유기적인 체계로 조직하고 통합하는 데 있다. 이런 점에서 사변적 기능은 교육철학의 여러 기능 중에서도 가장 핵심적인 기능에 속한다. 그러나 사변적 기능은 그 자체로 가능한 것이 아니라 평가적, 분석적 기능이 그 기초가 되어야 한다.
- 통합적 기능: 하나의 현상이나 과정을 전체로서 파악하고 여러 부분과 차원을 통합하여 이해하려는 기능이다. 통합적 방법은 다양한 요소들을 동시에 그리고 종합적으로 고려하면서 일관성 있는 이해를 추구하는 사고활동이다. 즉, 학습자의 교육에 있어 특정한 부분에 국한하여 시행하는 것이 아니라 학습자를 전인적으로 육성하고자 하는 것이 통합적 기능이다. 교육실천에서 교육활동들이 관련을 맺으면서 일관성 있는 체계 속에서 이루어질 때에 개별적 활동들이 의미를 갖게 되므로 교육철학에 있어 통합적 기능은 중요한 역할을 담당한다.

제2절 전통적 교육철학

교육철학은 철학적 방법론을 활용하여 각 시대의 교육현상을 설명하고 해석해 왔다. 교육철학의 탐구 영역은 크게 존재론(형이상학), 인식론, 가치론 등으로 구분된다.

존재론은 형이상학이라 불리기도 하는데, 이는 우주의 궁극적인 본질 또는 실체를 규명하는 데 관여한다. 그래서 존재론은 존재 자체, 즉 모든 실재의 기본 특성에 대한 이론이나 연구이며, 변화하는 세계의 배후에 어떤 실체가 있는지를 알아보는 학문이다. 세계의 모습은 무한히 다양하다는 설과 실체는 하나라는 일원론이 있다. 존재론은 우주의 궁극적 실재가 무엇이냐에 따라 세 가지로 나누어 설명할 수 있다. 첫째는 우주의 궁극적인 본질은 정신 또는 영혼이라고 보는 이상주의다. 둘째는 외적이며 객관적인 세계인 물질은 인간의 의식과는 독립적으로 존재한다는 실재주의다. 셋째는 우주의 본질은 끊임없는 변화와 발전을 이루어 가는 그 자체이며, 실재는 오로지 인간과 환경의 상호작용에 의해서 존재한다는 프래그머티즘이다.

인식론은 진리 또는 지식의 근거와 특징을 밝히려는 철학적 노력으로 앎의 의미가 무엇이며 참다운 앎이란 어떤 것인가를 탐구하는 영역이다. 인간은 자신을 둘러싸고 있는 세계와 그에 대한 이해를 가능하게 하는 인간 자신의 인식 능력을 탐구해야 할 필요에 직면하게 된다. 곧 인식론은 지식에 관한 지식을 목표로 하고 있다. 교육은 그 목적과 내용에 있어서 지식과 의식의 문제를 중심 과제로 하고 있으므로 인식론의 탐구양식과 밀접한 관계를 가질 수 있다. 인식론은 교육을 통하여 취급하게 될 지식의 성격을 밝혀 주며 지식의 탐구에서 유의해야 할 중요한 조건들을 제시하고 있다.

가치론은 무엇이 가치로운가를 탐구하는 영역으로 윤리학과 미학의 두 영역으로 나눌 수 있다. 윤리학은 도덕철학이라고도 부르며 선과 악, 미와 추, 정과 부정에 관한 판단의 논리와 근거의 문제를 다루는 영역이다. 인간의 개인적 · 사회적 행위의 질과 도덕성을 다루며 선한 인간, 좋은 사회, 훌륭한 사람의 본질과 기준 등을 밝힌다. 교육은 그 개념과 본질상 가치를 전제로 하는 도덕적 활동인 이상, 가치와 본질과 기준을 다루는 윤리학과 일정한 관계를 맺고 있다. 미학은 어떤 대상이 아름다운가 추한가의 문제, 우리가 미와 추를 판단하는 근거의 문제에 관한 질문을 탐구하는 영역으로 미의 본질과 기준을 탐구한다.

교육철학은 이와 같은 철학의 유형에 따라 전통적으로 이상주의(관념론), 실재주의, 자연주의, 프래그머티즘 등으로 분류되어 왔다. 이를 간단히 살펴보면 다음과 같다.

1. 이상주의(관념론)

1) 이상주의의 성격

현존하는 가장 오래된 철학 중의 하나인 이상주의 철학의 전형으로 플라톤(Platon)이 많이 언급된다. 독일 철학자 헤겔(G. W. F. Hegel)은 이상주의에 근거를 두어 역사적 세계의 종합적인 관점을 제시하였다. 그리고 현대의 주도적인 관념론 지지자는 버틀러(J. Butler)다.

이상주의는 세계에 대한 주된 설명으로 도덕적, 정신적 실제를 강조한다. 진리와 가치를 절대적이고 영구적이며 보편적인 것으로 본다. 정신과 관념의 세계는 영원하고 규칙적이며 질서정연한 것으로 완전한 질서를 나타낸다. 안다는 것은 이미 마음속에 들어 있는 잠재적인 관념을 다시 생각하는 것이다. 교사의 과업은 이러한 잠재적인 지식을 의식으로 이끌어 가는 것이다. 초기의 지적인 과정으로서의 학습은 관념을 회상하고 실행하는 일이다. 그리고 교육은 개념적인 문제들과 관련이 있다.

이상주의의 관점에서 보면 인간은 영적인 존재이며 불멸의 성격을 지닌다. 이상주의에서는 세계를 불변하는 절대적인 관념과 정신의 소산으로 인식하며, 인간의 존재도 몸과 마음으로 구분하고 있다. 이상주의에서 진리로 인정하는 것은 이미 존재하거나 계시된 문학이나 고전, 위대한 저술 속에 나타나는 과거의 지혜다. 절대정신의 그림자로서 인간의 마음도 자유의지와 창조력 그리고 지적 사고력을 가지고 있다는 관점이므로 창의적 활동과 지적 훈련을 강조한다. 또한 이성에 따른 사고와 판단을 중요시한다. 관념론자들은 개성과 보편성을 강조하므로 교육방법이 아동의 내적 흥미를 중시하며 아동 자신의 직관과 내적 자아 탐구를 기본 바탕으로 한다.

2) 교육적 의의

이상주의 교육자는 관념과 개념이 서로 연관되는 교과교육과정의 질서와 유형을 선호한다. 가장 중요한 교과와 최고 형태의 지식은 상호 관련성을 인식하고 각 개념들을 통합한다. 이런 점에서 교육과정은 위계적이며 인류의 문화유산을 구성한다. 교육과정은 교양교육과정에 의해서 설명되는 학문 분야에 근거한다.

이상주의 교육철학은 교육목적으로 학생의 개성 존중을 전제로, 정신적 · 인격적 · 도덕적 자질의 도야에 의한 자아실현을 중시한다. 그러므로 교육은 주입하는 것이 아니며 추출하는 활동으로 이루어져야 한다는 점을 강조한다. 이러한 교육목적을 달성하기 위한 교육내용은 정신적 · 이성적 능력을 살리는 것이 되어야 한다. 그리고 교육방법으로는 대화법과 토의법을 중요시하면서 권위적이고 주입적인 교육방법의 필요성도 부인하지 않는다. 이상주의 교육철학에 따르면 교사는 학생들에게 이상적 인간상을 제시해 주어야 하며 자기 자신도 이상적인 인간이 되도록 노력해야 한다. 학생들에게 좋은 교육적인 환경을 조성해 주어야 하며, 항상 지적 자극을 제공하여 흥미를 촉발시키고, 그들이 자아를 인식하고 자율적인 학습을 하도록 권장해야 한다. 그리고 학생에게 지적 호기심이 유발되도록 하여 그것을 스스로 해결하려고 하는 의욕과 생각을 갖게 하는 등의 역할을 해야 한다.

이상주의 교육철학은 매우 고귀한 이념을 지닌 것으로, 교육에 주는 시사점은 지대하지만 실제 교육의 적용 면에서는 한계를 지닌다. 이상주의는 너무 유토피아적이며 현실의 세계를 긍정적으로 수용하는 태도가 부족하다는 점, 산업사회에 요구되는 직업교육 · 기술교육 · 과학교육 등에 소홀하다는 점 등이 비판의 대상이 되고 있다.

2. 실재주의

1) 실재주의의 성격

실재주의는 아리스토텔레스(Aristoteles)에 그 기원을 두고 있다. 실재주의의 기본 원리는 물질이 궁극적인 실재라는 입장이다. 실재주의 중 토마스 아퀴나스(Thomas Aquinas)와 같이 종교적 실재주의자는 신이 우주를 창조하였다는 사실이 우주의 실재를 증명한다고 보며, 비록 정신이 물질보다 더 실재적인 것은 아니지만 그래도 정신을 보다 중요한 것으로 간주하는 경향이 있다. 반면 자연적 혹은 과학적 실재주의는 모든 자연 세계는 실재하는 것으로, 철학은 과학의 개관성과 엄밀성을 따라 여러 과학 분야에서 밝혀낸 다양한 사실이나 개념들을 통합하는 데 있다고 본다.

자연적 실재주의자들은 정신적 세계의 존재를 부인하거나 또는 그 존재를 증명할 수 없는 것이기에 철학적으로 중요성을 갖지 못한다고 보았다. 그들에게 인간의 자유의지는 부정되며, 세계는 인간과는 독립적으로 존재하고 인간이 거의 통제할 수 없는 법칙에 의해 지배된다. 그러므로 학교의 임무는 학생들로 하여금 주변의 객관적 세계를 인식할 수 있도록 교재의 핵심을 전달하는 데 있다.

실재주의와 기독교 교리를 결합시킨 토마스 아퀴나스의 철학은 실재주의의 지류를 발달시켰는데, 이는 오늘날 대부분의 가톨릭 교육과 종교교육의 근원이 되었다. 브라우디(H. Broudy)와 와일드(E. H. Wild) 같은 현대 교육자들은 선도적인 실재주의자들이다.

실재주의는 이상주의와는 대조적으로 인간의 의식이나 지식과 무관하게 객관적으로 존재하는 사물의 존재를 강조한다. 실재주의자들은 인간이 자신의 감각과 이성으로 객관적인 사물을 인식할 수 있다고 생각한다. 그들에게 안다는 것은 사물에 관한 지식을 의미한다.

실재주의자들은 교육을 사물의 지각 능력을 기르고 자연의 법칙을 탐구하는 지적 능력을 성숙시키는 것으로 본다. 그리하여 모든 교육의 과정은 학생들이 진리를 알고, 진리를 향유할 수 있는 습관과 경향성을 갖추게 하는 데 초점을 두어야 한다고 주장한다.

2) 교육적 의의

실재주의자들에게 진리는 영원하고 완전한 것이 아니라 시대적 한계를 반영하는 것일 수밖에 없다. 인류가 오랜 세월을 통하여 확인한 진리는 합리적이고 경험적인 지식들이며, 이러한 지식 중에서 선정된 것을 전달하는 것이 학교의 임무가 된다. 그러므로 교사는 교육의 주도권을 갖고 학생들이 교실에서 무엇을 배워야 하는지에 대해 결정할 수 있는 권한이 있다(Marshall, 1973).

실재주의자들은 기본적인 가치는 본질적으로 잘 바뀌지 않는다고 생각하여 어느 정도의 위계성은 인정하지만 가치의 영원불변성은 부정한다. 그러므로 교사는 그 시대의 윤리적 · 미적 감각에 대하여 과학적으로 탐구하여 얻은 어떤 확고한 가치를 아동에게 전달하여야 한다고 강조하였다. 아울러 좋은 습관의 형성을 통해 기존의 가치에 대한 합리적 지식을 전달하는 것이 학생의 흥미나 필요를 충족시키는 것보다 더 중요하다고 보았다.

실재주의는 조직적이고 분과된 교과와 내용, 대상을 분류하는 지식 등으로 구성되는 교육과정을 강조한다. 교육과정 위계의 정점에는 가장 일반적이고 추상적인 교과를 배열하고, 구체적이고 일시적인 교과는 낮은 위치에 배열하였다.

교육방법에 있어 실재주의는 교사의 주도적 역할을 강조하는 교사 중심의 교육방법을 강조함으로써 주입식 교육방법을 지지하고 있다. 이러한 교육사상은 학생 개개인의 개인차를 고려하지 않을 뿐더러 타율적 교육과 주입식 교육을 옹호한다는 비판을 받았다. 또한 변화를 수용하지 않으려는 입장을 내세우기 때문에 보수주의적이라고 평가되기도 한다.

3. 자연주의

1) 자연주의의 성격

자연주의란 자연을 유일한 실재로 여기는 철학으로 반자유주의적 관념론과 대립된다. 자연주의의 역사는 인류의 역사와 더불어 시작되었다. 고대의 자연철학은 원자론을 중심으로 물질적 우주관으로 완성되었다. 이는 가장 바람직한 생활은 순박하고 평화로운 자연의 순리를 따르는 생활이라고 여기는 사고방식이다. 자연주의는 교육에서 자연과학을 중시하고, 방법적으로 귀납적 방법과 연역적 방법을 사용하고, 실용을 목적으로 내세우는 교육이념을 말한다.

2) 교육적 의의

자연주의 교육의 흐름은 학자별로 세 가지 유형으로 구분할 수 있다.

첫째, 코메니우스(J. A. Comenius)의 교육방법이다. 자연현상의 관찰을 통해 얻은 법칙을 교육에 적용하자는 사상이다. 나무가 봄에 싹을 움트는 것처럼 인간의 교육도 인생의 봄인 소년시대에 시작해야 한다는 것과 같은 예를 들며 교육도 쉬운 것에서 어려운 것으로 전진해야 한다고 본다.

둘째, 루소(J. Rousseau)의 교육방법이다. 루소는 인간의 본성을 선하다고 보고, 이런 인간 본성에 따라 세워야 할 자연의 사회를 지향하는 것이 교육의 목적이라고 하였다. 이는 교육이란 사회의 강제적인 교화를 배제하고 선한 자연성의 성장 · 보호를 돕는 일이라는 소극적 교육론이다.

셋째, 페스탈로치(J. Pestalozzi)의 교육방법이다. 교육이란 자연의 길을 모방하고, 타고난 선한 자연의 힘을 발전시키며, 인격을 완성하여 개인적으로 행복하고 사회적으로 유용한 인간이 되게 한다는 것이다.

4. 프래그머티즘

1) 프래그머티즘의 성격

프래그머티즘은 '도구주의' '기능주의' '실험주의' '실용주의' 등으로 번역되고 있다. 프래그머티즘은 미국에서 발전된 사상으로 이 세상에 고정불변의 것은 없으며, 모든 것이 변화하고 있다는 기본 관점을 갖고 있다. 프래그머티즘은 미국의 퍼스(C. S. Peirce), 제임스(W. James), 듀이 등에 의해 크게 발달하였다. 그들은 철학을 인간의 문제를 해결하기 위한 수단이라고 보고, 진리란 인간의 경험에서 나오는 시험적인 것 또는 가설적인 것이라고 주장한다. 프래그머티즘의 기본 원리는 이 세상에 영원불변한 것은 없고 오직 변화만이 실재한다는 것, 가치는 상대적이라는 것, 인간은 본래 사회적이고 생물학적인 존재라는 것, 민주주의적 생활방식은 중요시되어야 한다는 것, 인간의 모든 행동에는 비판적 지성이 사용되어야 한다는 것 등으로 요약할 수 있다.

2) 교육적 의의

프래그머티즘은 실재가 개인과 환경의 상호작용을 통해 만들어진다고 본다. 그래서 학교에서의 교육내용도 이러한 실재를 다룰 수 있어야 하며, 학교는 생활 자체와 분리될 수 없다고 보았다. 즉, 교육은 생활의 준비가 아니라 생활 자체이며 현재의 문제를 다룰 수 있어야 하는 것이다. 따라서 수업의 교재 역시 학습자가 당면하고 있는 직접적인 문제와 연관되어야 하며, 이는 결국 학습자의 흥미와 필요라는 실용성에 따라 상황에 맞게 만들어질 수 밖에 없는 것이다. 인간의 마음은 활동적이고 탐구적이라는 신뢰를 바탕으로, 당면한 문제를 해결할 수 있는 지식이야말로 참된 지식이라고 하였다. 따라서 교사는 학생들이 자신의 문제와 환경을 더 잘 이해할 수 있도록 여러 가지 학습 상황을 만들어 주는 역할을 하며, 기본적으로 교육은 아동의 호기심을 자극하여 탐구심과 사고력을 배양하는 것을 목적으로 해야 한다. 프래그머티즘에서는 교수와 학습을 과학적 방법에 따라 경험이 재구성되는 과정으로 여겼다. 학습은 학습자가 개인적이든 집단 내에서든 적극적인 방법으로 문제를 해결할 때 일어나므로 학습자에게 지적인 방식으로 문제를 해결하는 방법 또는 과정을 습득하게 하는 일이 가장 중요하다고 보았다.

교육의 목적은 개인의 경험이 반복되고 재구성되어 감에 따라 융통성 있게 조절되어야 하고, 교육의 방법은 개인의 욕구와 흥미, 필요에 기초하여야 함을 강조하였다. 교육은 아동의 가소성, 즉 성장 가능성이 잘 발휘될 수 있도록 아동의 적극적인 활동을 고무하고 그들의 관심사를 다룸으로써 의미 있는 경험이 일어나게 하는 일이다. 그러므로 학교는 언제나 개방적이고 실험적이고 민주적이어야 하며, 학생들은 학교에서 상호 교류하면서 관심을 공유하고 공동의 문제를 해결하는 법을 배워야 한다. 이러한 상호 협동의 과정을 통해 민주적 생활방식을 배우고 사회를 발전시킬 수 있는 수단들을 습득하게 되는 것이다.

제3절 미국의 현대 교육철학

20세기는 다양한 교육철학이 등장한 시기로, 특히 20세기 전반에 미국을 중심으로 진보주의, 본질주의, 항존주의 그리고 재건주의 교육사상이 전개되었다. 먼저 프래그머티즘에 기반을 둔 진보주의에서 출발하여 이를 비판하는 세력으로 본질주의와 항존주의가 등장하였으며, 진보주의, 본질주의, 항존주의를 검토하여 장점을 취하고 단점을 비판한 재건주의가 대두되었다.

1. 진보주의

1) 진보주의의 성격

진보주의 교육사상은 전통적 교육의 권위에 도전하여 등장한 것으로 20세기 초에 형성되기 시작하여 1930년대에는 그 절정에 달하였는데 그 주도자는 듀이였다. 진보주의는 프래그머티즘에 바탕으로 둔 교육이론으로 루소의 아동 중심적 교육관을 계승하고 있다. 루소의 자연주의적이고 아동 중심적인 교육사상은 페스탈로치와 프뢰벨(F. W. A. Fröbel) 등에 의해 계승되어 미국의 진보주의에 영향을 끼쳤다. 이 교육사상에서는 아동 개인의 흥미와 자기 활동을 교육의 중요한 동기로 강조하였다.

듀이는 진보주의 교육을 발전시키기 위하여 1896년 실험학교를 세우고, 1897년에 혁신적인 교육사상을 발표하였으며, 1916년에 「민주주의와 교육」을 발간하여 이 운동의 철학적 배경을 제공하였다. 이어 1918년에 '진보주의 교육협회'가 조직되었고, 1930년대에 이르러서는 세계적인 교육사상으로 발전하였다.

진보주의는 20세기 초 미국의 교육을 개혁하여 전통적인 교육으로부터 아동을 해방시키려는 교육사상이었다. 진보주의는 전통적인 교육과정의 교과목에 반대하여 아동의 직접적인 활동과 경험을 중시하고, 문제 해결법, 구안법 등을 활용하였다. 이 교육과정에서는 아동의 활동과 경험을 강조하였으며, 경쟁적 개별학습보다는 협동적 진단학습을 장려하였다. 그리고 학교에서의 민주적 생활은 사회개혁을 위한 기초로 간주되었다.

2) 교육적 의의

진보주의는 진리와 가치도 실제적인 상황에 적용되어 유용한 결과가 나타날 때 비로소 의미를 가진다고 보았다. 그리고 개인과 환경의 상호작용에 의해서 일어나는 경험을 중요시하였는데, 구체적인 경험에 의해서 지식이 확실하게 터득된다고 보았다. 진보주의 교육이론은 한마디로 학생 중심의 교육이라고 정의될 수 있다. 진보주의 교육원리의 주요 내용을 살펴보면 다음과 같다(Kneller, 1971). 첫째, 교육은 삶 자체이지 삶을 위한 준비는 아니다. 둘째, 학습은 아동의 흥미와 직접 관련되어야 한다. 셋째, 교과내용을 주입하지 말고 문제 해결을 통한 학습이 이루어지게 해야 한다. 넷째, 교사의 역할은 아동에 대한 엄격한 감독자라기보다는 친애하는 안내자가 되어야 한다. 다섯째, 학교는 경쟁하는 곳이 아닌 협동하는 곳임을 알게 한다. 여섯째, 민주주의만이 사상과 인격의 자유로운 상호작용을 허용해 주는 체제다.

이러한 진보주의 교육철학은, 특히 교육방법적 측면에서 현대교육에 많은 영향을 미쳤다. 교사의 권위 · 명령 중심에서 아동의 경험 중심으로, 주지적 교육에서 전인적 교육으로, 경쟁 위주의 교육에서 협동 위주의 교육으로, 강요된 학습에서 흥미중심 학습으로, 수동적 학습에서 능동적 · 활동적 학습으로, 언어 · 문자를 통한 지식 중심의 교육에서 행동 · 경험을 통한 교육으로의 개혁에 긍정적인 영향을 미쳤다.

그러나 진보주의는 몇 가지 점에서 비판을 받고 있다. 먼저 아동의 흥미와 자유를 지나치게 강조하여 본질적인 지식이 소홀히 다루어졌고, 아동중심, 생활중심 교육이 지나쳐 교육의 명확한 목표 설정을 하기가 힘들다는 점이다. 그리고 문제해결 방식은 비효율적인 시행착오와 산만한 수업 분위기를 만들었으며, 다수의 협동적 노력을 강조한 나머지 우수한 소수자의 지도성을 반영시키지 못하였다는 점, 현재 생활에의 적응만을 지나치게 중시한 점 등에서 비판을 받고 있다.

2. 본질주의

1) 본질주의의 성격

본질주의는 진보주의 교육에 대한 비판으로 등장한 교육사상으로 1938년 배글리(W. C. Bagley)를 중심으로 한 '미국교육 향상을 위한 본질파 위원회'가 조직되면서 대두되었다. 그러나 진보주의 교육을 전면으로 부정하기보다는 진보주의의 문제점을 극복하고 보완하려 하였다. 즉, 진보주의 교육이 지나치게 아동중심주의를 강조한 나머지 사회적 훈련, 사회적 전통을 경시하는 경향을 비판하고 시정하려는 데서 출발한 것이다.

본질주의의 사상적 근원은 플라톤을 거처 에라스무스(S. Erasmus)의 사상 등 서구적인 이상주의 사상, 현실주의 사상을 토대로 발전한 미국적인 교육사상이다. 이 사상은 학문중심 교육과정을 탄생시킨 토대를 마련하였다.

본질주의자들은 교육의 기능을 인류가 축적해 놓은 문화재 중에서 가장 본질적이고 보편적인 것을 간추려서 다음 세대에 전달하는 것이라고 보았다. 따라서 그들은 전통을 중시하고 항구적인 가치를 추구하였다. 이를 통해 인생에 큰 가치를 부여하고 생의 확실성과 구원을 주어 생을 올바르게 사는 길을 제시해 준다고 믿었다.

2) 교육적 의의

본질주의 교육은 인류의 문화적 전통 중에서 항구적인 가치를 가진 본질적 요소(교과서 · 교재)를 통한 정신의 훈련을 중요시하였다. 그러므로 본질주의가 추구하는 교육과정은 전통적으로 사용되어 온 교과 중심으로 교사가 교육의 주도권을 갖도록 하였다.

본질주의자들은 학습은 필연적으로 어려운 일이고 응용을 포함하는 일이므로 학생의 노력이 중요하다고 생각한다. 따라서 지나친 자유는 방종이므로 학생의 자유는 한계가 있어야 하며 경우에 따라서 교사의 통제가 필요하다고 본다. 그리고 학교는 인류의 문화 중에서 가장 본질적이고 핵심적인 사상과 의의 등을 가르치는 곳이므로 전통적인 학문적 훈련방식을 계속 유지해야 한다고 보았다(Kneller, 1971).

본질주의는 진보주의를 비판하고 경종을 울렸다는 점에서 높이 평가되고 있지만, 전통을 중요시한다는 점에서 보수성을 내포하고 있으며 지적 진보성과 창조성을 저해할 우려가 있다. 즉, 본질주의는 학생으로 하여금 자주적인 사고를 장려하는 대신 교사에 의해 선택되고 조직된 교재를 학습할 것이 요구되기 때문에 자주적 · 비판적 사고의 배양을 저해하고, 교육목적을 장래생활의 준비에 둠으로써 현실사회를 도외시하는 교육을 강조한다는 비판을 받고 있다.

또한 항존주의는 본질주의가 기본적인 지식과 기술의 전수에만 치중하여 시간과 장소를 초월한 영원한 진리와 가치를 보지 못하고 있다고 비판했다. 재건주의도 본질주의가 오늘날 우리 인류가 풀어야 할 과제가 무엇이며, 교육이 그것을 위하여 무엇을 공헌해야 할 것인가에 대한 미래의식과 사회혁신의 자세가 모자란다고 비판했다.

3. 항존주의

1) 항존주의의 성격

항존주의 교육사상은 현대문명의 물질주의, 기계주의, 현실주의, 상대주의, 과학숭배주의에 대한 비판에서 출발하였다. 이러한 현대문명의 특징들이 인류를 파멸로 이끌기 때문에 이와 같은 위기에서 인류와 그 문화를 구해 내려면 고대와 중세의 영원불멸하는 진선미를 강조하고 이를 추구하는 데 심혈을 기울여야 한다고 보았다. 따라서 항존주의는 교육내용으로 그리스 · 로마의 고전을 강조하였다. 항존주의의 사상적 원류는 플라톤, 아리스토텔레스, 토마스 아퀴나스 등의 사상에서 연유하여 허친스(R. Hutchins), 아들러(M. Adler) 등의 세속파와 마리탱(J. Maritain), 커닝햄(W. F. Cunningham) 등의 가톨릭파에 의해 발전하였다.

항존주의는 영원히 변치 않는 진리와 가치의 추구를 교육의 기본 이념으로 삼고 있다. 항존주의자들은 영속적인 것이 참되고 이상적인 것이라고 본다. 그들은 인간의 본질은 항상 불변하기 때문에 교육의 본질도 변하지 않는 것으로 보았다. 특히, 인간에게는 이성이 있기 때문에 교육은 발달하는 이성에 관심을 두어야 하며, 교육의 목적은 진리에 인간을 적응시키는 것이라고 하였다. 이를 위해 학생들은 여러 시대를 거쳐 온 위대한 고전(The Great Books)을 읽어야 한다고 강조하였다(Hutchins, 1936).

항존주의자들은 진보주의의 현실 적응적 경향이 오히려 위기에 처한 현대 문명의 병폐를 그대로 반영하고 있다고 비판하였다. 즉, 진보주의 교육은 항구적인 가치가 아닌 일시적인 가치를 추구하고, 기본적인 원리가 아닌 피상적 현상을 주시하며, 정신적인 것이 아닌 물질적인 것을 중시한다고 보고 반과학주의, 탈세속주의, 정신주의 등을 강조하였다.

2) 교육적 의의

항존주의 교육이론은 인간의 보편적 본질인 정신 · 지성의 훈련과 발달에 교육의 일차적 목적을 둔다. 교육은 피교육자의 정신생활을 성장하게 하는 것이므로 교사의 임무는 피교육자의 좋은 정신력을 계발하는 일이라고 보았다. 교육은 생활의 모방이 아니고 미래 생활의 준비과정이므로 인간의 내적 통일을 조장하는 것이 되어야 한다고 강조하였다. 즉, 학습의 내용에 구애됨 없이 이성의 완벽을 기하여 정신의 자유를 가져와야 하며 이를 위해 지성의 훈련이 수반되어야 한다는 것이다.

항존주의는 인간을 위한 교육의 본질적인 측면을 잘 부각시켰음에도 불구하고 몇 가지 점에서 비판을 받고 있다. 우선 지적 훈련을 획일적으로 강조하고 있지만 사람의 지적 능력에는 한도가 있으므로 항존주의 교육은 자칫 엘리트 교육, 귀족교육이 될 가능성이 있다. 또한 현재를 영원성과 관련시킴으로써 현재의 문화적 경향성을 무가치하게 여기고, 현실에 적응하려는 노력을 과소평가하였다. 그리고 위대한 고전들을 강조함으로써 현실의 학문보다 고전의 지식들과 지적인 훈련을 매우 강조하였는데, 만약 모든 인간이 지력의 계발에만 열중하게 된다면 개개인의 자유로운 성장을 저해시킬 수 있어 전인교육에 위배될 수 있다는 비판을 받고 있다.

4. 재건주의

1) 재건주의의 성격

교육을 이상국가의 수립 내지는 사회개조의 수단으로 생각했던 주장은 고대부터 계속 있어 왔으나 이러한 구상이 하나의 교육적 운동으로 대두된 것은 1930년대의 일이다. 이러한 발상이 철학적 · 교육적 근거를 갖고 설득력 있게 교육계에 제시된 것은 20세기 중반의 일로서 바로 재건주의 교육사상이 그러하다.

재건주의는 현대사회가 중대한 문화적 위기에 직면하고 있다고 보았다. 그리하여 사회는 반드시 개조되어야 하며 교육이 그 선도적 역할을 담당하여 새로운 사회를 재건해야 한다고 주장하여 문화재건주의라고도 불린다.

재건주의는 브라멜드(T. Brameld)에 의해 주창되었는데, 그는 진보주의 교육은 현실적 경험만을 존중하고 본질주의 교육과 항존주의 교육도 모두 편협하고 일면적이어서 사회의 개조를 담당할 수 없다고 보았다. 구체적으로 진보주의는 과학적 방법에는 강하지만 포괄적 결과에 있어서는 약하며, 사색하는 방법에 있어서는 강하지만 목표를 가르쳐 주는 데 있어서는 약하다고 보았다. 본질주의는 현재와 같이 급격한 개조가 진행되고 있는 시대에서는 매력적인 것이기도 하지만, 보수적 입장에서 지나간 시대에 적합한 지식과 신조 및 습관을 영속시키고 복구시킴으로써 혁신된 동적인 문화를 도외시하고 있다고 보았다. 그리고 항존주의는 고대의 문화유산을 부활시키거나 신에의 귀의를 주장하고 있으므로 역사성을 무시하는 결과가 되며, 현대의 가장 중대한 과제인 민주주의에 상반되는 사상이라고 비판하였다(Brameld, 1956).

2) 교육적 의의

재건주의자들에 따르면 교육은 문화의 기본적 가치를 실현시키는 새로운 사회질서를 창조하는 일에 전념해야 하며, 새로운 사회는 민주적인 사회가 되어야 한다. 그리고 그 사회의 주요 기관들이나 자원들은 국민 스스로가 통제하는 사회가 되어야 한다. 재건주의자들은 교육은 사회적 자아실현에 그 목적이 있기 때문에 이를 통해 개인은 인격의 사회적 측면을 발달시킬 뿐만 아니라 사회계획에 참여하는 방법까지 학습하게 된다고 하였다. 특히, 교육의 목적, 내용, 방법은 오늘날의 문화 위기를 극복할 수 있는 방향에서 재구성되어야 하며, 행동과학적 연구가 발견해 낸 여러 원리들에 맞는 가치들을 찾아낼 수 있도록 도와주어야 한다고 보았다. 재건주의는 현실을 냉철히 비판하고 미래를 전망하는 일의 중요성과 긴박성을 강조하였으며, 교육을 통해 새롭고 민주적인 세계질서가 만들어질 수 있다고 보았다.

그러나 재건주의는 몇 가지 점에서 비판을 받고 있다. 재건주의는 새로운 사회질서를 확립하기 위한 교육철학이라고 하지만, 사회의 기능 중 하나에 불과한 교육이 과연 그러한 거창한 일을 할 수 있는가 하는 점에서 비판을 받고 있다. 또한 미래사회를 어떤 가치관에 입각해서 세울 것인가에 대한 논증이 결여되어 있으며, 민주적인 방식에 대해 지나친 기대를 하고 있다는 점에서 비판을 받고 있다. 그리고 인간은 복합적이고 유동적인 특성을 지니고 있어서 행동과학만으로는 설명되지 않는다는 점에서 재건주의의 행동과학에 대한 강조가 그 비판의 대상이 되고 있다.

제4절 유럽의 현대 교육철학

20세기 후반의 현대 교육철학은 기존의 근대 교육철학에 대한 반성에서 출발하였다. 근대 합리주의적 관념론과 실증주의 등에 대한 비판에서 시작된 실존주의, 사고의 명료성에 초점을 두고 언어의 의미를 명백히 탐구하고자 했던 분석철학, 이데올로기에 대한 비판을 통해 이성이 도구화되는 것을 지적했던 비판이론, 이성 또는 합리성의 절대성을 거부하고 개인의 감정과 정서를 중시한 포스트모더니즘 등이 대표적인 유럽의 현대 교육철학이다.

1. 실존주의

1) 실존주의의 성격

실존주의는 근대사회의 합리주의적 관념론과 실증주의에 반발하였으며, 현대의 과학문명이 초래한 비인간화 현상에 반항하였다. 즉, 실존주의는 인간 자신의 내적 세계를 탐색하는 인간 실존의 철학이며, 자신의 주체적 자각 · 결단 · 실천을 강조하는 행동철학이다. 이는 인간 실존의 구조와 본질을 밝히고자 하는 철학이며, 인간이 상실한 자기의 모습을 되찾고 본래의 자기에게 귀환함으로써 자기 소외 및 자기 상실의 상태에서 자기 회복 및 자기 귀환을 시도하는 철학이라고 말할 수 있다. 그러므로 실존철학에서는 개개인이 절대적인 자유의 존재임을 강조하는데, 이는 19세기 덴마크의 키에르케고르

(S. Kierkegaard), 독일의 니체(F. Nietzsche) 등에 의해서 체계화되었다. 이러한 실존주의 철학사상과 교육과의 관계를 논한 학자는 마르셀(G. Marcel), 부버(M. Buber), 볼노브(O. F. Bollnow)와 넬러(G. F. Kneller) 등이다.

실존주의에서 말하는 실존은 바로 '나'로 존재하는 인간의 구체적인 삶의 현실을 의미한다. 즉, 그것은 사회집단의 조직과 규칙에 얽매이는 것을 거부한다. 실존주의가 추구하는 것은 구체적이고 개성적인 자기 자신의 삶이다.

2) 교육적 의의

실존주의자들의 교육에 대한 관심은 볼노브와 부버에 의해 구체화되었다(강선보, 1992). 교육은 인간의 본래적 모습을 회복하는 일에 초점을 두어야 하며, 이것은 진정한 만남을 통해 가능하다고 본다. 실존주의가 강조하는 것은 만남 이외에도 각성, 충고, 상담, 모험 등이다. 이들을 통해 인간의 적나라한 모습을 확인하고 본래적인 삶을 살 수 있도록 하는 것에 초점을 둔다. 실존주의는 교육에서 이러한 비연속적 형성 가능성을 강조하고, 인간의 개성과 주체성을 존중하여 전인교육이 이루어져야 한다고 보았다.

실존주의 교육은 개인의 중요성을 강조하며 사회적 적합성에 대해 반대한다. 그리고 전인교육과 인격교육을 강조하고 자아 인지를 위한 교육과정을 중시한다.

실존주의 교육사상이 지향하는 교육목적은 존엄성과 자유의지를 가진 주체적인 삶을 영위해 나갈 수 있는 자아실현인의 양성이다. 이를 위해 자신의 참 존재의 의미를 깨달아 자기의 삶을 스스로 개척해 나가는 능력과 정신 및 열정을 갖게 하는 교육내용을 강조한다. 그리고 교육방법은 위기, 각성, 충고, 상담, 만남, 모험과 좌절 등의 방법을 통하여 주체적인 인간이 되도록 가르친다. 즉, 위기 상황을 회피하지 않고 용감하게 극복하도록 하며 학생들이 자기 책임과 양심을 자각하게 하는 각성을 강조한다. 또한 교사가 학생에 대해 충고와 상담 등을 통해 조언하고 지도하도록 하며 인격적 만남을 통해 인간성을 함양할 수 있도록 가르친다.

실존주의 교육사상은 교육의 본질과 실천에 지대한 영향을 미쳤다. 그러나 그 속에 내포되어 있는 논리의 모호성이나 애매성 등으로 인하여 비판을 받기도 한다.

2. 분석철학

1) 분석철학의 성격

분석철학은 다른 말로 철학적 분석주의, 논리적 실증주의, 논리적 실험주의, 언어철학, 언어분석주의 등으로 불리는데, 일반적으로 20세기에 들어와 주로 영국과 독일을 중심으로 발달하여 현대 유럽과 아메리카 각국에서 크게 논의되고 있는 철학의 한 흐름이다. 분석철학은 종래의 사변적 · 선험적 · 종합적 철학방법을 거부하고, 모든 과학과 일상적 지식의 개념, 명제의 의미를 분석적 방법에 의하여 엄밀하게 밝히는 것을 목적으로 하는 새로운 철학이다. 따라서 진정한 의미에 있어서 과학의 산물이라 할 수 있다. 이러한 분석철학의 대표자로는 러셀(B. Russell), 비트겐슈타인(L. Wittgenstein), 라일(G. Ryle) 등을 들 수 있다.

분석철학은 사고의 명료성에 초점을 두고 언어의 의미를 탐구하였다. 다시 말해, 어떤 신념이나 사고의 내용에 관심을 기울이는 것이 아니라 사고가 전개되고 표현되는 방식에 관심을 기울인다. 어떤 신념이나 사고는 언어로 표현되기 때문에, 분석철학은 사고를 표현하는 언어의 의미가 명료하며 그 논리가 정연한지에 관심을 기울인다. 분석철학이 언어에 관심을 집중하는 까닭은 언어가 사고를 전달하고 사물을 지각하는 중요한 수단이라고 보기 때문이다. 분석철학에서는 언어의 사용법을 바르게 함으로써 혼란된 사고를 바로잡는 것이 철학의 중요한 기능이라고 본다.

분석철학의 일반적 경향은 크게 두 가지로 나누어 볼 수 있다. 하나는 논리적 실증주의이고, 다른 하나는 일상적 언어 분석이다. 논리적 실증주의는 사람들이 일상생활에서 사용하는 자연언어가 분명한 의미를 전달하기에 결함이 많으므로 분명한 의미를 전달할 수 있는 언어를 인위적으로 만들어 사용하고자 하였다. 이 인공 언어는 기호논리학의 형태로 진술되는 언어다. 그리고 일상적 언어 분석철학자들은 사람들이 일상적으로 사용하는 자연언어의 사용법을 주의 깊게 분석함으로써 언어의 의미를 명확히 하고자 하였다.

2) 교육적 의의

분석철학의 방법을 교육 연구에 적용하려는 시도는 하디(C. D. Hardie)에 의해 처음으로 이루어졌다. 이후 교육학에 철학적 분석의 방법을 적용한 사례는 셰플러(I. Scheffler), 피터스(R. S. Peters) 등에게서 볼 수 있다.

분석철학에 따르면 교육자는 명확하고 합리적으로 사고하고 그 의사를 피교육자에게 정확히 전달하여야 한다. 또한 교육자는 논리학의 공식 법칙을 준수하여 일관성 있게 추리하여야 한다. 교육자가 주장하는 지식은 객관적이어야 하므로 지식은 개인적 · 문화적 편견으로부터 탈피하여야 할 뿐만 아니라 전문가에 의해 공개적으로 실증된 것이어야 한다. 교육자가 주장하는 지식은 신뢰할 수 있는 것이어야 하며, 모든 규범적 명제를 신중히 검토하여 그것이 과연 무엇을 의미하는가를 밝혀야 한다.

분석철학은 교육학의 용어, 원리, 이론 등을 명확히 하는 데 공헌하였으며, 지식의 성격에 대한 탐구를 통해 교육내용을 선정하고 조직화하는 데 기여하였다. 더불어 교육의 윤리적 차원을 분명하게 인식시켜 주었다는 평가를 받는다. 그러나 분석철학은 전통철학의 사변적, 규범적 기능을 부정하여 교육의 이념이나 목표를 정립하는 일에 소홀하였다는 비판을 받고 있다(조무남, 피정만, 김기수, 2003).

3. 비판이론

1) 비판이론의 성격

비판이론은 1923년 독일 프랑크푸르트 대학의 사회연구소를 중심으로 출현한 프랑크푸르트 학파의 사회철학을 말한다. 프랑크푸르트 학파의 비판이론은 자본주의 사회의 문화와 이데올로기를 연구의 대상으로 삼았다. 인간의 사고와 삶이 사회적으로 제약되는 현상을 파헤치고 인간이 해방되는 새로운 사회의 가능성을 모색하였는데, 사회문제의 책임을 개인에게 돌리지 않고 모든 문제는 사회 또는 그 체제로부터 도출된다고 전제하였다. 그럼에도 불구하고 비판이론은 체제가 변화해도 인간이 변화하지 못하면 사회는 근본적으로 달라질 수 없다는 명제에 도달하여 '새로운 인간'을 요구하기도 한다. 따라서 비판이론에서는 인간을 철두철미한 사회적 존재로 파악한다.

비판이론은 사회현상이나 역사현상이 인간에 의해 이루어지기 때문에 인간의 가치부여 행위를 고려하지 않고서는 파악될 수 없다고 본다. 특히, 철학, 사회학, 정치학, 경제학, 심리학 등의 여러 분야를 종합적으로 받아들여 사회이론을 전개함으로써 일종의 종합과학적 접근을 시도하였다.

비판이론은 현실문제를 이론화하며 그것을 통해 현실문제를 해결하려 하였다. 즉, 인간 삶의 현실에 대한 실천적, 해방적 관심에서 추진되었다. 사회적 삶의 조건들을 드러냄으로써 사회적 계몽이 이루어짐과 동시에 인간이 해방될 수 있다고 본 것이다. 비판이론은 호르크하이머(M. Horkheimer), 아도르노(T. Adorno), 하버마스(J. Harbermas) 등에 의해 전개되었다(조무남 외, 2003).

2) 교육적 의의

비판이론적 입장에서 교육의 문제에 관해 논의한 사람들은 사회의 불평등이 학교교육을 통해 재생산된다고 본다. 그래서 그들은 이데올로기 비판을 통해 교육의 사회적 조건들을 찾아내는 데 관심을 둔다.

비판이론적 교육철학은 교육목적을 자율적이고 성숙한 인간상의 구현에 두고 참된 인간교육을 위해 노력해야 한다고 보았다. 즉, 주체적인 사유를 하고 비판적으로 의식화된 인간, 그리고 특권의식이 배제된 이상사회에 기여할 수 있는 인간을 양성하는 교육을 강조하였다.

비판이론가들은 교육에서 무엇이 잘못되었으며, 그 잘못이 왜, 어떻게 발생했는지, 그리고 어떻게 치유될 것인지에 대해 관심을 갖는다(Gibson, 1986). 그들은 인간과 사회에 대한 실증적인 연구방법의 한계를 지적하면서 개인과 사회를 총체적으로 보아야 한다고 강조하였다. 또한 이데올로기에 대한 비판을 통해 이성이 도구화되는 것을 예리하게 지적하였다.

그러나 비판이론가들은 비판의식을 지나치게 강조하여 사회제도와 교육의 순기능을 보지 못하고 역기능만 보게 하였다. 그리고 그들의 자본주의 사회비판은 과학과 기술의 인간 통제에 집중하여 그들 자신이 제시한 총체적 방법론을 따르지 못하였다는 한계를 보인다.

4. 포스트모더니즘

1) 포스트모더니즘의 성격

20세기 중후반에 걸쳐 대두된 포스트모더니즘은 모더니즘에 대한 반성과 비판에서 비롯된다. 모더니즘이 이성중심, 계몽적 사고중심, 객관적 과학을 강조하는 합리적 절차 등의 특징을 갖는 데 비해, 포스트모더니즘은 반정초주의, 다원주의, 반권위주의 등을 강조한다.

포스트모더니즘의 대표적 사상가로는 프랑스의 유명한 구조주의 사상가인 푸코(M. Foucault)를 들 수 있다. 그러나 포스트모더니즘이라는 용어를 학문의 영역 속으로 끌어들여 그에 대한 학술적 논쟁을 유발시킨 사람은 리오타르(J. Lyotard)다. 그는 포스트모더니즘을 대서사에 대한 거부, 형이상학적 철학에 대한 거부, 총체적 사고에 대한 거부로 표현하였다.

포스트모더니즘의 기본 특성은 철학, 과학, 예술 등 각 분야의 이론들이 표방하고 있는 객관성이나 확실성을 부정한다. 반면에 이성, 지식, 언어, 가치 등은 우연적 · 임의적 · 상대적이며, 역사적으로 구성된 것이라고 본다. 포스트모더니즘은 우연성과 상대성에 대한 인식을 바탕으로 지식, 가치, 언어, 과학, 예술, 전통 등 인간과 세계를 전혀 새로운 관점에서 바라본다. 포스트모더니즘은 인간과 자연을 구분하는 대신에 인간과 자연을 포괄적인 관계 속에서 고찰하며, 인간의 무한한 발전을 믿는 대신에 기술발전이 부분적으로는 퇴보를 가져올 수 있다고 자각하며, 모든 인간을 지배할 수 있는 하나의 이념 대신에 다양한 의견의 권리를 인정한다.

포스트모더니즘은 반합리주의를 기반으로 하여 진리의 절대성, 객관성, 보편성을 거부하는 대신 진리의 우연성, 다원성, 비교 불가능성을 강조한다. 또한 인식론적 상대주의를 표방하며 각 집단의 사회문화적 배경과 전통을 중시한다.

2) 교육적 의의

포스트모더니즘의 관점에서 보면 학교에서 가르치는 지식이나 신념 체계는 특정한 사회문화적 맥락에서 형성된 것이므로 세계에 대한 객관적인 이해가 될 수 없다. 교육을 통해 신봉되는 표준화된 지식들은 특정한 계층이나 인종 또는 성의 관점에서 쓰인 것에 불과하다. 따라서 지식의 객관성과 보편성, 이성의 순수성과 자율성에 대한 가정을 바탕으로 한 전통적인 교육의 관념은 수정되어야 한다고 주장한다. 보편타당한 객관적 진리의 추구, 즉 대서사가 정당화되었던 근현대 사회와는 달리, 포스트모던 사회에서는 소서사가 정당화된다. 포스트모던 사회에서는 기술적인 요소, 윤리적인 요소, 미적인 요소가 인지적인 요소와 대등한 지식으로 다루어져야 하며, 이들 요소로 이루어진 다양한 지식을 가질 뿐만 아니라 인지적 영역과 정의적 영역의 통합, 이론과 실제를 통합하는 사람만이 포스트모던 사회에서 창조적으로 살아 나갈 수 있다. 또한 포스트모더니즘은 계몽주의의 이성이 구축한 획일성, 전체성, 절대성을 비판하고 그 대신 다원성과 상대성을 강조한다. 인간의 유한성과 사회의 다원성이라는 토대 위에서 우리의 미래를 설계하기 위해서는 인간의 본질과 교육의 본질에 대한 다각적인 재검토 작업이 이루어져야 할 것이다.

포스트모더니즘은 세계나 사물에 관한 지식은 인간이 지닌 관심과 동기,

편견과 선입견, 신념과 가치관, 기존의 지식과 경험 그리고 이론과 관점들이 복합적으로 작용함으로써 만들어진 것이므로 지식의 성격은 상대적일 수밖에 없다고 보았다. 즉, 다양한 가치와 신념이 각 문화집단의 맥락에 따라 존재하게 되므로 학교는 사회 · 문화의 다양성과 다원성에 보다 민감해야 하며, 교사나 학생은 모두 지역사회의 다양한 가치관과 신념들을 존중해야 한다고 강조하였다.

학습과제

1. 교육철학의 필요성을 설명하시오.
2. 서양의 전통철학 중 관념론과 실재론을 비교 · 설명하시오.
3. 서양의 현대철학 중 진보주의 교육이론과 항존주의 교육이론을 비교해 보시오.
4. 서양의 현대철학 중 실존주의 교육이론을 설명하시오.
5. 서양의 현대철학 중 포스트모더니즘의 교육적 의의에 대해서 설명하시오.

제4 장

교육의 심리적 이해

학습목표

1. 교육의 심리학적 관점과 교육심리학의 주요 영역을 설명할 수 있다.
2. 인간 발달의 개념과 원리를 설명할 수 있다.
3. 학습자의 인지발달과 성격발달의 기본 개념과 발달단계를 설명할 수 있다.
4. 학습의 행동주의, 인지주의, 인본주의 관점들을 이해하고 설명할 수 있다.
5. 학습자의 지적 특성과 정의적 특성을 이해하고, 이들 특성이 학습과정에 어떤 역할을 하는지 설명할 수 있다.

제4장

교육의 심리적 이해

제1절 교육심리학의 성격

교육활동의 목적을 달성하기 위해서는 교육의 대상인 인간에 대한 이해가 선행되어야 한다. 교육과 교육학을 설명하는 여러 기초학문 분야 중 심리학은 교육의 대상인 인간의 행동과 정신과정을 과학적으로 연구하는 학문 분야다. 심리학적 이론은 교육적 현상과 학습자의 지적, 정의적, 발달적 특성을 객관적으로 이해하는 데 많은 기여를 하고 있다. 이 절에서는 교육심리학을 정의하고, 넓은 의미에서의 교육심리학의 역할과 최근 교육심리학이 초점을 두고 있는 영역을 중심으로 한 좁은 의미에서의 역할을 살펴본다. 다음으로 현대 심리학의 태동과 발달, 그리고 현대 심리학의 주류를 이루고 있는 네 가지 입장과 교육의 관계성에 대하여 살펴보고자 한다.

1. 교육심리학의 의미

1) 교육심리학의 정의

심리학(psychology)는 '인간이란 무엇인가?'라는 질문에서 시작된 학문이다. 오늘날의 심리학은 인간에 관한 지식의 축적을 통해 정립되었으며 19세기 말 철학에서 분리되어 독자적 학문으로 발전하였다. 심리학은 인간의 행동과 그에 기저하는 생리적이고 인지적인 과정에 대한 과학적 학문으로, 인간을 이해하기 위해 행동과 정신과정을 연구하는 과학적인 학문이라고 정의할 수 있다.

현대 교육학은 19세기 초 독일에서 출발하였다. 현대 교육학의 창시자인 헤르바르트(J. F. Herbart)는 교육의 목적(즉, '어떤 인간을 길러 낼 것인가?')과 교육의 방법(즉, '그러한 인간을 어떻게 길러 낼 것인가?')을 교육학의 두 축으로 삼았다. 그리하여 교육의 목적은 윤리학에서, 교육의 방법은 심리학에서 그 원리를 도출해야 한다고 주장하였다. 이와 같이 교육과 심리학은 현대 교육학의 출발에서부터 매우 밀접한 관련성을 가진 상호작용적 관계로 시작되었다.

일찍이 기능주의 심리학의 창시자인 제임스(W. James)는 "심리학은 하나의 과학(science)이며, 가르치는 일은 하나의 기예(art)다."라고 하였고, 힐가드(E. R. Hilgard)는 "심리학적 이론과 교육적 실제의 관계는 순수과학과 응용과학의 관계와 같다."고 하였다. 즉, 심리학이 인간에 관한 일반적인 법칙이나 원리를 발견하여 그것을 토대로 행동과 정신과정을 과학적인 방법으로 연구하는 학문이라면, 교육심리학은 심리학적 지식과 이론을 토대로 교육활동의 효과적인 실천방안을 탐색하는 데 관심을 두는 학문이라고 할 수 있다.

2) 교육심리학의 역할

교육심리학(educational psychology)은 교육의 목적을 위하여 심리학적 지식이나 결과를 활용하는 응용심리학이다. 그러므로 교육심리학은 교육을 개선하는 데 필요한 심리학적인 정보, 즉 학습자의 지적 · 정의적 · 발달적 특성의 이해, 학습에 대한 이해, 수업과정에 대한 이해, 생활 지도와 적응에 대한 이해, 교육 측정과 평가에 대한 이해 등에 필요한 실천적인 정보를 제공한다.

최근에는 교육심리학의 개념을 좀 더 협의적으로 해석하여 학습자의 초기 상태의 진단을 포함한 학습지도에 초점을 둔다. 이러한 관점에서 교육심리학은 심리학적 지식과 결과를 활용하여 학습과 관련된 다양한 문제들에 대하여 적절한 지식을 제공하는 학문이라고 할 수 있다.

2. 교육의 심리학적 이론

1) 현대 심리학의 태동

인간에 대한 연구는 고대 그리스의 철학에서부터 시작된다. 기원전 400여 년 전 데모크리투스(Democritus)는 몸과 마음의 관계에서 인간을 지배하는 법칙을 찾으려고 하였다. 이것을 심신관계론이라고 하는데, 플라톤은 몸과 마음은 별개로 존재한다는 심신이원론을 주장하였고, 아리스토텔레스는 마음은 유기체의 기능이고 따로 떨어진 것이 아니라는 심신일원론을 주장하였다. 이 두 가지의 입장은 중세와 근대에 이르기까지 인간의 이해에 대한 큰 흐름으로 이어져 왔으며, 19세기 후반 현대 심리학을 출현시키는 바탕을 이루었다.

현대 심리학의 역사는 독일의 분트(W. Wundt)로부터 시작되었다. 현대 심리학의 창시자로 불리는 분트는 1879년 독일 라이프치히 대학에 심리학 실험실을 세우고, 내성법(introspection)을 고안하여 인간의 의식에서 그 구성요소와 결합되어 있는 구조를 분석해 낼 수 있다고 확신하는 구조주의(structuralism) 심리학을 태동시켰다.

한편 미국 하버드 대학의 제임스는 구조주의를 비판하고, 의식의 구조를 분석하는 것만으로는 인간을 이해하는 데 충분치 않으며, 의식의 전체적 기능을 밝혀야 한다고 주장하는 기능주의(functionalism) 심리학을 발전시켰다. 즉, 심리학의 연구목적이 인간생활에서 의식이 어떠한 역학적 기능을 하는가 하는 정신역동적 기능을 규명하는 데 있다고 생각하고, 내성법과 병행하여 인간의 실제 행동에도 관심을 두었다.

오늘날까지 영향을 미치는 현대 심리학은 크게 4개의 세력으로 분류된다. 첫 번째는 정신의학에서 출발한 정신분석학, 두 번째는 심리학을 교육에 적용하여 교육심리학이라는 독자적인 학문 분야로 발전시키는 데 공헌한 행동주의, 세 번째는 위의 두 세력에 반발하고 인간에 대한 주관적인 실존적 접근을 강조한 인본주의 심리학, 그리고 네 번째는 인간의 두뇌 속에서 일어나는 정보처리 과정에 초점을 두는 인지주의 심리학이다.

2) 정신분석학과 교육

현대 심리학의 제1세력은 정신분석학(psychoanalysis)이다. 정신과 의사였던 프로이트(G. Freud)는 신경증 환자들을 대상으로 한 광범위한 임상 관찰을 토대로 "인간의 행동이나 사고는 의식보다는 무의식의 지배를 받는다."고 주장하고 무의식을 분석해야 인간 이해가 완전하다는 것을 강조하였다.

정신분석은 다른 심리학의 접근방법에 비해 교육심리학과 직접적인 관련성은 적은 편이다. 그러나 인간의 성격 형성이나 이상 행동 등 인간의 본성을 이해하는 데 큰 공헌을 한 분야다.

3) 행동주의와 교육

기능주의(functionalism)의 영향을 받은 행동주의(behaviorism) 심리학은 현대 심리학의 태동과 발달에 중요한 역할을 했던 의식심리학을 비판하고, 심리학이 과학적인 학문이 되기 위해서는 관찰 가능하고 신뢰성 있게 측정할 수 있는 행동을 연구 대상으로 삼아야 한다고 주장하였다.

초기 행동주의 심리학에서는 모든 행동을 자극(stimulus)과 반응(response)의 연합에 의한 조건형성(conditioning)의 결과로 본다. 그러나 이러한 자극-반응이론(또는 S-R이론)은 동물의 행동에서는 이 관계가 성립되는 경우가 많으나 인간의 행동에서는 성립되지 않는 경우가 많다. 따라서 자극과 반응 사이에 유기체(organism)를 삽입한 S-O-R의 공식으로 인간의 행동을 이해하고자 하는 신행동주의(neo-behaviorism) 심리학이 1950년대부터 출현하였다.

행동주의는 교육에 가장 많은 영향을 미친 심리학의 세력이라고 할 수 있다. 특히, 교육심리학을 독자적인 학문 분야로 발전시킨 손다이크(E. L. Thorndike)는 심리학적 연구 결과를 교수 자료나 수업 설계에 응용하였고 이를 토대로 교사교육을 실시하였다. 스키너(B. F. Skinner)는 행동주의 학습이론의 강화원리에 근거하여 프로그램 학습(programmed learning) 자료와 교수기계(teaching machine)를 발명하여 교육공학의 발전에 기여하였다. 또한 조건형성의 원리를 이용한 바람직한 행동의 형성 및 부적응 행동이나 문제행동을 없애고 바람직한 행동으로 대치하는 행동수정도 행동주의의 영향을 받은 것이다.

4) 인본주의와 교육

1960년대 심리학계를 지배하고 있던 제1세력인 정신분석학과 제2세력인 행동주의가 한계를 느끼기 시작하면서부터 인간 이해에 대한 새로운 접근인 인본주의 심리학(humanistic psychology)이 부각되었다. 인본주의 심리학은 그동안의 심리학이 '정신과학' 혹은 '행동과학'으로 정립하는 데 주력한 채 개인의 독자성을 적절하게 고려하는 일에 소홀한 면이 많았다고 지적하고, 그 대신에 인간에 대한 주관적인 실존적 접근을 할 것을 강조하였다. 즉, 인본주의 심리학자들은 정신분석이나 행동주의가 인간의 목적이나 가치 등의 문제를 다루지 않았고, 인간의 의식 · 개성 · 책임 · 완성을 위한 노력을 취급하지 않았으며, 사랑 · 창조성 · 인간의 신비적 성향 등을 도외시하였다고 믿었다. 그리고 무엇보다도 중요한 점은 두 심리학 체계가 모두 인간의 자유의 문제를 만족스럽게 다루지 않았다는 것이다. 인본주의 심리학은 다른 심리학의 세력과 달리 조직적인 이론이라기보다 일종의 지적 사조 내지는 운동이라고 할 수 있으며, 정신분석과 행동주의 심리학에 이은 제3세력의 심리학으로 등장하였다.

인본주의 교육에서는 학생 중심의 교육을 강조한다. 인본주의자들은 교육의 목적이 축적된 지혜와 과거의 경험을 전수하는 것 이상의 훨씬 광범위한 것이라고 생각한다. 즉, 인본주의 교육의 목적은 ① 개개 학생으로 하여금 자기 자신을 발견하고, ② 다른 사람들과 사회적 관계를 맺으며, ③ 현재의 시점에서 행복하게 살아가고, ④ 미래의 생활에 대비하도록 돕는 데 있다.

5) 인지주의와 교육

인간의 행동과 정신과정을 전체주의(holism)나 현상학(phenomenology)의 관점에서 연구하려는 입장을 게슈탈트(Gestaltism) 심리학이라고 한다. 독일의 심리학자인 베르트하이머(M. Wertheimer)에 의해 시작된 게슈탈트 심리학은 '전체는 부분의 합 이상이다.'라는 명제를 바탕으로, 의식이란 분트가 생각한 것같이 구성요소의 종합이 아닌 통합된 전체로서 작용하는 존재라고 주장하였다. 즉, 의식내용을 요소로 분석하면 본래의 내용은 존재하지 않으며 그 요소들이 다시 재결합해도 원래의 현상을 찾을 수 없다는 것이다.

게슈탈트 심리학은 행동주의와 비슷한 시기에 태동했음에도 불구하고 행동주의에 가려져 빛을 보지 못하다가 1970년대에 들어와 주목받기 시작하였다. 게슈탈트 심리학은 특히 지각심리학과 인지심리학의 발달에 기초가 되었다.

인간의 학습과정을 설명할 때, 행동주의는 자극-반응 관계에 초점을 두는 반면, 인지주의는 정보처리 과정에 초점을 둔다. 인지는 지각, 기억, 상상, 문제 해결, 사고뿐만 아니라 지식의 획득과정에도 관심을 둔다. 따라서 인지주의는 인간의 학습과 기억현상을 연구하는 데 많은 시사점을 주었고, 최근 컴퓨터공학, 정보처리이론, 인공지능 등의 발달로 인하여 현대 심리학의 새로운 주류로 등장하였다.

제2절 인간 발달

교육활동이 효과적으로 이루어지기 위해서는 학습자의 발달적 특성을 이해하는 것이 선행되어야 한다. 교육은 교수자와 학습자 간의 관계적 활동이기 때문에 교수자의 인간 발달에 대한 이해는 필수적이다. 이 절에서는 인간 발달의 개념과 원리를 소개하고, 인지적 발달의 주요 이론인 피아제(J. Piaget)의 인지발달이론과 비고츠키(L. S. Vygotsky)의 사회문화적 인지이론을 소개한다. 다음으로 인간의 성격발달을 설명하는 프로이트의 심리성적 발달이론과 에릭슨(M. Erikson)의 심리사회적 발달이론에 대하여 소개하고자 한다.

1. 발달의 개념과 원리

1) 발달의 개념

발달(development)이란 인간의 생명이 시작되는 수정의 순간에서부터 죽음에 이르기까지의 전 생애를 통해 이루어지는 모든 변화의 양상과정을 의미한다. 여기에서 변화란 체계적인 연속성(continuities)이 있어야 하는데, 일정한 순서가 있고(orderly) 형식이 있으며(patterned) 비교적 지속적(enduring)이라는 것을 의미한다. 이러한 변화에는 신장 및 체중 등의 양적 증대를 의미하는 성장(growth), 유전 정보에 따른 신체적 · 심리적 변화로 인한 행동능력의 변화를 의미하는 성숙(maturation), 경험과 연습에 의한 학습(learning)을 포함한다.

2) 발달의 원리

인간의 발달은 다음과 같은 몇 개의 기본적인 원리에 의해 지배되고 일련의 패턴을 따라 질서정연하게 이루어진다.

첫째, 발달은 성숙과 학습의 상호작용으로 일어난다. 연령 증가에 따라서 나타나는 발달적 변화는 성숙과 학습의 소산이다. 발달에 영향을 미치는 요인 중에서 성숙요인(생물학적 · 유전적 요인)의 영향이 큰가 또는 학습요인(환경적 · 경험적 요인)의 영향이 큰가 하는 문제는 오랫동안 논란의 대상이 되어 왔고 또 오늘날까지도 많은 논란이 존재한다. 그러나 동일한 유전인자도 환경에 따라 다르게 발달하고, 동일한 환경이라도 다른 유전인자를 가진 경우 다른 발달을 보이는 것을 볼 때 두 요인이 상호작용한다고 보는 것이 타당할 것이다.

둘째, 발달은 일정한 순서와 방향성을 갖는다. 발달은 예측 가능한 방향성을 가진 일련의 원칙에 따라 조정된다. 예컨대, 신체발달의 경우 몇 가지 원칙이 있는데, 첫 번째 원칙은 상부에서 하부로, 즉 두미(頭眉) 방향(head-to-tail)으로 발달하는 것이다. 두 번째 원칙은 중심에서 말초 방향으로, 즉 신체의 중심부에서 주변(near-to-far)으로 발달하는 것이다. 세 번째 원칙은 전체적 활동에서 특수한 활동(mass-to-specific)으로 발달하는 것이다. 이와 같이 발달에 일정한 순서와 방향이 있다는 것은 발달의 선행단계는 후속단계의 기초가 되며, 한 단계에서 다음 단계로 이행한다는 것은 보다 높은 차원의 발달이 이루어짐을 의미한다.

셋째, 발달은 계속적인 과정이지만 그 속도가 일정하지 않다. 발달에는 고정되고 정확한 순서가 있지만 같은 비율이나 속도로 진행되지는 않는다. 성장의 속도는 상승할 때도 있고 감소할 때도 있다. 출생 전후의 빠른 발달은 아동 초기 동안 점차적으로 안정되고, 아동 중기에는 비교적 느리다가 청년 초기에 현저히 증가한다.

넷째, 발달에는 개인차가 있다. 모든 인간은 일정한 순서에 따라 발달해 간다. 그러나 어느 발달 시점에 도달하는 연령은 개인에 따라 큰 차이가 있다. 발달 속도뿐만 아니라 발달 유형에도 개인차가 있으며, 성별에 따라서도 차이를 보인다. 결과는 예측할 수 있으나 정확한 시간을 예측할 수는 없다. 발달의 개인차는 훈련방법, 동기 유발, 학습 기회, 연습량, 신체변화 등 여러 가지 요인에 의해 일어난다.

다섯째, 발달의 각 영역은 서로 밀접한 관련성을 갖는다. 대체로 발달의 각 영역들은 각각 다른 속도로 진행되지만 상호 관련되어 있다. 예컨대, 읽기와 셈하기는 지적인 기능일 뿐 아니라 사회, 정서, 언어, 신체적 요소 또한 포함하고 있다. 사회적 과정이 인지적 과정을 형성하고, 인지적 과정이 사회적 능력을 촉진 또는 제한하며, 신체적 과정이 언어와 인지에 영향을 미치는 등 상호 연관적으로 발달된다.

여섯째, 발달에는 초기 경험이 중요한 영향을 미친다. 일정 신체기관이나 기능의 발달은 특정 방식으로 특별한 환경과 상호작용하는 한정된 시기가 있다. 이 시기를 결정적 시기(critical period), 민감기(sensitive period) 혹은 최적기(optimal period)라고 한다. 만약 이 시기에 적절한 환경적 자극이 주어지지 않으면 특정한 행동은 발달되지 않거나 결함이 생기게 되며, 심하면 영구적인 결함과 기능장애를 일으키게 된다.

일곱째, 발달은 누적적인 효과와 지연된 효과를 갖는다. 예컨대, 유아는 자신의 욕구가 자주 무시되거나 좌절되면 불신을 발달시킨다. 이러한 결과는 한두 번의 경험이나 사건에 의한 것이기보다는 장기적이고 누적적인 상호작용의 패턴에 기인한다. 또한 발달은 누적적 영향의 결과일 뿐 아니라 지연된 효과를 유발할 수 있다. 즉, 초기 경험이 아동의 발달에 미치는 영향은 먼 훗날에 가서야 명확해질 수 있다는 것이다. 예컨대, 부모로부터 학대당한 아동 중 어떤 아동은 성장기에 매우 잘 적응하지만 사춘기와 성인기에 학대받은 과거로부터 기인된 심각한 정신건강상의 문제를 경험할 수도 있다.

2. 발달의 영역

1) 인지발달

(1) 인지발달이론

스위스의 생물학자인 피아제(1896~1980)는 연체동물을 연구하다가 어떤 생물이나 종 특유의 유전인자를 갖고 태어나지만 환경변화에 적응할 수 있는 능력도 갖고 태어난다는 것을 발견하고 그것을 인간 발달 연구에 적용시켰다. 즉, 그는 인간이 환경의 변화에 따라 자신의 인지구조를 변화시킴으로써 환경에 적응해 가는 능력이 있다는 것을 발견하였다.

피아제는 인지발달이란 유기체가 능동적 활동을 통해 자신의 인지구조를 재구성하는 것이라고 보고, 개인이 스스로 자신의 인지구조를 형성하고 재구성하는 것을 평형화(equilibration)라고 하였다. 평형화란 인간이 생존을 위해 자신의 내부 구조를 일정하게 유지하려는 본능적인 경향성을 의미한다. 평형화는 동화와 조절의 통합과정을 통해서 이루어진다. 동화(assimilation)란 자신이 이미 가지고 있는 도식(schema) 또는 구조 속에 외계의 대상들을 받아들이는 인지과정을 말한다. 조절(accommodation)이란 자신이 가지고 있는 도식이나 구조가 새로운 대상을 동화시키는 데 적합하지 않을 때 새로운 대상에 맞게 도식을 바꾸어 가는 과정을 말한다. 결국 인지발달이란 새로운 지식은 동화시키고 적절하지 않는 지식은 조절하면서 자신의 도식을 확장시켜 가는 과정이라고 할 수 있다.

피아제는 인간의 인지발달 단계를 감각운동기, 전조작기, 구체적 조작기, 형식적 조작기로 나누었다. 각 단계를 살펴보면 다음과 같다.

① 1단계: 감각운동기(sensory motor stage: 출생~2세)

발달의 첫 단계인 감각운동기는 자신과 주위의 세계를 구분하지 못하는 시기다. 주된 인지활동은 반사 행동이며, 즉각적인 외부 세계에 대처하기 위해 빨기, 쥐기, 때리기와 같은 신체적인 행동 도식들을 조직화한다. 이 시기는 사고의 근거가 되는 정보가 없기 때문에 생각하지 않고 행동만 한다. 생후 7~8개월경이 되면 대상영속성(object permanence)을 획득한다. 대상영속성이란 모든 사물을 자신이 직접 보거나 만질 수 없는 경우에도 그것이 공간의 어딘가에 존재하고 있음을 아는 능력이다. 즉, 모든 사물이 자신과는 별개의 실체라는 사실을 알게 됨으로써 표상 능력(representational ability)

을 획득하게 된다.

② 2단계: 전조작기(pre-operational stage: 2~7세)

전조작기는 사고하는 것을 배우는 시기다. 다시 말해, 이 시기에는 상징과 내적 이미지를 사용하게 된다. 외계의 현상들에 대한 표상을 형성하고 구조화하여 사고 능력을 갖게 된다. 그러나 전조작기의 사고는 비체계적이고 비논리적이다. 즉, 사고의 논리적인 조작이 가능하지 않기 때문에 전조작기라 부른다.

전조작기는 '전개념적 사고단계'와 '직관적 사고단계'로 나뉘는데, 전개념적 사고단계(2~4세)는 조작적 사고를 거의 못하며, 직관적 사고단계(5~7세)가 되어야만 조작적 사고가 어느 정도 나타나기 시작한다. 이 시기는 전조작기에서 다음 단계인 구체적 조작기로 넘어가는 전환기라서 매우 중요한 시기다.

전조작기 사고의 특징으로는 가상적인 사물이나 상황을 실제 사물이나 상황으로 상징화하는 '상징놀이', 자신의 꿈이 실제로 일어났다고 믿는 '꿈의 실재론', 모든 것을 한 방향으로만 생각하기 때문에 되돌리면 원상태가 된다는 것을 이해하지 못하는 '비가역성', 논리적 사고를 못하기 때문에 새로 학습한 내용을 새로운 장면에 적용하거나 사용하지 못하는 '비전이', 비논리적이고 비인과적으로 추론하는 '비약적 추론', 타인의 생각 · 감정 · 지각 · 관점 등을 자신과 동일한 것으로 가정하는 '자기중심적 사고', 대상이나 사태가 갖는 단 하나의 현저한 지각적 속성에 의해 그 대상이나 사태의 성격을 판단하는 '직관적 사고', 생명이 없는 대상에 생명과 감정을 부여하는 '물활론적 사고' 등이 있다.

③ 3단계: 구체적 조작기(concrete operational stage: 7~11세)

구체적 조작기가 되면 아동은 사고를 논리적으로 조작할 수 있는 능력을 획득한다. 구체적 조작기의 가장 큰 특징은 가역성(reversibility)의 획득과

탈중심화(decentration)로 과학적 추리가 가능해진다. '보존개념'을 비롯한 유목화(분류, 서열의 개념)를 이해할 수 있게 된다. 또한 사회적 사고가 가능해져서 자기중심성을 탈피하고, 도덕적 판단을 하며, 꿈도 실제가 아니라는 것을 믿게 된다. 그러나 단지 관찰 가능한 구체적인 사물이나 구체적인 행위에 대해서만 체계적으로 사고하는 능력이 있기 때문에 구체적 조작기라 한다.

④ 4단계: 형식적 조작기(formal operational stage: 11세 이상)

형식적 조작기가 되면 추상적이고 가설적인 수준에서도 체계적으로 사고할 수 있는 능력을 발달시킨다. 구체적 조작기의 조작적 사고는 현실에 존재하는 사물에 한정되어 있다. 그러나 형식적 조작기가 되면 관찰할 수 없는 가설적이고 추상적인 개념에 대해서도 이해가 가능해진다. 또한 가설-연역적 인지구조를 획득하게 되어 명제적 사고가 가능해진다.

(2) 사회문화적 인지이론

비고츠키(1896~1934)는 피아제와 같은 시대에 활동하였지만 구소련 붕괴 후 서방 세계에 알려진 학자다. 1917년 러시아혁명 후 마르크스주의가 지배한 러시아는 사회주의와 집단주의가 사회 이데올로기로 자리 잡으면서 개인의 가치관은 무시되고 역사가 강조되었다. 이러한 상황에서 비고츠키는 자연스럽게 인간 발달에 대한 사회문화적 접근을 하게 되었다. 그는 개개인의 발달과정은 그 개인이 속한 문화의 산물로 보았기 때문에 부모를 문화의 전수자로 보았다. 또한 부모를 비롯한 타인과의 사회적 상호작용이 대화를 통해서 이루어지므로 언어적 대화를 중요시하였다.

비고츠키 이론의 기본 견해는 우선 인간 발달에서 사회, 문화, 역사적 측면을 강조한다. 둘째, 유능한 사람과의 상호작용이 학습 및 발달에 중요한 영향을 준다. 셋째, 언어는 학습 및 발달에서 중요한 역할을 한다. 마지막으로 학습은 발달에 선행하며 발달을 촉진한다.

① 사고와 언어

아동의 언어발달에 대해 피아제와 비고츠키는 그 해석이 서로 다르다. 피아제는 전조작기의 아동은 다른 사람의 관점에서 사고할 수 없으므로 '자기중심적 언어(egocentric speech)'를 사용한다고 보았다. 그리고 인지 능력이 발달하고 사회적 경험이 쌓이면 자기중심적 언어가 줄어들고 '사회적 언어(social speech)'로 대치된다고 보았다. 즉, 자기중심적 언어를 인지적 미숙으로 간주하였다. 그러나 비고츠키는 피아제와 달리 아동은 자기조절을 위해서, 즉 자신의 행동에 대해 생각하고 행동을 주도해 나가는 과정을 선택하기 위해서 다른 사람과 상대하지 않고 자기 자신과 의사소통을 하는 혼잣말(private speech)을 한다고 보았다.

비고츠키는 '언어'와 '사고'는 그 근원이 다르며, 둘은 서로 독립적으로 발달하다가 생후 2년경이 되면 지금까지 독립적이던 언어와 인지 발달의 두 곡선이 교차되면서 생각한 것을 말로 표현할 수 있고, 언어도 논리적이 된다고 하였다.

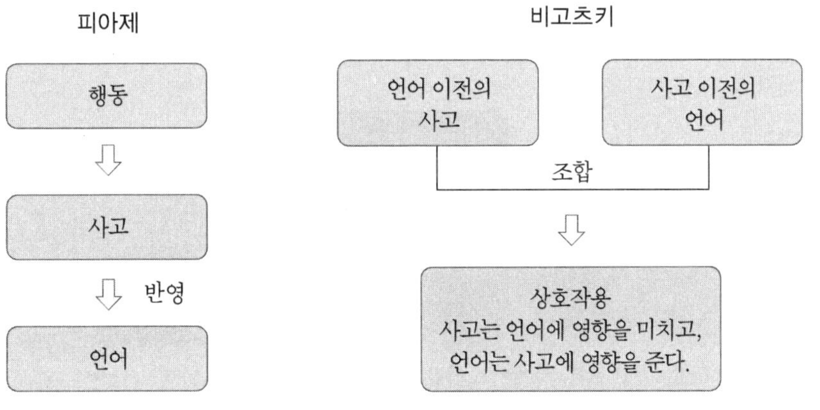

[그림 4-1] 언어와 사고의 관계(Owens, 1993)

② 근접발달영역

근접발달영역(zone of proximal development: ZPD)이란 아동이 혼자서는 해결할 수 없지만 성인이나 뛰어난 동료와 함께 학습하면 성공할 수 있는 영역을 의미한다. 아동이 살아가면서 직면하는 문제들 중에는 아무리 설명해도 아동의 능력 밖의 영역(문제해결 불가능 영역), 조력으로 문제를 해결할 수 있는 영역(근접발달영역), 아동이 독자적으로 문제를 해결할 수 있는 영역(독립적인 문제해결 영역)이 있다. 비고츠키는 아동의 지적 발달 수준을 측정하는 데 있어서 잠재적 발달 수준인 근접발달영역과 실제적 발달 수준인 독립적인 문제해결 영역을 모두 평가해야 한다고 주장하였다.

이와 같이 아동 스스로는 할 수 있는 능력이 없지만 아동의 수행 능력에 따라 협력자(예: 교사)가 도움을 주게 되면 아동 스스로 할 수 있는 능력이 증가하고 궁극적으로 과제를 수행할 수 있는 능력을 습득하게 되는 조력방법을 비고츠키는 비계설정(scaffolding)이라고 하였다. 근접발달영역의 개념은 인지발달이 사회적 상호작용의 결과로 발전한다는 사실을 강조하고 있으며, 아동의 인지발달이 교사나 성인의 적극적인 도움으로 더욱 촉진될 수 있다는 점을 시사한다.

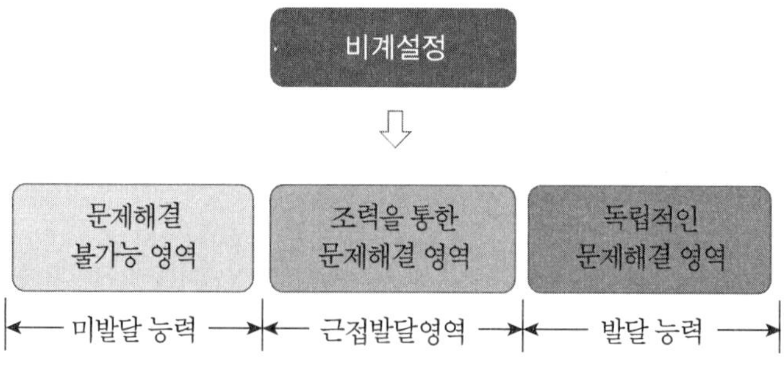

[그림 4-2] 근접발달영역과 비계

2) 성격발달

(1) 심리성적 발달이론

심리성적 발달이론은 20세기 초에 비엔나의 개업의인 프로이트(1856~1939)의 천재성에 의해 구축되었다. 그가 창시한 정신분석학의 기본적 가정은 다음과 같다. 첫째, 모든 행동은 원인 없이 우연하게 일어나는 일이 없다(정신결정론적 입장). 둘째, 인간의 행동은 의식보다 무의식의 영향을 더 많이 받기 때문에 무의식을 분석해야 인간 이해가 완전하다. 셋째, 인간의 무의식적 동기 중에는 '성적 욕구'와 '공격성 욕구'가 가장 중요하다. 넷째, 어린 시절의 경험은 성격의 기초를 이루는 중요한 바탕이 되기 때문에 생애 초기의 경험이 중요하다.

프로이트는 인간의 마음을 의식 · 전의식 · 무의식으로 나누고, 이를 물 위에 떠 있는 빙산으로 비유하였다. 즉, 수면 위에 떠 있는 작은 부분은 의식, 수면 밑에 잠겨 있는 큰 부분은 무의식으로 보았다. 의식(consciousness)이란 인간의 감각기관을 통하여 알아차리는 모든 정신생활의 부분을 말하며, 특정 시점에서 인식하고 있는 감각, 지각, 경험, 기억, 언어, 감정 등을 포함한다. 전의식(preconsciousness)은 주의를 집중하고 노력하면 언제든지 쉽게 의식할 수 있는 정신생활의 일부분을 말한다. 무의식(unconsciousness)은 감각기관을 통해 알아차릴 수 없는, 마음 깊은 곳에 감추어져 있어서 기억하지 못하는 정신세계다. 따라서 무의식은 의식 밖에 존재하는 정신생활이며 본능, 정열, 억압된 관념 및 감정 등이 잠재되어 있는 곳이다.

또한 프로이트는 인간의 성격을 이드 · 자아 · 초자아라는 세 가지 구성요소로 나누었다. 이 요소들은 독립된 것이지만 개인의 성격 내에서 상호작용하는 체계들이며, 개인의 행동은 이 세 요소의 상호작용 결과라고 하였다. 이드(id)는 행동을 활성화시키는 원초적이고 생물학적 충동을 저장하고 있는 저장소로서 쾌락원리(pleasure principle)에 따라 작동한다. 자아(ego)는 성격의 집행부로서 사회의 가치, 규범, 예절, 규칙 등에 관해 학습하며, 현실원리(reality principle)에 따라 사회적 규범을 고려하여 이드의 열정적인 충동의 만족을 지연시킨다. 초자아(superego)는 성격의 도덕적인 무기로서 부모나 사회로부터 배운 옳고 그름에 관한 가치와 이념으로 구성되어 있다. 초자아는 양심원리(conscience principle)에 따라 작동하며, 효율성보다는 도덕성에 비중을 두어 자아에 압력을 가한다.

이드 · 자아 · 초자아는 끊임없이 상호작용하며, 이 세 체계가 조화를 이루지 못하면 내적 갈등을 유발한다. 이때 성격의 집행부인 자아가 상반된 목적을 추구하는 이드와 초자아의 상반된 힘 사이에서 균형을 유지하지 못하게 되면 갈등과 불안이 야기되고, 심할 경우 정신장애가 유발되기도 한다.

프로이트는 개인 성격의 기본적 토대가 생후 5~6년 동안 거의 형성된다고 주장하였다. 그는 인간의 성격과 행동을 활성화시키는 원동력이 성적 에너지인 리비도(libido)라고 주장하고, 이것이 집중적으로 표출되는 신체 부위에 따라 성격의 발달단계를 다음과 같이 구분하였다.

① 1단계: 구강기(oral stage: 출생~1세)

구강기는 출생 후 약 1년에 해당되고, 성적 자극의 주요 근원은 입(빨기, 깨물기, 씹기 등)이다. 이 시기의 유아가 수유 시 경험했던 방식은 성인 성격의 기반을 형성하는 데 커다란 영향을 준다. 이 시기에 구강 욕구가 과도하게 만족되거나 결핍되면 무절제하게 탐닉하는 구강 고착적 징후를 보이거나 때로는 먹기를 거부하는 구강적 분노를 보이기도 한다.

② 2단계: 항문기(anal stage: 2~3세)

항문기는 대소변의 배설 혹은 배설 지연과 같은 그들의 장운동에 의해 성적인 즐거움을 얻는다. 이 시기의 중요한 사건은 배변훈련인데, 이는 유아의 본능적인 충동을 조절하기 위한 사회의 최초의 체계적인 노력이다. 항문기의 유아는 처음으로 본능적 충동을 외부로부터 통제받는 경험을 한다. 이때 과도한 처벌적 배변훈련은 항문기 보유적 성격(고집이 세고 인색한 경향) 또는 항문기 폭발적 성격(잔학하고 변덕스러우며, 파괴적이고 급하며, 지저분한 경향)과 같은 결과를 초래할 수 있다.

③ 3단계: 남근기(phallic stage: 4~5세)

남근기가 되면 리비도가 항문에서 성기로 옮아간다. 이 시기가 되면 성에 눈을 뜨게 되며, 이성 부모에게 성적 욕망과 애착을 느끼며, 동성 부모에게는 원망과 질투를 발달시킨다. 이 시기의 남아는 어머니에 대해 성적으로 애착을 느끼며, 아버지를 어머니의 애정 쟁탈의 경쟁자로 생각하여 적대감을 가지는 이른바 오이디푸스 콤플렉스(oedipus complex)를 경험한다. 이때 남아는 거세불안(castration anxiety)을 유발하는데, 그것을 감소시키기 위해서 어머니에 대한 성적 욕망과 아버지에 대한 적대감을 억압하며, 동시에 어머니가 인정하는 아버지의 남성다움을 갖기 위한 기제로서 아버지에 대해 동일시를 하게 된다. 프로이트는 오이디푸스 콤플렉스와 같은 현상이 여아에게도 마찬가지로 나타난다고 생각하고, 여아가 아버지에 대해 가지는 성적 애착과 접근의 감정을 엘렉트라 콤플렉스(electra complex)라고 불렀다. 여아의 경우에는 자기에게 없는 남근에 대한 부러운 감정인 남근선망(penis envy)을 갖게 된다.

④ 4단계: 잠복기(latency stage: 6~11세)

6세에서 11세까지 아동의 성욕은 크게 억압되어 잠복하게 되는데, 이 시기를 잠복기라고 한다. 이 시기의 중요한 사건은 가족 이외의 사회적 접촉을 확산시키는 데 집중된다. 일반적으로 잠복기 아동들은 비교적 평온하고 침착하며 자기통제적인 성격 특성을 보이게 된다. 아동은 전 단계에 가졌던 욕구들을 거의 잃어버리고, 위험한 행동이나 환상도 잠재되어 버린다. 대신 이 시기에는 자신이 지금까지 경험하지 못했던 지적 활동에 관심을 가지고 에너지를 집중시킨다.

⑤ 5단계: 생식기(genital stage: 12세 이후)

여아의 경우 약 11세, 남아의 경우 약 13세가 되면 전 단계에서 철저히 잠복되었던 성 에너지가 무의식에서 의식의 세계로 나오는데, 이 시기를 생식기 혹은 사춘기(puberty)라고 한다. 이 시기의 청소년들은 이런 성적 충동을 현실적으로 수행할 신체적 · 생리적 능력을 갖추게 되어 이성에 대한 진정한 관심을 갖게 되고, 점차 성숙한 애정으로 발전시켜 갈 수 있게 된다. 따라서 이 시기에 들어오면 이성으로부터 성적 만족을 얻으려고 하는 이성 애착적 경향을 보인다. 이 시기에 순조로운 발달을 보인 청소년은 장차 타인에 대해 관심을 갖게 되고 이타적인 사람으로 성숙되어 가는 생식기적 성격(genital character)을 발달시켜 나간다.

(2) 심리사회적 발달이론

에릭슨(1902~1990)은 프로이트의 심리성적 발달이론에 심리사회적 차원을 첨가하여 새로운 이론을 발전시켰다.

에릭슨의 이론에 따르면 발달은 출생에서 사망에 이르는 생의 전 과정에 걸쳐 이루어지는 것으로 8단계로 나뉜다. 이 과정에서 인간은 각 단계마다 겪어야 하고 겪어 낼 수밖에 없는 발달의 위기(developmental crisis)를 경험한다. 발달의 위기는 서로 대립되는 양극의 개념으로서, 각 단계마다 특정의 발달과업을 성취하느냐 못하느냐에 따라 그 위기를 극복하느냐 못하느냐가 결정된다. 이와 같이 에릭슨은 성격발달의 주 요인이 긍정적 경험과 부정적

〈표 4-1〉 프로이트 이론과 에릭슨 이론의 차이점

프로이트	에릭슨
• 성격은 5세 이전에 기본적으로 발달된다. • 이드 강조 → 성적인 면에 관심 • 아동과 부모와의 역동적 관계에 역점 • 무의식의 존재와 그 작용을 입증하는 일에 초점	• 성격은 일생을 통해 발달한다. • 자아 강조 → 사회조직 내에서의 경험에 관심 • 사회문화적 현실성 내에서의 개인에 역점 • 발달적 위기의 성공적 해결에 초점

경험이 교차하는 과정 속에서 발달 위기의 극복 양상에 의해 결정된다고 보았다.

에릭슨의 발달이론은 인간의 심리사회적인 측면에서 발달이 이루어진다고 보았기 때문에 심리사회적 이론이라고 한다. 그의 발달이론은 전 생애에 걸쳐 설명되고 있으며, 발달단계마다 겪게 되는 발달 위기의 특성에 따라 8단계로 나누어 설명하고 있다.

① 1단계: 기본적 신뢰감 대 불신감(basic trust vs. distrust: 0~1세)

이 시기의 아기는 자기를 주로 돌봐 주는 사람(어머니)과 사회적 관계를 맺게 되는데, 이때 경험하는 관계가 그의 후기 인생의 기초가 된다. 즉, 어머니가 아기의 신체적 · 심리적 욕구나 필요를 일관성 있게 충족시켜 주면서 돌봐 주면 아기는 어머니를 신뢰하게 된다. 그러나 어머니가 아기의 필요와 요구에 잘 응해 주지 못하거나 아기와의 관계에서 일관성을 유지하지 못하면 아기는 불신감을 갖게 된다.

② 2단계: 자율성 대 수치와 회의(autonomy vs. shame & doubt: 1~3세)

이 시기의 영아는 여러 상반되는 충동에서 스스로 선택하는 경험을 통해 자율성을 키운다. 운동 능력과 근육의 발달로 대소변을 통제할 수 있으며 직접 움직이면서 자기 환경을 탐색할 수도 있다. 이 시기의 영아는 '내 거야' '나' 등의 말을 자주 사용할 뿐 아니라 '아니야' '안 해' 등의 말을 함으로써 자기주장을 나타내기도 하는데, 이것이 바로 자율성의 발달인 것이다. 이 시기에 부모는 영아가 사회적으로 적합한 행동을 하도록 훈련시키고, 이에 영아는 사회의 기대나 압력을 배우게 된다. 그러나 사회적 기대에 적절한 행동을 잘 수행하지 못하면 수치심이나 적대감을 발달시키게 되는데, 이는 타인들의 눈에 자신이 좋게 보이지 못한다고 느끼거나 타인들의 통제를 받는다고 느끼는 데서 생기는 것이다.

③ 3단계: 주도성 대 죄책감(initiative vs. guilt feeling: 3~5세)

이 시기의 유아는 스스로 어떤 목표나 계획을 세워 목표 지향적이고 경쟁적인 행동을 하게 되는데, 유아의 이런 행동 속에는 상상적 측면도 포함되어 있다. 그러나 유아는 자신의 계획이나 희망이 사회의 금기를 범하는 결과를 낳게 된다는 사실을 깨닫게 될 때 죄책감을 느끼며, 이런 죄책감은 충동이나 현상을 억제하는 데 도움이 된다.

④ 4단계: 근면성 대 열등감(industry vs. inferiority: 5~12세)

이 시기의 아동은 기초적인 인지 기능과 사회적 기능을 습득하게 되며, 가족을 벗어나 보다 넓은 사회에 적응할 수 있는 여러 가지 기능을 배우고자 한다. 즉, 읽기, 쓰기, 셈하기 등의 인지 기능과 더불어 자기 또래들과 어울려 또래문화와 또래에 적응하는 것도 배운다. 이 시기에 학습과 적응이 순조롭게 이루어지면 근면성 또는 성취감이 발달되지만, 학교 학습에서나 놀이에서 실수나 실패를 반복적으로 경험하게 되면 열등감을 갖게 된다.

⑤ 5단계: 정체감 대 정체감 혼미(identity vs. identity confusion: 청소년기)

이 시기의 청소년은 급격한 신체적 변화를 겪게 되며, 새로운 사회적 압력이나 요구를 받고, 지금까지 아무런 회의 없이 수용하였던 자기 존재에 대하여도 새로운 의문과 탐색을 시작한다. 그 중심 과제를 에릭슨은 자아정체감(ego identity)의 확립으로 보았다. 자아정체감이란 자기의 위치나 능력 또는 역할 책임 등에 대한 확신을 말하는데, 이는 쉽게 해답을 얻을 수 없기 때문에 고민, 갈등, 방황을 하게 되고, 이것이 길어지면 정체감 혼미가 오게 된다. 이 과정에서 청소년은 종교 또는 동료집단이나 위인에게서 동일시 대상을 찾으려 노력한다. 에릭슨은 이러한 자기 실험기간인 심리적 유예기(psychological moratorium)는 어떤 문화에서든지 청소년들에게 나타난다고 하였다. 이 시기에 긍정적 자아정체감을 가진 청소년은 이후에도 여러 가지 심리적 위기를 무난히 극복할 수 있지만, 그렇지 못한 청소년은 부정적 자아정체감을 형성한 나머지 계속 방황하게 된다.

⑥ 6단계: 친밀감 대 고립감(intimacy vs. isolation: 청년기)

이 시기에는 직업을 선택하고 배우자를 만나며 배우자에게서 공유된 정체감(shared identity)을 찾으려고 한다. 따라서 타인과의 관계에서 친밀감을 형성하는 것이 이 시기의 주요 발달과업이 된다. 전 단계에서 긍정적인 자아정체감을 확립한 사람은 보다 쉽게 타인과 친밀한 관계를 형성하지만, 그렇지 못한 사람은 자신에 대해 자신감을 갖고 있지 못하므로 타인과의 사회적 관계에서 고립감을 느끼게 되어 자신에게만 몰두하게 된다.

⑦ 7단계: 생산성 대 침체성(generativity vs. stagnation: 장년기)

이 시기에는 전 단계의 친밀감을 넘어서 보다 넓은 사회관계로 관심이 확대되기 시작한다. 가정에서는 자녀를 낳아 양육하고, 사회적으로는 다음 세대를 양성하는 데 관심과 노력을 기울이게 된다. 뿐만 아니라 직업적인 성취나 학문적, 예술적 업적에서도 생산적으로 일하게 된다. 자녀가 없는 경우에도 사회봉사활동으로 자신의 생산성을 발휘하고자 한다. 그러나 이 시기에 생산성을 제대로 발달시키지 못하면 침체감이 형성된다. 즉, 타인들의 관심보다는 자신의 욕구에 더 치중하는 경향을 나타내며 타인에 대해서 관대하지 못하게 된다.

⑧ 8단계: 통합감 대 절망감(integrity vs. despair: 노년기)

마지막 발달단계인 노년기에 들어서면 신체적으로는 노쇠하고 사회활동에서 은퇴하며 주위에 친구나 배우자가 사망함으로써 허탈감을 경험하게 된다. 따라서 이 시기의 성공과 실패는 점차 깊어지는 신체적, 사회적 퇴보를 어떻게 수용하느냐에 달려 있다. 대부분의 경우 노년기에 들어서면 자신이 지금까지 살아온 생애를 돌아보면서 자신의 생애가 가치 있는 삶이었는지를 음미해 본다. 이러한 과정에서 자신의 삶이 무의미한 것이었다고 느끼게 되면 절망에 빠지게 된다. 그러나 이러한 절망 속에서도 자신은 그때 그럴 수 밖에 없었다고 생각하면서 자기 나름대로 인생의 의미를 찾고 보람을 느끼게 되면 인생에 대한 참다운 지혜를 획득하게 된다. 이러한 지혜를 통하여 앞의 7단계 동안 이룬 소산을 거두어들일 수 있게 되며, 드디어는 보다 차원이 높은 인생철학으로 통합(integration)을 이루어 나간다. 따라서 이 시기를 성공적으로 극복한 사람은 다가올 죽음을 수용하게 되지만 그렇지 못한 사람은 죽음을 부정하게 된다.

제3절 학 습

인간의 행동은 성숙과 학습의 결과로 변하게 된다. 학습이란 경험이나 훈련에 의한 비교적 영속적인 행동상의 변화를 말한다. 이 절에서는 먼저 학습의 행동주의적 이론인 파블로프(I. P. Pavlov)의 고전적 조건형성, 손다이크의 시행착오 학습이론, 스키너의 조작적 조건형성, 반두라(A. Bandura)의 관찰학습을 살펴본다. 그리고 인지주의를 출현하게 만든 게슈탈트 심리학, 학습의 인지적 이론인 쾰러의 통찰이론, 정보처리이론에 대하여 살펴본다. 다음으로 심리학의 제3세력인 인본주의적 학습이론에 대하여 살펴본다.

학습자의 특성과 그 특성의 발달 양상에 대한 이해는 교육활동을 계획하고 수행하는 데 중요하다. 학습자의 특성은 지적 특성, 정의적 특성 그리고 발달적 특성으로 나눌 수 있다. 발달적 특성은 앞 절에서 살펴보았기 때문에 이 절에서는 학습자의 특성을 지적 특성과 정의적 특성으로 나누어 살펴본다. 먼저 학습자의 지적 특성인 지능, 창의성에 대하여 살펴보고, 학습자의 정의적 특성인 학습 동기, 귀인, 자아개념, 불안 그리고 인지양식에 대하여 살펴보고자 한다.

1. 학습이론

1) 행동주의적 학습이론

행동주의적 학습이론(behavioral learning theory)은 인간의 모든 행동은 자극과 반응의 연합이며, 이는 외적 조건과 경험에 의해서 형성된다고 본다. 즉, 인간은 반응적 존재로서 환경에 의해 만들어지는 존재이기 때문에 환경을 세분화할 수 있다면 인간이 어떻게 반응할 것인지를 예측할 수 있다는 것이다. 행동주의적 학습이론에서는 기본적으로 모든 유기체의 행동이 조건형성(conditioning)의 결과라고 보고 있다.

(1) 고전적 조건형성

고전적 조건형성(classical conditioning)이란 일정한 자극에 의해 선천적으로 유발되는 반사를 처음에는 그것과 아무런 관계가 없던 중립자극과 연합시킴으로써 중립자극이 선천적인 반사반응을 유발하게 되는 것을 말한다. 러시아의 생리학자인 파블로프(1849~1936)는 식사시간에 실험실을 드나들다가 개가 침을 흘리는 것을 보고 자신이 개에게 하나의 신호 또는 예언적 자극 대상이라는 것을 인식하고는 정식 실험을 하였다.

실험에서는 어두운 방에 개를 마음대로 움직이지 못하도록 고정시킨 후

[그림 4-3] 고전적 조건형성 실험 장면

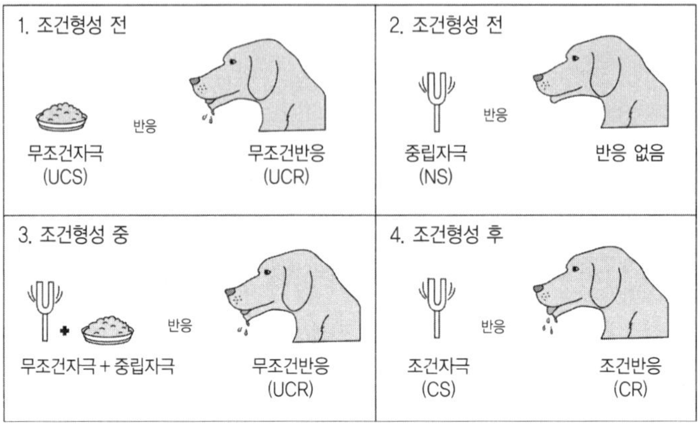

[그림 4-4] 고전적 조건형성의 절차

에, 다른 자극에 대해서도 침을 분비하는지 알아보기 위해 종소리를 들려주었다. 그리고 몇 초가 지난 다음 개에게 먹이를 제공하였더니 개가 선천적 반사인 침을 흘렸다. 이와 같은 과정을 몇 번 되풀이하였더니 처음에는 개의 침 분비와는 아무런 관계가 없던 종소리만 들려주어도 개가 침을 분비하게 되었다. 다시 말해, 개는 종소리에 반응하도록 조건형성이 된 것이다. 이때 주어지는 먹이는 조건형성 전에도 개의 침의 분비를 유발했던 자극이므로 무조건자극(unconditioned stimulus: UCS)이라 하며, 종소리는 조건형성의 과정을 거쳐서 비로소 개의 침의 분비를 유발하게 되었으므로 조건자극(conditioned stimulus: CS)이라 한다. 그리고 개가 무조건자극인 먹이에 대해서 침을 분비하는 것을 무조건반응(unconditioned response: UCR)이라 하고, 종소리에 대해서 침을 분비하는 것을 조건반응(conditioned response: CR)이라 한다.

(2) 시행착오 학습이론

결합설 또는 도구적 조건형성이라고 불리는 시행착오 학습이론(trial and error learning theory)은 손다이크(1874~1949)에 의해 확립되었다. 실험에서 굶주린 고양이를 자신이 고안한 문제상자에 넣고 여러 가지 시행착오적 반응

끝에 우연히 지렛대를 밟고 밖으로 탈출한 고양이에게 먹이 보상을 주었다. 그 결과 시행의 횟수가 증가됨에 따라 탈출 잠복시간이 짧아졌는데, 이를 시행착오학습(trial and error learning)이라고 하였다. 즉, 목적이나 문제를 해결하기 위해 여러 가지 방법을 동원하여 시행과 착오를 되풀이하다가 우연히 목표에 도달하게 되면 실패적 반응은 약화되고 성공적 반응은 강화되어서 나중에는 시행착오 없이 목표에 도달하게 되는 것이다.

손다이크는 학습자가 자신에게 닥친 문제를 해결하기 위한 시도와 실패를 반복하다가 우연히 문제를 해결할 수 있는 적절한 반응을 하여 보상을 받게 되고, 이런 과정이 되풀이되어 적절한 반응과 보상 간의 연합이 일어나는 것을 학습이라고 설명하였다. 그는 실험을 통해 세 가지 학습의 법칙인 효과의 법칙, 연습의 법칙, 준비성의 법칙을 제시하였다. 효과의 법칙(law of effect)이란 만족한 효과를 얻은 행동은 같은 환경에서 그 행동을 반복하는 경향이 있다는 법칙이다. 연습의 법칙(law of exercise)이란 학습을 했더라도 계속 연습을 해야 학습한 것을 잊어버리지 않는다는 법칙이다. 준비성의 법칙(law of readiness)이란 학습자의 준비성에 따라 학습의 효과가 달라진다는 법칙이다.

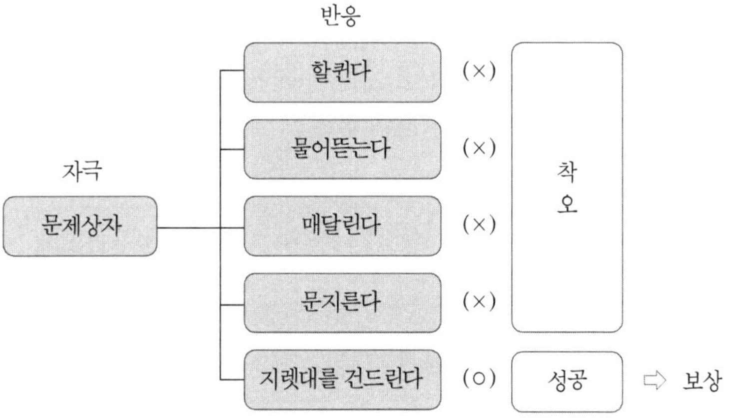

[그림 4-5] 시행착오 학습이론의 모형

(3) 조작적 조건형성

스키너(1904~1990)는 행동을 크게 반응적 행동(respendent behavior)과 조작적 행동(operant behavior)으로 구분하였다. 파블로프의 고전적 조건형성이 어떤 자극에 따라 나타나는 반응적 행동을 학습하는 것이기에 유기체의 의도와 상관없이 이루어지는 학습이라면, 조작적 조건형성(operant conditioning)은 유기체가 다양한 환경 조건에서 능동적으로 적절한 반응을 함으로써 보상을 받거나 유리하게 적응하는 것이다. 즉, 조작적 조건형성은 유기체의 자발적 반응에 대하여 강화(보상)를 함으로써 학습을 하는 것이다.

스키너는 유기체가 어떠한 반응을 한 후의 보상 유무에 따라 조작 행동이 강해지거나 약화된다고 보고, 자신의 이름을 딴 실험상자인 스키너 상자(Skinner box)를 고안하였다. 이것은 상자 안의 동물(흰쥐 또는 비둘기)이 지렛대를 누르면 먹이가 나오게 되어 있는데, 동물이 이러한 사실을 인지한 후에는 지렛대를 누르는 횟수가 증가하게 되었다. 이 실험은 유기체가 스스로 어떤 반응을 하고 그 반응이 긍정적 보상을 가져다주면 이후에도 그와 비슷한 반응을 나타낼 확률이 높아진다는 것을 보여 주는 것이다. 이와 같이 보상(reward)이 유기체의 특정 반응 뒤에 이루어지게 함으로써 반응률을 높이는 과정을 스키너는 강화(reinforcement)라고 하였다.

강화인(reinforcer)에는 음식이나 물과 같이 특정 반응의 야기율을 높이는 유기체의 선호자극인 정적 강화인(positive reinforcer)과 전기자극이나 처벌과 같이 특정 반응이 일어나지 않는 확률을 높이는 부적 강화인(negative

1단계: 상황 1에서 유기체	------------------------	R1 보상 없음
	------------------------	R2 보상
	------------------------	R3 보상 없음
	------------------------	R4 보상 없음
	------------------------	R5 보상 없음
2단계: 상황 1에서 유기체	------------------------	R2

[그림 4-6] 조작적 조건형성의 원리

reinforcer)이 있다. 또한 음식, 물, 전기자극 등과 같이 유기체의 욕구와 직접 관련되는 자극을 1차적 강화(primary reinforcement)라고 하며, 중립자극이 1차적 강화물과 연합되어 강화의 기능을 하는 것을 2차적 강화(secondary reinforcement) 또는 조건강화(conditioned reinforcement)라고 한다. 이와 같이 유기체의 행동은 환경에서 주어지는 강화 작용에 의해 좌우되며, 강화 양상을 달리함으로써 수정될 수 있다.

(4) 관찰학습

반두라는 앞에서 살펴본 학습이론들과는 다른 사회학습이론(social learning theory)을 구축하였다. 조건형성의 원리들이 유기체의 직접적인 행동으로만 이루어지는 학습인 데 반하여 사회학습이론에서 학습은 강화 없이도 일어나며 사회적 상황에서 타인들의 행동을 단순히 관찰함으로써도 학습이 이루어질 수 있다. 반두라는 이를 관찰학습(observational learning)이라고 했다.

반두라는 이처럼 관찰을 통해서 공격적 행동의 학습이 가능한지를 실험하기 위하여 아동을 대상으로 실험을 하였다. 우선 아동들에게 실험영화를 보여 주었는데, 주인공이 커다란 인형을 때리고 발로 차는 내용의 영화였다. 그리고 아동들을 세 집단으로 나누어 첫 번째 집단에게는 영화 속 주인공이 공격성을 보임에 따라 강화를 받는 것을 보여 주었다. 두 번째 집단에게는 영화 속 주인공이 공격성을 보임에 따라 벌을 받는 것을 보여 주었다. 그리고 세 번째 집단에게는 영화 속 주인공이 공격성을 보임에 따라 강화도 처벌도 받지 않는 중립적인 내용을 보여 주었다. 영화 상영이 끝난 후 각 집단의 아동들에게 영화 속에서 나오는 동일한 인형을 주고 놀도록 한 다음 인형에 대한 아동들의 공격성을 측정한 결과, 공격으로 인해 강화를 받은 것을 본 아동들의 공격성이 가장 높았고 벌을 받는 것을 본 아동들의 공격성이 가장 낮았다. 즉, 첫 번째 집단의 아동들은 대리적 경험에 의한 대리강화(vicarious reinforcement)를 관찰하였고, 두 번째 집단의 아동들은 대리처벌(vicarious

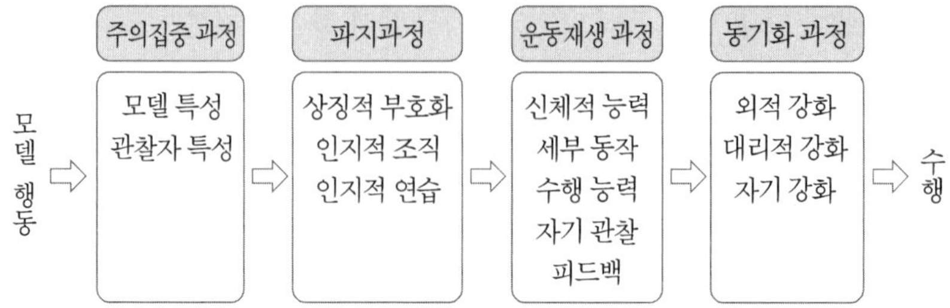

[그림 4-7] 관찰학습의 과정

punishment)을 관찰한 것이다. 반두라는 이 실험 결과를 근거로, 인간의 학습과정은 직접적인 강화에 의한 경험을 통해서 학습되기도 하지만 타인의 행동을 관찰만 하여도 모방을 통해 새로운 행동을 학습할 수 있다는 대리학습(vicarious learning)을 주장하였다.

관찰학습은 주의집중 과정(attentional process), 파지과정(retention process), 운동재생 과정(motor reproduction process), 동기화 과정(motivational process)의 네 가지 하위 과정에 의해 진행된다.

2) 인지적 학습이론

인지심리학(cognitive psychology)은 20세기 중반까지 지배적이었던 행동주의 심리학의 입장에 반대하여 등장하였다. 인지심리학에서는 감정과 행동도 중요하지만 그것들이 모두 사람들이 어떻게 생각하느냐에 따라 영향을 받는다고 주장한다. 즉, 사람들의 감정과 행동은 모두 인지에서부터 나온다는 것이다. 이러한 입장을 '인지의 우선성' 또는 '인지적 결정론'이라 부른다.

행동주의적 학습이론이 관찰 가능한 외현적 행동변화에 관심을 두었다면, 인지적 학습이론에서는 인간의 사고과정에 초점을 둔다. 즉, 인간이 외부의 자극을 어떻게 선택하고 부호화하며 저장·인출·부호화하는지, 또는 지식을 어떻게 형성하고 어떤 형태로 기억하며 다양한 문제를 해결하는지를 탐구한다. 인지적 학습이론에서는 학습을 근본적인 인지구조의 변화로 본다.

(1) 게슈탈트 심리학

현대 인지심리학을 출현하게 만든 게슈탈트 심리학(Gestalt psychology)은 전체는 부분의 합 이상이라는 것을 전제로 한다. 그러므로 어떤 상황이나 자극을 요소의 합으로 이해하기보다는 전체적인 맥락에서 지각해야 한다고 주장하였다. 게슈탈트 심리학의 기본 견해는 다음과 같다.

첫째, 우리가 지각하는 것은 실제와 다르다. [그림 4-8]과 같은 시각적인 착각인 착시(visual illusion)현상은 그 대표적인 예다. 또한 베르트하이머가 주장한 파이현상(phi phenomena)은 게슈탈트 심리학에서 전제로 하는 전체는 부분의 합 이상이라는 것을 나타낸다. 파이현상이란 두 전구의 불을 켜고 끄는 동작을 짧은 시간 간격을 두고 하면 불빛이 이동하는 것처럼 보이는 것을 말한다. 이와 같이 우리는 어떤 대상을 지각할 때 그것을 있는 그대로 지각하는 것이 아니라 나름대로 해석하여 지각한다.

둘째, 우리 시야에 들어오는 모든 상이 대상 형태로 지각되는 것이 아니라 일부만이 대상 형태로 지각된다. 즉, 우리가 어떤 물체를 지각하기 위해서는 그것을 배경으로부터 분리시켜야 한다. 여기서 대상은 전경이 되고, 시야의 나머지는 배경이 된다. 이를 전경-배경(figure-ground)의 원리라고 한다. [그림 4-8]에 나타난 형태가 전경-배경의 원리를 설명하는 대표적인 예인데, 이는 덴마크의 심리학자인 에드가 루빈(Edgar Rubin)에 의해 소개되었기 때문에 루빈의 술잔(Rubin's cup)이라고 부른다.

셋째, 유기체는 자신의 경험을 능동적으로 구조화하고 조직화한다. 즉, 유기체는 자신의 경험을 특정한 방식으로 조직하는 경향을 갖고 있다. [그림 4-8]의 주관적 윤곽현상(subjective contours)은 이러한 주장을 지지해 주는 대표적인 예다. 또한 지각을 하는 데는 몇 가지 법칙들이 있는데, 이들은 체제화의 법칙(laws of organization)이라고 한다. 체제화의 법칙으로는 시공간적으로 근접한 것을 하나의 집단으로 지각하는 경향인 근접성의 법칙(law of proximity), 유사한 자극 정보를 하나의 형태로 지각하는 경향인 유사성의 법칙(law of similarity), 공백과 결손 부분을 보완하여 완성된 형태

여러 가지 착시현상

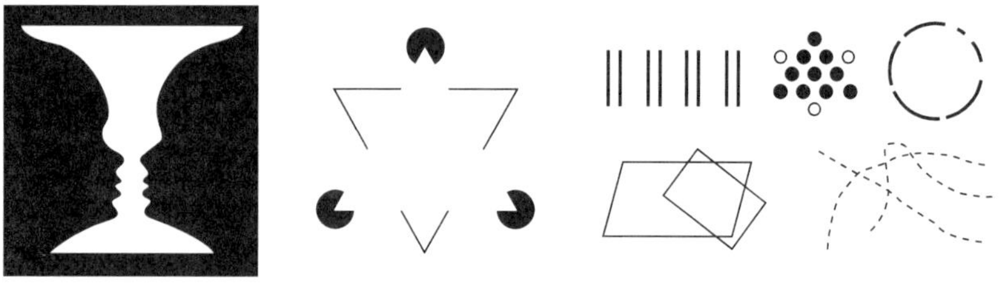

루빈의 술잔 주관적 윤곽현상 체제화의 법칙

[그림 4-8] 지각의 현상

로 지각하려는 경향인 폐쇄성(완결성)의 법칙(law of closure), 대상을 대칭적이고 규칙적이고 부드러운 형태로 지각하려는 경향인 단순성의 법칙(law of simplicity), 연속 및 방향에 따라 하나의 형태로 지각하는 경향인 연속성의 법칙(law of continuity) 등이 있다.

(2) 통찰이론

통찰이론(insight theory)은 쾰러(W. Köhler)에 의해 체계화된 이론으로, 통찰학습(insight learning) 실험을 통한 학습이론이다. 이 이론에서는 학습을 학습자의 통찰과정을 통한 인지구조의 변화로 보았다. 즉, 학습자는 문제해결에 대한 모든 요소를 생각해 보고, 문제가 해결될 때까지 여러 가지 방식으로 생각한다.

쾰러는 여러 실험을 통해 학습이 통찰을 통해 이루어진다는 사실을 증명하였다. 첫 번째 실험은 '우회로 실험'으로, 우회문제 실험장치를 하고 병아리와 침팬지에게 창밖에서 먹이를 보여 주었다. 침팬지가 병아리보다 우회로를 통해 먹이에 먼저 도달하였다. 즉, 침팬지가 병아리보다 인지 능력이

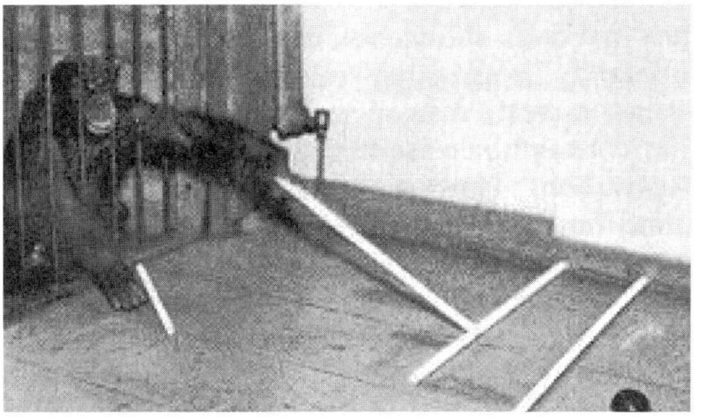

[그림 4-9] 형태파악 실험

더 우수함을 발견하였다. 두 번째 실험은 '도구사용 실험'으로, 높은 천장 위에 바나나를 매달고 방안 구석에 상자를 두었다. 영리한 침팬지는 상자를 이동하여 그 위에 올라가 바나나를 손에 넣었다. 세 번째 실험은 '도구조합 실험'으로, 높은 천장 위에 더 높게 바나나를 매달고 방안 구석에 큰 상자와 작은 상자를 두었다. 침팬지는 큰 상자 위에 작은 상자를 올려놓고 바나나를 손에 넣었다. 네 번째 실험은 '형태파악 실험'으로, 차단된 공간 안에 침팬지를 가둔 다음 공간 안에 작은 막대기를 두고 공간 밖에 긴 막대기를 두었다. 침팬지는 공간 안에 있는 작은 막대기로 긴 막대기를 끌어당긴 후 긴 막대기를 이용하여 멀리 있는 바나나를 끌어당겨 손에 넣었다.

이상의 실험 결과는 침팬지의 통찰(insight) 때문에 가능한 것이다. 즉, 침팬지는 손다이크 실험의 고양이처럼 시행착오 과정을 거치지 않았으며, 문제 상황에 포함되어 있는 요소들(자기 자신, 바나나, 상자, 막대기, 배고픔 등) 간의 관계를 재구성하여 문제 상황에 대한 통찰을 얻은 것이다.

통찰 실험은 다음과 같은 의미를 가진다. 첫째, 문제 해결은 단순한 과거 경험의 집적이 아니고 경험적 사실을 재구성하는 구조변화의 과정이다. 둘째, 통찰력은 탐색적인 과정을 통해서 이루어지는데, 그 탐색은 우연만을 위주로 하는 시행착오와는 다르다. 셋째, 통찰에 의한 학습은 종류에 따라 개체마다 차이가 있다.

(3) 정보처리이론

정보처리(information-processing)란 인간의 두뇌 속에서 일어나는 인지과정을 의미한다. 정보처리이론(information-processing theory)은 사람들이 어떻게 정보를 받아들이고 저장하며 사용하는가를 다룬다. 정보처리이론에서는 학습을 지식의 획득으로 본다. 정보처리모형의 구성요소는 두 가지인데, 하나는 정보저장소이고 다른 하나는 정보처리 과정이다. 정보저장소인 기억의 단계는 감각기억, 단기기억, 장기기억으로 구분된다. 정보처리 과정은 정보를 하나의 저장소에서 다른 저장소로 옮기는 지적인 활동을 의미하며, 주의집중 · 지각 · 시연 · 부호화 · 인출 등의 과정으로 진행된다.

학습의 시작은 주의집중(attention)에서 시작된다. 감각기억으로 들어오는 정보는 주의집중을 하지 않으면 소멸된다. 수많은 정보를 처리하는 능력은 한계가 있으며, 한꺼번에 들어오는 많은 양의 정보 중에서 중요한 것만 걸러 내는 여과과정이 필요한데, 이를 선택적 주의집중(selective attention)이라고 한다. 주의집중을 통해 지각된 정보는 단기기억으로 전이된다. 지각(perception)이란 경험에 의미와 해석을 부여하는 과정이다. 지각이 일어난 자극은 '객관적 실재'로서의 자극이 아니라 개인마다 다르게 받아들이는 '주관적 실재'로서의 자극이 된다.

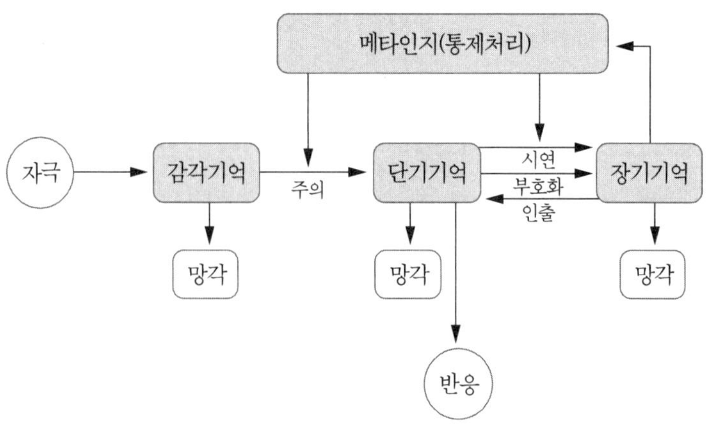

[그림 4-10] 정보처리모형(Atkinson & Shiffrin, 1968)

단기기억 안의 정보는 시연(rehearsal)을 통해 파지되고 장기기억으로 전이가 이루어진다. 시연은 지각된 자극을 암송하는 것을 말한다. 시연의 종류는 단순 암기인 유지형 시연과 새로운 정보를 기존의 지식과 연합하거나 심상을 이용하는 암기인 정교형 시연이 있다. 효과적인 시연을 위해서는 집중학습보다 분산학습이 더 효과적이다. 부호화(encoding)는 가장 중요한 정보처리 과정으로, 감각기억의 정보를 처리하여 단기기억 및 장기기억에 저장하기 위해 정보를 변형시키는 것을 말한다. 정보를 부호화하는 데 있어서 가장 중요한 것은 정보를 유의미화하는 것이다. 장기기억에 저장된 정보는 단기기억을 통해 인출(retrieval)된다. 인출은 저장되어 있는 정보를 탐색하여 재생하는 과정이다. 때로는 자신이 분명히 알고 있는 정보도 인출되지 않는 경우가 있다. 이때 자신이 알고 있는 정보를 인출하는 데 실패하지 않고 끄집어 사용할 수 있는 인출전략이 필요한데, 저장된 정보가 떠오르지 않을 때 그 정보를 연상시켜 주는 여러 가지 인출단서를 활용할 수 있어야 한다.

메타인지는 개인의 기억, 이해, 주의집중, 의사소통, 문제 해결 등에 중요한 역할을 한다. 메타인지(metacognition)란 자신의 인지과정을 통제하고 조절하는 것을 말한다. 메타인지는 '자신의 사고에 관한 지식'과 '자신의 사고에 관한 조절'을 포함하는 인지전략이다. 전자는 자신의 사고 상태, 사고내용, 사고 능력에 대한 지식(즉, '나의 사고 능력은 어느 정도인가?')를 말한다. 후자는 문제해결 과정을 계획하고, 적절한 전략을 선택 및 사용하고, 과정을 점검 및 통제하고, 결과를 반성 및 평가하는 사고 능력에 대한 지식(즉, '나는 그 문제를 해결할 능력이 있는가?')을 말한다.

3) 인본주의적 학습이론

20세기 전반, 심리학은 정신분석과 행동주의 조망이 지배하였다. 심리학의 제1세력이라 불리던 정신분석은 행동이 본능적이고 동물적인 충동에 의해 지배된다는 신념 때문에 비난을 받았다. 제2세력이었던 행동주의는 지나친 과학화의 추진으로 인한 기계주의적인 속성으로 비판을 받았다. 비평가들은 두 학파가 인간 행동의 독특한 속성을 인정하는 데 실패했다고 보았다. 1950년대에 들어서 이러한 다양한 반대 의견이 심리학에서 '제3세력'으로 불리는 동맹 세력을 형성하게 하였다. 제3세력은 인간 행동의 독특한 역동성에 대한 유일한 관심 때문에 인본주의(humanism)로 알려지게 되었다. 인본주의 심리학에서는 인간은 자신의 잠재력을 최대로 개발하고 현재의 자신보다 더 향상되려는 기본 욕구(자아실현 욕구)를 가진다고 보았다.

인본주의 학습이론은 인간의 존엄성과 자율성을 주장한 학습이론으로, 학습이라는 것을 개인이 주변 환경과의 능동적인 상호작용을 통하여 자아성장과 자기실현을 이루어 가는 과정으로 규정한다.

인본주의 교육이 강조하는 것은 다음과 같다. 첫째, 인본주의에서 표방하는 학습은 자기 주도적 학습이다. 즉, 학습에서 학습자의 지적·정서적 변화보다는 학습을 위한 동기 유발을 더 중요하게 생각한다. 대표적인 인본주의 심리학자인 로저스(C. Rogers)는 학습을 무의미한 '인지적 학습'과 유의미한 '경험적 학습'의 두 가지 유형으로 나누었다. 무의미한 '인지적 학습'이란 기존의 지식을 학습자가 외워서 기억하는 것인데, 로저스는 이런 학습은 개인에게 아무런 의미가 없는 학습이라고 주장하였다. 즉, 개인에게 무의미한 것이기 때문에 학습도 어렵고 또 쉽게 망각되는 것이다. 반대로 유의미한 경험적 학습은 학습자의 학습하려는 욕구와 지적 호기심에 의한 학습, 즉 자기 주도적 학습을 말한다. 자기 주도적 학습이란 학생들이 스스로 학습의 내용을 계획 및 결정하고 학습을 진행하며 학습의 결과에 대한 평가를 하는 학습자 중심의 학습 형태를 말한다. 인본주의적 견해에 의하면 인간은 학습에 대한 타고난 욕구와 잠재력을 가지고 있다. 따라서 학습은 이러한 학습자의 호기심, 욕구, 흥미를 만족시킬 수 있을 때에만 의미가 있다. 그리고 교사는 학생들을 가르치는 사람이라기보다는 학생들이 학습을 잘 할 수 있도록 도와주는 사람이어야 한다.

둘째, 인본주의 교육에 의하면 학교는 어떻게 학습하는가를 아는 학생을 양성해야 한다. 학교교육에서 가장 중요한 것은 사고하는 방법이나 학습하는 방법을 습득하는 것이다. 따라서 교육자들은 학생들에게 학습하는 방법을 가르쳐야 한다.

셋째, 인본주의 교육자들은 교사들에 의해 등급, 점수, 성적표의 형태로 이루어지는 표준화된 평가도구들이 학습에 방해가 되며, 자기 자신의 기준에 의해서 평가되어야 한다고 주장한다. 교사들에 의한 비교와 등급 매김은 학생들이 자신의 만족보다는 좋은 등급을 받기 위해서 공부하게 한다는 것이다. 그러므로 모든 학습자들은 자신의 행동을 스스로 평가해야 하며, 그럼으로써 자신에게 적합한 기준이 어떤 것인가를 결정해야 한다.

넷째, 인본주의 교육자들은 학습의 과정에서 지식 못지않게 감성의 중요성을 강조한다. 그래서 교사들이 지식을 주입시키기 위해서 학생들의 정서, 환상, 느낌 등을 무시하는 것은 심리적인 폭력이라고 한다.

다섯째, 인본주의 교육자들은 학습은 위협적이지 않는 상황에서 이루어질 때 가장 쉽고 의미 있으며 효과적이라고 주장한다. 위협을 받는 학생은 실패에 대한 공포를 갖게 되고, 성공에 대한 욕구보다 실패에 대한 공포로 동기화되어 부적응적인 행동을 하기도 한다.

2. 학습에 영향을 미치는 요인

학습에 영향을 미치는 요인들은 매우 다양하다. 효과적인 학습이 이루어지기 위해서는 여러 가지 조건들이 갖추어져야 한다. 학습에 영향을 미치는 요인들은 크게 학습자의 특성, 교수자의 특성, 학습과제 특성, 환경적 특성 등으로 구분할 수 있다. 이러한 요인들은 각기 독립적으로 또는 상호작용을 통하여 학습의 효과에 영향을 미친다(오만록, 2008). 효과적인 학습이 이루어지기 위해서는, 특히 학습자의 특성에 대한 이해가 우선되어야 한다. 학습자의 특성변인은 학습자의 지적 특성, 정의적 특성 그리고 신체적 특성으로 구분할 수 있는데, 이 중 지적 특성과 정의적 특성을 중심적으로 살펴보고자 한다.

1) 지적 특성과 교육

학습자의 지적 특성에는 지능, 창의력, 언어 능력, 수리력, 선행 지식 등이 있다. 이런 지적 특성들 중 학습과정에 주요한 역할을 하는 지능과 창의성에 대하여 살펴본다.

(1) 지능

지능에 대해서는 네 가지 입장(추상적 사고 능력, 학습 능력, 새로운 상황에 대한 적응 능력, 개인의 종합적인 능력)이 있다. 그렇기에 지능을 한마디로 정의 내리기란 대단히 어려운 일이다. 일반적으로는 지적 행동을 일으키는 능력을 지능(intelligence)이라고 한다. 오늘날에는 지능을 여러 다양한 능력의 종합으로 설명하고 있다. 이러한 능력들의 종합은 일생 동안 고정되지 않고 끊임없이 변화한다. 지능에 대한 최근 이론들을 몇 가지 살펴보면 다음과 같다.

가드너(H. Gardner)는 인간은 아홉 가지 종류의 서로 다른 유형의 지능을 가지고 있다는 다중지능이론(theory of multiple intelligences: MI)을 제안하였다. 그가 제시한 아홉 가지 지능은 언어적 지능, 논리-수학적 지능, 공간적 지능, 음악적 지능, 신체-운동적 지능, 개인 간 지능(대인관계적 지능), 개인 내 지능, 자연적 지능 그리고 실존적 지능(영적 지능)이다. 그는 이 아홉 가지 지능 모두가 우수한 사람은 없다고 주장한다. 마찬가지로 정신지체아도 모든 지능이 박약한 것은 아니라는 것이다. 따라서 중요한 것은 개개의 아동이 지니고 있는 특수한 능력을 바르게 진단하고 교육을 통해 이를 촉진하는 일이다. 가드너의 다중지능이론은 '교육의 개별화'에 공헌하였다.

스턴버그(R. J. Sternberg)는 지금까지 지능의 정의는 아동이 알고 있는 내용에 초점이 맞추어졌다고 비판하면서 삼원지능이론(triarchic theory of intelligence)을 제시하였다. 즉, 지능이론이 완전하려면 지능의 세 가지 측면인 요소적 측면, 경험적 측면, 상황적 측면을 모두 고려해야 한다는 것이다. 첫째, 요소적 측면은 과제에 적용하는 개인의 정보처리 기술, 즉 분석적 능력을 말한다. 둘째, 경험적 측면은 과거의 경험을 바탕으로 문제 해결을 할 수 있는 능력, 즉 창의적 능력을 말한다. 셋째, 상황적 측면은 환경에 성공적으로 적응하고 수정할 수 있는 능력, 즉 실용적 능력을 말한다.

흔히 EQ라고 불리는 정서지능(emotional intelligence: EI) 또는 정서지능지수(emotional intelligence quotient: EIQ 또는 EQ)라는 개념이 등장하여 인간 능력에 관한 새로운 관점을 제공하고 있다. 이 개념은 1990년 예일 대학 심리학자 피터 살로비(Peter Salovy)와 뉴햄프셔 대학 심리학자 존 메이어(John Mayer)가 처음으로 사용한 개념이다. 정서지능은 크게 자기인식 능력, 자기통제 능력, 동기부여 능력, 공감대 형성 능력, 사교적인 기술의 다섯 가지로 분류된다. 첫째, 자기인식 능력(self-awareness)은 자신의 감정, 장단점, 욕구, 동기유발 요인 등에 대한 깊은 이해도를 말한다. 둘째, 자기통제 능력(self-regulation)은 자신의 감정을 조절할 줄 아는 능력을 의미한다. 즉, 자신의 감정적인 반응들을 대상, 시기, 정도에 따라 적절하게 조절하는 능력을 말한다. 셋째, 동기부여 능력(motivation)은 자신을 동기화시키는 능력을 말한다. 넷째, 공감대 형성 능력(empathy)은 타인의 감정을 사려 깊게 이해해 줄 수 있는 능력을 말한다. 다섯째, 사교적인 기술(social skill)은 효과적으로 인간관계를 잘 유지해 나가는가의 능력을 말한다.

(2) 창의성

과거에는 창의성(creativity)이 소수의 사람들에게만 국한되는 선천적인 능력으로 간주되었기 때문에 그에 대한 연구가 미흡하였으나 최근에는 전 세계적으로 높은 관심을 보이고 있는 분야다. 창의성은 '새로운 생각들과 혁신적인 해결책을 창출해 내는 능력'이라고 정의할 수 있다. 또한 창의성은 단순히 새롭기만 하거나 특이하기만 한 것이 아니라 주어진 맥락에서 적절하고 다른 사람들에 의해서 가치 있다고 여겨지는 결과들이어야 한다. 즉, 창의성은 기발하고 독창성뿐만 아니라 신기성, 유용성이 있어야 한다.

지능과 창의성의 관계에 대한 견해는 창의력이 지능의 하위요인이라는 견해, 지능이 창의력의 하위요인이라는 견해, 지능과 창의력은 중첩된다는 견해, 지능과 창의력은 동일 능력이라는 견해, 지능과 창의력은 관련 없다는 견해 등 매우 다양하다. 창의성과 지능의 상관관계는 .25~.30으로 그렇게 높지 않다. 이것은 창의성과 지능은 서로 독립적인 특성이라는 것을 시사한다. 지능이 높다고 해서 반드시 창의성이 높지는 않다. 그러나 창의성이 높은 사람이 평균 지능 이하를 나타내는 경우는 거의 없다. 대개 창의성이 높은 사람은 우수한 지적 능력을 가졌다.

영재에 관한 최근의 정의는 높은 지능뿐만 아니라 음악, 미술, 문학, 과학 등과 같은 특정한 영역에서의 특별한 재능들도 포함되는 것으로 확대되고 있다. 다시 말해, 영재란 지능지수가 높을 뿐만 아니라 창의적이고 과제에 대한 집착력이 있어야 한다. 창의력은 비교적 안정된 특성이기 때문에 변화시키기가 상당히 어렵지만 적절한 교육과 훈련을 통해 부분적으로 개발할 수 있다.

2) 정의적 특성과 교육

학습자의 지적 특성 이외에도 학업성취와 크게 관련이 없을 것 같은 조건들이 실제로 학생들의 학업성취에 많은 영향을 미친다. 이러한 것들을 학습자의 정의적 특성이라고 한다. 학습자의 정의적 특성들에는 학습자의 태도, 흥미, 학습 동기, 귀인, 자아개념, 불안, 인지양식 등 여러 가지가 있겠으나, 여기에서는 학습 동기, 귀인, 자아개념, 불안, 인지양식에 대하여 살펴보고자 한다.

(1) 학습 동기

동기(motivation)란 행동을 일으키고 행동의 방향을 제시하며 행동을 유지시키는 심리적 에너지 또는 정신적인 힘을 말한다. 동기는 수면, 섭식, 성적 행동 등 주로 생물학 동기인 결핍 동기와 호기심, 조작 동기, 성취 동기 등의 성숙 동기로 구분할 수 있다. 학습 동기는 성취 동기의 일종으로 볼 수 있다.

같은 교실 상황에서도 어떤 학생들은 열심히 학습활동을 하는 반면, 또 어떤 학생들은 마지못해 억지로 하거나 아예 하지 않으려고 하기도 하고, 심지어는 역준비 태세인 학생들도 있다. 또한 어떤 학생들은 같은 학습활동을 하면서도 즐거워하고 자발적으로 참여하며 그 성취 결과에 대하여 즐거움과 자부심을 느끼는가 하면, 어떤 학생들은 매우 소극적으로 참여하고 즐거워하지도 않으며 오히려 학습활동을 혐오하는 학생도 있다.

이와 같이 학습이라는 것은 학습자의 의식적이고 의도적인 활동이 요구되는 능동적인 과정이기 때문에 동기의 문제와 밀접한 관계가 있다. 아무리 유능한 학생일지라도 학습활동에서 주의를 집중하지 않거나 노력을 하지 않으면 학습의 효과는 떨어질 수밖에 없으며, 반대로 신체적 · 심리적 조건이 떨어지는 학생도 열심히 노력한다면 좋은 성취 결과를 얻을 수 있다. 따라서 학생들이 학교교육을 통하여 최대한의 성취를 얻을 수 있도록 하기 위해서는 적극적으로 학습활동에 참여하도록 동기화시키는 것이 무엇보다도 중요하다.

행동주의 동기이론인 강화이론에서는 강화가 동기를 유발한다고 본다. 즉, 행동에 수반되는 결과가 긍정적이면 행동의 빈도가 증가하고 부정적이면 감소한다는 것이다. 그러나 보다 최근의 이론인 기대–가치이론(expectancy-value theory)에 따르면 학습자는 성공할 가능성이 있다고 믿을 때 동기가 유발된다. 즉, 성공에 대한 기대와 정서(자부심, 수치심)가 동기에 영향을 미치게 된다. 그리고 학습자는 학습의 목표가 자신에게 의미 있는 것일 때 동기가 유발된다.

학습자의 동기 유발의 문제를 교육 현장에서 실천하기 위해서는 우선 교사가 학생 개개인의 능력과 흥미가 무엇인지를 잘 알고 있어야 하며 그들에 대한 교사 자신의 행동에 관하여 관심을 가져야 한다. 학습 동기의 원리를 현장에 잘 적용시키기 위해서는 몇 가지 유의할 점이 있다. 첫째, 학생들이 학습에 대한 내재적 가치를 느낄 수 있도록 외재적 보상은 학습활동에 더 적극적으로 참여하는 것을 유도하는 대안적인 체제로만 사용해야 한다. 둘째, 학생의 수행 수준을 고려하여 도전감 있는 과제를 제공해야 한다. 셋째, 정답이 하나밖에 없는 폐쇄형 과제보다는 개방형 과제를 제공하여 창의성과 실질적인 문제 해결의 기회를 학생들에게 주어야 한다. 넷째, 학생의 능력에 따른 자율성을 최대한 보장해야 한다. 다섯째, 학생들이 동료 학생들과 서로 협동할 수 있는 기회를 제공해야 한다.

교사는 학습 동기를 교육 현장에서 잘 실천하기 위해서 다음과 같은 노력을 해야 한다. 먼저 교사는 다양한 학생들의 특성에 따라 전달하는 메시지를 다소 개별화해야 한다. 왜냐하면 어떤 학생에게 적합한 교수환경이라고 해서 그것이 다른 학생에게도 반드시 적합한 것은 아니기 때문이다. 그리고 처음에는 다소 혼란스럽더라도 교사는 학생들에게 점차적으로 자율권을 주는 통제권 이양을 해야 한다. 교사는 또한 학생들의 기능, 흥미, 가치, 동기 등에 관하여 이해하고 있어야 한다. 학생들에게 적절한 과제를 제공하기 위해서는 학생 각자를 잘 파악하고 지속적으로 평가하는 노력이 필요하다. 더불어 학생들에 대한 자신의 편견, 신념, 기대, 행동 등을 스스로 인식하는 자기점검이 있어야 한다.

(2) 귀인

귀인(attribution)이란 어떤 상황의 성공과 실패에 대한 원인 돌리기, 즉 성취 상황에서 성공과 실패의 원인을 어디에 두느냐 하는 것을 말한다. 와이너(B. Weiner)는 학습 상황에서 학생의 성공 또는 실패의 원인에 대한 귀인을 네 가지로 설명하고 있다. 즉, ① 능력(예: 내가 머리가 좋아서 잘했다), ② 노력(예: 내가 노력을 많이 해서 잘했다), ③ 과제 난이도(예: 시험이 쉬웠다), ④ 운(예: 재수가 좋았다, 기분(몸)이 안 좋았다)이 그것이다.

와이너는 성취 행동의 결정이 귀인의 바탕이 되는 세 가지 차원인 원인의 소재, 안정성, 통제 가능성에 달려 있다고 주장하였다. 첫째, 원인의 소재(locus of causes)는 원인이 행위자의 내부에 있는가 또는 외부에 있는가의

〈표 4-2〉 귀인과 귀인차원과의 관계

귀인 \ 귀인 차원	원인의 소재	안정성	통제 가능성	시험 결과에 대한 귀인의 예
능력	내적	안정적	통제 불가능	나는 공부에 소질이 있다.
노력	내적	불안정적	통제 가능	나는 공부를 열심히 했다.
과제 난이도	외적	안정적	통제 불가능	이번 시험이 쉬웠다.
운	외적	불안정적	통제 불가능	공부한 내용에서 출제되었다.

차원이다. 둘째, 안정성(stability)은 원인이 시간의 경과에 따라 변화될 수 있는가 없는가의 차원이다. 셋째, 통제 가능성(controllability)은 원인을 행위자가 변화시킬 수 있는가 없는가의 차원이다.

〈표 4-2〉와 같이 성취 상황에서 성공이나 실패의 원인을 지각하는 것은 각 차원에 의해 종합적으로 이루어진다. 따라서 귀인이론은 귀인이 동기에 많은 영향을 준다고 가정한다.

(3) 자아개념

성취 상황에서 자기가 스스로를 어떻게 지각하는가에 대한 것도 학습에 영향을 미친다. 자아개념(self-concept)이란 자신에 관한 개인의 지각(知覺)을 의미한다. 자아개념의 형성은 개인의 환경과의 상호작용 경험, 그에 대한 자기의 평가, 특히 중요한 타인(부모, 교사, 동료)과의 상호작용에 따른 평가에 의해 형성된다. 자아개념은 인간의 행동을 결정하는 중요한 요인이 되며, 이 행동은 다시 그의 지각에 강화 작용을 하게 된다.

자아개념 속에는 자기효능감(self-efficacy)과 자기존중감(self-esteem)이라는 두 가지의 개념이 포함된다. 자기효능감이란 어떤 과제를 할 수 있다는 자기 능력에 대한 신념을 말하며, 자기존중감이란 자기가 자신을 얼마나 좋아하는지의 개념, 즉 자신의 가치에 대한 판단을 말한다.

학업성취 상황에서도 반복적인 성공 또는 실패에 대한 경험은 자신에 대한 긍정적 또는 부정적 태도가 감정으로 이어진다. 그리고 이는 후속되는 환경과의 상호작용에 긍정적 또는 부정적 영향을 미치게 된다.

(4) 불안

불안(anxiety)이란 심리적으로 느끼는 긴장, 초조, 걱정, 두려움, 불길한 예감 등 불편한 정서반응을 의미한다. 불안은 크게 특성불안과 상태불안으로 구분된다. 특성불안(trait anxiety)은 개인 내부에 내재되어 있는 불안을 말한다. 특성불안이 있는 사람은 남들보다 더 강한 불안을 느낀다. 상태불안(state anxiety)은 특정 대상이나 상황에서 느끼는 불안을 말한다.

불안 수준이 너무 높으면 인지의 일부를 자기비하와 걱정에 빼앗기게 되어 필요한 정보처리 용량을 확보하지 못할 수 있다. 반면에 불안 수준이 너무 낮으면 나태해져서 성취도가 떨어진다. 적당한 수준의 불안은 학업성취에 긍정적인 영향을 주고 학습 동기의 유발체가 될 수 있지만, 지나친 불안이나 불안이 전혀 없는 경우는 학업성취에 부정적 요인으로 작용한다.

학교에서 학생들이 느끼는 불안은 시험과 밀접한 관계가 있다. 이를 시험불안이라고 하는데, 시험불안은 특수한 상황에서 유발되는 불안이므로 상태불안이라고 할 수 있다. 시험불안의 원인은 ① 지나치게 꼼꼼하거나 세심하거나 완벽주의적 성격을 보이는 등의 강박적 성격, ② 부모의 지나친 기대, ③ 부모의 지나친 감독이나 통제, 형제간 지나친 경쟁심 등과 같은 가정 구성원 간의 갈등 등을 꼽을 수 있다. 시험불안을 해소할 수 있는 방안으로는 불안 경감을 위한 개별화된 프로그램이나, 자신감 부족이 불안으로 이어지므로 자신감 향상을 위한 전략의 활용이 필요하다.

(5) 인지양식

인지양식(cognitive style)은 사물을 지각하고 인지하는 개인의 독특한 방식을 말한다. 인지양식은 학습에 많은 영향을 미칠 수 있는 학습자의 특성 중 하나로 성격과 정신 능력 간의 경계선에 위치한다. 인지양식은 인지적 능력이나 성격적 특질에 의해 영향을 받고 또 그것들에 영향을 줄 수도 있다.

인지양식의 유형은 장 독립성과 장 의존성(field independence vs. field dependence), 분석형과 관계형(analytical vs. relational), 집착성과 융통성(constricted vs. flexible), 숙고형과 충동형(reflective vs. impulsive) 등 학자에 따라 다양하게 제시되고 있다. 그중 대표적인 인지양식의 유형인 장 독립성과 장 의존성에 대하여 살펴본다.

장 독립적인 사람은 사물을 지각할 때 그 사물의 배경이 되는 주변 장의 영향을 받지 않거나 적게 받는다. 심리적 분화가 잘 이루어져서 전체 형태에서 분리된 부분을 지각할 수 있다. 즉, 분석적, 조직적, 확산적, 논리적 사고를 한다. 그러나 전체적 형태의 분리된 부분만을 지각해 버리기 쉽고, 성격적인 면에서는 개인주의적인 경향이 많고 타인에게 무관심한 편이다. 장 독립적인 학습자는 개별적으로 공부하는 것을 좋아한다.

반면 장 의존적인 사람은 사물을 지각할 때 그 사물의 배경이 되는 주변의 장의 영향을 많이 받는다. 심리적 분화가 잘 이루어지지 않아서 대상을 전체적으로 파악하려는 경향이 있다. 즉, 비분석적, 직관적, 수렴적 사고를 한다. 그러나 논리성이 다소 떨어지며, 어떤 형태를 부분들로 분석하는 데 어려움을 겪는다. 대인관계 지향적이고, 타인의 감정에 민감하며, 집단 속에서 작업할 때 능률적이다.

인지양식과 교수활동을 일치시키는 것이 과연 바람직한 것인가에 대해서는 논란이 있어 왔다. 인지양식과 교수활동 실제를 최대한 일치시켜야 한다는 주장, 즉 개개 학생들은 학습과 문제해결 과제를 다루는 다양한 방법을 가지고 교실에 들어오기 때문에 학습양식이나 학습환경의 선호에 따라 교사의 교수방법이 당연히 달라질 필요가 있다는 찬성의 입장이 있다. 반면 인지양식과 교수활동을 일치시키는 것은 바람직하지 않다는 주장, 즉 우리의 현실 생활에서는 장 독립성과 장 의존성의 두 가지 반응을 모두 요구하고 있기 때문에 학생들에게 그들의 인지양식에 일치하는 교수 형식만을 제공하는 것은 도리어 해로울 수도 있다는 반대의 입장도 있다.

학습과제

1. 교육심리학을 정의하고, 교육심리학이 교육에 어떤 역할을 하는지 설명하시오.
2. 행동주의, 인본주의, 인지주의 학습이론의 교육적 시사점을 비교하시오.
3. 인간의 정보처리 과정을 설명하시오.
4. 학습자의 동기 유발을 위한 교육 현장에서의 실천방안을 논의하시오.
5. 학습자의 자아개념이 학업성취에 어떤 영향을 미치는지 설명하시오.
6. 장 독립적 인지양식과 장 의존적 인지양식을 비교 · 설명하시오.

제5장

교육의 사회적 이해

학습목표

1. '사회'와 '교육'의 상호 관련성을 설명할 수 있다.
2. 학교교육에 대한 기능이론과 갈등이론의 관점을 비교할 수 있다.
3. 사회화의 기제를 설명할 수 있다.
4. 사회계층의 이동 통로를 열거할 수 있다.
5. 학교교육의 긍정적 기능과 부정적 기능을 설명할 수 있다.

제5장

교육의 사회적 이해

제1절 사회와 교육에 대한 탐구

교육은 근본적으로 개개인의 성장 · 발달을 돕는 데 관심을 두지만, 교육이 실천되는 맥락을 살펴보면 사회의 정치 · 경제 · 문화 등과 밀접한 상호관련을 맺으면서 실천됨을 알 수 있다. 따라서 교육의 본질을 제대로 파악하기 위해서는 사회적 맥락(social context)을 탐구할 필요가 있는데, 이를 '교육에 대한 사회적 탐구'라고 명명한다.

여기에서는 먼저 교육에 대한 사회적 탐구에 관하여 살펴보고, 사회와 교육에 대한 접근에 관하여 논의한 다음, 교육사회이론으로서 거시적 이론과 미시적 이론에 대하여 살펴보고자 한다.

1. 교육에 대한 사회적 탐구

1) 인간, 사회, 교육의 상호관계

인간은 흔히 '사회적 동물'이라고 지칭된다. 이는 인간이 무기력한 생물적 · 자연적 존재로 태어나지만 '교육'을 통하여 사회적 존재로 변화한다는 의미다. 그러나 인간은 자신을 에워싸고 있는 주변 환경에 따라 각기 다르게 발달된다. 인간은 교육을 통해 자기가 속해 있는 사회 또는 집단 속에서 갖가지 행위양식과 가치규범 등을 학습하여 내면화(internalization)한다. 그러므로 인간은 교육적 동물이라고도 규정될 수 있다.

교육은 분명 인간관계에 의해 형성되는 크고 작은 만남 속에서 이루어지는 사회적 과정(개인과 개인, 개인과 집단, 집단과 집단 간의 상호작용 과정)의 하나라고 볼 수 있다. 교육내용은 사회적으로 축적되고 형성된 것으로, 현재 및 미래 생활에 필요한 다양한 지식 또는 정보, 각종의 기술이나 기능 등을 포함한다. 이와 같은 교육은 결과적으로 그것이 실천되는 사회의 변화와 발전을 이끌게 된다. 그러면서도 교육활동 자체는 그 사회의 여러 요인들(정치, 경제, 문화, 사회계층 등)의 영향을 받지 않을 수 없다.

2) 교육에 대한 사회적 탐구의 필요성

앞에서 언급한 바와 같이, 인간은 사회적 존재이고 교육은 사회적 맥락 속에서 실천되기 때문에 그 사회적 측면을 결코 간과할 수 없다. 그러므로 '교육'에 대한 사회적 탐구에 관심이 모아질 수밖에 없다. 특히, 19세기 초 근대사회로 접어들어 공교육제도가 확립되고 학교교육이 교육의 중심적 역할을 담당하면서부터 교육에 대한 사회적 관심은 더욱 높아지기 시작하였다. 이때까지만 해도 교육(특히, 학교교육)에서는 아동의 심리적 요인, 즉 지능 · 적성 · 성격 등 주로 개인차 변인에 따른 성장 · 발달 및 학업성취 등에 주된 관심이 모아졌다. 그러나 19세기 중엽부터 발전된 사회학에 힘입어 교육의 사회적 측면에 관한 탐구에 있어 새로운 관심이 모아지기 시작하였다. 여기에서는 보다 효과적인 교육을 위하여 사회학적 지식과 방법 및 기술을 학교 현장에 어떻게 적용하느냐에 관심이 집중되었다.

최근 들어 교육에 대한 사회적 탐구가 급속히 증가하고 있는 것은 이전에 교육의 과정에 관한 탐구에 있어 거의 전적으로 심리학에 의존했던 것과 대조된다. 교육심리학에 주로 의존했던 이유는 교수-학습활동은 이에 참여하는 교사와 학생의 특성들에 의해 결정된다고 믿었기 때문이다. 교사의 수업 효율성과 학습자의 학습 성과는 주로 교사와 학습자의 제반 특성, 예를 들면 지능이나 성격 특성에 의해서 영향을 받는다고 믿었다. 교육에 있어 개인에 관한 심리적 연구가 인간 행동을 이해하는 데 많은 도움을 준 것도 사실이지만, 교육에 관한 종합적인 탐구를 위해서는 사회적인 맥락에서 교사-학생 및 학생-학생 간의 상호작용이 일어나는 장면을 검토해 볼 필요가 있다. 사회체제로서의 학교와 인간의 사회적 본질에 관한 지식은 교육의 실제를 이해하는 데 필수불가결하다. 뿐만 아니라 교육이 실천되는 사회적 맥락인 정치, 경제, 문화, 사회계층 등과 교육 자체 간의 상호 관련성에 대한 탐구도 필요하다.

2. 사회에 대한 접근

앞에서 논의한 바와 같이, '인간' '사회' '교육'은 매우 밀접한 관련을 갖는다. 인간의 성장과 발달을 돕는 교육은 그것이 행해지는 사회의 제도와 규범하에서 실천되며, 그럼으로써 결국 사회의 유지·발전에 기여하게 된다. 이처럼 사회와 교육은 상호 영향을 미침으로써 사회발전과 교육발전이 동시에 이루어지는데, 이들 간의 관련성을 규명하려는 학문(연구) 분야가 바로 '교육사회학'이다. 이는 교육의 사회성에 초점을 맞추어 교육현상을 과학적으로 탐구해 그에 관한 지식들을 조직화하여 이론을 형성하려는 학문으로서, 사회현상으로서의 교육활동을 기술·설명·예언·통제하는 활동에 주된 관심을 갖는다.

사회에 대한 이론적 패러다임은 매우 다양하게 분류될 수 있으나, 여기에서는 크게 ① '개인과 사회 간의 관계 규정'에 따른 분류, ② '사회의 변동(변화) 규정'에 따른 분류, ③ '관심 범위'에 따른 분류, ④ '접근방식'에 따른 분류로 구분하여 살펴보기로 한다(오만록 외, 2002).

1) 개인과 사회 간의 관계 규정에 따른 분류

개인과 사회 간의 관계 규정에 따른 이론적 패러다임은 사회명목론(social nominalism)과 사회실재론(social realism)으로 분류될 수 있다.

먼저, 사회명목론은 사회란 개인들이 존재하기 때문에 형성되는 것이므로 결국 사회는 그저 개개인의 모임에 지나지 않는다는 입장을 취한다. 즉, '사회는 개인의 합에 불과하다.'고 전제하는데, 이를 수식으로 나타내 보면 다음과 같다.

$$S = \Sigma P \quad \text{(S: 사회, P: 개인)}$$

사회는 개인의 목표를 성취시켜 주는 도구에 불과하고 개개인의 단순한 집합체이므로, 개인은 존재하지만 사회는 실재로는 존재하지 않은 형식에 불과하다는 것이다. 이에 전체 사회구조를 논의하는 것은 무의미한 일이며, 사회적 집합체는 개인에 의해서 수행되는 조직적인 행위양식과 그 결과로서 다루어져야 하며, 따라서 사회의 기본 단위는 개개인이 된다는 입장이다.

한편, 사회실재론은 사회 구성원으로서의 개인은 인정하지만 사회란 개개인의 산술적인 합을 뛰어넘는 그 이상의 독립적인 실체라고 주장한다. 즉, '사회는 개개인의 합 이상이다.'라고 전제하는데, 이를 수식으로 나타내 보면 다음과 같다.

$$S = \Sigma P + \alpha \quad \text{(S: 전체, P: 개인)}$$

사회가 존재하기 때문에 바로 개개인의 생활이 가능하며, 사회는 개인의 외부에 실제로 존재하면서 개개인의 성질과는 전혀 다른 고유한 특성을 지닐 뿐더러 개개인의 삶을 규제하고 좌우하는 구속력마저 갖고 있다는 것이다. 건축물에 있어 벽돌 · 철근 · 시멘트 등과 같은 건축 자재가 아파트나 한옥이라는 전혀 다른 건물의 양식을 만들어 내듯, 사회란 부부관계 · 친구관계 · 노사관계 등에서와 같이 개인들의 상호작용이 반복 · 지속되면서 일정하게 유형화되고 안정된 틀을 갖춘 결과라고 할 수 있다. 여기에서 개인은 사회라는 '보이지 않는 거대한 구조' 속에 갇혀 있는 하나의 구성원에 불과하다. 그러므로 사회실재론적 입장에서 사회현상을 탐구하려면 사회조직이나 사회집단 등과 같은 집합적 단위로서의 구조를 먼저 살펴보아야 한다.

2) 사회의 변동(변화) 규정에 따른 분류

사회의 변동(변화) 규정에 따른 이론적 패러다임은 점진적 사회변동론과 급진적 사회변동론으로 구분된다.

먼저, 점진적 사회변동론은 사회가 질서와 평형을 유지하면서 점진적인 변화를 이루어 나가며, 질서 유지나 평형 상태는 주로 사회 속의 다수에 의해 공유되는 공동의 가치 또는 규범에 의해 이루어진다고 본다. 사회는 유기체와 마찬가지로 그것을 구성하는 여러 부분과 기능들로 나뉘어 있고, 각 부분과 기능들 간에는 전체를 위해 잘 조직된 방식(사회구조)이 있으며, 이러한 사회구조는 스스로의 질서와 안정을 유지하려고 한다. 질서와 평형을 우선하는 사회에서 변화란 쉽게 일어날 수 있는 것이 아니다. 사회 구성원들은 주어진 사회체제에 점차 적응하여 각자가 사회화를 이룬 다음 합의에 의해 새로운 가치와 규범을 창출하고, 이어 각자가 그 새로운 가치와 규범을 내재화하는 과정을 거쳐 사회는 점진적으로 변화하게 된다. 이러한 점진적 사회변동론을 지지하는 교육사회학 이론에는 기능이론(규범적 사회구조이론), 해석학적 이론 등이 포함된다.

한편, 급진적 사회변동론에 의하면 사회는 권력이나 부(富)의 소유와 영향력 행사 정도에 있어 차이가 날 뿐만 아니라 상반된 사회 이념이나 가치를 지향하고 있는 다양한 집단이 서로 갈등과 대립을 빚고 있는 장이라고 할 수 있다. 사회에서 우위를 차지하는 집단은 그렇지 않은 집단을 억압적인 힘의 행사를 통해 복종하게 하거나 우월적 집단의 가치와 규범을 보편적인 것으로 받아들이도록 강요함으로써 지배계층과 피지배계층의 관계를 형성하게 한다. 그러나 이러한 지배계층과 피지배계층 간의 관계는 고정된 것이 아니다. 헤게모니(hegemony, 주도권)의 변화, 사회경제적 지위의 변화, 피지배계층의 지배계층에 대한 합리적인 투쟁의 결과 등에 따라 계층 간의 위상은 서로 뒤바뀔 수 있다. 교육사회학 이론 중 갈등이론(급진적 사회구조이론)과 급진적 저항이론(급진적 인본주의)은 사회질서를 유지하는 데 기초가 되는 권력, 부, 영향력 등의 배분과정에서 예기치 않은 변혁이 일어남으로써 사회가 급진적으로 변화할 수 있다는 입장을 취한다.

3) 관심 범위에 따른 분류

관심 범위(대상 범위)에 따른 이론적 패러다임은 거시적 이론과 미시적 이론으로 분류된다.

먼저, 거시적 이론은 투입-산출모형에 근거하여 사회체제와의 관련 속에서 학교교육을 파악하고자 한다. 즉, 정치 · 경제 · 사회 · 문화 등의 외적 측면과 교육의 관련성에 관하여 광범위하게 탐구하는 입장을 취한다. 거시적 이론에 해당하는 이론으로는 기능이론과 갈등이론 및 급진적 저항이론 등이 있는데, 이들은 주로 규범적 패러다임의 입장을 취한다.

한편, 미시적 이론은 학교에서 가르치는 교육내용, 교사와 학생의 구체적인 경험이나 상호작용 등 주로 학교 및 교실에서 일어나는 교육의 내적 측면에 초점을 두고 교육현상을 탐색하고자 한다. 미시적 이론에 해당하는 이론으로는 상징적 상호작용이론, 교환이론, 현상학적 이론, 민속방법론 등을 포괄하는 '해석학적 이론'과 '급진적 저항이론(급진적 인본주의)' 및 '신교육사회학 이론'이 있는데, 이들은 주로 해석학적 패러다임(현상학적 패러다임)의 입장을 취한다.

4) 접근방식에 따른 분류

'접근방식'에 따른 이론적 패러다임은 규범적 패러다임과 해석학적 패러다임(현상학적 패러다임)으로 분류된다.

먼저, 규범적 패러다임은 19세기부터 강조되어 온 실증주의에 의해 영향을 받았는데, 실증주의는 콩트(A. Comte)에 의해 발전되었다. 그에 따르면 지식이란 감각적 관찰에 의해 발견된다. 그러므로 그는 개념이나 이론이 경험주의에 근거를 두고 있지 않으면 모두 관념적 · 형이상학적이라고 비판하였다. 실증주의 입장에서는 자연과학적 방법론이 유일하게 과학적이라고 주장되고, 사회현상이 계량적이고 통계적인 자연과학적 방법으로 설명되어야만 과학으로서의 정당성을 보장받는다. 따라서 규범적 패러다임은 기본적으로 인간 행위가 규칙 지배적이고, 인간 행위에 대한 사회학적 설명은 연역적 접근(가설-연역적 접근)에 따라 이루어져야 한다고 본다.

한편, 종래의 실증주의 사회학이 객관적이고 비주체적인 과학이론이라고 비판하면서 그 대안적 관점으로 제시된 것이 바로 해석학적 패러다임이다. 이 새로운 관점은 자연적 세계와 사회적 세계는 본질적으로 서로 다르다는 점을 강조하면서 일상생활 자체를 이해하고자 하는 데 일차적인 관심을 갖는다. 해석학적 패러다임은 규범적 패러다임과는 달리 인간의 행위와 상호작용이 공유된 일정한 규칙에 의해 지배되지 않는다고 본다. 따라서 여기에서는 해석(의미부여)에 관심을 두고 있으며, 상호작용을 하나의 해석적 과정으로 파악하기 때문에 그 연구방법으로서 상호작용이 실제로 일어나고 있는 일상생활 세계를 구체적으로 이해할 수 있는 해석학적 기술(interpretative description)을 강조하는 귀납적 접근을 취한다. 그래서 사회도 사람들의 상호작용에 따라 집단적으로 구성되는 것으로 파악하며, 인간과 사회의 관계는 변증법적으로 이루어지고 본질적으로 역동적인 관계라고 전제한다.

지금까지 논의한 탐구 패러다임인 개인과 사회 간의 관계 규정에 따른 분류(사회명목론과 사회실재론), 사회의 변동(변화) 규정에 따른 분류(점진적 사회변

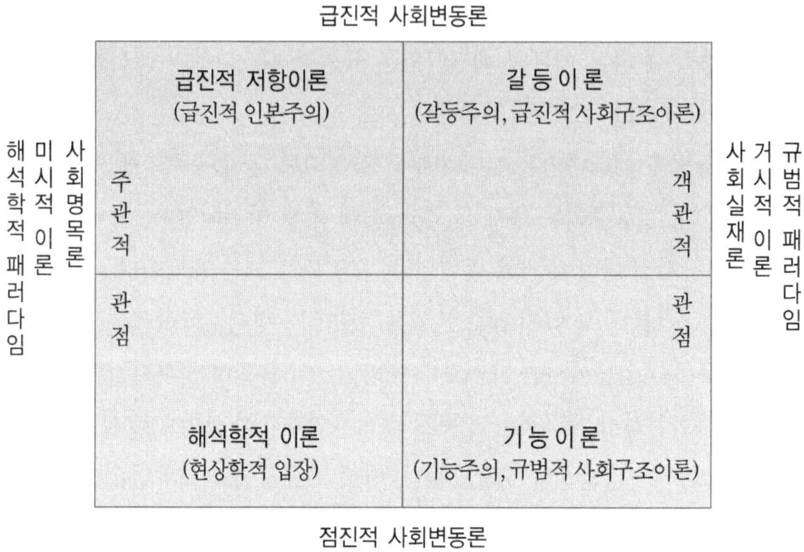

[그림 5-1] 탐구 패러다임에 따른 교육사회학 이론 분류

동론과 급진적 사회변동론), 관심 범위에 따른 분류(거시적 이론과 미시적 이론), 접근방식에 따른 분류(규범적 패러다임과 해석학적 패러다임)를 상호 관련지어 교육사회학 이론의 성격을 도식화하면 [그림 5-1]과 같다. 그림에서 볼 수 있듯이, 사회와 교육에 대한 이론적 접근은 매우 다양하고 상호 유기적인 관계를 유지하고 있다고 할 수 있다. 따라서 이러한 교육사회이론에 대한 이해 없이는 사회와 교육의 관계에 관한 통찰과 탐구를 제대로 수행하기가 어렵다.

3. 교육사회이론

1) 거시적 이론

거시적 이론에 해당하는 '기능이론'과 '갈등이론'은 가장 대표적인 교육사회이론이라고 할 수 있기에 이 두 이론에 대하여 체계적으로 살펴보기로 한다(김병성, 2004). 1970년대에 접어들면서 시작된 기능이론(functional theory)과 갈등이론(conflict theory) 간의 학문적 논쟁은 지금까지도 계속되고 있다. 두 이론은 본래 교육사회이론이기보다는 사회학, 나아가 사회과학의 이론이었다. 사회학 내지 사회과학의 이론적 논쟁이 교육사회학의 분야에까지 영향을 미쳤다고 할 수 있다. 기능이론과 갈등이론이 사회에 대하여

〈표 5-1〉 기능이론과 갈등이론의 기본 전제

이론 / 비교	기능이론(기능주의, 구조기능이론)	갈등이론(갈등주의)
기본 전제	1950년대까지 주류를 이루었던 교육사회학 이론으로서, 사회의 속성을 업적사회(능력사회, 성취사회), 전문가사회, 민주사회로 전제한다. 기능이론에 따르면 사회는 안정 지향적이고 각 부분요소들이 잘 통합된 구조로 이루어져 있으며, 사회의 구조와 제도는 구성원의 합의에 바탕을 두고 있고, 사회의 부분요소들은 상호 의존하면서 특정의 기능을 수행한다. ① 사회는 안정 지향적이고 구성요소들의 지속적인 구조로 이루어져 있다(안정성). ② 사회는 구성요소들이 잘 통합된 구조를 이루고 있다(통합성). ③ 사회의 구조와 제도는 그 구성원들 간의 합의(consensus)에 바탕을 두고 있다(합의성). ④ 사회의 모든 구성요소들은 상호 의존하여 사회가 체제로서 유지되도록 긍정적인 기능을 수행한다(상호 의존성).	1960년대의 시대적 · 사회적 상황이 반영된 교육사회학 이론으로서, 기능이론의 기본전제인 사회의 안정성 · 통합성 · 합의성 · 상호 의존성을 부인한다. 갈등주의에 따르면, 사회는 부단히 시시각각으로 변화(변동)하고 각 부분요소들은 서로 갈등(불화의)적 관계로 존재하며, 사회는 일부 구성원들에 의해 다른 구성원들을 강압(강제)함으로써 유지되고, 모든 부분요소들은 사회의 와해와 변동에 기여한다. ① 사회는 시시각각으로 변화하기 때문에 변동이 언제 어디서나 일어난다(불안정성 · 변동성). ② 사회의 구성요소들은 항상 갈등과 불화의 관계로 존재한다(갈등성 · 불화성). ③ 사회는 일부 구성원들에 의한 다른 구성원들을 강압(강제, coercion)하는 데 바탕을 두고 있다. 즉, 갈등과 변동의 과정에서 소수의 지배집단이 다수의 피지배집단을 강압적으로 억압함으로써 일시적 사회 안정을 유지한다(불합의성 · 강압성). ④ 사회의 모든 구성요소들은 사회의 해체와 변동에 기여한다(상호 알력성).

갖는 기본 전제를 상호 비교해 보면 〈표 5-1〉과 같다.

(1) 기능이론

기능이론은 사회를 유기체에 비유한다. 유기체, 예컨대 인체는 손 · 발 · 코 · 귀 · 위 · 폐 등 여러 기관, 즉 부분으로 구성되어 있으며, 이들은 각각의 기능을 순조롭게 수행함으로써 인체의 생존과 활동을 가능하게 만든다. 각 기관은 인체, 즉 전체로부터 떨어져서는 살아갈 수 없으며, 어느 한 기관이라도 결핍되면 인체도 완벽한 활동을 할 수 없다. 그러므로 인체의 각 기관은 고유의 기능을 제대로 수행함으로써 유기체를 존속시키고, 그렇게 함으로써 자체의 생존도 보장받을 수 있다. 유기체는 항상 생존과 건강한 활동을 지향하며, 어떤 이유로 병을 얻어 부분 또는 전체의 기능이 약화되면 이를 회복하기 위하여 모든 노력을 강구한다.

기능이론은 학교교육이 현존 사회의 중요한 문화, 가치, 지식 및 기술을 사회 구성원에게 가르치는 '사회화의 기능'을 충실히 수행한다고 규정하며, 더불어 그 구성원이 사회적 역할 수행을 원활하게 할 수 있도록 개인들을 적재적소에 배치하는 '선발의 기능'도 수행한다고 주장한다. 따라서 기능이론에 따르면, 학교교육은 전체 사회의 한 하위체계로서 사회의 존속을 위한 나름의 기능을 수행한다고 할 수 있다. 즉, 학교교육은 전체 사회의 지배적인 가치와 행동 유형(지식과 기능들)을 자라나는 세대에게 의도적으로 전달하는 '사회화의 기능'과 사회체제의 각 분야에서 적절한 역할을 수행할 수 있는 사람을 가려내어 적재적소에 배치하는 '선발의 기능'을 수행함으로써 사회의 안정 · 통합 · 존속 · 발전에 기여하는 것이다. 학교교육을 통하여 능력에 따른 사회적 지위와 신분의 분배가 자연스럽게 이루어짐으로써 개개인은 사회이동(사회유동, social mobility)을 하게 된다.

그리고 기능이론은 학교의 교육내용이 누구에게나 의미가 있고 가치 있으며 보편성을 띠므로 교육이 모든 사람에게 유용하다고 전제한다. 이러한 관점에서 기능이론은 학교의 기능을 낙관함으로써 교육의 양적 팽창을 정당화하는 이론적인 근거를 제공하고 있다.

(2) 갈등이론

갈등이론은 사회를 개인 및 집단 간의 끊임없는 갈등과 경쟁의 연속으로 본다. 즉, 사회는 세력다툼, 집단 간의 이해 상충, 지배자의 압제와 피지배자의 저항이 끊임없이 이루어짐으로써 변화 · 변동된다고 전제한다. 1960년대 이전에는 갈등이론이 비공산권에서는 유럽 내에서만 사회이론의 하나로 인정받고, 미국을 비롯한 그 밖의 지역에서는 소수의 학자들에 의하여만 명맥을 유지해 왔다. 그러다 1960년대 들어서면서 세계 각처에서 이 이론에 관심을 갖기 시작하였다. 이는 기존의 사회질서에 대한 회의와 아울러 사회개혁 분위기가 강해진 세계 상황을 반영한 것이라고 할 수 있다.

갈등이론은 기능이론이 사회변화를 제대로 설명하지 못하고 권력투쟁, 계층 갈등, 일탈 행위 등을 소홀히 다루고 있다고 비판하면서, 사회의 강제적인 속성과 사회변동의 확산성에 그 초점을 두고 있다. 그리고 한 집단의 목표는 다른 집단의 목표와 일치되지 않는다고 믿으며, 이러한 갈등현상은 외면적으로는 조용하게 보일는지 몰라도 내면적으로는 활기찬 움직임을 가지며, 때로는 표면화되거나 폭력화되기도 한다고 보고 있다. 사회는 권력투쟁이 일반적이어서 항상 강한 힘을 가진 집단에 의해 운영되는 것이 일반적이지만, 때에 따라서는 급격한 혁신도 가능하다고 본다. 갈등이론은 사회집단을 지배집단과 피지배집단으로 나누고, 지배집단은 모든 사회 가치의 중심체 역할을 하여 현재의 상태를 계속 유지하기를 바라며, 반대로 피지배집단은 언제나 그 체제의 안정을 위협하고 있다고 간주한다. 따라서 지배집단은 설득(persuasion), 교화(indoctrination), 선전(propaganda) 등의 방법으로 피지배집단에게 자기들의 입장을 정당화하려고 노력한다.

갈등이론은 현대의 학교교육이 사회적 불평등을 재생산하는 수단에 불과하다고 주장한다. 학교교육은 지배집단의 문화를 정당화하여 주입시키며, 기존의 불평등한 사회계층 구조를 재생산한다는 것이다. 이러한 과정에서 학교교육은 학력 경쟁을 과열시켜 고학력화를 부채질하며 인간성을 메마르게 한다. 그리고 학교의 교육내용은 정치적 과정을 통하여 결정된다고 주장한다. 즉, 교육내용은 정치적 과정을 거쳐 결정되는 사회적 산물로서 특정 계층(지배계층)의 지식 · 문화를 중심으로 선정된다. 또한 자본주의 사회의 필요에 대응하여 그 생산양식에 적합한 지식 · 태도 · 가치관 · 기술 등을 가르치는 내용이 강조된다는 것이다. 이러한 맥락에서 갈등이론은 학교교육이 사회적 불평등을 더욱 조장한다고 본다. 그리하여 학교교육의 목표는 궁극적으로 인간성 회복에 두어야 한다고 역설한다.

2) 미시적 이론

교육사회이론으로서의 미시적 이론은 규범적 패러다임을 그 기제로 삼고 있는 거시적 이론과는 달리 해석학적 패러다임(현상학적 패러다임)을 주요 기제로 삼고 있다. 또한 미시적 이론은 거시적 이론과는 대조적으로 학교교육의 내적 과정, 즉 학교나 교실 내에서의 교사와 학생 또는 또래집단 간의 상호작용이나 교육내용(지식)에 대하여 주된 관심을 갖는다.

이러한 미시적 이론은 크게 '해석학적 이론'과 '신교육사회학'으로 구분해 볼 수 있다. 그러나 교육의 내적 과정을 강조하는 신교육사회학도 넓은 의미로 보면 해석학적 이론의 범주에 포함될 수 있다. 미시적 이론은 교육사회 현상을 설명함에 있어 사람과 사람 간 상호작용의 맥락에서 직접 관찰이나 참여를 통해 교육의 내적 과정을 설명하고, 교육과정의 사회적 관점인 지식의 사회성에 관한 연구에 초점을 둔다.

(1) 해석학적 이론

사회는 그 구성원 간의 끊임없는 상호작용(interaction)에 의해 존재한다고 할 수 있다. 상호작용은 두 사람 이상이 서로 접촉하여 상호 행동에 영향을 미치게 되는 대인관계 과정이라고 정의할 수 있다. 사회생활은 상호작용의 맥락 속에서 이루어지므로 개인이 자신을 어떻게 해석(의미부여; 이해, 지각)하고, 또 자신과 상호작용을 하는 세계(상황)나 상대방의 행위를 어떻게 해석하느냐의 문제는 매우 중요하지 않을 수 없다. 상호작용에 임하는 사회 구성원 모두에게는 자신을 에워싸고 있는 세계에 대한 이해 그리고 자신과 상호작용하는 상대의 행위에 부여된 의미에 대한 해석이 매우 중요하다.

첫째는 상징적 상호작용이론(symbolic interactionism)이다. 이 이론에서 인간은 태어나서 자라나는 과정에서 다른 사람과의 상호작용(교섭)을 통해 일상생활을 구성하고 있는 상징을 익히고, 그 상징에 대하여 자신이 부여하는 의미(해석)에 따라 일상생활을 조직화해 나가게 된다. 상호작용이론의 창시자인 쿨리(C. H. Cooley)와 미드(G. Mead)는 사회란 다양한 상징을 해석하는 것을 익히는 사람들로 구성된다고 보았다. 그들에 따르면 인간은 특수한 힘(능력 또는 자력[資力])을 가지고 있는데, 그것이 바로 '마음'이다. 마음은 주변의 대상(사람, 사물, 현상)에게 상징(symbol)을 부여함으로써 의미를 찾고, 언어라는 의사소통의 상징적 수단을 이용하고 갖가지 추상적 상징인 기호를 해석하는 능력을 가지고 있다.

교육사회학의 연구에서는 상징적 상호작용이론의 공헌을 소홀히 평가할 수 없다. 학교 및 교실 상황에서 행정가-교사, 교사-교사, 교사-학생, 학생-학생, 교사-학부모 간의 상호작용 및 그 교육적 효과에 관한 연구의 중요성은 점차 크게 강조되고 있기 때문이다.

둘째는 교환이론(사회교환이론, social exchange theory)이다. 이 이론에서 인간의 상호 관계는 단순한 교섭에 의해서 이루어지는 것이 아니며, 그 결과로 얻어지는 '이득(benefit, 보상)'과 소요되는 '대가(cost, 손실)'를 상호 비교하여 전자가 후자를 초과하거나 적어도 균형을 이룰 때 비로소 유지된다. 즉, 사람들은 사회적 관계에 있어 상대와의 관계로부터 자신이 얻을 수 있는 이득이나 보상과 그것을 위해 치르는 대가나 손실을 상호 비교한 결과, 이득이나 보상이 대가나 손실보다 더 크거나 최소한 상호 균형을 이룰 때 그 관계에 대한 만족을 얻을 수 있기 때문에 그 관계를 지속할 가능성이 높다. 반면 대가나 손실이 오히려 더 크게 되면 그 관계는 지속되기 어렵다. 사회관계는 결과적으로 상호 간에 소유하고 있는 자원의 교환을 통하여 이익을 얻으려고 하는 개인 또는 집단 간의 노력에 의하여 이루어진다고 할 수 있는데, 학교교육 활동도 이러한 관계에 의해 실천된다고 볼 수 있다.

셋째는 현상학적 이론(phenomenological theory)이다. 이는 특정 세계나 현상 또는 대상을 '있는 그대로' 지각하는 내적 통찰, 즉 직접적인 추리를 통해 그 본질을 파악해야 한다는 접근을 지칭한다. 이 이론에서는 일체의 선입견이나 판단을 중지하고, 행동주의(behaviorism, 경험주의)와 객관주의 및 실증주의(논리실증주의, logical positivism)가 아닌 '그 사태 자체(zu den sachen selbst)'로 세상을 파악해야 한다는 점을 강조한다. 따라서 현상학은 현실이 주어진 세계로서가 아니라 개개인에 의해 주관적으로 구성된 세계의 본질을 탐구하려고 하며, 흔히 맹목적으로 믿고 있는 객관적 세계를 흔들어 재음미해 보고자 노력한다.

교육현상학 연구에서는 교육의 제반 과정에 대해 생생하게 느끼는 학생들의 체험 세계 또는 교육내용에 의미를 부여하는 학생들의 인식 세계를 밝혀 기술함으로써 교육의 본질을 파악하고자 노력한다. 교사는 학생의 행동을 '지혜로운 행동이다' 혹은 '어리석은 행동이다'라고 해석(판단)하는 일에 직면하게 되는 경우가 많은데, 교사는 학생에 대한 그와 같은 자신의 사실판단이나 가치판단의 실체에 관하여 성찰해 볼 필요가 있다. 교수-학습 과정에서 지혜로움 혹은 어리석음과 같은 언어는 평가적 언어다. 그러므로 교사는 그 언어가 함의하고 있는 의미를 현상학적 시각에서 검토하고 논증해 보아야 한다.

넷째는 민속방법론(ethnomethodology)이다. 이는 해석학적 방법을 활용하여 특정 집단의 생활양식, 즉 문화를 기술하기 위하여 그 구성원들의 의식과 느낌 및 판단을 연구하는 것을 말한다. 특정 집단 구성원들의 생활양식에 대한 폭넓은 자료를 찾아내기 위하여 연구자가 현지에 장기간 동안 머물면서 그 구성원들의 관점에서 제반 상황을 파악한다는 점이 민속방법론의 특징이다(김병성, 1996). 이러한 방법은 특정 지역이나 집단의 교육적 특징이나 특수 상황 또는 과정과 체제 등에 대하여 질적인 연구와 이해를 하고자 할 때 유용하게 활용될 수 있다.

민속방법론은 장기적 · 집중적 참여관찰과 심층면접 및 총체적(종합적) 접근방법을 활용하여 사회 구성원들이 자신의 삶에 대하여 갖는 의미와 가치 등을 발견하여 기술하는 것을 목적으로 한다. 삶의 세계란 무질서하고 서로 관련이 없는 사상들로 이루어졌는지 모르지만 사람들은 그렇게 인식하지 않는다는 것이다. 행위자들은 그러한 무질서 상태의 일상적인 삶에 질서를 부여하고 그들이 이해할 수 있도록 의미를 부여한다.

(2) 신교육사회학

전통적으로 교육사회학을 포함한 교육학의 전반적인 연구는 주로 교육의 외적 구조로서 사회적 구조와 학생의 학습 효율성에 주된 관심을 기울여 왔다. 그러나 1970년대에는 교육의 사회적 구조와 학습 효율성도 중요하지만 과연 학생에게 교육내용으로 어떤 지식을 가르쳐야 하느냐에 더 큰 관심을 가지게 되었다. 이와 같이 교육의 내적 과정에 해당하는 교육내용에 관심을 돌리게 된 새로운 연구가 영국을 중심으로 일어나게 되었는데, 이를 '신교육사회학(new sociology of education)'이라고 한다.

신교육사회학이 교육사회학의 새로운 패러다임으로 등장하기 이전인 1950년대와 1960년대 영국의 사회적 상황은 사회평등 구현의 수단으로서의 학교교육에 관심이 많았는데, 여기에서 학교교육의 기회분배에 결정적인 영향을 미치는 요인이 사회계층이라는 사실이 확인되었다. 즉, 교육의 불평등을 초래하는 요인을 제거하기 위해서 조기선발시험제도(예: 영국의 11+ examination)를 없애고 교육의 기회를 개방하였는데도 교육 불평등이 계속되어 그 이유를 연구한 결과, 교육 불평등은 교육 자체에 있는 속성 때문이 아니라 전체 사회의 구조적 불평등이 그대로 교육에 반영되기 때문이라는 것으로 밝혀졌다. 그리하여 신교육사회학에서는 교육 불평등의 결정적인 요인이 되는 학교 내의 현상들을 연구하였는데, 교육내용(지식)의 성격과 가르치는 과정에서 사회의 구조적 불평등이 어떻게 반영되는지에 대하여 관심을 집중하였다. 여기에서 밝혀진 바에 의하면 학교에서 다루어지고 있는 지식이나 교육내용은 중류 혹은 상류 계층의 문화를 반영하고 있기 때문에 하류계층의 아동들에게는 어려울 뿐더러 그들에게 무관하거나 거리가 먼 것이다. 따라서 공부를 잘하고 못하는 것은 절대적인 것이 아니라 교육내용(지식)이 어떤 것이며, 누가 그것을 선정 · 조직했으며, 어떤 기준에 의해서 평가가 이루어지느냐에 따라 달라진다. 신교육사회학에서는 교육이란 특정 시대의 특정 계층(주로 지배집단)에게 필요한 지식을 선택 · 조직 · 전달하는 현상으로 간주한다.

제2절 문화, 사회와 교육

교육은 개개인의 잠재력을 실현시켜 그의 성장과 발달을 촉진시키는 데 일차적인 관심을 갖는다. 그러나 교육은 이러한 개인적 차원을 넘어 문화를 다음 세대에 계승시키고 더욱 발전시킬 뿐만 아니라 사회의 유지 및 발전을 도모한다. 그러므로 문화와 사회와 교육 간의 관계는 결코 분리하여 생각할 수 없다. 여기에서는 먼저 '문화와 교육'의 관계에 대하여 논의한 다음, '사회와 교육'의 관계에 관하여 살펴보기로 한다. 이어서 '사회계층과 교육'의 상호 관련성에 대하여 탐구하고자 한다.

1. 문화와 교육

개인은 교육을 통해 특정의 문화를 내면화(학습)하여 문화적인 존재로 발달해 나간다. 그러므로 교육은 곧 인간을 문화화(文化化)시키는 과정이라고 할 수 있다. '자연적 존재'로서의 인간은 교육을 통해 마침내 '문화적 존재'로서의 인간으로 변화하게 됨으로써 기존의 문화를 향유할 뿐만 아니라 새로운 문화를 창조하기도 한다. 교육을 통하여 문화는 다음 세대로 전달되어 계승될 뿐만 아니라 더욱 발전하게 되는데, 이러한 과정에서 개인은 문화화됨으로써 결국 문화적 존재로 발달하게 된다. 한마디로 이것은 문화전계(文化傳繼, enculturation)라고 할 수 있다.

1) 문화의 의미

인간과 동물이 구별되는 가장 뚜렷한 기준 중의 하나는 인간에게는 문화가 있다는 점이다. 문화에 대하여 타일러(E. B. Tyler)는 "지식, 신앙, 예술, 도덕, 법률, 습관 등 사회 성원으로서의 인간이 획득한 복합적인 총체(complex whole)"라고 정의하였으며, 로위(R. H. Rowie)는 "개인이 사회에서 획득한 전체"라고 규정하였다. 린턴(R. Linton)은 "생활양식(ways of life, 삶의 방식)"이라고 정의하였으며, 오그번(W. Ogburn)은 "사회적 유산"이라고 개념화하였다. 끝으로 브라운(Brown)은 "자연적·인위적인 모든 물질환경에 의하여 부분적으로 규제되고, 더욱 근본적으로 인간집단이 그 필요와 욕구의 충족을 위하여 발전시킨 이념, 태도, 가치, 습관 등에 의하여 규제되는 집단 행동 유형의 총체"라고 규정하였다.

결국 문화란 특정 사회가 가지고 있는 표현방식, 행동양식 또는 사고방식, 가치관을 포함하여 그 사회가 이룩해 놓은 모든 기술적·예술적·학문적 업적에 이르기까지의 유형(물질) 및 무형(정신)의 생활양식을 총칭하는 것으로 볼 수 있다.

2) 문화의 유형

문화는 그 구성요소나 내용에 따라 여러 유형으로 구분할 수 있는데, 여기에서는 크게 네 가지 시각에서 그 유형을 구분하고자 한다.

첫째, 문화의 유형은 정신문화와 물질문화로 나눌 수 있다. 정신문화(관념문화, 비물질문화)는 언어, 문학, 예술, 종교, 도덕, 법률, 민속, 전통, 가치관, 신념, 미의식(aesthetics) 등 인간의 상호작용 과정에서 생기는 심리적인 문화를 말한다. 반면 물질문화는 감각기관을 통해서 경험할 수 있는 인간의 상호작용에서 나타나는 구체화된 외적 · 물리적 표현으로서 의식주의 형태 · 기술 · 기구 · 기계 등을 말한다. 그러나 엄격한 의미에서 문화의 정신적 · 물질적 양면은 분리하여 생각할 수 없다.

둘째, 오그번은 문화를 가치문화와 기술문화로 구분하였다. 그런데 이는 정신문화와 물질문화를 각각 달리 표현한 것이라고 할 수 있다. 즉, 가치문화는 정신문화라고 할 수 있으며, 기술문화는 물질문화라고 할 수 있다.

셋째, 문화의 유형은 도구적 문화, 규범적 문화, 가치적 문화 등으로 분류될 수도 있다. 먼저 도구적 문화는 인간이 삶의 편리를 위해서 개발하여 사용하는 방편적 수단 내지 기구와 그것을 이용하는 기술을 총칭한다. 예를 들면, 우리의 생활을 편리하게 영위하게 하는 데 관련되는 각종 도구, 기계, 기술, 제도 등이 해당된다. 규범적 문화는 사회 구성원의 행위 준칙 또는 행위 절차를 말하는 것으로, 사회 구성원들의 행위양식을 규제하는 수단이라고 할 수 있다. 이러한 문화는 사회나 집단의 구성원들이 의식적 또는 무의식적으로 인정하고 기대하는 행동양식의 기준이나 틀을 말한다. 문화를 '인간의 행동양식'으로서 개념화할 경우는 바로 이 규범적 문화를 총칭한다고 볼 수 있다. 끝으로 가치적 문화는 사회 구성원들이 생활하는 과정에서 현실을 바르게 이해하고 판단하는 데 필요한 이념 또는 가치와 관련되는 문화를 지칭한다. 인간의 행동에 대한 특정 목표의 설정이나 의미부여(해석)와 관련되는 이념체계 또는 가치체계가 곧 가치적 문화인데, 이에는 목표체계, 상징체계, 사상체계, 교의체계(教義體系, 종교적 교리체계) 등이 포함된다.

넷째, 린턴에 따르면 문화는 그것을 향유하는 사람들의 범위에 따라 보편문화(cultural universals), 특수문화(cultural specialties, 하위문화, 부분문화, 주변문화), 선택문화(cultural alternatives) 등으로 구분할 수 있다. 보편문화는 한 집단이 공통적으로 향유하고 있는 문화를 말한다. 특수문화는 특정 직업군이나 사회계층, 지역 또는 종교집단만이 갖는 하위문화를 말한다. 예를 들면, 우리나라의 유교적 전통문화는 보편문화라고 할 수 있으며, 도시

문화와 농촌문화, 상류문화와 하류문화, 대학생 문화와 근로청소년 문화 등은 특수문화라고 할 수 있다. 그리고 선택문화는 특정 개인을 단위로 형성된 문화를 말하는데, 특정 개인이 사용하는 교통수단, 헤어 스타일 등이 해당된다.

3) 문화의 특성

문화가 가지고 있는 성격적 특성은 매우 다양하다. 머독(G. P. Murdock)은 문화의 기본적 성격을 다음과 같이 제시하였다. 즉, 문화는 학습되고 전달되며, 사회적이고 이념적이다. 또한 인간의 욕구를 충족시키고, 적응성을 가지며, 통합적이다. 그리고 문화는 보편성, 고유성, 체계성, 축적성 등의 특성을 가진다. 문화의 일반적 특성(특징)을 나열하면 다음과 같다(윤덕중, 1994).

첫째, 문화는 집단 구성원들에 의해 공유되고, 그렇기에 초유기체적(super-organic)인 특성(超個人性, 초개체성)을 가지고 있다.

둘째, 문화는 학습되고 후천적으로 습득된 결과다. 따라서 유전이나 본능에 의하여 부여받은 것을 제외한, 학습에 의하여 획득한 부분만을 문화라고 할 수 있다.

셋째, 문화는 축적된 역사적 · 사회적 산물이다. 문화는 인간에 의해 창조되고 계속적으로 축적된다.

넷째, 문화는 항상 변화하는데, 그 속도는 문화내용에 따라 다르다. 대체로 기술문화(물질문화)는 가치문화(정신문화, 비물질문화)보다 변화 속도가 빠르다. 오그번에 따르면 문화의 각 요소들은 상호 관련되어 있는데, 이 요소들 간의 변화 속도율(rate)은 동일하지 않으므로 어떤 부분이 관련된 다른 부분의 변화에 뒤떨어지는 현상이 일어나게 된다. 오그번은 『사회변화(*Social Change*)』라는 저서에서 문화를 기술문화와 가치문화로 구분하면서, 기술문화는 급속히 변화하는 데 반해 가치문화는 그것을 따라가지 못함으로써 나타나는 부조화 현상을 문화지체(cultural lag) 현상이라고 명명하였다.

그 실례를 들면, 인간의 생활을 아주 편리하게 해 주는 최첨단의 자동차,

휴대폰, 컴퓨터(인터넷) 등의 기술문화는 매우 발달한 반면, 그것을 사용하는 사람들의 의식이나 가치관은 그에 상응하지 못하여 그것들을 선용하기보다는 나쁜 목적(범죄)으로 악용하는 경우가 많다. 또한 사회체제의 하드웨어(hard-ware)로서 제도의 변화(발달)는 이루어졌으나 그것을 향유하는 사람들의 의식이나 인식이 그 변화를 따라가지 못하는 경우도 있다. 예를 들면, 인간 생활을 보다 쾌적하게 보장하고자 하는 사회복지제도(휴직제도, 병가제도 등)가 마련되었으나 그것을 제대로 활용하지 못하는 경우가 많다.

다섯째, 문화는 그 구성원들의 인성 형성에 유의미한 영향을 미친다. 그러므로 동일한 문화권에 속하는 사람들의 인성 특성은 비교적 유사하게 형성된다.

여섯째, 문화는 인간의 욕구를 만족시키는 역할을 한다. 인간이 문화를 향유하고 또 새로운 문화를 창조하는 주된 동기는 자신의 욕구를 충족시키기 위한 것이다. 바꿔 말해, 인간은 자신의 욕구를 충족시키기 위하여 문화를 향유하고 창조해 간다.

일곱째, 문화는 인간의 성장과 발달에 중요한 영향을 미친다. 인간이 바람직한 방향으로 변화하기 위해서는 풍부한 문화적 환경(조건)이 잘 갖추어져야 한다. 풍요로운 문화환경은 개인의 성장과 발달의 자극제 또는 촉진제로 작용하기 때문에 충분한 자아실현이 이루어지게 된다. 하지만, 개인의 성장과 발달에 필요한 환경적 조건의 결핍, 즉 문화실조 환경(문화결핍 환경)에 직면하게 되면 그로 인하여 성장과 발달이 지연되게 된다. 이러한 아동은 '문화실조아'로 명명된다.

4) 문화기대와 교육

문화기대란 문화가 그 구성원들에게 일정한 생활양식을 습득(학습)하게 하여 실행하도록 요구하는 것을 말하는데, 뒤르켐(E. Durkheim)은 이를 "문화가 갖는 구속"이라고 표현하였다. 이러한 문화기대를 통하여 사회는 결국 그 구성원을 통제하게 된다. 사회통제란 사회가 자체의 질서를 유지하고 그 존속을 꾀하는 것을 말한다.

가정과 학교 및 사회는 각각 문화기대를 갖고서 아동들을 구속함으로써 가정과 학교 및 사회를 통제하고 그 질서를 유지시킨다. 따라서 문화기대는 사회 구성원들에게 '인성을 판 찍는 압력(personality modeling pressure)'을 가하게 된다.

문화기대의 유형은 먼저 강제적 기대와 임의적 기대로 구분할 수 있다. 영(Young)에 따르면 강제적 기대란 문화기대에 어긋났을 때 제재 수단이 따르는 것으로, 종교상의 파문을 일으키는 행동이나 국법에서의 형벌에 따르는 행동 등에 대한 제재를 말한다. 그리고 임의적 기대란 선택적인 문화기대를 말한다. 한편 문화기대의 유형은 외적 기대와 내적 기대로도 나누어 볼 수 있다. 외적 기대는 개인의 내적 자발성과는 무관하게 순전히 밖으로부터 주어지는 기대를 말하고, 내적 기대는 개인의 자발성에 입각한 기대를 말한다.

이러한 문화기대에 어울리는 인간을 평균인(average man)이라고 지칭하는데, 이는 기대된 행동을 기대된 방식으로 실행하는 인간, 사회적으로 인정된 인간이라고 볼 수 있다. 교육이란 의도적인 문화기대에 의해 학생들의 인성을 판 찍는 압력을 행사함으로써 평균인을 만들어 내는 활동이라고도 규정할 수 있다.

2. 사회와 교육

인간의 삶은 사회를 떠나서는 불가능하다. 교육을 통해서 인간의 성장·발달이 촉진되고 삶의 질이 고양되는데, 이는 인간의 생활 현장인 사회 안에서 이루어질 수밖에 없다. 자연적 존재로서의 인간은 교육을 통하여 사회적 존재로서의 인간으로 변화한다. 이렇게 본다면 교육은 인간을 사회화(socialization)시키는 과정이라고 개념화할 수 있다.

1) 사회화의 의미와 기제

(1) 사회화의 의미

인간은 사회집단 안에서 태어나며 사회적 과정을 통해 성장 · 발달한다. 사회화란 개인이 자신이 속해 있는 사회집단의 생활양식(지식, 가치, 규범, 태도 등)을 습득하여 내면화하고, 나아가 자신의 독특한 개성과 자아를 형성해 나가는 과정을 말한다. 다시 말하면, 사회화란 개인이 사회의 가치와 습관, 행동양식, 문화양식, 규범 등의 생활양식을 습득하고 실행하여 그 사회에 적응하면서 유능한 구성원으로 성장해 나가는 과정이라 할 수 있다. 이렇게 본다면 사회화는 사회적 측면과 개인적 측면을 함께 포함하고 있다고 할 수 있다. 즉, 사회화는 먼저 개인이 사회의 축적된 문화를 학습해 나가는 문화화의 과정인 '사회적 측면'과 그가 속한 사회의 구성원이 되기 위해 나름의 자아를 형성해 나가는 과정인 '개인적 측면'을 함께 내포하고 있다고 할 수 있다.

사회적 측면에서의 사회화는 개인이 사회가 기대하는 특정 행동 유형을 획득해 가는 과정을 지칭한다. 즉, 개인이 생물적 · 심리적 욕구나 행동을 통제하면서 사회에서 통용되는 생활양식(문화)에 동조해 가는 과정을 사회화라고 볼 수 있다. 이러한 관점에서 번스타인(B. Bernstein)과 같은 학자들은 사회화를 '문화화'라고 부르는데, 이는 각 사회가 축적한 문화를 학습해 나가는 과정을 말한다. 한편 개인적 측면에서의 사회화는 개인이 그가 속한 사회집단의 구성원이 되기 위하여 각자의 인성과 개성 등을 형성해 나가는 과정(자아의 형성과정)을 지칭한다. 개인은 성장 · 발달 과정에서 여러 통과집단을 거치는 동안에 점차 한 사람의 인간이 되어 가며 성인이 되어 간다. 물론 그 과정에서 사회화를 촉진하는 요소를 접하기도 하고 저해하는 요소에 노출되기도 한다.

(2) 사회화의 기제

사회화의 기제(mechanism), 즉 사회화가 어떻게 이루어지는가에 대한 견해에는 여러 관점이 있으나 크게 세 가지 관점으로 나누어 제시하면 다음과 같다(안병환, 2003).

첫째, 개인이 어떻게 사회화되느냐에 대해 뒤르켐은 집단표상(collective representation, 집합표상)의 구속력으로 설명하였다. 집단표상은 사회 구성원들이 공유하고 있는 관념, 행동 유형, 태도 및 가치의 체계를 망라하는 것으로, 관습이나 법률 등의 제재를 통하여 사회 구성원들을 구속함으로써 각 개인이 그에 합치되는 사회적 행동을 하게 된다는 것이다.

둘째, 개인의 사회화는 바로 타인들의 사회적 행동을 모방함으로써 이루어진다고 볼 수도 있다. 여기에는 타드(G. Tarde)의 모방설이 포함되는데, 그는 사회화에서 모방하려는 개인의 자유의지와 자발성을 강조하였다. 다시 말해, 뒤르켐이 개인의 사회화는 문화가 갖는 구속력에 의해 이루어지므로 그 개인은 수동적이며 타율적인 과정에 의해 사회적 존재로 변화되어 간다고 보았다면, 타드는 개인이 자유의지에 의해 자발적으로 주변 세계에 접근함으로써 결국 사회적 존재로 발달하게 된다고 보았다. 물론 뒤르켐도 처음에는 독자적 실체로서의 사회 규범이나 가치에는 원래 외재성과 구속성이 있다고 주장하였으나, 나중에는 사회 규범이나 가치를 외재적 · 구속적 실체로 보지 않고 행위자가 자원적(자발적)으로 내면화하고 동일시하는 규범체계로 보았다.

셋째, 인간관계에 중점을 두고 사회화를 설명한 쿨리와 미드는 개인이 타인과의 접촉을 통해서 사회적 자아(social self)를 형성함으로써 사회화가 이루어진다고 보았다. 다시 말하면, 개인이 다른 사람들과의 상호작용을 통하여 일반화된 타인(generalized other)의 역할과 태도를 습득하는 과정이 곧 사회화라는 것이다.

2) 사회화의 내용과 과정

사회화의 내용은 매우 다양한데, 대체로 인성 특성, 동기, 신념, 가치관 및 태도, 언어, 지식, 기술, 성역할 행동 및 성적 표현방식 등이라고 할 수 있다. 물론 인지적인 측면보다는 정의적인 측면의 행동 특성이 사회화의 주된 내용이라고 할 수 있다. 이렇게 본다면 사회화는 넓은 의미에서 교육과 같은 의미로 간주된다. 그러나 엄격한 의미에서 구분 짓는다면 교육은 보다 의도적이고 계획적인 성격이 강하나, 사회화는 비의도적인 교육적 영향까지를 포함하는 개념이라고 할 수 있다.

사회화의 과정은 어느 한정된 기간에만 국한된 것이 아니며 제한된 장소에서만 이루어지는 것도 아니다. 그렇기에 사회화는 개인의 사회생활이 계속되는 평생 동안 어떤 장소에서나 이루어지는 평생교육의 과정이라고도 할 수 있다. 먼저 개인은 태어나서 가정의 일원이 됨으로써 가정생활을 통하여 부모 또는 형제자매와의 상호작용을 하면서 필요한 언어, 생활 습관, 지식, 태도, 신념, 가치관 등 기본적인 행동 특성을 습득한다. 동료(또래)와의 생활을 통하여 가정에서 습득한 행동 특성을 토대로 협동심, 성역할 및 성의식 등의 사회성을 보다 함양하게 된다. 학교생활을 통해서는 보다 체계적이고 계획적으로 조직적인 지식과 기술, 창의성, 태도 등을 학습한다. 그리고 직장생활과 사회생활을 통하여 그에 요구되는 사회적 행동과 역할 행동을 배우며, 사회생활에 필요한 제반 자질들을 함양함으로써 사회에의 적응 능력을 키우며, 부단한 경험의 개조 및 축적을 통하여 보다 사회에 잘 적응할 수 있다. 아울러 결혼을 통하여 가정을 이룸으로써 새로운 부부 역할을 터득하게 되고, 자녀를 갖게 되면 부모로서의 역할을 학습해 나간다.

3) 사회화의 매개체와 방법

개인의 사회화에 영향을 미치는 요인(매개체, socializing agency or medium)은 크게 장소적 요인, 인적 요인, 내용매체적 요인 등으로 구분된다. 개인의 사회화에 영향을 미치는 장소적 요인에는 가정, 학교, 사회 등이 포함된다.

개인의 사회화를 촉진시키는 인적 요인으로는 부모, 또래, 교사, 기타 타인들을 들 수 있다. 그리고 개인의 사회화에 영향을 미치는 내용 매체적 요인으로는 책 · 텔레비전 · 라디오 · 잡지 · 신문 · 영화 · 인터넷 등의 대중매체(mass media)를 들 수 있다.

한편 사회화는 개인적 입장에서나 집단적 입장에서나 사회적 학습과정이라고 할 수 있는데, 사회적 학습이란 타인과의 상호작용을 통하여 사회적 행동을 형성하거나 습득해 나가는 과정을 말한다. 그런데 개인의 사회화를 촉진하는 방법은 일관되고 독특한 형태로 고정되어 있기보다는 사회화의 기관에 따라 다를 수 있고, 또한 문화에 따라 다를 수 있다. 대표적인 사회화의 방법에는 모방학습(modeling), 역할학습(role learning), 보상과 벌, 암시, 경쟁과 협동, 사회통제(정치, 교육, 압력, 전통, 체제, 의식, 여론, 이데올로기, 교리) 등이 포함된다.

3. 사회계층과 교육

1) 사회계층의 의미

사회계층(social stratum)이란 사회 구성원들을 그들의 사회경제적 지위(socio-economic status: SES), 즉 직업, 재산, 수입, 교육 정도, 주거지역, 가옥의 종류 등에 의하여 분류할 때 비슷한 지위를 가지고 있는 동질적인 집단을 말한다. 즉, 연속선상에 있는 각자의 지위 서열을 계층이라고 부르며, 사회 전체를 분석할 때에는 비슷한 위치에 있는 계층들을 유형화하여 사회계층이라고 지칭한다.

사회계층에 대한 관점은 이론적 배경에 따라 다른데, 특히 기능이론과 갈등이론은 사회계층에 대한 설명에 있어 아주 대조적인 입장을 취한다. 기능이론과 갈등이론의 사회계층에 대한 관점을 요약하면 〈표 5-2〉와 같다.

이처럼 사회계층에 대한 기능이론과 갈등이론의 관점은 대조적인데, 우리는 사회계층에 대한 하나의 극단적인 입장보다는 두 가지 시각을 공히 인

〈표 5-2〉 기능이론과 갈등이론의 사회계층에 대한 관점

이론 비교	기능이론	갈등이론
사회계층에 대한 입장	① 사회계층은 보편적이며 필연적이다.	① 사회계층은 보편적일지는 모르지만, 필요하거나 필연적인 것은 아니다.
	② 사회조직(사회체제)이 사회계층체계를 만든다.	② 사회계층체계가 사회조직(사회체제)을 만든다.
	③ 사회계층은 통합, 조정, 응집을 위한 사회적 욕구에 의해서 생긴다.	③ 사회계층은 집단 정복, 경쟁, 갈등에 의해서 생긴다.
	④ 사회계층은 개인과 사회가 적절한 기능을 하도록 촉진한다.	④ 사회계층은 사회와 개인이 적절한 기능을 못하도록 방해한다.
	⑤ 사회계층은 사회적 공동 가치의 표현이다.	⑤ 사회계층은 지배집단의 가치의 표현이다.
	⑥ 권력은 늘 정당하게 배분된다.	⑥ 권력은 늘 부당하게 배분된다.
	⑦ 일자리와 보상(보수)은 평등하게 배분된다.	⑦ 일자리와 보상(보수)은 불평등하게 배분된다.
	⑧ 경제체제 부문은 다른 사회체제 부문(정치, 교육, 문화 등)의 밑에 존재한다. 즉, 경제는 다른 사회체제에 의해 영향을 받는다(경제: 하부구조).	⑧ 경제체제 부문은 다른 사회체제 부문(정치, 교육, 문화 등)의 위에 존재한다. 즉, 경제가 다른 사회체제를 지배한다(경제: 상부구조).
	⑨ 사회계층체계는 항상 진보적 과정을 통하여 변화한다.	⑨ 사회계층체계는 항상 혁명적인(급진적인) 과정을 통하여 변화한다.

정하면서 이를 바탕으로 사회 및 교육 현상을 탐구하고자 하는 노력을 시도할 필요가 있다.

2) 사회계층의 결정요인과 측정방법

(1) 사회계층의 결정요인

앞에서 언급한 바와 같이, 사회계층은 비슷한 생활방식과 가치관 등을 가지고 있는 사람들의 집단이라고 할 수 있다. 각 사회계층은 그 나름의 고유한 문화를 가지고 있다. 그렇기에 동일 계층에 속하는 사람들은 공통적인 생

활방식, 언어, 습관, 도덕적 신념, 예의, 가치관, 지식 수준 등을 가지며 서로 친밀한 관계를 유지하게 된다. 그러면 과연 어떤 요인들이 사람들로 하여금 특정 사회계층에 속하게 하며, 그들의 부분문화를 형성하는 데 중요한 영향을 미치는가? 사회계층을 결정하는 데 작용하는 요인은 여러 가지가 있지만, 대체로 사회계층의 지표는 개인의 교육 정도, 재산과 수입, 직업 등이 될 수 있다. 개인의 사회경제적 지위의 결정요인을 중심으로 볼 때 사회계층의 결정요인은 가정 배경이나 가문, 재산의 정도와 종류뿐만 아니라 개인의 특성으로서 성, 연령, 외모, 지성, 교육 정도, 직업의 종류, 권위의 위력 등이다.

(2) 사회계층의 측정방법

사회계층을 측정하는 방법에는 객관적 측정방법, 주관적 측정방법, 평정적 방법 등이 있다(김병성, 2004).

첫째, 객관적 측정방법은 한 사회에서 구성원들이 가지고 있는 계층 판단 근거를 조사하여 그것을 척도화한 후에 그 척도를 활용하여 사회계층을 측정하는 방법이다. 이러한 방법을 사용한 학자로는 워너(W. L. Warner)를 들 수 있는데, 그는 '지위특성지표(index of status characteristics: ISC)'를 개발하였다. 이 지표에는 직업의 종류, 가옥의 종류, 거주지역, 수입의 양, 수입의 원천, 교육 정도의 여섯 가지 요인이 포함되는데, 이러한 요인들을 기준으로 개인의 사회적 지위를 측정한다.

둘째, 주관적 측정방법은 사회 구성원들이 자기가 어느 계층에 속한다고 지각(인식)하고 있느냐에 따라 사회계층을 구분하는 방법이다. 즉, 상 · 중 · 하 계층 중에서 자신이 속해 있다고 생각하는 계층을 조사하는 방법이다. 객관적 측정방법이 대상자들의 계층의식을 고려하지 못하는 결점이 있으므로 계층의식, 삶에 대한 주관적 평가, 삶에 대한 만족도 등의 관점에서 사회계층을 조사하는 주관적 측정은 그 문제점을 보완해 줄 수 있다. 그러나 이는 객관성이 부족하다는 단점을 가지고 있다.

셋째, 평정적 방법(평판적 방법)은 조사 대상자를 잘 알거나 그들과 익숙한 사람들을 평정자로 선정하여 그들로 하여금 각 대상자의 사회계층을 평가하게 하는 방법이다. 그러나 이 방법은 소규모 집단에 주로 활용되므로 매우 제한적으로 사용된다.

3) 사회계층의 이동

(1) 사회계층 이동의 의미와 유형

먼저, 사회계층 이동은 간단히 '사회이동(social mobility; 사회유동)'이라고 명명하는데, 이는 개인이나 집단이 특정의 사회계층에서 다른 사회계층으로 이동하거나 동일한 사회계층 내에서 사회적 위치가 변하는 것을 말한다. 이러한 사회이동은 흔히 교육 정도(학력), 직업, 재산이나 수입, 주거지역, 가옥의 크기나 형태, 사교대상과 범위, 이웃동네의 특성 등의 변화에 의해 이루어진다.

한편, 사회이동의 유형은 그 형태나 성질에 따라 ① 수직적 이동(vertical mobility)과 수평적 이동(horizontal mobility), ② 구조적 이동(structual mobility)과 순환적 이동(circulatative mobility), ③ 세대 간 이동(intergenerational mobility)과 세대 내 이동(intragenerational mobility), ④ 경쟁적 이동(contest mobility)과 후원적 이동(sponsored mobility) 등으로 구분해 볼 수 있다(김병성, 2004).

첫째, 수직적 이동과 수평적 이동에 대해서 살펴보면, 먼저 수직적 이동이란 개인이나 집단의 사회계층이 상향적 또는 하향적으로 변화하는 것을 말한다. 여기에는 수입이 많아지거나, 직업적 서열이 높아지거나, 좋은 가문의 자녀와 결혼하여 사회적 신분이 격상되는 상승이동(upward mobility, 상향이동)과 부모세대보다 낮은 사회계층으로 하락하거나 사업의 실패 등으로 인한 하강이동(downward mobility, 하향이동)이 포함된다. 반면, 수평적 이동이란 동일한 사회계층 내에서 사회이동이 이루어지는 경우를 말하는데,

한 학교의 교장이 다른 학교의 교장으로 이동하거나, 도시학교의 교사가 지방학교의 교사로 전보되는 경우 등이 이에 해당한다.

둘째, 구조적 이동과 순환적 이동에 대해서 살펴보면, 먼저 구조적 이동은 산업구조의 변화에 의해 나타나는 사회이동을 말하는데, 특정 지역이 산업화됨으로써 농업에 대한 요구가 감소되어 농부가 공장 생산직으로 직종이동을 하거나, 자녀가 부모와 다른 직종을 갖게 되는 경우가 여기에 해당한다. 반면, 순환적 이동은 한 사회에서 실제로 일어나는 사회이동 중에서 구조적 이동을 제외한 나머지의 사회이동을 지칭하는데, 이는 구조적인 변화 없이도 일어나는 그 이외의 사회이동을 총칭한다. 이러한 순환적 이동은 한 사회에 있어서 사회이동의 기회를 판가름해 주는 지수로 간주된다.

셋째, 세대 간 이동과 세대 내 이동에 대해서 보면, 먼저 세대 간 이동은 이전 세대의 사회계층이 이후 세대에 변하는 것을 말하는데, 하류계층의 부모를 가진 젊은이가 대학교육을 받아 전문직종을 갖게 되고 경제적 수준도 향상됨으로써 상류계층으로 이동하는 것을 그 예로 들 수 있다. 반면, 세대 내 이동은 한 세대 내에서 직업적 또는 사회적 지위가 변화하는 것을 말하는데, 흔히 이를 생애이동이라고 표현한다.

넷째, 터너(Turner)는 학교교육의 선발제도를 통하여 사회이동이 가능함을 간파하고, 사회이동을 경쟁적 이동과 후원적 이동으로 구분하였다. 먼저, 경쟁적 이동이란 공정한 게임에서처럼 개인이 순전히 자신의 능력과 노력에 의해 특정 성취를 이루어 보다 높은 사회적 지위를 획득함으로써 이루어지는 사회이동을 말한다. 반면, 후원적 이동은 민주적인 경쟁방식이 아니라 통제된 선발과정을 통하여 기존의 엘리트나 기관이 그들이 필요한 능력을 가진 개인을 조기에 선발하여 장차 엘리트로서의 준비교육을 시킴으로써 후원적으로 지위를 상승시키는 것을 말하는데, 여기에서는 기득권을 가진 엘리트의 기준에 맞는지의 여부에 따라 사회이동이 결정될 수 있다.

(2) 사회계층의 이동통로

사회계층의 이동통로(channel)는 가정 배경, 직업과 수입 및 재산 정도, 교육 정도(학력), 개인의 능력, 결혼 등을 들 수 있다.

첫째, 사회이동의 중요한 통로 중의 하나는 가정 배경이다. 상향이동에 대한 가정 배경 요인에 대한 연구에 따르면, 부모의 사회경제적 지위나 재산 정도, 부모의 자녀양육 방식, 형제자매의 수 등이 사회이동에 많은 영향을 미친다. 먼저, 부모의 사회경제적 지위나 재산 정도는 자녀의 사회이동에 많은 영향을 미치게 되는데, 이러한 측면은 현재 우리나라의 대학진학과 취업 등에서 분명하게 나타나고 있다. 또한, 부모의 자녀양육 방식도 자녀의 사회이동에 영향을 미치게 되는데, 특히 아버지가 강압적인 지시나 명령을 하지 않고 자녀들의 자유로운 의사표현과 자유스러운 분위기를 조장하면 자녀들은 자신의 과업과 문제를 책임감 있게 능동적으로 처리하여, 상향이동의 가능성이 높아진다. 그리고 형제자매의 수적인 측면에서 보면, 독남(獨男) 혹은 독녀(獨女)일 경우가 상향이동의 가능성이 크고, 자녀 수가 많은 경우 그 모든 자녀가 상향이동할 가능성은 상대적으로 낮아진다.

둘째, 사회이동은 직업과 수입 및 재산 정도에 따라서도 이루어진다. 직업을 그 지위나 서열로 구분할 때 단순노동직부터 최고의 전문직으로 구분될 수 있는데, 직업은 그 유형과 전문성의 수준에 따라 사회적 위신과 가치가 다르다. 따라서 직업은 상향이동의 중요한 통로가 될 수 있다. 그런데 이러한 직업적 지위는 곧 수입과 재산의 정도를 결정하게 된다.

셋째, 교육 정도(학력)도 사회이동의 중요한 통로가 된다. 개인의 교육 정도는 직업을 결정하는 데 작용할 뿐만 아니라 수입과 재산 정도에 큰 영향을 미친다. 물론, 학교교육을 많이 받지 않고서도 자신의 능력이나 경력으로 전문적인 직업을 가질 수 있지만, 직업과 수입 및 재산 정도가 교육 정도와 상관관계가 높은 것으로 볼 때 교육 정도는 사회이동의 중요한 수단이 된다고 할 수 있다.

넷째, 개인의 능력 역시 사회이동의 통로가 된다. 즉, 개인의 지적 능력 ·

학업성취 · 사교성 · 특기 · 성실성 · 지도성 등은 사회적인 상향이동을 촉진하게 된다. 특히, 개인의 지적 능력이나 학업성취 또는 사교성은 상향이동의 중요한 통로역할을 하는 것으로 확인되고 있다. 그리고 개인적인 특기도 상향이동의 통로가 되기도 하는데, 예를 들면 야구선수나 배우, 가수, 예술가 등은 그들의 특기로 인하여 상향이동을 하는 경우가 많다. 또한, 개인의 성실성과 지도성도 상향이동의 요인이 되기도 한다.

다섯째, 결혼도 사회이동의 한 통로가 되는데, 결혼의 시기뿐만 아니라 그 상대의 특성과 조건에 따라서도 사회이동은 이루어질 수 있다. 일반적으로 빠른 결혼(조혼)보다는 늦은 결혼(만혼)이 상향이동에 도움이 된다. 대체로 늦은 결혼은 직장이 있거나 학업을 계속하는 경우가 많으므로 상향이동의 가능성이 그만큼 높다. 한편, 결혼상대의 사회적 지위나 직업의 특성에 따라서 그 배우자의 사회적 신분이 바뀔 수 있기 때문에 어떤 상대와 결혼을 하느냐에 따라서도 그의 사회계층은 달라지게 된다.

제3절 사회집단과 교육

사회집단의 유형과 성격은 관점에 따라 다양하게 개념화될 수 있다. 퇴니스(F. Tönnies)는 사회집단을 공동사회(Gemeinschaft)와 이익사회(Gesellschaft)로 나누었고, 쿨리는 친밀도와 접촉 정도를 기준으로 1차 집단(primary group)과 2차 집단(secondary group)으로 나누었다. 스미스(A. Smith)는 이러한 1차 집단이나 2차 집단에 포함시킬 수 없는 집단이 있을 수 있다고 전제하고 그것을 중간집단(intermediate group)이라고 명명하였다. 그리고 이러한 집단들과 구별되는 것으로 브라운(R. Brown)은 3차 집단이라는 개념을 추가하였다.

사회집단의 유형을 이와 같이 구분할 수도 있으나, 사회집단을 교육적 관점에 초점을 두고 분류하면 가족집단과 동료집단 및 학교집단으로 나눌 수 있다. 여기에서는 '가정과 교육'에 대해서 살펴본 다음, '동료집단과 교육' 그리고 '학교와 교육'에 대하여 살펴보기로 한다.

1. 가정과 교육

가정은 가족 구성원으로 하여금 언어, 습관, 태도, 가치관 등을 형성하도록 도움을 줄 뿐만 아니라 가족 구성원을 자연적이고 인위적인 모든 위험으로부터 보호함으로써 그들의 성장 · 발달을 돕고, 애정을 매개로 한 집단생활을 통해 각 개인의 사회화를 조력하게 된다. 그러므로 가정이 갖는 교육적 의의는 대단히 크다. 가정은 사회적으로 승인된 성적 관계를 유지하는 성인 남녀와 그들의 자녀로 구성되며, 대체로 공동의 거주지를 갖고 그들의 욕구들을 충족하기 위해 상호 협력한다. 따라서 가족집단은 혼인관계를 기초로 하여 부부, 친자, 형제 등의 근친자를 구성원으로 한 특정 가옥 내의 생활공동체라고 할 수 있다.

1) 가정의 기능

가정의 기능이란 가정이 수행하는 역할을 뜻하는 것인데, 그것이 사회변화에 영향을 받으므로 일률적으로 규정하기는 어렵다. 현대사회에서 가정의 기능이 변화하고 있는가 하는 문제는 사회의 구조가 바뀌면서부터 제기된 문제 중의 하나다. 시대의 흐름과 사회의 발전에 따라 가정은 그 사회적 역할이나 중요성이 과거에 비해 상당히 축소되고 분산되었다.

- 성적 기능: 혼인은 개인에게 성욕을 충족시켜 주는 기회를 마련하여 줄 뿐만 아니라 성관계를 공인하는 사회적 방법이다. 모든 사회가 혼인이라는 것을 제도화하는 근본 이유는 성관계를 통제한다는 점에 있다고 보아야 할 것이다. 만약에 무규칙적 성관계가 허용된다면 사회적으로 큰 혼란이 생길 것이다. 그러므로 가정의 성기능은 생활의 안정을 도모

할 뿐만 아니라 인간사회의 질서를 지키는 중요한 역할을 한다.

- 생식적 기능: 자녀를 출산하는 생식적 기능(procreational function)은 가정만이 가지는 유일하고도 가장 중요한 기능이다. 부부간 성생활의 필연적 결과는 자녀의 출산이다. 사회에 존재하는 다른 집단들이 가정의 여러 기능을 축소 내지는 약화시켰다 하더라도 생식의 기능을 대신하거나 위임할 수는 없을 것이다.
- 양육적 기능: 자녀가 태어나면 일정 기간 동안은 무력한 존재이기 때문에 기초적인 생활양식을 습득하고 사회인으로서의 바탕이 마련될 때까지 가정에서 애정으로 양육해야 한다. 이러한 양육과정에서 아이들은 기본적인 인격을 형성해 나가게 된다.
- 사회적 기능: 가정은 생물학적 개체인 자녀에게 기초적인 생활양식이나 행동양식을 습득하게 함으로써 사회적인 존재로 훈육한다. 즉, 가정은 자연적 존재에 불과한 인간을 사회에 잘 적응할 수 있는 사회적인 존재로 변화시키는 노력을 제공한다.
- 경제적 기능: 가족집단의 경제적 기능에는 생산 기능과 소비 기능의 두 가지 면이 있다. 가족생활의 본질이 재산의 공동 생산과 공동 소비의 성격이 있다는 것은 변함이 없으나, 도시의 발달과 경제의 발달로 생활에 필요한 물건의 자가생산이 감소되어 생산 기능은 약화되고 주로 소비 기능을 수행하고 있다.
- 보호적 기능: 가족집단은 자연적 · 인위적 위험으로부터 집단 구성원의 생명과 재산을 보호할 뿐만 아니라 자녀 · 노인을 부양한다.
- 교육적 기능: 가정은 자녀에게 적절한 인생의 방향을 제시해 주고, 진로의 모색과 결정에 지대한 영향을 미친다. 특히, 도덕 · 윤리적인 면에서 가족 구성원의 교육은 더욱 중요하다. 부모의 자녀교육에 대한 역할은 실로 지대하다고 볼 수 있다. 그러나 오늘날 가정의 교육적 기능은 점차 약화되어 가고 있는 추세다. 급격한 변화를 겪고 있는 현대사회에서 고도화되고 복잡한 지식이나 기술에 대한 교육을 가정에서 담당할 수 없

기 때문이다. 그러나 가정의 본질적인 교육 기능은 사회의 변화와 상관없이 충실하게 수행되어야 한다.

- 종교적 기능: 조상 숭배와 관련된 종교적 기능은 현실적으로 존재하는 가족과 조상을 연결하는 초세대적인 만남을 가능하게 한다. 조상숭배 사상은 결과적으로 가장권(家長權)을 강화시키며, 이런 가장권의 강화는 공동의 조상에 대한 공동의식을 새롭게 하고 또 그러한 의식을 매개로 가족 구성원의 연대와 통일을 유지시키는 데 크게 이바지한다.
- 휴식 및 오락적 기능: 가족집단은 구성원들에게 휴식과 평화와 안식을 주는 유일한 피난처이며 그들의 오락에 대한 욕구를 적극적으로 만족시켜 주는 역할을 담당하고 있다.
- 사회적 지위부여의 기능: 가정이 그 구성원들에게 사회적 지위를 부여하는 것은 전근대적 사회에서는 현저하였으나, 사회계층 구조가 개방된 현대사회에서는 어느 정도 감소되었다. 그러나 여전히 개인은 그가 출생한 가정의 배경에 따라 사회적 지위가 결정되는 경우가 많다.

2) 가정의 교육적 의의

가정은 자녀교육에 대한 법적 권리를 가지는 동시에 법을 초월한 사랑과 신뢰에 기반을 둔 곳이며, 인간 형성에 지대한 영향을 미치는 장이다. 인간은 태어나면서부터 부모·형제들과 상호작용하면서 인간으로서 성장하게 된다. 이러한 중요한 의미를 지니는 가정은 개인에게 최초의 교육의 장이며 인격 형성에 강력한 영향을 미치게 된다. 즉, 개인이 가정에 태어나서 가족과 더불어 사회생활을 시작함으로써 아동의 생활환경은 가정이 중심이 된다. 따라서 개인에게는 기초적인 여러 가지 습관과 지식을 획득하고, 최초의 사회생활을 통하여 인격의 기초를 닦는 곳이 바로 가정이다. 특히, 유아는 주로 주위의 조건이나 자극에 의하여 전적으로 영향을 받기만 하기 때문에 가정환경의 영향이 대단히 크다고 할 수 있다.

인간 형성의 기초가 대체로 취학 전의 가정생활을 통하여 이루어지고, 또

유아기의 발달이 다른 시기에 비하여 가장 왕성하게 이루어지기 때문에 인간은 가정환경의 영향을 가장 많이 받게 된다. 가정에서 아동이 언어를 배우고 행동양식과 태도를 형성하며, 선악의 판단 기준을 익히는 등 기초적인 인간성을 형성하는 교육의 장소이기 때문에 가정환경의 교육적 의의는 매우 크다.

모든 사람은 부모와 그의 가정환경이 만든 작품이라고 할 만큼 가정의 환경 조건은 개인의 성장 및 발달에 지대한 영향을 미친다. 교육을 개인의 신체적 · 정신적 · 도덕적 · 정서적 성장 및 발달을 도와주는 활동이라고 본다면, 가정은 인간의 최초의 교육의 장이며 위의 네 가지 행동 특성의 성장 및 발달을 도와주는 중핵적인 교육기관이 된다. 따라서 인간다운 존재로서의 가능성을 제대로 실현시키고 유능한 인간으로 만들어 내기 위해서는 무엇보다도 교육적인 가정환경이 조성되어야 한다. 왜냐하면 인간 발달의 기본 성격인 발달의 기초성, 적기성, 누적성, 불가역성 등에 비추어 볼 때 가정환경의 특성에 따라 개인의 행동 특성의 발달은 크게 달라지기 때문이다.

여기서 발달의 기초성이란 유아기나 아동기의 발달에서 경험하는 모든 것은 그 이후의 성장 및 발달의 토대가 되기 때문에 어린 시절의 신체적 · 언어적 · 인지적 · 정서적 · 사회적 · 인성적 · 도덕적 발달이 어떻게 이루어지느냐가 그의 일생의 기초가 된다는 것이다. 발달의 적기성이란 인간의 제반 발달은 아무 때나 이루어지는 것이 아니라 그 발달이 이루어지는 가장 적절한 시기인 최적기가 있으므로 그러한 결정적 시기(critical period)를 놓치면 정상적인 성장 및 발달이 어렵다는 것이다. 발달의 누적성이란 인간의 성장 및 발달에 있어서 어떤 장애나 결손이 생기게 되면 그 결손은 거기에서 끝나지 않고 다음 시기의 발달에 좋지 않은 영향을 미치므로 결과적으로 그것이 계속 누적되어 보다 심각한 결손으로 나타난다는 것을 말한다. 그리고 발달의 불가역성은 인간의 특성이 유아기 및 아동기에 그 기초가 형성되고 발달이 급속도로 이루어지기 때문에 특정 발달이 급속도로 이루어지는 적절한 시기를 놓치면 그 이후에는 그것을 보완하거나 교정하기가 매우 힘들게 되므로 회복이 거의 불가능하다는 것을 말한다. 이와 같은 인간 발달의 기본 성격에 비추어 볼 때 가정환경의 중요성은 아무리 강조해도 지나치지 않을 것이다.

2. 동료집단과 교육

동료집단(peer group)이란 연령, 신분, 흥미 등이 서로 비슷하며 같이 느끼고 같이 행동하는 또래의 모임을 말한다. 그러므로 동료집단은 동지적 감정으로 평등의 관계를 가지고 자연적으로 형성되는 집단으로서 개인의 사회화 과정에 큰 영향을 미친다. 그 특성을 보면, 성인의 세계에서는 아동들이 항상 종속적이지만 동료집단에서는 동등한 권리를 가지고 지낼 수 있으며(평등의 유지), 그렇기에 동료집단 속에서 보다 큰 자유를 누릴 수 있고 자신의 태도와 판단 등을 자의로 할 수 있다(자율성의 보장). 동료집단 내의 문제들은 아동의 흥미와 생리에 부합되는 것이며, 성원 간의 사회적 접촉과정이 비교적 안락하다(적응성의 중시). 그리고 동료집단에는 성인이 완전히 제외되며, 같은 또래의 아동끼리 비교적 강한 집단 감정을 가지며(응집성의 유지), 상호 간에 친한 감정으로 얽혀 있기 때문에 친밀하나 그 관계는 발달 특성상 영속적이지는 못하다(관계 유지기간의 한시성).

1) 동료집단의 기능

동료집단은 문화적 기능을 가지고 있어서 개인이 사회문화적 가치를 학습(강화)할 수 있다. 그러나 긍정적 가치들만 학습하는 것이 아니라 부정적인 가치를 학습하기도 한다. 그리고 동료집단은 사회적 역할과 기능(행동)을 습득하게 한다. 아동과 청소년에게 동료집단은 성인의 감시나 간섭 등이 많지 않기 때문에 정서적으로 부담이 없고 활동 무대가 넓어 사회생활에 필요한 역할과 기능을 자유롭고 광범위하게 습득할 수 있게 한다. 동료집단은 또한 개인의 독립심과 소속감 등을 만족시켜 주며 자아정체감을 정립하는 기회를 제공하기도 한다. 동료집단은 때로는 예기 사회화(anticipatory socialization, 예견적 사회화)와 사회계층 이동에 도움을 주기도 한다. 끝으로 동료집단은 가정 및 학교와 함께 아동·청소년의 장래의 성장 및 발달에까지 많은 영향을 미친다.

2) 동료집단의 유형

동료집단은 연령에 따라 유희집단, 동인집단, 도당 등으로 구분해 볼 수 있다.

유희집단(遊戲集團, play group)은 4, 5세에서 12세 정도의 아동이 5~6명씩 유희(play)를 목적으로 가정의 울타리를 넘어서 최초로 형성되는 자발적 집단이다. 이는 놀이가 끝나면 즉시 해체되며, 지도성도 없고 성별의 구별도 거의 없다. 그러나 나이가 들어감에 따라 지도성이 나타나고 성별에 따라 구분되며 유희시간도 길어진다. 이러한 유희집단을 통하여 아동들은 상호 협동하는 방법을 배우고, 집단 유희와 게임의 규칙을 배우며, 다른 사람을 도와야 한다는 것과 그 필요성을 배우게 된다. 그리고 아동들은 자기 본위의 사고에서 벗어나 집단활동에 전념하게 되고, 집단의 흥미·태도에 적응하게 된다. 아울러 아동은 유희집단을 통해서 집단놀이의 방법과 경기의 규칙 및 언어를 비롯하여, 집단 참여의식과 협동심, 사회적 지위와 역할 및 경쟁의식, 지도력과 순응하는 태도 등을 배우고 경험한다.

동인집단(同人集團, clique, 짝패집단)은 10대 초반 이후의 청소년 2~20명 정도가 동일한 취미나 사회계층(신분)을 조건으로 형성하는 비형식적 집단을 말한다. 이는 구성원들끼리 신뢰성·친밀성이 지나치게 강해 다른 집단에 대해 폐쇄적·배타적이다. 교양의 향상은 음악감상회, 독서회, 연극 등의 활동을 통하여 이루어지며, 집단활동을 통하여 단체정신이 강화되고 구성원들의 합의에 의하여 지도성이 발휘되며, 집단의 구성원이 되는 것도 집단의 합의에 의하여 결정된다. 동인집단은 그들의 교양을 높이고 오락을 즐기며 하이킹·캠핑 등으로 단체정신을 기르는 동시에 여가시간을 선용한다.

동인집단을 통하여 구성원들은 가정이나 학교집단에서 얻지 못하는 욕구를 충족시킬 수 있으며 자기들만의 지식과 문화를 교류하고 즐긴다.

도당(徒黨, gang)은 청소년들이 부모나 교사 또는 성인들의 관리 · 감독으로부터 벗어나 새롭고 흥미 있는 경험을 하려는 목적으로 집합된 집단이다. 이 집단에서는 미성년자들에게 금지된 행동을 하거나 반사회적 행동을 하기도 한다. 집단의 단결의식은 사회환경에 대한 투쟁이나 대립에 의하여 더욱 강화되기도 하고, 집단 내의 구성원 간에는 고도의 인의(仁義)가 존재하며 집단에 대한 충성심과 지도성이 강하다. 청소년들은 도당을 통하여 다른 곳에서는 채울 수 없는 감정적인 욕구를 충족시킬 수 있으며, 조직화된 집단생활을 통하여 사회적 경험을 얻기도 한다. 도당은 서로가 얼굴을 맞대고 자주 접촉하기 때문에 자연적으로 이루어지는 1차 집단의 성격을 갖는다. 이는 유희집단에서 출발하는 것이 보통이지만, 사회환경에서의 투쟁이나 대립의 결과로서 강한 연대성을 갖고 다른 집단과의 경쟁에 의해서 결속력이 강하다는 점에서 유희집단과 다르다. 도당은 대체로 하나의 조직을 갖춘 정형집단이기 때문에 강력한 조직체적 성격을 가진다. 그리고 그 구성원들은 지위에 따른 강한 인간관계를 유지하며, 공인된 리더의 통솔하에 집단통제가 이루어지며, 엄격한 훈련과 계획 아래 조직적으로 행동하기도 한다.

3) 동료집단의 교육적 의의

개인이 동료집단에 소속함으로써 많은 것을 주고받으며 원만한 사회인으로서 성장 · 발달한다는 점에서 동료집단의 교육적 의의는 크다. 그러나 도당에서와 같이 반사회적 행동을 범하기도 하기 때문에 그에 대한 적절한 지도도 필요하다. 동료집단의 교육적 의의를 살펴보면 다음과 같다.

- 민주주의 정신을 배운다. 동료집단에 속함으로써 개인은 자아의 본질과 자신의 존재 가치를 이해하게 되며 자신을 적절히 표현하고 스스로를 통제한다. 그리고 타인의 권리를 인정하며 집단생활의 의의를 체득

하고 민주주의 정신을 배우게 된다.

- 안정감과 소속감을 얻게 된다. 현대사회는 개인의 안정감을 동요시킨다. 개인들은 동료집단에 참여하여 인간성을 개발하고 집단 감정을 체험함으로써 정신적 안정감과 소속감을 갖는다.
- 문화의 동일성을 형성하고 그것을 학습하게 한다. 동료집단은 독특한 하위문화를 가지고 있는데, 이를 통하여 사회생활에 필요한 자질과 가치체계를 배운다. 동료집단은 집단 구성원의 역할학습의 터전이 되고 여러 지식을 얻는 원천이 될 뿐만 아니라 일정한 사회적 행동양식을 습득하는 무대가 된다.
- 개인으로 하여금 사회적 역할을 배우게 한다. 공동사회적 성격을 가진 동료집단의 구성원들은 상부상조하고 우정으로 뭉쳐 있지만, 각 구성원은 집단 내에서 특수한 지위와 역할을 가지고 활동한다. 구성원의 연령, 성별, 건강, 외모, 용감성 등에 따라 집단 내 지위와 역할이 부여되는데, 이를 통하여 현재의 생활에서나 미래의 생활에서 수행하여야 할 사회적 역할을 배우게 된다.

3. 학교와 교육

학교는 다른 사회집단과 마찬가지로 제도적 조직을 가진 하나의 사회체제다. 사회체제는 ① 개인의 사회적 행동을 그 구조의 기본 단위로 하고 구성원의 상호관계에 의한 '상호작용체제', ② 구성원 상호 간에 서로 기대되는 행동 유형인 '역할체제', ③ 문화적으로 규정되는 암시적인 행동규범인 '가치체제'의 세 가지 구성요소를 가진다. 이들 요소는 서로 영향을 주고받으며 설정된 공동 목표를 달성하기 위하여 노력한다.

1) 학교의 기능

사회체제로서의 학교(학교교육)가 수행하는 기능은 매우 다양하다. 학교의 일반적인 기능으로는 문화유산 전달의 기능, 새로운 문화의 창조 및 보급의 기능, 인력자원 개발의 기능, 사회경제적 지위 결정의 기능, 지역사회의 발달(개선, 개혁) 및 복지실현의 기능 등을 들 수 있다. 학교가 발달하기 전에도 문화유산의 전달 작용은 있었지만, 사회의 발전으로 축적되고 복잡화된 문화유산을 질서 있고 정확하게 효과적으로 전달할 수 있는 곳으로서 학교가 생겨났기 때문에 학교는 문화유산의 전달 기능을 기본적으로 수행한다. 그러나 학교는 단지 기존의 문화유산만을 전달하는 데만 그치지 않고 새로운 지식과 기술 등과 같은 새로운 문화를 창조하여 보급하는 기능을 수행하기도 한다. 학교는 정치 · 경제 · 사회 · 문화의 발달에 필요한 인력자원을 개발하는 기능을 담당할 뿐만 아니라 학교에서 배운 지식과 기술 등을 가지고 사회에서 활동하게 함으로써 개인의 사회경제적 지위를 결정하는 기능을 수행하기도 한다. 그리고 학교는 지역사회의 발전을 촉지시키며 주민들의 복지 향상에도 이바지하게 된다.

한편, 파슨스(T. Parsons)는 사회체제로서 학교교육의 기능을 네 가지로 설명하였다. 사회유형 유지(존속)의 기능, 사회적응의 기능, 사회창조의 기능, 사회통합의 기능이 그것이다. 첫째, 사회유형 유지의 기능이란 보수주의적 기능으로서 학교교육이 젊은 세대에게 과거의 문화유산을 전달하여 그 사회의 유형을 유지시키는 것을 말한다. 이는 학교가 학생들의 사회화 과정이나 기본적 기능의 교육을 담당함을 뜻한다. 둘째, 사회적응의 기능이란 진보주의적 기능으로서 학교교육이 개인으로 하여금 변화하는 사회에 적응할 수 있는 능력을 길러 주는 것을 말한다. 예를 들면, 중등학교에서 사회와 직장에서 요구되는 지식과 기술의 교육을 담당하는 것을 말한다. 셋째, 사회창조의 기능이란 사회재건주의적 기능으로서 학교교육이 계획적인 사회변화와 창조 · 개선을 이끄는 것을 말한다. 예를 들면, 고등교육기관에서 발전적 문화나 기술을 창출하는 것을 말한다. 넷째, 사회통합의 기능이란 학교교육이 사회와 국가의 구성원들을 통합시킬 뿐만 아니라 훌륭한 지도자를 양성하여 통합된 사회와 국가를 이끌어 나가게 하는 것을 말한다.

그러나 학교는 이처럼 사회의 유지 및 발전에 지대한 영향을 미치는 순기능(긍정적 기능)을 수행하기도 하지만 역기능(부정적 · 병리적 기능)을 수행하기도 한다. 대체로 학교교육의 순기능에 대한 관점은 '기능이론'에 의해 주장되고 있는 반면, 학교교육의 역기능에 대한 관점은 '갈등이론'에 의해 주장되고 있다. 학교는 교육적 기능을 수행하는 기관이지만, 학교사회를 자세히 분석해 보면 그 안에 비교육적인 활동들이 많이 존재함을 알 수 있다. 즉, 학교는 학생들의 올바른 성장 · 발달에 도움을 주는 순기능을 수행하기도 하지만, 오히려 학생들의 성장 · 발달을 저해하고 왜곡시키는 역기능을 수행하기도 한다. 학생이 학교생활을 하는 동안에 배우는 것도 많으나, 인간교육적 측면에서 보면 도리어 학교에 다님으로써 학생들의 인간성이 일그러지는 경우도 있다. 최근에 이에 대한 날카로운 비판이 가해지고 있으며, 심지어는 학교무용론(學校無用論)까지 대두되었다.

아동 · 청소년의 각종 비행(범죄, 음주 · 흡연, 유흥업소 출입, 불량 교우관계, 가출, 폭행, 자살 등)은 그 다양성과 빈도가 해마다 증가하고 있는데, 이러한 현상은 우리 사회의 병든 한 측면을 적나라하게 드러낸다. 이러한 사회병리적 현상은 현대사회의 불건전한 환경 여건(TV나 비디오 및 영화의 폭력물 난무, 전통적인 가족제도의 붕괴에서 오는 핵가족현상과 가정파탄, 급속한 도시화와 경제발전으로 인한 물질만능주의와 인간의 소외 등)에서도 연유된다고 볼 수 있으나, 그에 못지않게 비정상적인 학교교육도 그 원인이 된다고 할 수 있다.

학교교육은 본래 생의 필요로서 삶의 질을 향상시키기 위하여 이루어지는 생의 과정이다. 그럼에도 불구하고, 학교교육의 내용이 지나치게 획일적이고 융통성이 없는 지식과 기능 위주로 이루어짐으로써 끊임없이 변화하는 경제적 · 사회적 · 문화적 상황에는 물론 개인적 요구에도 효율적으로 대처하지 못하고 있다. 그렇기에 학교에서 장기간에 걸친 생활을 하는 동안에 학생들은 단편적이거나 별 쓸모없는 지식과 기능을 습득하며, 건전하고 창의적인 인성을 발달시키지 못하고 있을 뿐더러, 올바른 가치관과 도덕관을 확립하지 못하고 있다. 이러한 문제가 근본적으로 해결되기 위해서는 교육 현장에서 실질적인 인간교육이 실천되어야 한다.

이러한 맥락에서 1960년대 이후 제3세계 학자 또는 갈등이론가인 굿맨(P. Goodman), 일리치(I. Illich), 프레이리(P. Freire), 실버맨(R. Silverman), 라이머(E. Reimer) 등은 사회병리적 현상의 책임의 일단이 현대 학교교육 속에 있다고 전제하였다. 그들은 현대사회에서 교육이 학교제도에 의해 독점됨으로써 나타나는 반교육적 현상을 비판하고, 교육이 본연의 모습과 기능을 수행하기 위해서는 현재와 같은 학교제도가 폐지되어야 한다는 '탈학교론'을 주장하였다.

그들에 따르면 현대의 학교가 지니고 있는 여러 가지 특징(강제적인 출석제도, 학교 내의 의사전달 형태, 평가제도, 학교의 대형화 및 거대화, 지적 교육의 편중, 정의교육의 공백 상태, 과도한 수험 경쟁, 실패 경험의 누적, 교사와 학생 간의 언어적 상호작용의 부족 등)은 학생들의 정신건강을 해칠 뿐만 아니라 건전한 자아정체감의 발달을 저해하고 학생들의 소외감을 야기하며, 조화로운 인간으로서의 성장·발달을 방해한다. 특히, 과도한 입시 경쟁과 대규모 학교 및 과밀 학급은 교사-학생 그리고 학생-학생의 인간적인 접촉의 빈도나 밀도를 약화시키며, 학교와 학급 내에서의 활동이나 행사에 참여할 기회를 제약할 뿐만 아니라 책임을 맡아야 할 지위를 차지할 기회도 그만큼 축소시킨다. 이러한 상황에서 학생들은 보다 경쟁적이 되며, 그 과정에서 대다수의 학생들은 자신들의 존재와 가치에 대해서 부정적인 태도를 가지게 되는 경향이 있다. 더구나 학교교육이 거의 전적으로 지적인 교육이나 훈련에 치우쳐 있는 현실은 정의교육의 경시를 초래하여 학생들의 전인적인 성장·발달을 방해하고 있는 실정이다.

2) 학교의 사회체제

학교는 하나의 조직으로 형성된 사회체제다. 학교에서 실천하는 교육의 실천구조를 파악하는 것은 학교교육의 본질에 대한 이해를 돕고, 아울러 그 효과를 향상시키는 방안을 모색하는 데 도움을 준다. 여기에서는 학교조직을 체제적 접근(system approach)에 기초하여 구체적이고 분석적으로 살펴보고자 한다.

학교체제를 분석하고자 할 때는 가장 먼저 '무엇을 교육 결과(산출)로 볼 것인가'를 결정해야 한다. 이어서 교육 결과(교육 성과)를 산출하는 데 가장 직접적이며 중요한 영향을 미치는 것으로 판단되는 투입변인들을 상정하고, 그것들 간의 상호작용에 의해 이루어지는 과정변인들을 확인해야 한다. 다시 말하면, 수많은 학교변인 중에서 우리가 관심을 두고 있는 교육 결과를 가장 잘 설명해 주리라고 생각되는 변인들과 그것들의 상호작용이 이루어지는 과정을 설정해야 한다.

학교교육은 수많은 변인들의 상호작용에 의해서 이루어지는 매우 복합적인 현상이기 때문에 특정한 교육 결과에 작용하는 모든 변인을 다 밝혀내는 일은 사실상 불가능하다. 브루코버 등(Brookover et al., 1977)은 학교의 사회체제는 그 학습풍토에 의해서 규정된다고 전제하고, 그 구성요소로는 ① 학교의 사회심리적 규범, ② 학교의 조직구조 및 운영방식, ③ 학급 내 수업실천 행위 등의 세 가지 요인이 포함된다는 사실을 요인분석법을 통하여 밝혀냈다(김병성, 2004).

첫째, 학교의 사회심리적 규범 변인에는 ① 학교 구성원의 교육에 대한 일반적인 신념, ② 학구적 기대와 규범, ③ 상호 기대 및 평가 등이 포함되는데, 이런 것들은 학교의 역사적 전통에서 파생된다. 학생 모두가 잘 배울 수 있고 교사가 잘 가르칠 수 있다는 신념과 기대 그리고 그에 따른 역할 수행은 효과적인 학습 결과를 낳는 중요한 학습환경 특성이 된다. 특히, 학교 구성원의 이러한 신념, 학구적 규범 그리고 상호 기대 및 평가는 전체적인 학교의 문화적 풍토를 형성하게 된다. 그리고 이러한 문화 풍토는 학교 구성원의 사회심리적 관계구조의 총체이며 결국 학습 효과의 성패에 영향을 미치게 된다.

둘째, 학교의 조직구조 및 운영방식은 크게는 학교의 행정조직부터 작게는 학급 내 학습집단의 구성 형태까지를 포함하는 개념이다. 일반적으로 학교의 행정조직 및 운영조직에는 학습 지도 및 평가를 위한 교사협의체 구성 및 운영, 교수-학습 프로그램의 조직과 분화, 학급 내 사회적 관계구조까지도 포함된다.

셋째, 학급 내 수업실천 행위는 학급 내 개인 및 집단 간의 의사소통 방식, 수업자료 제공과 수업에 투입되는 시간량, 행동 강화 및 보상 방식, 규제나 평가 활동 등을 포함한다.

학교교육의 효과에 관한 많은 연구들은 학생, 교사, 재정, 시설 등 학교에 투입되는 모든 자원과 그러한 자원에 의해서 산출되는 교육 결과 간의 관련성을 밝히는 생산모형(production model)을 적용해 왔다. 예를 들면, 콜먼(J. Coleman)의 학교교육의 기회균등에 관한 연구와 이와 유사한 일련의 연구들은 학생 및 교사의 특성, 교육비, 시설 등의 학교 내외적 관련 변인을 투입변인으로 상정하였고, 학업성취(인지적 성과)와 정의적 성과(비인지적 성과) 및 기타 성과를 산출변인으로 설정하였다.

학습과제

1. 사회에 대한 기능이론과 갈등이론의 기본 전제를 비교하시오.
2. 해석학적 이론에 포함되는 교육사회학 이론을 열거하시오.
3. 신교육사회학의 주된 관심 분야를 제시하시오.
4. 문화가 갖는 특성을 설명하시오.
5. 사회화의 기제를 설명하시오.
6. 사회계층에 대한 기능이론과 갈등이론의 관점을 비교하시오.
7. 고학력 사회화(학력 상승)의 원인에 관하여 논의하시오.
8. 학교교육의 순기능과 역기능에 대하여 설명하시오.

제6 장

교육과정

학습목표

1. 교육과정의 어원적 의미와 교육과정의 정의를 설명할 수 있다.
2. 교육과정 이론의 발전을 설명할 수 있다.
3. 교육과정의 유형을 분류하여 비교 · 설명할 수 있다.
4. 교육과정의 구성요소와 절차를 정리할 수 있다.

제6장 교육과정

제1절 교육과정의 의미

교육과정이란 기본적으로 '무엇을 가르칠 것인가?'로 시작하여 '왜 그것을 가르치는가?' 그리고 '어떻게 가르칠 것인가?'와 '제대로 가르치고 또 배우고 있는가?'에 대한 답을 찾아가는 것이라고 할 수 있다. 이 절에서는 교육과정의 어원적 의미를 알고 교육과정의 정의를 교육계획으로서의 교육과정, 교육내용으로서의 교육과정, 경험으로서의 교육과정, 교수-학습 결과로서의 교육과정으로 나누어 알아보고자 한다. 마지막으로 교육과정 이론의 발전을 전통주의, 개념적 경험주의, 재개념주의로 분류하여 살펴보고자 한다.

1. 교육과정의 어원 및 정의

1) 교육과정의 어원

교육과정을 뜻하는 커리큘럼(curriculum)은 본래 라틴어의 '쿠레레

(currere)'라는 말에서 유래된 것이다. 명사로서 커리큘럼은 말이 '달리는 코스' '경주 코스'를 의미한다. 이러한 커리큘럼의 어원에 비추어 볼 때, 교육과정이란 아동이나 학생이 일정한 목표를 향해서 달리는 과정이라는 의미를 가지게 되었다. 그러나 커리큘럼은 단지 과정만을 의미하는 것이 아니라 일정한 순서로 배열된 학습의 코스라는 의미를 가지게 되었으며 동시에 학습내용이나 경험내용을 의미하게 되었다. 최근에는 현상학이나 해석학 등의 영향을 받은 교육과정 재개념주의자들이 개인의 의미 재구성 과정을 중시하면서 '쿠레레로 복귀해야 한다'고 강조하는데, 이는 교육과정을 교육 경험을 통한 개개인의 의미형성 과정으로 보고자 하는 것이다.

2) 교육과정의 정의

역사적으로 교육과정은 강조점을 어디에 두느냐에 따라 다양한 의미와 형태를 가지게 되었다. 여기에서는 교육과정을 다음 몇 가지 범주로 나누어 정의하고자 한다.

(1) 교육계획으로서의 교육과정

교육계획으로서의 교육과정은 그것을 '의도된 계획'으로 정의하는 입장이다. 즉, 교육과정은 자연발생적으로 우연히 존재하는 것이 아니라 어떻게 하는 것이 인간을 가치 있고 올바르게 발달시킬 수 있는가에 대한 신념을 바탕으로 가르치기 전에 미리 준비된 계획이라는 생각에 바탕을 두고 있다. 따라서 교육과정을 학생들의 일반적인 경험이나 내용으로 단순하게 생각할 것이 아니라 교육과정의 사전 계획성을 강조하고 있다(구병두, 김범준, 2007).

여기서 계획은 두 가지 측면에서 살펴볼 수 있다. 하나는 교육과정을 문서화된 서류, 즉 교사의 일상적인 수업 계획이나 지도안으로부터 교육과정 지침서, 국가 수준의 교육과정 기준까지를 포함하여 보는 견해이고, 다른 하나는 교사의 생각 속에는 있지만 문서화되지 않은 계획까지를 포함시켜 보는 견해다. 이러한 두 측면은 모두 학생이 하는 활동의 치밀한 계획이라는 공통적 맥락을 갖고 있다.

하지만 교육과정을 계획(plan)이라는 의미로 보면 개인의 내면적인 발달보다는 겉으로 드러나는 결과에 중점을 두게 된다. 즉, 학습 결과에 가치를 두기 때문에 학습의 과정이나 개인에게 미치는 영향 같은 것은 도외시하는 경향이 있다.

(2) 교육내용으로서의 교육과정

교육과정을 정의하는 방법 중 가장 전통적인 방식은 교육과정을 교육내용으로 규정하는 것이다. 여기서 교육과정은 '학생이 필수적으로 배워 나가야 하는 내용'으로 규정된다. 즉, 교육과정이 교과목이나 개설된 강좌명, 강의 요목 또는 교사용 지침서의 내용과 같은 것이라는 입장이다. 이러한 정의는 교육목적을 인지적 능력 계발에 두고 그에 도움을 줄 수 있는 특정 교과목들이 곧 교육과정의 내용이 되어야 한다는 항존주의자들의 생각에서 비롯되었다. 하지만 교과목에 대하여 지나치게 관심을 쏟음으로써 학교에서 학생들이 경험하는 다른 중요한 부분들, 즉 계획되거나 계획되지 않은 활동에 대해서는 적절히 설명하지 못하고 있다. 또한 교육과정 계획 속에는 수업전략, 내용 제시 순서, 교과의 범위, 동기유발 방법 등 교과 이상의 것이 포함되어 있는데 이에 대해 적절히 설명하지 못한다는 한계를 가지고 있다. 학교가 학생들에게 교과목 이상을 교육하고 있는 만큼, 교육과정도 교과목 이상을 포함하고 있는 것이다.

(3) 경험으로서의 교육과정

20세기 초 미국에서 활동한 듀이(J. Dewey)와 진보주의자들은 교육과정을 내용으로 규정한 전통적인 방식을 비판하였다. 그들은 교육과정을 '교사의 지도 아래 학생들이 갖게 되는 모든 경험'이라고 정의하였다. 이러한 정의는 학생들이 배워야 할 경험은 교실에서 형식적인 교과내용을 통해서만 얻게 되는 것이 아니며, 바람직한 교수-학습 결과를 가져올 수 있는 것이라면 교실 안팎의 어디에서든지 교육적인 경험이 될 수 있다는 입장이다. 이 경우 교사는 학생들의 개인적 성장을 위한 도우미가 되며, 각각의 학생들을 커다란 잠재력을 가진 독특하고 가치 있는 존재로 간주하여야 한다.

하지만 개인적 경험과 성장으로서의 교육과정은 이론적으로 아주 근사하지만 실제적으로는 그것을 실천하기가 불가능하다. 하루에 수많은 학생을 가르쳐야 하는 고등학교 교사의 경우 모든 학생의 개별적인 경험과 성장을 위한 교육과정을 수행하기란 불가능하기 때문이다.

(4) 교수-학습 결과로서의 교육과정

1960, 1970년대에 접어들면서 교육과정은 '교수-학습 활동의 결과'로 규정되기 시작했다. 이러한 입장은 교육과정을 계획된 결과로 이해함으로써 결과를 더 강조한다고 볼 수 있다.

계획으로서의 교육과정이 구체적이고 특정한 단위의 교육 작용이 이루어지기 이전에 그것을 위하여 사전에 마련한 어떤 것이라면, 결과로서의 교육과정은 계획이 실체화되어 가는 과정을 거치는 동안에 학습자의 인간적인 특성에 통합된 어떤 교육적 가치를 뜻하는 것으로 이해될 수 있다. 말하자면 계획으로서의 교육과정 관점에 하나를 더 추가하여 결과로서의 측면을 강조하는 것이다. 교육과정의 개념을 크게 '의도된 어떤 것'과 '실현된 어떤 것'으로 나누는 관점에서 전자는 계획을 중심으로, 후자는 결과를 중심으로 교육과정의 개념을 형성하고자 한 정의들의 공통되는 속성이다.

하지만 사전 계획이 명확하고 세밀한 수업이라 하더라도 학생들이 가진 다양한 지식이나 기술, 태도, 가치관 등과 결부될 때 학습 결과는 상당히 다를 수 있음을 고려해야 한다.

2. 교육과정 이론의 발전

교육과정 이론의 역사적 발전에는 세 차례 큰 변화가 있었다. 첫 번째는 처음 교육과정이 연구 분야로 성장되기 시작하면서부터 1950년대까지 계속되었던 전통주의 이론이다. 두 번째는 1960년대 교육과정 개혁운동과 더불어 과학적인 사고에 바탕을 두었던 경험적인 이론의 물결이다. 세 번째는 1970년대 초부터 발전되기 시작한 재개념주의 이론의 물결이다(이성호, 1989). 그동안 교육과정 이론에 대한 분류는 학자마다 그 개념과 접근에서 다소 차이가 있어 왔지만, 여기에서는 교육과정 이론의 유형을 파이너(W. F. Pinar)의 분류에 따라 전통주의, 개념적 경험주의, 재개념주의로 구분하여 살펴보고자 한다.

1) 전통주의

교육과정에 대한 전통주의적 이론의 발전은 1918년 보빗(F. Bobbitt)이 『교육과정(*The Curriculum*)』(1918)이란 개론서에서 교육과정이란 용어를 처음으로 사용하면서부터다. 보빗은 금세기 초 당시 산업사회에서 이용되고 있었던 과학적 경영원칙을 교육에 적용시키려고 노력하면서 교육과정 분야의 본질을 규명하였다. 과학적 경영은 비효능성을 제거하여 낭비를 줄이고 생산과 이익을 극대화시키는 데 목적을 두고 있다. 그러기 위해서는 효율성의 정확한 수준을 설정하여야 한다. 흔히 활동분석(activity analysis)을 통하여 보빗은 교육의 공정 과정과 절차를 밝히려고 하였다(윤정일 외, 2009).

이러한 교육과정에 관한 과학적 견해는 1949년 타일러(R. Tyler)에 의해 더욱 체계화된다. 타일러는 교육과정과 수업을 하나의 과정으로 보고 그것을 계획하는 사람은 누구나 다음의 네 가지의 질문을 던져 보아야 한다고 주장한다. ① 학교는 어떠한 교육목적을 성취하려고 해야만 하는가? ② 그러한 목적을 성취하려면 어떠한 교육 경험들이 제공될 수 있겠는가? ③ 그 교육 경험들은 어떻게 효과적으로 조직될 수 있는가? ④ 그러한 교육목적들이 성취되었는지의 여부를 우리는 어떻게 결정할 수 있는가? 이 네 가지 물음에 기초한 타일러의 교육과정 개발의 이론적 모형을 제시하면 [그림 6-1]과 같다.

[그림 6-1] 타일러의 교육과정 개발 절차

전통주의적 교육과정 이론을 대표하는 타일러 모형의 가장 근본적인 특징은 교육과정 개발에 있어서 합리적인 틀을 세워 주었다는 점이다. 이 합리적인 틀은 우선 목표와 수단을 분리하여, 수단에 대한 결정에 앞서 목표의 결정을 내세웠다(윤정일 외, 2009).

타일러의 교육과정 개발 절차는 다음과 같이 정리할 수 있다. 첫째, 목표를 수립하기 위해서는 설정 자원으로서 학습자 · 사회 · 지식(교과)의 힘을 의식한 교과전문가의 제언을 통해 얻은 잠정적 교육목표를 교육철학에 의해 바람직한 것으로, 학습심리학에 의해 가르칠 만한 것으로 '체' 역할을 통해 걸러서, 그것을 배우고 난 후 수행하게 될 학생의 구체적 행동으로 최종적인 교육목표를 표현할 것을 제안한다. 둘째, 최종적인 교육목표를 설정하고 나면 목표를 달성하기 위한 학습 경험이 통상의 내용 이상의 활동, 실험, 실습 등을 포함한 광범한 영역을 아우르는 것으로 선정되어야 한다. 셋째, 학습 경험을 선정하고 나면 학습 경험이 이전 활동 위에 계속적 · 계열적으로 쌓이는 종적 조직과 여러 교과를 통해 반복적으로 서로 연관 · 강화 · 통합되는 횡적 조직으로 이루어져야 한다. 넷째, 학생들이 학습 경험을 배우고 나면 평가가 실시되고, 이 평가는 순환적으로 다시 교육목표에 영향을 주게 된다.

이와 같은 과정을 따른 타일러의 교육과정 수업의 계획과 준비는 매우 합리적일뿐만 아니라 단계적 · 선형적이며 순환적인 특징을 가지고 있다. 그러나 전통주의적 모형은 그 후 많은 비판의 대상이 되어 왔다. 첫째, 전통적 교육과정 개발이론들은 특정한 문화유산이나 지식을 전달하고, 도덕적 합의를 창출하고, 기존 사회의 기능을 유지시켜 나가는 데 있어 가장 효율적인 절차가 무엇이냐에 초점을 둠으로써 잠재적 교육과정이나 의미 생산 등에 대하여서는 무관심했다는 비판을 받는다. 둘째, 교육과정에서 형성되는 사회적 관계 등은 무시하고 고정적인 절차에 따라 편성되는 교육과정의 기술적 합리성만을 추구하였다는 점도 비판을 받는다. 셋째, 전통주의 모형은 목표 설정에 있어서도 특정 목표가 왜 다른 목표에 우선하여 선정되어야 하는지에 대한 이유를 설명하지 못하는 한계를 가지고 있다. 목표를 우위에 두고 모든 교육활동이 목표를 효과적으로 달성하기 위한 수단으로 취급한다는 점에 대해서, 재개념주의자들은 교육은 그 자체가 가치로운 것이지 어떤 외적 목적을 달성하기 위한 수단으로서 이루어지는 것이 아니라는 입장을 취하며 다양하고 신랄하게 비판하고 있다.

2) 개념적 경험주의

1960년대에 접어들면서 전통주의적 교육과정에 대한 비판은 교육학 분야 내에서만 나타나는 데 그치지 않고, 교육학의 인접 사회과학 분야에서도 활발하게 대두되기 시작하였다. 이러한 비판자들은 자연과학에 기초한 논리와 탐구 방법을 옹호하면서 확실성, 통제, 예언 등과 같은 경험론적 방법을 교육과정에 적용시키는 데 주력하였다. 그들은 사실과 가치는 명백히 구분하여야 하며, 사실은 가설 설정에서 시작하며, 자료수집, 검증과 해석으로 이어지는 단계를 통해 구명되고 개념화되어야 한다는 입장이다. 그들은 사회과학자들이 사용하는 '개념적'이고 '경험적'이라는 용어를 사용하고 있기 때문에 개념적 경험주의자로 불린다.

개념적 경험주의의 대표적인 학자인 워커(D. F. Walker)는 여러 교육과정 개발 프로젝트에 참여하면서 교육과정 개발이 정말로 타일러가 처방한 대로 혹은 묘사한 대로 이루어지고 있는가를 조사하였다. 교육과정개발위원회에 속한 사람들은 교육과정의 기본 원천인 교과, 학습자, 사회에 대한 탐구를 철저히 하는 것도 아니고, 목표를 먼저 세우고 시작하는 타일러식으로 작업을 진행하지 않는다는 것을 발견하였다. 그는 지난날의 전통주의자들의 교육과정 개발이론들은 단순히 기술적인 처방적 교육과정으로서, 그 과정에서 반드시 있어야 할 의사결정을 위한 숙고(deliberation)가 결여되어 있다는 입장을 취한다. 그는 교육과정 개발과정의 핵심 측면은 숙고인데, 그것은 지적인 탐구자들에 의해서 각기 수립된 규범적 기준 활용에 기초하게 된다고 주장하였다. 즉, 숙고가 경험적 합의와 논리적 근거로 규정될 때 선택의 합리화를 가져오는 데 있어 가장 설득력 있는 기초가 된다고 보았다.

하지만 개념적 경험론자들의 관점은 학교 교육과정과 학교에 관련된 사람들에 대한 실제적인 문제에 관심을 기울인 전통주의자들의 견해와 크게 다르지 않다. 다만, 보다 실증적인 연구에 기초를 두어서 개념을 과학적 · 기술적 · 체계적으로 정립시키고 있다는 점에서 전통주의자들의 견해와 차이점을 보이고 있다.

이와 같은 견해를 표방하고 있는 개념적 경험주의 교육과정 이론의 특징을 정리하면 다음과 같다. 첫째, 개념적 경험주의는 효율적인 기능으로서의 교육과정 연구에서 탈피하여 교육과정을 경험과학적으로 파악하고자 한다.

교육과정 분야도 다른 사회과학 분야와 같이 실증적 탐구 분야로 본다. 즉, 가설을 설정하고, 엄밀한 자료를 수집 · 해석하고, 가설을 검증하는 과학적 방법을 도입한다. 둘째, 타일러 등의 교육과정 개발이론들이 실제와 동떨어져 있다고 비판하면서 교육과정이 개발되는 실제적 상황을 그대로 나타내려고 노력했다. 교육과정 현상에 관련된 개념을 명확하게 하고, 교육과정의 문제 해결을 위해서 교육과정 현상을 체계적이고 학문적으로 연구해야 한다고 주장한다.

3) 재개념주의

교육과정에서 재개념화라는 용어는 종래의 교육과정을 비판하면서 근본적으로 다른 탐구 관점과 방법으로 교육과정을 인식하고 연구해 보려는 시도로 간주된다. 교육과정 관련 문헌에서 재개념주의란 용어가 소개된 것은 파이너의 『교육과정 이론화: 재개념주의자(*Curriculum Theorizing: The Reconceptualists*)』(1975)란 책에서다.

재개념주의자들의 학문적 성향은 한마디로 말하기 어렵다. 그것은 학자마다 관점이 매우 다양하며 지향점도 서로 다르기 때문이다. 재개념주의자들이 기반으로 하고 있는 대표적인 이론인 실존주의, 현상학, 정신분석학, 지식사회학, 신마르크스주의 이론 등을 보아도 그것이 얼마나 다양한지를 짐작할 수 있다. 각기 다른 이론적 기반에 지향점도 상이하지만, 종래의 교육과정 이론과 연구를 신랄하게 비판하고 있다는 점에서는 서로 일치된 관점을 가지고 있다.

주로 현상학과 실존주의 철학에 바탕을 두고 있는 접근에서는 개개인의 교육 경험, 가변성, 생활 세계 속의 존재에 많은 관심을 기울인다. 정신분석학과 현상학적 사회학에 기반을 두고 있는 정신분석학적 접근에서는 탐구 관심을 학습 결과나 학업성취와 관련된 문제에 두기보다 학생 개개인의 자아발달에 영향을 미치는 학교교육의 정신적 측면에 두고 있다. 또한 사회 · 정치적 접근은 문화와 이데올로기에 관한 신마르크스주의 비판에 이론적 기반을 두고 있다. 더불어 거시적인 관점에서 교육과정의 결정과정과 실제에 관련된 사회적 의미와 정치적 의미를 탐색하는 데 주의를 기울인다.

재개념주의 학자들 가운데 관심을 끄는 학자들은 파이너, 애플, 아이즈너 등이다. 파이너는 재개념주의 운동의 실질적인 선도자로 꼽히고 있다. 애플(M. W. Apple)은 지식사회학의 비판이론 관점을 교육과정 현상에 적용하여 사회 · 경제적 구조와 학교 지식으로서의 교육과정 간 관계를 분석하였다. 아이즈너(E. W. Eisner)는 교육적 사고에서 예술적 측면도 중요하게 고려할 것을 주장하고 있다. 그는 교육과정에 대한 행동주의적인 전통주의 입장에 비판을 가하기도 하지만 교육과정의 개발과 같은 실제에도 많은 관심을 보이고 있다. 그는 『교육적 상상력(*The Educational Imagination*)』(1979)에서 종래 재개념주의 학자들의 관심 대상 가운데 하나였던 잠재적 교육과정 이외에 영(null)교육과정이라는 새로운 용어를 도입하고 있다. 외현적 교육과정 및 잠재적 교육과정뿐만 아니라 학교가 의도적으로 가르치지 않는 영교육과정에 대해서도 관심을 갖지 않을 수 없다는 것이다(구병두, 김범준, 2007).

이와 같이 다양한 이론적 기반에서 출발하고 있지만, 재개념주의 교육과정 이론의 공통적인 특징을 정리하면 다음과 같다. 첫째, 재개념주의는 실존주의, 현상학, 해석학, 정신분석학, 지식사회학, 신마르크스주의와 같은 여러 학파의 영향을 받아 기존의 교육과정 이론을 비판하는 데서 출발했다. 둘째, 학교에서 가르치는 지식은 특정 계층의 이데올로기를 반영하고 있다. 재개념주의자들은 기존의 교육과정이 지배계급에 유리한 사회질서를 정당화하여 유지하기 위한 수단인데도 기존의 교육과정 이론이 교육적으로 보편적 가치를 지닌 것처럼 받아들이고 있다고 비판한다. 셋째, 학생들을 둘러싼 생활 세계를 존중하며 학습자가 주체가 되는 교육과정을 지향한다.

제2절 교육과정의 유형

교육과정의 유형은 교육과정을 교과로 보는 교과중심 교육과정에서 시작하여 실생활 적응문제가 강조되면서 경험중심 교육과정이 등장하였고, 그에 대한 비판에서 학문중심 교육과정으로, 그리고 다시 인간중심 교육과정으로 변천되어 왔다. 이와 같은 변천과정은 새로운 교육과정 유형이 나타나면서 기존의 교육과정 유형이 사라지는 것이 아니라 교육과정의 개념이 더욱 확대되는 것으로 볼 수 있다. 일반적으로 교육과정의 유형은 위에 제시한 것과 같이 교과중심 교육과정, 경험중심 교육과정, 학문중심 교육과정, 인간중심 교육과정으로 구분되는데, 여기에 구성주의 교육과정을 더하여 다섯 가지 교육과정을 비교하고자 한다. 아울러 공식적(offcial) 교육과정과 잠재적(hidden) 교육과정 그리고 영(null)교육과정의 개념에 대해서도 살펴보고자 한다.

1. 교과중심 교육과정

1) 의미

역사적으로 가장 오랜 전통을 가진 교과중심 교육과정은 지식의 체계를 중시한다. 따라서 교육과정이란 '학교의 지도하에 학생이 배우는 일체의 교과와 교재'를 의미한다. 교육의 궁극적인 목적은 지식을 습득하고 이성을 계발하는 것인데, 이는 교과를 학습함으로써 달성될 수 있다고 믿는다. 또한 교육의 주요 기능은 인류의 위대한 문화유산을 다음 세대에 전달하는 것이라고 본다. 인류의 문화유산 가운데 가장 가치 있고 가장 심오한 내용들을 정선하여 교과를 구성하기 때문에 교과는 곧 이러한 문화유산을 논리적 · 체계적으로 조직해 놓은 것으로 여겨진다(이형행, 2005). 여기서 교과란 학문 또는 지식의 체계를 학생의 발달단계에 맞추어 취사 선택한 것이다.

2) 특징

교과의 지식체계를 중시하는 교과중심 교육과정의 일반적인 특징은 다음과 같다. 첫째, 인류의 문화유산이 교육의 주된 내용이다. 교과가 문화유산의 핵심을 논리적이고 체계적으로 조직해 놓은 것이기에 학생들은 이 교과를 중심으로 학습하게 된다. 둘째, 교육의 주체가 교사인 교사중심 교육과정이다. 해당 교과에 정통한 교사는 학생보다 월등히 많은 지식과 기술을 가지고 그것을 학생들에게 전달하는 것이다. 셋째, 교수-학습 방법은 설명 위주의 교수법을 요구하는 경우가 많다. 수업은 교사가 수업의 주도권을 갖고 학생들에게 상세하게 전달하는 형식으로 이루어지므로 교사의 설명을 중심으로 진행된다. 넷째, 형식도야설에 이론적 근거를 둔다. 교과중심 교육과정에서는 교과가 정신도야의 기회를 제공하며 이를 통해 인간의 지적 능력을 발달시킬 수 있다고 본다. 그리고 교육방법은 신체적 근육을 발달시키는 것과 마찬가지로 반복적으로 연습하는 것이다.

교과중심 교육과정의 장점을 살펴보면, 인류의 문화유산을 효과적으로 전달하는 데 용이하고, 교육과정이 간단하고 명료하게 짜여 있어 이해하기 수월하며, 교과별로 정리되어 있고 체계적으로 가르칠 수 있다. 또한 교수 및 학습 결과에 대한 평가가 용이하여 객관적인 측정이 쉽고, 교육과정에 대한 중앙집권적 통제와 교육과정 개정이 용이하다. 반면에 단점을 살펴보면, 교과중심 교육과정은 교사중심의 수업이기 때문에 학생들의 흥미, 능력, 요구가 무시당할 염려가 있고, 단편적인 지식 주입으로 흘러 학생들이 수동적인 학습태도를 갖게 되어 사고력, 창의력 등 고등정신능력 함양이 어렵다. 또한 교육과정이 단편적이고 분과적으로 조직되기 때문에 통일성·연계성이 결여되기 쉽고, 교과란 과거 문화유산을 조직한 것이므로 현대 사회문제와는 동떨어진 과거의 지식교육만 강조한다.

2. 경험중심 교육과정

1) 의미

경험중심 교육과정은 교과중심 교육과정에 대한 비판과 더불어 루소(J. Rousseau) 이후 재창되어 온 아동중심 교육사상과 실용주의 철학을 배경으로 한 듀이의 진보주의 교육사상을 그 배경으로 1930년을 전후하여 대두되었다. 그들은 교과중심 교육과정으로는 급변하는 사회에 적절히 적응해 나가기 어렵다고 진단하고 생활 경험을 중심으로 교육과정을 구성해야 한다고 주장하였다.

경험중심 교육과정이란 '학교의 지도 아래 학생들이 체험하는 모든 경험'을 의미한다. 경험중심 교육과정에서는 교재보다는 생활을, 지식보다는 행동을, 분과보다는 종합을, 미래의 준비보다는 현재의 생활을, 교사의 교수보다는 학습자의 활동을 중시하는 입장에서 교육을 바라본다. 이러한 기본적 견해 때문에 경험중심 교육과정은 아동중심 교육과정, 생활중심 교육과정, 활동중심 교육과정 등으로 불리기도 한다.

2) 특징

현실생활과 직결된 문제 해결의 경험부여를 주목적으로 하는 경험중심 교육과정의 일반적인 특징은 다음과 같다. 첫째, 아동의 흥미와 필요를 기초로 교육과정을 구성하는 아동중심 교육과정이다. 둘째, 교육내용은 생활의 경험이 위주가 되며, 교사와 학생의 협동에 의해 활동내용이 결정된다. 교실 내 교과활동뿐만 아니라 교실 외 생활 경험이 실제 문제 해결을 위한 능력과 안목을 길러 준다고 보며 여행, 견학, 자치활동 등 과외활동도 중시한다. 또한 교재를 학습의 장에서 결정하고 여기에 학생들의 협력과 참여 기회를 허용한다. 셋째, 교수-학습 방법은 문제해결 방법이 주가 된다. 급격하게 변화하는 사회에의 적응을 위해 현실생활에서 부딪히는 문제의 해결 능력을 배양하고자 하며, 학습을 '경험의 총합'으로 보고 '행함으로써 이루어진다'

는 것을 강조한다. 넷째, 전인교육을 강조한다. 생활인의 육성을 중시하는 경험중심 교육과정에서는 지덕체의 조화로운 발달을 이룬 사람이 생활을 올바로 영위할 수 있다고 본다.

경험중심 교육과정의 장점을 살펴보면, 학생의 흥미나 필요를 토대로 교육과정이 구성되므로 학생들의 자발적 학습활동을 유발하기가 쉽고, 현실 문제를 공동으로 해결해 가는 과정 속에서 협동심, 책임감, 사회성 등 민주적인 태도와 생활방식을 기르는 데 유리하다. 또한 학습자 스스로 세운 목표와 계획에 따라 스스로 문제를 해결해 나갈 수 있는 능력을 기를 수 있으며, 많은 인적 · 물적 자원을 이용한 다양한 형태의 학습이 전개되므로 경험의 폭을 넓혀 나갈 수 있다. 반면에 단점을 살펴보면, 아동의 흥미나 요구를 강조하기 때문에 기본적인 지식과 문화유산을 습득하는 데 비효율적이며 기초학력의 저하를 가져올 수 있다. 또한 교육의 계획, 실천, 평가가 어렵고 체계적이지 못할 가능성이 크기 때문에 교직에 대한 소양과 지도요령이 부족한 교사가 채택할 경우 실패할 가능성이 높다.

3. 학문중심 교육과정

1) 의미

학문중심 교육과정은 학문의 기본 아이디어를 강조하고, 학생들로 하여금 학자들이 자신의 연구를 수행하는 것과 유사한 방법으로 탐구활동에 참여하게 한다. 학생을 풋내기 과학자로 비유하는 것도 학문중심 교육과정의 본질을 잘 나타내고 있다. 교육의 기본 목적은 지력의 개발이다. 자연을 이해하기 위해서 학생들이 자연 속에 있는 모든 것에 부딪혀 볼 필요가 없으며, 지식의 구조를 이해한다면 오히려 더 빨리 그 지식을 이해할 수 있다. 그러므로 어떤 교과든지 그 기초적인 기본 구조를 잘 조직해서 표현(번역)하면 어떤 연령에 있는 어떤 아동에게도 가르칠 수 있게 된다.

학문중심 교육과정이 등장하게 된 데에는 여러 가지 배경이 있다. 첫째,

1950년대 후반 과학기술의 발달로 지식이 폭발적으로 증가하였고, 한정된 학교 교육기간 동안 그 많은 지식 가운데 무엇을 가르쳐야 할 것인가에 대한 논의가 활발하게 전개되었다. 이러한 배경 속에서 학문에 내재해 있는 것으로서 전이 가치가 높은 지식과 기술을 가르쳐야 한다는 주장이 나오게 되었다. 여기서 전이 가치가 높은 지식이란 기본적이며 핵심적인 지식으로 '지식의 구조(structure of knowledge)'라고 불리는 것이다. 지식의 구조라는 용어는 기본 개념, 일반적 원리, 지식의 핵심 개념, 일반적 아이디어 등과 동의어로 쓰인다. 둘째, 1957년 소련이 세계 최초의 인공위성 스푸트니크 1호를 미국보다 먼저 쏘아 올렸는데, 이 사건은 지금까지 과학 분야에서 앞섰다고 자부해 온 미국에 커다란 충격을 주었다. 이를 계기로 미국은 중등교육과정의 대대적인 개편을 단행하게 되었다. 미국의 교육과정 개편 방향은 교육과정에 포함될 교과내용의 핵심이 되는 기본 구조를 찾아내고 그것을 학습자 스스로 탐구해 갈 수 있도록 조직하는 것이었다. 이와 같은 교육과정을 제시한 학자가 바로 브루너(J. S. Bruner)다. 브루너의 『교육의 과정(*The Process of Education*)』(1960)은 학문의 구조라는 관점에 기반을 둔 지식의 체계화 및 탐구원리를 제공하여 학문중심 교육과정의 방향을 제시하였다.

2) 특징

지식의 구조를 강조하는 학문중심 교육과정의 일반적인 특징은 다음과 같다. 첫째, 교육내용을 구성함에 있어서 지식의 구조를 강조한다. 지식의 구조가 강조되어야 할 이유에 대해 브루너는 "어떤 지식이라도 지적으로 옳은 형태로 조직하면 어떤 발달단계에 있는 아동에게도 효과적으로 가르칠 수 있다."고 하였다. 즉, 교과의 구조를 이해하면 그 교과를 이해하기 쉽고, 언제라도 필요할 때 재구성이 가능하며, 전이의 효과를 기대할 수 있다는 것이다(한상길 외, 2007). 둘째, 발견학습의 과정 및 탐구과정을 중시한다. 학문중심 교육과정에서는 각 교과에 내재해 있는 기본 원리, 핵심 개념을 그 학문 분야의 학자가 한 것과 같은 방식으로 학습자가 찾아내도록 한다. 즉, 해당 분야의 학자들이 지식을 발견하는 과정이나 탐구과정이 학생들이 배워야 할 학습방법이다. 셋째, 나선형 교육과정 조직을 그 특징으로 한다. 동일한 교육내용을 반복하여 제시하되 그 교육내용의 깊이와 폭을 더해 가도록 지식을 구조화하는 것을 나선형 조직이라고 한다. 학문중심 교육과정에서는 동일한 원리(지식의 구조)를 각 학교급에 따라 반복하여 제시하되 상급학교로 갈수록 교육내용을 추가하고 심화시켜 조직하도록 강조한다.

학문중심 교육과정의 장점을 살펴보면, 체계화된 지식의 교육내용을 선정하여 교육과정을 구성하기 때문에 능률적인 교수 및 학습이 가능하며, 기본적이고 핵심적인 개념, 원리를 학습하기 때문에 기억이 쉽고 전이가 용이하다. 또한 스스로 탐구하는 능력을 습득함으로써 학문탐구방법을 체득할 수 있고, 학문 자체에 대한 즐거움을 누릴 수 있다. 반면에 단점을 살펴보면, 지적인 측면에만 편중하여 교육과정을 조직하므로 정의적 측면을 소홀히 할 가능성이 높으며, 지식의 구조는 학업 능력이 떨어지는 학생에게 너무 어렵고 학업 능력이 우수한 학생에게만 적합하다. 또한 지식의 구조를 지나치게 강조하다 보면 학교교육과 현실생활과의 연계성이 약해져서 학습자의 흥미, 욕구 등을 경시할 가능성이 높고, 과학 분야의 교과목을 중심으로 한 일부 교과에 적합하다.

4. 인간중심 교육과정

1) 의미

1970년대에 들어오면서 학문중심 교육과정의 부적절성과 부도덕성이 강하게 지적되었다. 또한 고도 산업화에 따른 현대 산업사회의 기계문명과 거대한 사회조직은 물질만능의 풍조, 인간 소외, 인간성 상실, 청소년 문제 등 사회병리 현상을 수반하게 되었다. 인간중심 교육과정에서 교육과정이란 '학생이 학교생활을 하는 동안에 가지게 되는 모든 경험'이라고 정의한다.

인간중심 교육의 궁극적인 목적은 인간의 잠재력을 최대한으로 개발하여 보다 인간다운 인간성을 간직하면서 개인적으로 자아를 실현하며 사회발전에 기여할 수 있는 삶을 살도록 돕는 데 있다. 인간중심 교육에서 인간적인 행동의 가장 기본적인 준거는 개개인의 인간을 얼마나 존중하느냐에 달려 있다. 인간중심 교육은 전인교육과 상통한다고도 주장되는데, 전인교육이란 인간성의 특정한 부분이 아닌 전반적인 교육을 뜻하는 것으로 지적 발달, 사회성 발달, 정서적 발달, 신체적 발달 및 도덕성 발달을 조화롭게 개발시키는 데 그 목적이 있다(구병두, 김범준, 2007). 따라서 인간중심 교육과정은 교육의 인간화를 강조하므로 인본주의 교육, 전인교육 사상과 같은 맥락이라고 할 수 있다.

2) 특징

인본주의 심리학을 토대로 교육의 인간화를 강조하고 있는 인간중심 교육과정의 일반적인 특징은 다음과 같다. 첫째, 교육과정이란 학생의 자아실현을 이루기 위한 내용으로 조직되고 구성되어야 한다. 인간 중심적 교육관에 입각한 인간중심 교육과정은 인간이 선천적으로 성장하고자 하는 욕구를 지니고 있다고 본다. 그리고 그 욕구를 끊임없이 실현하고자 하는 동기를 지니고 있는데 이런 동기의 실현이 자아실현인 것이다. 둘째, 잠재적 교육과정을 공식적 교육과정과 더불어 중요시한다. 인간중심 교육과정에서는 학교에서 의도한 바가 없음에도 학생들이 가지게 되는 잠재적 교육과정에 많은 관심을 둔다. 공식적 교육과정은 주로 학생들의 지식 · 기능의 신장에 영향을 미치며, 잠재적 교육과정은 학생들의 정의적 · 인성적 · 사회적 발달에 영향을 미친다. 오늘날 학교교육에서 가치관과 도덕성 발달을 소홀히 다루고 있는 것을 감안해 볼 때, 잠재적 교육과정이 인간중심 교육과정에서 차지하는 비중은 크다고 할 수 있다. 셋째, 학교환경의 인간화를 위하여 노력한다. 학교환경을 인간 중심적으로 조성해야만 학생들이 인간적인 경험을 할 수 있다고 강조한다. 과밀학급, 입시 위주의 교육, 학교 폭력 등은 인간화 교육을 저해하는 환경이다. 넷째, 인간주의적 교사를 요구한다. 교육을 인간적인 만남과 대화로 보는 인간주의 교육에서는 교사의 인간적인 영향이 학생들의 정의적인 측면과 자아실현에 중요한 역할을 한다고 보고 있다.

인간중심 교육과정의 장점을 살펴보면, 자아실현을 강조하기 때문에 학생들에게 자신에 대한 긍정적인 태도 및 자기 계발의 능력을 부여해 준다. 또한 타인과의 원만한 인간관계를 유지함으로써 타인을 존중하고 수용할 수 있는 건전한 가치관을 형성하는 데 도움을 주며, 사람들 간의 이해, 진실성, 신뢰성의 형성이 교육목적을 실현하는 데 도움을 주며, 사람들 간의 이해, 진실성, 신뢰성의 형성이 교육목적을 실현하는 데 더 큰 도움을 준다. 반면에 단점을 살펴보면, 주지교과 난이도의 하향조정, 도덕적 · 심미적 교과의 강조, 교과의 통합, 교과의 시간단위의 융통성 있는 운영과 과대학교와 과밀학급의 규모를 줄이는 개선책과 학교교육에서의 지나친 경쟁을 지양하는 학교행정의 조건정비가 선행되어야 한다. 또한 교수-학습 과정에서 자유로운 환경조성과 교사들의 투철한 교육관이 확립되어야 하고, 가치관의 혼란에서 오는 비인간화를 극복하기 위한 사회교육과 학교교육의 협동 체제를 통한 교육의 인간화가 보장되지 않으면 그 실현이 어렵다.

5. 구성주의 교육과정

1) 의미

구성주의는 지식을 주관적으로 인식한다는 점에서 행동주의나 인지주의와 다른 입장을 견지하고 있다. 구성주의에서 지식은 개인의 경험과 이해 수준에 따라 구성되며, 학습자는 의미를 추구하는 능동적 유기체다(김진규, 2008). 모든 학습자가 학습내용에 따라 동일하게 지식을 형성하는 것이 아니고, 개별 학습자의 내재적 이해과정에 따라 다르게 형성되므로 학습자의 주체적 지식 형성이 강조된다. 새로운 상황에 대한 학습 경험은 학습자의 지식 구성과정에 교란을 일으켜 그 상황을 사회적 맥락과 관련하여 자신의 내면 세계와의 협상을 통해 의미를 구성함으로써 이루어진다.

구성주의에서는 지식의 습득 및 형성을 개인의 독특하고 개별적인 인지적 작용인 동시에 특정사회 구성원 간에 공유되는 사회적 · 역사적 · 문화적 요소도 포함되는 사회적 상호작용이라는 두 축의 작용으로 만들어 간다고 본다. 지식의 구성을 촉진시키는 두 축인 개인의 인지적 작용과 사회적 상호작용 중 어디에 더 중점을 두느냐에 따라 구성주의는 크게 인지적 구성주의와 사회문화적 구성주의로 분류될 수 있다. 인지적 구성주의에서는 주관적 · 내면적으로 형성된 지식구조에 중점을 두는 개인의 인지적 작용을 중시하면서, 사회를 매개로 하여 구성된 지식에 중점을 두는 사회적 상호작용에는 거의 관심을 갖지 않는다. 반면 사회문화적 구성주의에서는 개인의 인지발달과 기능은 주로 사회문화적 측면인 사회적 상호작용의 영향에 의해 이루어지는 것으로 본다.

2) 특징

지식의 사회적 · 문화적 성격을 강조하는 구성주의 교육과정의 일반적인 특징은 다음과 같다. 첫째, 학생들의 주체적 지식의 구성과 학습 참여를 강조한다. 학생들의 자기주도적 학습과정과 협동학습과정을 통한 문제중심학습(problem-based learning)을 전개한다. 둘째, 실제 생활에서 당면한 문제를 대상으로 삼는다. 학습은 구체적 상황에서 일어나는 실제적 성격의 과제를 대상으로 하며, 일상생활에 연계되어 자아 성찰적 실천(reflective practice)과 다양한 견해를 지닌 동료들과의 상호작용과 협력 속에서 더 풍성해지고 견고해진다. 구성주의에서 진정한 의미의 학습은 학습자의 일상적 삶과 밀착된 상황에서 이루어진다. 셋째, 교사는 학생들을 도와주는 동반적인 관계를 유지하도록 요구된다. 교사들은 수업에서 정답을 강조하기보다 학생들의 지식추구 과정과 의미추구 과정을 강조하는 학습의 도우미, 조언자, 공동학습자로서의 역할을 더 중요시한다. 넷째, 학습자중심 평가와 학습과정 평가를 강조한다. 평가에 있어서 교사의 평가는 물론이고 학습자의 자기평가, 동료에 의한 평가 등이 포함된다. 학습이 종료되는 시점에서 일회적으로 실시되는 총괄평가가 아니라 학습과정의 평가를 강조하며, 객관식 평가보다 다양한 방법을 이용한 종합평가를 실시한다.

최근 더욱 강조되고 있는 구성주의 교육과정의 장점을 살펴보면, 학생의 자기주도적 학습을 강조하며, 다른 동료들과의 협동학습을 장려한다. 또한 학습은 구체적 생활을 대상으로 한 실제적 성격의 과제로 이루어지며 현실적으로 학생들과 직접적 관련 또는 의미가 있는 내용을 강조한다. 따라서 학습과정 중심의 평가와 실제 문제 상황에 의한 수행평가를 강조한다. 반면에 단점을 살펴보면, 구성주의 교육에 대한 경험적 연구결과가 부족하고, 교사들의 새로운 역할을 이해하지 않으면 그 실현을 기대하기 어렵다. 또한 지식구성의 사회성에 대한 인식이 결여될 가능성이 높으며, 학습자의 인지적 능력에 대한 가치부여를 소홀히 할 수 있다.

6. 공식적 교육과정과 잠재적 교육과정

1) 공식적 교육과정

공식적 교육과정은 교육적 목적과 목표에 따라 분명하게 의도되고 계획된 교육과정이다. 이는 표면적(overt) 교육과정이라고도 하며 바람직한 가치를 지향하고 있다고 할 수 있다.

국가 수준의 교육과정 기준을 담은 문서, 시 · 도 교육청의 교육과정 지침, 지역 교육청의 장학 자료, 교과서를 비롯한 수업용 교재, 교사용 지도서, 학교 교육과정 운영계획, 교사의 수업계획, 실시된 수업, 특별활동, 조회 등이 포함된다. 예를 들어, 교과서에 제시된 내용을 교사가 수업을 통해 표현한 경우, 또는 ○○교육청이 입학 초기 적응 프로그램인 '우리들은 1학년'을 직접 제작하여 학교에 적용한 경우가 공식적 교육과정에 해당된다.

2) 잠재적 교육과정

잠재적 교육과정이란 공식적 교육과정에서 의도 · 계획하지 않았으나 수업 또는 학교의 관행으로 학생들이 은연중에 배우게 되는 가치, 태도, 행동양식 등으로 경험된 교육과정으로서 비공식적 교육과정이라고도 한다.

학생들의 정의적 영역과 관련이 많으며, 의도와는 다르게 학생들에게 영향을 주기 때문에 바람직한 것과 바람직하지 못한 것을 포함하고 있다고 볼 수 있다. 학생들이 경험하는 것들은 반드시 학교가 미리 계획하고 조직하고 가르친 것들이 아닌 경우가 많다. 이러한 경험들은 비구조화되고 비공식적이며 겉으로 드러나지 않은 것이다. 이러한 숨겨진 경험들을 일컬어 잠재적 교육과정이라고 부른다. 예를 들어, 자연시간에 실험 기자재가 부족하여 분단별 실험을 했더니 그로 인해 학생들에게 협동심이 길러진 경우, 또는 교사가 받아쓰기 향상을 위해 틀린 낱말을 30번씩 적게 했더니 학생들이 오히려 국어 공부를 싫어하게 된 경우가 잠재적 교육과정에 해당된다.

7. 영교육과정

1) 의미

영교육과정은 학교에서 소홀히 하거나 공식적으로 가르치지 않는 교과나 지식, 가치, 태도, 사고양식 등을 말한다. 이는 아이즈너(E. Eisner)가 개념화한 용어로서 배제된 교육과정(excluded curriculum)과 같은 의미다. 영교육과정에서 '영(null)'은 '법적인 구속력이 없는'이라는 의미를 지닌다. 따라서 영교육과정은 법적 구속력이 있는 공적인 문서에 들어 있지 않아서 학교에서 가르치지 않는 교육내용을 가리킨다. 여기에는 특정 사회의 역사·문화·정치적 배경으로 인하여 학교나 교사가 고의적으로 가르치지 않는 금기시하는 교육내용도 포함된다.

교육과정이 선택과 배제, 포함과 제외의 산물이기 때문에 영교육과정은 공식적 교육과정의 필연적 산물이다. 영교육과정은 소극적 의미에서 학생들이 공식적 교육과정을 배우는 동안 놓치게 되는 '기회학습' 내용이라고 할 수 있지만, 적극적 의미에서는 의도적으로 특정 지식, 가치, 행동양식을 배제시켜 아예 접할 수 없도록 지워 버린 것이라고 할 수 있다(성태제 외, 2007).

2) 실례

영교육과정을 주변에서 찾아보면 그 실례가 무수히 많은데 그에 대한 이해를 돕기 위해 몇 가지를 소개하면 다음과 같다.

먼저 서양에서 산업혁명 직후 산업 노동력이 필요할 때 학교에서는 읽기와 쓰기는 가르쳤으나 셈하기는 가르치지 않았다. 이는 셈하기를 배우면 학생들이 공장노동자가 되기보다 회계사나 경리사원이 되려고만 하고 육체노동을 꺼렸기 때문이다. 그러므로 '셈하기'는 한때 영교육과정이었다고 할 수 있다.

또한 우리나라의 경우 일제 제국주의 식민지교육의 전개과정에서 일제는 한민족을 식민지정책에 잘 순응하는 천황의 충성스러운 신민(臣民)으로 만들고 단순 생산노동자를 양성하기 위하여 저급한 실업교육만을 제공하고, 지도자로서 갖추어야 할 고등한 교육내용은 의도적으로 가르치지 않았다. 이 경우 고등한 교육내용이 바로 영교육과정에 해당된다.

마지막으로 학교 교육내용의 경우 일본의 역사 교과서에서 한국 침략 내용을 의도적으로 배제한 것, 학교에서 예능 교과가 그 중요성에 비해 소홀히 다루어지면서 수업 시수가 적어 많은 내용이 학습되지 않고 배제되는 것을 생각해 볼 수 있다. 이 경우 한국 침략 내용이나 예능 교과에서 학습되지 못한 내용이 영교육과정에 해당된다.

이러한 영교육과정은 학생들에게 그 내용(과목)은 학교교육이나 사회생활에 있어 별로 중요하지 않은 것으로 인식시킬 가능성이 높다는 점에서 주목을 받는다.

제3절 교육과정의 구성

전통주의 교육과정 이론에서 살펴보았듯이, 타일러는 『교육과정과 수업의 기본 원리(*Basic Principles of Curriculum and Instruction*)』(1949)에서 교육과정 개발이나 수업 설계에 포함되어야 할 요소로 교육목표의 설정, 학습 경험의 선정, 학습 경험의 조직, 평가를 주장한다. 이 네 가지 요소를 포함한 타일러 모형이 한계를 갖고 있음에도 불구하고 교육과정 구성의 일반적 절차로 받아지고 있기 때문에 이들 구성요소를 중심으로 검토하고자 한다. 다음에서는 교육목표의 설정, 교육내용의 선정과 조직, 교수-학습 과정, 교육평가의 네 가지 요소들의 관계모형과 교육과정 구성 절차에 대해 살펴본다.

1. 교육과정의 구성요소 모형

교육과정의 구성요소는 교육목표의 설정, 교육내용의 선정과 조직, 교수-학습 과정, 교육평가의 네 가지로 크게 분류되는데, [그림 6-2]에서 보는 바와 같이 각 요소들은 개별적인 것이 아니라 순환적인 관계 또는 상호작용적인 관계를 취한다(오만록, 2002). 이 중에서는 상호작용적 관계가 더 바

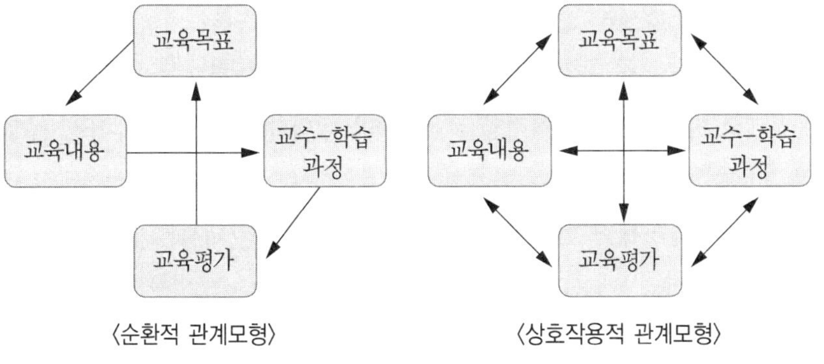

[그림 6-2] 교육과정 구성요소의 관계모형

람직한 관계라고 볼 수 있다. 순환적 관계모형에서는 목적의 설정에서 출발하여 내용의 선정 · 조직, 교수–학습 과정, 평가의 과정으로, 그리고 다시 후속적인 목적의 설정으로 돌아가는 일관성 있는 순환을 강조한다. 이러한 교육과정의 실행체계는 단지 일련의 교육활동의 직선적인 전개과정만을 강조하여 상호작용적이면서 역동적인 교육활동의 실천을 불가능하게 하므로 제반 상황들과 맥락을 융통성 있게 고려하기가 어렵다. 교육과정의 구성요소들이 상호작용적인 관계를 유지하여야만 그때그때 적절한 조치를 취할 수 있으므로 교육의 성과를 더욱 높일 수 있다.

1) 순환적 관계모형

순환적 관계모형은 목표의 설정에서 출발하여 내용의 선정 · 조직, 교수–학습 과정, 평가 그리고 다시 후속적인 목적의 설정으로 연결되는 일련의 과정을 순환적으로 반복하는 형태를 말한다. 이 모형에서는 교육이 의도적이고 계획적인 행위인 한 학생들의 학습 경험에 직결된 내용과 교수–학습이 어디까지나 설정된 목표에 의해서 통제되어야 하고, 평가도 그 목표를 기준으로 그 성취 정도를 확인하여야 한다는 입장을 강조한다. 이러한 관점은 타일러 계열의 전통적 교육과정모형에서 지지받고 있다.

그러나 이와 같은 개념화는 일련의 교육활동을 그저 직선적이고 폐쇄적으로 전개해 나가도록 유도할 뿐만 아니라 교육 현실을 제대로 반영하지 못하고 있다고 볼 수 있다. 먼저, 순환적 관계모형은 교육활동의 전개를 순차적 과정(serial process)으로만 간주하기 때문에 상황 논리(맥락 논리)를 적용하지 못하므로 기계적이고 고정적인 교육활동을 실행할 수밖에 없다. 또한 우리의 교육 현장에서는 실제로 목표와 구체적인 관련 없이 내용을 선정하고 조직하는 일, 목표에 대한 특별한 고려 없이 교과서를 채택하는 일, 목표가 반영되어 있어야 할 내용의 성격과는 무관한 교수–학습 방법을 적용하는 일, 목표에의 타당성을 고려함 없이 평가하고 학생을 심판하는 일, 평가 결과가 후속적인 교육활동에 활용되지 않는 일 등이 흔히 관찰되고 있는 실정이다.

2) 상호작용적 관계모형

교육과정의 구성요소인 목표의 설정, 내용의 선정 · 조직, 교수-학습 과정, 평가가 순환적 일관성만을 가지게 되면 교육과정의 실행체계가 완벽할 수 없다. 각 요소들은 순환적 일관성을 유지하면서 긴밀한 상호작용적 관계를 취하여야 한다.

첫 번째 요소인 설정된 목표는 교육과정의 출발점을 이루고 내용의 선정 · 조직, 교수-학습 과정, 평가에 계속적인 작용을 하면서 가르칠 내용의 특수한 성격과 교수-학습 활동이 전개될 상황과 긴밀한 소통이 이루어져야 한다. 여기서 가르칠 내용은 목표의 설정을 위한 주요한 기초 자원의 역할을 하기도 하고, 교수-학습 활동은 목적의 타당성을 검증해 줄 준거의 역할을 하기도 한다. 또한 목표 자체는 평가 계획 및 실시의 주된 기준이 되고, 또 평가를 통하여 얻어진 자료는 목표의 설정에 대한 자료로 활용된다. 그러므로 목표와 기타 요소들 간의 관계는 정적이기보다 동적인 성격을 가진다. 즉, 이미 설정된 목표는 내용의 결정, 교수-학습 과정의 구상, 평가의 계획 등의 전 과정에 의해서 계속 재확인 · 세분화 · 재해석되고 수정되어야 한다.

두 번째 요소인 선정 · 조직된 내용이 갖는 기타 요소들과의 관계도 마찬가지다. 내용의 성격 여하는 교수-학습 과정의 구상에 중요한 영향을 미치며 또 평가의 실제에도 변화를 주게 된다. 역으로 교수-학습 과정에 관한 원리와 조건 등을 충분히 고려하지 않고는 효과적인 내용의 결정이 가능하지 않다. 그리고 학생이 실제로 가져야 할 그리고 갖게 될 학습 경험의 성격과 경험과정에 대한 정확한 통찰 없이 내용이 결정된다면 그 타당성은 확보되기 힘들다. 아무리 학문적으로 또는 현실적으로 중요시되는 내용이라고 해도 학습자의 지적 수준이나 문화적 배경과 너무 동떨어지고 잘 학습되지 못하면 그 내용은 학생에게 타당한 것이 될 수 없다. 또한 평가활동도 내용과의 긴밀한 관련성하에 이루어져야 하며, 그 결과는 내용에 관한 탐색에 유용한 길잡이 역할을 해야 한다.

세 번째 요소인 교수-학습 과정도 기타 요소들과 유기적인 역동성을 가져야 한다. 그래야만 효율적인 교수–학습 과정이 전개될 수 있고, 따라서 전반적인 교육활동의 효과성과 효율성(능률성)이 증진된다.

네 번째 요소인 평가활동도 기타 요소들과 유기적인 상호작용적 관계를 유지하여야 한다. 이러한 역동적인 관계는 곧 교육목적의 달성도를 높이고, 교육의 질적 향상도 가능하게 해 준다.

요컨대, 교육과정의 구성요소들 간의 관계 양상을 순환적 모형으로 개념화하느냐 혹은 상호작용적 모형으로 개념화하느냐에 따라 교육의 실제는 사뭇 달라진다. 앞에서 논의한 바와 같이, 순환적 관계모형보다는 상호작용적 관계모형이 교육활동의 실제를 잘 반영하고 있으며 교육의 성과를 보다 높이는 데 도움이 된다고 할 수 있다.

2. 교육과정의 구성 절차

1) 교육목표의 설정

교육목표는 교육을 통해 달성하고자 하는 행동의 변화를 말하는 것으로 지식의 이해, 응용, 사고, 창의성, 흥미, 태도, 가치관, 지능 등과 관련된 일반적 및 특수적 행동의 변화를 포함하는 개념이다. 그리고 교육목표는 구체적인 학습활동 또는 교수–학습 과정의 기준 내지 근거를 제공하는 기능을 갖고 있기 때문에 교육과정의 구성이나 전개에서 가장 우선적으로 상정해야 할 성질의 것이다. 따라서 교육목표가 결정되지 않는 한 교육 내용이나 방법 또는 평가 기준은 나올 수 없다.

교육목표를 설정하는 데 있어서 고려해야 할 사항은 다음과 같다(이병승, 우영효, 배제현, 2008).

첫째, 교육목표 설정의 자원을 고려해야 한다. 타일러는 교육목표 설정의 기본적인 자원은 학습자에 대한 연구, 사회에 대한 연구, 교과목에 대한 연구이고, 그것은 다시 철학과 심리학의 검증을 거쳐 설정된다고 주장하였다. 그러나 오늘날 교육과정의 목표는 철학, 사회변화 및 문화현상, 학습자의 심리적 특성, 교과 전문가의 견해를 고려하여 설정한다.

둘째, 교육목표의 수준을 고려해야 한다. 교육목표는 어느 정도의 일반성과 특수성을 가지느냐에 따라서 포괄적이고도 일반적인 수준의 목표를 설정할 수도 있고 특수하고도 구체적인 수준의 목표를 세울 수도 있다. 여기서 말하는 교육목표의 수준은 세분화에 관한 문제이며 그 세분화 정도에 따라 국가 및 사회 수준의 목표, 교과목 수준의 목표, 단원 수준의 목표, 수업 수준의 목표로 구분할 수 있다. 흔히 국가 · 사회 및 교과 목표를 일반 목표라고 하며, 단원목표를 중간 목표, 수업목표를 특수 목표라고 부른다.

셋째, 교육목표의 설정과 진술을 고려해야 한다. 교육목표를 설정하고 진술할 때의 일반적 기준은 다음과 같다. 교육목표는 구체적이고 명료한 행동적 용어로 진술되어야 하며 가능한 한 충분히 포괄적으로 진술되어야 한다. 진술된 교육목표 사이에는 철학적인 일관성이 있어야 하며 그것은 실현 가능한 것이어야 한다. 진술된 교육목표는 모든 교직원들이 이해하고 받아들이고, 그들의 교육적 직무 수행에 있어서 내면화하여야 한다. 그리고 진술된 교육목표는 결코 완성된 것이 아니기 때문에 그 타당성이 항상 비판되고 필요에 따라 언제나 변경될 수 있어야 한다.

교육목표는 교육을 통해 기대되는 성과를 의미하는 것으로 교육활동의 기준과 방향을 제시한다. 따라서 많은 학자들이 교육목표를 구체적 · 상세화할 수 있는 방안을 제시하여 왔다. 그중 블룸(B. S. Bloom)은 행동 영역을 크게 인지적(cognitive) 영역, 정의적(affective) 영역, 심리운동적(psycho-motor) 영역으로 나눈 다음 각 영역마다 교육목표에 진술되어 있는 행동을 분류하는 준거를 제시했다. 일반적으로 학교에서는 행동 영역을 지식, 이해, 적용, 태도, 기능으로 분류하는 것이 보편화되어 있다.

교육목표를 분류할 때는 학습 결과를 내용과 행동으로 도식화시켜 목표를 확인하고 분류하는 작업이 필요한데, 이를 흔히 이원분류표의 작성이라고 한다. 이원분류표는 세로(종렬)에는 내용요소, 가로(횡렬)에는 행동요소를 교차시켜 목표를 이원적으로 분류한다. 이원분류표는 단원의 목표와 평가활동을 연결시켜 주는 구심적 역할, 즉 학습 결과를 평가하기 위한 설계도이자 문항 작성의 구체적인 길잡이가 된다. 따라서 이원분류표는 교육목표의 내용과 행동의 차원을 토대로 평가 문항의 수나 비율을 정리한 표라고 할 수 있다. 과학목에서 이원분류표의 예를 들어 보면 〈표 6-1〉과 같다.

이원분류표가 작성되는 과정을 단계적으로 설명하면 다음과 같다. 1단계로는 인지적 영역, 정의적 영역, 심리운동적 영역에 속하는 모든 행동 유목을 빠짐없이 횡렬에 기입한다. 2단계로는 교육과정 해설을 참고로 하여 교과서에 분류된 내용 요목을 종렬에 차례로 기입한다. 3단계로는 1~2단계에서 만든 표를 가지고 교과서를 보면서 내용 요목을 내용 · 행동이 교차되는

〈표 6-1〉 과학과의 이원분류표

내용 \ 행동	지식				이해		적용	분석			종합	평가	합계
	1.11	1.12	1.25	1.31	2.20	2.30	3.00	4.10	4.20	4.30	5.20	6.20	
	용어	사실	방법	원리 통칙	해석	추론	적용	요소	관계	조직 원리	조작	외적 준거	
1.00 질량과 밀도													
1.10 물질의 양	·	·	·	·	·	1	·	·	·	·	·	·	1
1.20 질량	·	·	1	·	·	·	1	·	·	1	·	·	3
1.30 밀도	1	·		1	·	1	1	1	1	·	·	1	8
2.00 녹는점과 끓는점													
2.10 녹는점	·	·	·	·	·	·	1	·	·	·	1	·	2
2.20 끓는점	·	·	·	·	·	·	1	·		·	·	1	2
3.00 용해도													
3.10 용해와 용액	1	1	·	1	1	1	2	·	1	1	1	·	10
3.20 용해도	·	·	1	·	·	1	·	·		2	·	1	5
4.00 기체의 성질													
4.10 수소	·	·	·	1	·	1	·	·	·	2	1	1	6
4.20 이산화탄소	·	·	·	·	1	·	1	1	3	1	·	·	7
4.30 산소	·	·	·	1	·	1	1	·	·	2	1	2	8
4.40 이산화황	·	·	·	·	1	·	2	1	1	·	1	·	6
4.50 기체의 용해도	·	1	1	2	·	1	2	·	1	1	2	1	12
합계	2	2	4	6	3	7	12	3	7	10	7	7	70

칸에 기입한다. 4단계로는 내용 · 행동이 단 한 칸이라도 교차되지 않는 종렬과 횡렬을 지워 버린다.

2) 교육내용의 선정

교육내용 선정의 기준은 원칙적으로 교육목표의 성격에 따라서 결정되어야 할 것이다. 그러나 구체적인 교육목표의 차이에 관계없이 교육 내용 선정 원리의 일반적인 기준을 제시하면 다음과 같다.

- 타당성의 원리: 교육내용을 교육목표에 부합되도록 선정해야 한다는 원리다. 교육목표는 어떤 교과를 가르쳐야 하는가를 시사해 주며 그 속에 어떤 지식, 기능, 가치들이 포함되어야 하는가를 알려 준다. 교육내용이 교육의 목표와 무관하게 선택된다면 목적 없는 교육이 된다.
- 기회의 원리: 어떤 교육목표를 달성하기 위해서는 그 목표가 의미하는 행동을 학생이 실제로 경험해야 할 것이다. 그러므로 교육내용을 선정할 때 학생들로 하여금 많은 학습 경험을 갖도록 하는 것이 무엇보다 중요하다고 할 수 있다. 예를 들어, 교육목표가 독서에 대한 폭넓은 흥미의 함양을 지향한다면 학생에게 다양한 분야의 책을 읽어 볼 수 있는 경험을 제공해야 한다.
- 만족의 원리: 학생으로 하여금 교육목표가 지향하는 학습활동을 통해서 만족감을 느낄 수 있도록 해야 한다는 것이다. 예를 들어, 교육목표가 과학적 태도를 기르는 것이라면 학생이 과학 도서와 실험을 접할 수 있는 기회를 많이 가져야 할 뿐만 아니라 그러한 활동에서 만족감을 느낄 수 있어야 학습 효과가 더 높아질 것이다.
- 학습 가능성의 원리: 교육내용을 선정할 때 학생의 학습 능력을 고려해야 한다는 것이다. 즉, 교육내용은 학생의 현재 학업성취 능력, 발달 정도 등에 적절해야 한다. 아무리 가치로운 교육내용이라 하더라도 현재 학생의 선행학습 정도와 학업 능력을 고려하지 않으면 안 된다는 것

이다.

- 동목표 다경험의 원리: 동일한 목표를 달성하는 데에도 다양한 학습 경험을 사용할 수 있다는 원리다. 특정 교육목표를 달성하는 데에는 거의 한도가 없을 정도의 다양한 교육내용이 있을 수 있다. 따라서 교사에게 학습 지도안을 계획하는 데 있어 무한한 창의성의 폭을 제공한다. 즉, 틀에 박힌 획일적인 교육내용에서 벗어나 다양하고 독창적이며 생동감 넘치는 수업을 진행할 수 있는 기회를 부여해 준다.
- 동경험 다성과의 원리: 한 가지 교육내용은 한 가지 학습 성과를 가져오는 것이 아니라 동시에 여러 가지 목표를 달성하게 하거나 여러 가지 학습 성과를 가져온다는 것으로 동시학습의 원리라고도 한다. 예를 들어, 육상 능력을 신장시키는 교육내용은 건강 증진은 물론 다른 운동 능력을 신장시키는 데 도움을 준다.

3) 교육내용의 조직

선정된 교육내용 사이의 관계는 수직적 관계와 수평적 관계의 두 가지로 구분된다. 여기서 수직적 관계는 계속성과 계열성을 말하며, 수평적 관계는 통합성을 말한다. 교육내용을 조직하는 데 고려해야 할 원리를 제시하면 다음과 같다.

- 계속성(연속성)의 원리: 교육내용들의 수직적인 배열에서 동일한 교육내용이 계속적으로 반복되는 상태를 말한다. 즉, 내용을 조직함에 있어서 중요한 개념, 원리, 사실 등의 학습이 어느 정도 반복하여 이루어지도록 하기 위한 조직원리다. 한두 번의 학습 경험만으로는 의미 있는 학습 성과를 거두기 어렵기 때문이다. 따라서 동일한 개념이나 지적 기능 또는 가치에 학습자가 계속적으로 노출되어야 학습 경험들의 누적적인 효과를 기대할 수 있다. 이런 의미에서 타바(H. Taba)는 계속성을 누적 학습과 동의어로 쓰고 있다.

- 계열성의 원리: 계열성은 계속성과 함께 교육내용 조직의 종적 관계이자 교육내용의 전후관계를 뜻한다. 계열성에서는 단순한 반복이 아닌 전후 내용 간의 관계, 확대, 심화가 강조된다. 즉, 동일한 내용이 단순히 반복되는 수준을 넘어서서, 그 내용이 좀 더 넓고 깊은 의미가 심화될 수 있게 조직된 특징을 계열성이라고 할 수 있다. 브루너는 계열성의 기준을 나선형 조직이라는 개념으로 전개하고 있다. 이것은 동일한 계열의 교육내용이 계속적으로 반복하여 나타나되 좀 더 심화되고 확충된 맥락 속에서 나타나야 한다는 것이다. 예를 들어, 고려왕조에 대한 내용을 초등학교와 중학교에 반복적으로 제시할 때에는 계속성의 원리이지만, 초등학교에서는 고려왕조의 설립 사실만을 제시하고 중학교에서는 역사적 의미까지 제시할 때에는 계열성의 원리가 될 것이다.
- 통합성의 원리: 통합성은 교육내용의 수평적인 조직과 관련하여 지켜져야 할 문제로, 여러 가지 교육내용을 그 횡적인 관계에서 상호 연결 · 통합함으로써 보다 효율적인 학습과 성장 · 발달을 촉진할 수 있도록 조직하자는 원리다. 그렇지 않으면 교육내용 사이에 불균형을 가져와 내용의 중복, 누락 등의 모순을 가져오게 될 것이다. 예를 들어, 수학과에서 사칙연산을 학습한다면 그것이 수학에만 국한된 학습이 아니라 자연이나 사회 과목에서도 효과적으로 활용되고 관련 지어져 사칙연산의 원리에 대한 더욱 폭넓은 이해와 통합된 의미가 학습되도록 해야 할 것이다.

4) 교수-학습 과정

교육과정을 계획하는 데 있어서 교육목표가 설정되고 교육내용이 선정 · 조직되었다고 해서 그것을 그대로 수업으로 전개시킬 수는 없다. 단원의 설정과 전개에 관한 계획을 세워 교수-학습 활동을 실천해야 한다.

단원계획은 학생들에게 제공되는 구체적인 계획으로서 '단원전개 계획' '단원전개안' '수업안' '학습지도안'이라고도 부른다. 흔히 단원이란 교육과정을 구성하는 최소 단위의 구조로서 통일성, 단일성, 전체성, 통합성을 지닌다. 단원계획이란 자료 단원을 참고로 하여 학습 단원을 작성하는 과정을 말한다.

단원을 계획한다는 것이 수업을 준비하기 위하여 수업안을 작성하는 것이라면 단원의 전개는 계획된 단원을 학습자에게 가르치거나 또는 학습을 시키기 위해서 입안된 것을 교육 현장에서 전개해 가는 것, 즉 교수-학습 과정이라고 할 수 있다. 교수-학습 과정은 학습지도로 표현되어 온 개념이다. 일반적으로 단원의 전개방식은 도입-전개-정리-평가의 4단계에 준하고 있는데 각 단계에 대해 살펴보면 다음과 같다.

첫 번째로 도입단계에서는 학생의 흥미를 유발시키고 선행학습 정도를 확인한다. 교사는 학생들에게 동기를 유발할 수 있는 기술이 필요하고 학습목표를 명확하게 인식시킬 필요가 있다. 두 번째로 전개단계에서는 교사와 학생의 교수-학습 활동이 구체적으로 이루어진다. 이 단계에는 여러 가지 활동방법이 가능하므로 교사가 사전계획에서 미리 활동의 성격에 따라 분류하는 것이 효과적이다. 세 번째로 정리단계는 전개된 학습내용을 정리하고 개관하는 단계로, 개개의 학습내용을 결합하고 조직하여 종합한다. 즉, 정리단계는 모든 학습 결과를 종합하여 결론이나 원리를 끄집어내고 검토하는 일종의 종합 및 완결의 단계다. 마지막으로 평가단계는 학습 결과에 대한 평가를 하는 단계로, 단원목표의 달성도를 확인 · 반성한다. 여기서 얻어진 정보는 다시 피드백시켜 후속적인 단원전개 활동을 개선 · 보완하는 데 활용한다.

5) 교육평가

교육과정 구성요소의 마지막 단계는 교육평가인데, 이는 두 가지 측면에서 이루어져야 한다. 하나는 교육과정 자체에 대한 평가이고, 다른 하나는 학생의 학업성취에 대한 평가다.

교육과정 평가는 교육목표 설정에서 교육내용의 선정 및 조직, 교수-학습 과정, 교육평가 자체에 대한 평가를 의미한다. 만일 교육목적이 철학적 관점, 사회적 측면, 학습자의 발달 및 필요, 교과 자체의 관점에서 보아 타당하게 설정되지 못하였으면 평가 결과가 교육목적의 수정에 대한 자료로 투입되어야 한다. 이 밖의 교육과정 구성요소에도 평가 결과는 그 수정 · 개선이나 교정을 위해 투입되어야 한다. 이러한 계속적인 평가과정을 통해 교육과정 구성의 각 요소들은 수정되고 상호 밀접한 관련을 가지게 된다(오만록, 2002).

교육평가의 또 하나의 측면인 학생의 학업성취에 대한 평가는 주로 총합평가에 의해 학생들의 성취도를 확인 · 반성하는 평가를 지칭한다. 이에 대해서는 제7장 '교육평가'에서 자세히 다루고 있으니 참조하기 바란다.

학습과제

1. 학교에서 경험했던 공식적 교육과정과 잠재적 교육과정 그리고 영교육과정에 대한 예를 들어 보시오.
2. 학문중심 교육과정에서 강조하고 있는 지식의 구조란 무엇인지 설명해 보시오.
3. 최근 구성주의 교육과정이 강조되고 있는데 그 특징을 정리해 보시오.
4. 타일러 모형은 대표적인 교육과정 이론입니다. 타일러의 교육과정 개발 절차를 그림으로 정리해 보시오.
5. 교육과정 이론에서 개념적 경험주의와 재개념주의가 전통주의와 다른 점을 비교하시오.
6. 초 · 중 · 고등학교에 있는 공통 교과목 하나를 선정하여 교육내용의 선정 및 조직의 원리가 적용되고 있는지 정리해 보시오.

제7장

교육평가

학습목표

1. 교육평가의 관점으로서 '측정관'과 '평가관'을 구분하여 설명할 수 있다.
2. 교육평가의 정의와 기능을 설명할 수 있다.
3. 교육평가의 유형을 분류하여 비교·설명할 수 있다.
4. 교육평가의 절차와 평가도구의 조건에 대해 설명할 수 있다.

제7장
교육평가

제1절 교육평가의 의미

교육평가란 어떤 교육의 가치를 판단하는 것으로서 교육의 질을 판단하는 행위라고 할 수 있다. 따라서 교육평가는 교육의 질이 무엇이며, 평가의 기능을 어느 범위까지 확대해야 할 것인가에 대한 답을 찾아가는 것이라고 할 수 있다. 교육평가에 대한 관점으로 측정관과 평가관에 대해 살펴보고자 한다. 그리고 교육평가의 정의를 크게 목표달성, 의사결정, 가치판단 중심으로 분류하고, 교육평가의 기능에 대해 살펴보고자 한다.

1. 교육평가의 발달

1) 측정관

측정관(measurement)은 가장 먼저 출현한 교육평가관으로서 초기 실험심리학자들이나 심리측정 이론가들에 의해 발전되었다. 교육측정의 선구적인 학자인 미국의 손다이크(E. L. Thorndike)는 '존재하는 것은 모두 양(量)으로 존재한다. 그러므로 모든 것은 측정할 수 있다.'라는 명제를 내세우면서 교육측정 운동에 나섰다. 그는 1919년 '손다이크 필법척도(Thorndike's hand writing scale)'를 제작하였다(오만록, 2002).

측정관에서는 이 세상에 존재하는 모든 실재는 인간의 인식과 독립된 객관적 형태로 존재하는 안정성이 있다는 가정을 한다. 따라서 인간의 행동 특성도 고정적이고 불변적이라는 가정 아래서 양적 형태로 번역되고 규준적 자료(normative data)와 관련시켜 의미가 부여된다(박도순, 홍후조, 2002).

측정이란 어떤 대상이나 사건에 대하여 체계적으로 숫자를 부여하는 것, 즉 정확히 재어서 객관적인 형태로 수량화하는 양적 기술을 의미한다. 이를 위해서는 측정도구가 필요하다. 키를 재기 위해서 자가 필요하고 무게를 재기 위해서는 저울이 필요하듯, 학업 성취도나 지능을 측정하기 위해서는 학력검사지나 지능검사지가 측정도구로 필요하다. 예를 들어, 거리 70km, 몸무게 52kg, 수학 88점, IQ 116 등이 측정의 결과에 해당된다.

측정관에 대한 일반적인 특징을 정리하면 다음과 같다. 첫째, 측정은 평가자의 주관적 판단을 배제하고 객관적으로 표현할 수 있다는 장점을 갖는다. 하지만 측정도구가 얼마나 오차 없이 정확하게 재어 주느냐의 문제가 있기 때문에 측정에서는 측정 대상에 대해 일관된 양적 표현을 산출해 내기 위해 좀 더 신뢰할 수 있는 측정도구를 개발하고 그 결과를 분석하는 데에 초점을 둔다. 따라서 측정관에서는 평가도구의 신뢰도를 강조한다. 둘째, 교육평가를 학생들의 능력에 따라 서열화하여 우수한 인재를 선발할 목적으로 사용하는 선발적 교육관에 기초한다. 선발적 교육관이란 교육에서 성공하는 학생과 실패하는 학생이 존재하기 마련이라는 전제를 가지고, 소수 학생들만이 원래 의도한 교육목표 수준에 도달할 수 있다고 믿는 교육관이다. 셋째, 측정된 수치 자체는 어떤 의미나 가치를 갖지 않는다. 측정 결과는 측정 대상이 속한 집단에서의 비교를 통해 판단되거나 혹은 목표의 도달 여부로 판단된다. 전자는 규준지향평가라 하고, 후자는 준거지향평가라 한다. 넷째,

측정관에서 얻어진 결과는 주로 분류, 예언, 실험에 활용된다. 따라서 보다 유용하고 정확한 측정단위를 요구하고, 가능하면 여러 개의 측정을 종합해서 단일 점수나 지수로 표시함으로써 그 예언의 능률을 올리려고 한다.

2) 평가관

1930년대에는 이러한 교육측정의 한계가 점차 지적되면서 반성기에 접어들게 되었다. 타일러(R. Tyler) 등의 제안으로 시작된 평가관은 1936년경부터 교육측정이라는 용어 대신에 교육평가라는 용어를 사용하기 시작하였는데, 이러한 운동은 1940년대 진보주의 교육사상에 힘입어 적극적으로 파급되기 시작하였다(오만록, 2002).

평가관(evaluation)에서는 인간의 행동 특성은 안정성이 없고 언제나 변화한다는 것을 강조한다. 여기서 변화란 자연적인 변화가 아니라 교사가 교수나 교육과정을 통해 구체적으로 의도했던 학생들의 변화를 의미한다(박도순, 홍후조, 2002).

평가란 측정보다 더 넓은 개념으로 양적 기술의 측정뿐만 아니라 질적 기술을 포함하며, 더 나아가 양적 · 질적 기술에 대한 가치판단까지 포함한다. 평가(evaluation)를 e(밖으로)와 valuate(가치를 평가해 내다)의 결합으로 보면 어떤 대상이나 사건의 가치를 밖으로 끌어내는 것을 평가라고 할 수 있다. 예를 들어, 수학 88점은 측정의 결과이지만, 이 수학 점수가 어떤 학급에서는 우수한 실력으로 평가받을 수도 있고 어떤 학급에서는 보통 수준의 실력으로 평가받을 수도 있다. 이처럼 측정된 수치에 가치를 부여하는 행위까지 통틀어 평가라고 한다.

평가관에 대한 일반적인 특징을 정리하면 다음과 같다. 첫째, 가장 큰 관심은 평가되어야 할 구체적인 목표나 내용이 적절하게 정의되고 평가도구가 그것을 얼마나 제대로 측정하고 있는지에 관한 것이다. 따라서 평가관에서는 평가도구의 타당도를 강조한다. 둘째, 모든 학생에게 적절한 교수-학습 활동이 제공된다면 누구나 주어진 학습목표에 도달할 수 있다고 믿는 발달적 교육관에 기초한다. 셋째, 오차 없이 정확하게 재는 양적 기술에 관심을 갖는 측정에 가치판단을 부여해 질적 기술까지 더한 것이 평가이므로 측정보다 더 폭넓은 의미를 내포하고 있다고 볼 수 있다. 넷째, 평가에서 얻어진 결과는 교수-학습 개선의 목적으로 활용된다. 만일 의도하는 학습목표를 달성할 수 없다면 학생의 책임보다 교사와 학교 및 교육 당국의 책임이 더 크다고 보기 때문에 모든 학생이 목표에 도달할 수 있도록 적절한 학습방법을 제공하고자 하는 평가활동이 강조된다.

2. 교육평가의 정의 및 기능

1) 교육평가의 정의

교육평가란 학습자의 행동변화 및 학습과정에 관한 제반 정보를 수집하고 이용함으로써 교육적 의사결정을 내리는 데 도움을 주거나 더 나아가 의사결정을 내리는 과정이라 말할 수 있다. 여기서 의사결정은 교육적인 가치를 판단하는 일로 이해될 수 있다. 예를 들어, 어떤 학생의 수학 점수가 70점일 때 그 점수는 측정 점수에 지나지 않으며, 상대평가 관점에서 몇 등인지, 또는 절대평가 관점에서 설정된 학습목표에 충분히 도달된 점수인지 미달된 점수인지 또는 지난번 시험보다 향상된 점수인지 아닌지에 대한 가치가 부여될 때 비로소 평가가 이루어졌다고 할 수 있다.

지금까지 교육평가에 대한 개념은 학자들에 따라 다양하게 정의되어 왔다. 변창진 등(1996)은 가치판단론적 정의, 의사결정론적 정의 그리고 통합절충론적 정의로 구분하여 정리하였다. 채선희는 목표 달성도 확인, 의사결정을 위한 정보 제공 그리고 가치의 판단으로 구분한 바 있다(김재춘 외, 2005). 김진규는 목표달성 중심, 의사결정 중심 그리고 가치판단 중심 정의로 구분하였다(김진규, 2008). 이러한 교육평가에 대한 주장들을 종합해서 목표달성으로서의 교육평가, 의사결정으로서의 교육평가, 가치판단으로서의 교육평가라는 세 가지 입장으로 나누어 살펴보고자 한다.

(1) 목표달성으로서의 교육평가

가장 전통적이고 고전적인 정의인 목표달성으로서의 교육평가는 교육목표가 실현된 정도를 밝히는 과정으로 정의하는 입장이다. 대표적인 학자인 타일러는 교육평가를 "설정된 교육목표에 따라 적합한 교육내용이 교수되고, 이러한 교육과정을 통해 실제로 교육목표가 실현된 정도를 가늠하는 과정"이라고 정의한다.

목표달성으로서의 교육평가는 미리 설정하여 놓은 교육목표를 평가의 기준으로 하여 교육과정 및 수업을 통해 획득된 성과를 측정하는 것을 교육평가의 초점으로 삼는 것이 특징이다. 예를 들어, 학교에서 학업 성취도를 평가한다든지 학교경영 목표를 설정한 다음 그것을 기준으로 경영전략과 그 성과를 평가하는 것은 이 정의에 입각한 평가다(김진규, 2008).

목표달성으로서의 교육평가는 교육 성과에만 주로 관심을 가지므로 목표달성 과정 중 목표로 설정되지 않는 부분에 대한 부수적인 교육 효과를 평가할 수 없다는 점, 그리고 측정하기 어려운 경험, 태도, 감정변화 등은 목표를 달성했는지 객관적으로 평가하기 어렵다는 점 등의 한계점을 지니고 있다.

(2) 의사결정으로서의 교육평가

의사결정으로서의 교육평가란 교육과 관련된 의사결정을 내리는 데 필요한 정보를 수집하는 활동이나 과정으로 정의하는 입장이다. 대표적인 학자로는 크론바흐와 스터플빔을 들 수 있다. 크론바흐(L. Cronbach)는 교육평가를 "교육 프로그램의 개선을 위한 의사결정을 내리는 데 필요한 정보를 수집하거나 이용하는 과정"이라고 정의하며, 스터플빔(D. L. Stufflebeam)은 평가를 "의사결정자에게 유용한 정보를 제공함으로써 의사결정을 돕는 과정"이라고 정의한다.

의사결정으로서의 교육평가에서는 평가의 결과가 교육의 개선과 발전에 활용되어야 하고, 합리적인 의사결정을 돕기 위해 평가 결과가 활용된다는 것이 특징이다. 이 관점은 교육평가의 범위를 교육 관련 의사결정에 필요한 정보를 제공하는 것으로만 제한하고, 최종적인 의사결정 자체는 교육평가의 영역을 벗어나는 것이라 간주한다. 즉, 평가자와 의사결정자의 역할 분리에 초점을 둔다.

우등상을 수여하기 위한 학생 선정, 상급학교에 진학하기 위한 학생 선발, 새로운 교육 프로그램의 도입 등이 그 예라 하겠다. 즉, 평가자는 우등생이나 상급학교 진학생을 결정하는 데 필요한 정보를 수집하여 제공하고, 최종적인 결정은 해당 의사결정자가 내려야 한다고 보는 입장이다(김재춘 외, 2005). 하지만 의사결정으로서의 교육평가는 실제로 정보수집 활동과 의사결정 행위를 구분하기 어려운 상황에 대한 설명이 부족하다는 한계를 지니고 있다.

(3) 가치판단으로서의 교육평가

가치판단으로서의 교육평가란 전문가의 전문적인 지식과 기술을 바탕으로 평가 대상의 가치를 체계적으로 판단하는 활동으로 정의하는 입장이다. 대표적인 학자로는 스크리븐(M. Scriven)과 스테이크(R. Stake)를 들 수 있다. 스크리븐은 교육목표를 사전에 알게 되면 의식적이든 무의식적이든 그 목표에 근거해서 판단하려 하기 때문에 목표 이외의 다른 유용한 기준도 반영해서 종합적으로 판단해야 함을 강조하는 탈목표(goal-free) 평가를 주장한다. 스테이크는 교육의 전체적인 실상을 평가하는 것을 강조하면서, 평가자는 평가 대상을 종합적으로 완벽하게 관찰해서 충실하게 기술하는 동시에 판단해야 한다고 주장한다.

가치판단으로서의 교육평가는 교육과 관련된 어떤 대상의 장점, 질, 가치 등을 판단하는 과정과 그 산물을 교육평가로 보고 평가자의 전문적 판단에 초점을 두면서 최종적인 판단 행위를 강조하고 있는 것이 특징이다. 예를 들어, 현재 우리나라에서 실시되고 있는 대학평가제도와 초·중등학교 평가는 전문가 판단을 중시하는 이 정의에 입각한 평가다.

이 교육평가에서는 평가자의 정보수집 활동이 최종적인 판단을 내리는 데 수반되는 과정으로서 의미를 지닌다. 가치판단으로서의 교육평가는 앞선 두 입장에 비해 교육평가 현상을 설명하는 가장 포괄적인 개념 정의다.

2) 교육평가의 기능

교육평가의 기능은 보는 시각에 따라 다양하다. 학교교육에서의 교육평가의 역할로 국한하여 다양한 기능을 정리하면 다음과 같다.

첫째, 학업 성취도 확인의 기능이다. 교육이 인간 행동의 계획적인 변화로서 일종의 목표 지향적 활동이라고 보면, 교육활동에 의해 학습자가 목표에 어느 정도 도달했는지는 학업 성취도를 확인하는 데서 가능해진다. 즉, 평가는 교육적 성과나 미리 설정한 교육목표의 달성 정도를 확인하기 위한 기능을 수행한다. 물론 교육적 성취를 확인하고 난 후에는 그 결과에 따라서 학습자를 분류하거나 전체적인 교육의 과정을 개선하기도 한다.

둘째, 분류 및 선발의 기능이다. 교육활동이 이루어진 후 학업 성취도를 확인하고 나면 그 결과에 따라서 학습자에게 일정한 점수를 부과하고 석차나 등급을 매긴다. 이것은 평가가 갖는 분류의 기능이라고 할 수 있다. 이러한 분류의 결과는 상급학교 진학이나 취업을 결정하는 데 중요한 자료로 활용되기에 상급학교나 직업 세계에서는 평가 자료를 근거로 인재를 선발한다. 이것은 평가가 갖는 선발의 기능이라고 할 수 있다.

셋째, 학습 곤란점 진단의 기능이다. 평가는 개개 학습자 또는 한 학급 전체가 직면하고 있는 학습 곤란점을 진단하는 기능을 한다. 교육평가가 개개 학생이 학습에 곤란을 느끼는 과제의 내용을 구체적으로 확인하도록 하고, 더불어 학습 곤란의 원인이 학습 자체에 있는 것인지, 지능이나 적성과 같은 기본 능력의 부족 때문인지, 또는 정서적 불안정 때문인지를 진단한다면, 교육의 과정은 한결 구체화되면서 원활한 관계로 조정될 수 있을 것이다(박도순, 2007).

넷째, 교육 프로그램의 교육적 효과에 대한 평가 기능이다. 교육 프로그램이란 교육과정, 수업 계열과 절차, 수업 자료, 학급조직 등이 통합된 개념이다. 이러한 교육 프로그램에 의해 학업 성취도 결과가 발생하는데, 이는 교육 프로그램의 질을 나타내는 것이다. 교육 프로그램의 평가를 평가의 중요한 기능으로 포함시키는 이유는 그 결과를 확인하여 프로그램의 질적 개선을 위한 시사를 받을 수 있기 때문이다. 예를 들어, 초·중등학교 평가, 대학평가, 시·도 교육청 평가 등이 교육 프로그램의 평가에 해당된다.

다섯째, 교육정책 수립에 대한 지침 제공의 기능이다. 평가는 교육의 제반 문제를 이해하고 올바른 교육정책 및 일반 정책을 수립하는 데 도움을 주는 기능을 한다(김대현, 김석우, 2005). 전국적 평가 연구나 국제 학력비교 연구 등을 통해 전체 학습자 또는 국민이 꼭 습득해야 할 기본적 능력이 어느 정도인가를 확인할 수 있는데, 이는 교육정책의 방향을 수립하는 데 도움을 줄 수 있다. 다시 말해, 전국단위의 초·중·고등교육은 물론 일반 사회교육을 평가하는 것도 교육평가의 기능 중 하나다.

제2절 교육평가의 유형

교육평가의 유형이 그 분류방식에 따라 다양하지만, 여기에서는 학교 현장에서 일반적으로 등장하는 평가 유형에 한정하여 논의하고자 한다. 평가 시점에 따라 진단평가, 형성평가 그리고 총괄평가로, 평가 기준에 따라 규준지향평가와 준거지향평가로, 그리고 평가 대상에 따라 능력참조평가와 성장참조평가로 구분하여 살펴본다. 더불어 대안적 평가방법으로서 수행평가에 대해 살펴보고자 한다.

1. 평가 시점에 따른 유형

1) 진단평가

진단평가란 학년이나 학기 혹은 단원이 시작되는 시기에 학생들의 수준을 파악하기 위하여 실시하는 평가다. 진단평가는 교수-학습이 시작되기 전에 학습자가 소유하고 있는 특성을 체계적으로 측정하는 행위로, 학습자들의 능력과 특성을 사전에 파악하여 교육 목표 및 계획을 수립하는 데 그 목적이 있다.

의사가 환자에게 맞는 처방을 내리기 위하여 환자의 병력, 증상 등을 확인하고 각종 검사를 실시하는 것과 같이, 진단평가는 학습자의 특성을 파악하여 학생에게 맞는 적절한 수업을 전개하기 위한 일종의 학생 개개인의 진단이다. 진단평가는 학습장애의 원인을 분석하고 진단하는 학습장애 진단평가와 특정 단원의 학습에 필요한 선행 지식을 확인하는 선행지식 확인평가로 나뉜다(박도순, 2007).

진단평가의 예로는 수업시간 전에 실시하는 쪽지검사 또는 퀴즈, 수업을 실시하기 전에 복습 여부를 묻는 질문 등이 있다. 진단평가를 위한 평가도구로는 준비도 검사, 적성검사, 자기 보고서, 관찰법 등의 다양한 평가도구가 사용될 수 있다.

이상의 관점에서 진단평가의 주요 기능을 정리하면 다음과 같다.

- 학습과제와 관련하여 선행학습의 결손을 진단하고 그에 대한 교정과 보충학습을 위한 평가다. 교사는 모든 학생이 동일한 출발점에 도달하여 있는 것처럼 가정하기 쉽다. 그러나 예진적 기능으로서의 진단평가를 하면 개개 학생의 학습 위치를 정확하게 파악하여 올바른 출발점에서 학습지도를 시작할 수 있다.
- 학습자의 학습과제에 대한 사전 습득 수준을 알기 위한 평가다.
- 학습자의 흥미, 성격, 학업성취 및 적성 등에 따른 적절한 교수 처방을 내리기 위한 평가다.
- 교수변인 외의 조건과 관련된 학습부진의 원인들, 즉 수업과 직접적인 관련성이 없으면서도 학습 실패의 원인이 되고 있는 여러 가지 학습장애 요인을 밝히는 평가다.

2) 형성평가

형성평가는 학습 및 교수가 진행되고 있는 유동적인 상태에서 학생에게 피드백을 주고 교육과정과 수업방법을 개선하기 위해 실시하는 평가로 정의할 수 있다. 형성평가는 학생들의 학습 진행 속도를 조절하고, 학생의 학습에 대한 강화 역할을 하며, 학습 곤란을 밝히는 데 큰 도움을 주며, 교사의 학습지도 방법을 개선하는 데 도움을 주는 기능을 한다. 또한 형성평가를 통해 교수-학습 과정 중에 가르치고 배우는 내용을 학습자들이 얼마나 잘 이해하고 있는지를 수시로 점검하고, 학습자들의 수업 능력, 태도, 학습 방법 등을 확인함으로써 교육과정을 개선하고 교재의 적절성을 확인할 수 있다.

형성평가의 예는 수업을 진행하는 과정에서 수시로 가벼운 질문을 하거나 쪽지시험 또는 숙제를 부여함으로써 계획대로 학습이 이루어졌는지, 예기치 못한 문제가 발생했는지의 여부를 점검하는 것이다. 또한 교사의 설명에 대한 학습자의 반응, 즉 고개 끄덕임, 눈 반짝임, 지루함의 표현 등이 해당된다. 형성평가를 위한 평가도구로는 교사의 자작검사가 주로 이용되지만 교육전문기관에서 제작한 검사가 이용될 수도 있다.

이상의 관점에서 형성평가의 주요 기능을 정리하면 다음과 같다.

- 학생들의 학습 진행 속도를 조절하게 해 준다. 형성평가는 수시로 실시하므로 개개 단원의 학습을 뒤로 미루지 않고 제때에 진행해 나가도록 할 수 있다.
- 학습자의 학습에 대한 강화의 역할을 한다. 형성평가에서 높은 성취를 보인 학생은 현재 학습에서 성공하고 있다는 사실 자체가 정적 강화를 주기 때문에 계속해서 학습에 열중할 수 있는 동기부여가 된다.
- 학습 곤란을 진단하고 교정한다. 그 시간의 학습목표를 준거로 실시하므로 어떤 부분을 더 학습해야 하는지, 어떤 부분에 어려움을 겪고 있는지를 발견하여 교정해 나갈 수 있다.

- 교수방법의 개선에 이바지할 수 있다. 형성평가를 통하여 교사는 자신의 교수방법에 대한 단점을 구체적으로 분석하고 개선할 수 있다.

3) 총괄평가

총괄평가란 단원, 학기, 학년이 종료되었을 때 학생들의 학업 성취도를 총괄적으로 평가하여 수업활동의 효율성에 대한 판단을 내리는 평가다. 이처럼 총괄평가란 교수-학습이 끝난 다음 교수목표의 달성, 성취 여부를 종합적으로 판정하는 평가 형태로 총합평가라고도 한다.

총괄평가는 형성평가를 통해 수정·보완을 되풀이한 다음 최종적으로 완성된 교육과정이나 프로그램의 종합적인 성과 및 효율성을 다각적으로 판단하기 위해 실시한다. 총괄평가는 형성평가와 달리 자주 실시하지 않고, 학기말 또는 학년 말에 1~2회 정도 실시한다.

총괄평가의 예로는 중간고사나 학기말 고사의 경우, 미술시간에 완성된 작품을 평가하는 경우 등이 있다. 총괄평가를 위한 평가도구는 교육목표 성격에 의해 결정되며, 교사 자작검사, 표준화 검사, 작품평가 방법 등이 사용된다.

이상의 관점에서 총괄평가의 주요 기능을 정리하면 다음과 같다.

- 학습자의 성적을 결정한다. 전체 과목이나 중요한 학습내용에 대한 교수의 효과가 어느 정도인지를 판단하여 그 결과로서 성적을 내고 평점을 주어 서열을 결정한다.
- 현재의 성적을 근거로 학습자의 미래 성적을 예측하는 데 도움을 준다. 일반적으로 현재의 학업 성적은 미래의 학업 성적과 높은 상관관계를 가지고 있기 때문에 학습자 개개인의 미래의 성적을 쉽게 예측할 수 있다.
- 집단 간에 성적을 비교할 수 있는 정보를 제공해 준다. 학습자 집단 간의 종합적인 학습 성과를 교수방법 유형이나 학습 자료의 종류 등과 관련시켜 비교·분석함으로써 학습 성과에 대한 정보를 수집할 수 있다.

• 학습자의 자격을 인정하기 위한 판단의 역할을 한다. 학습자가 지닌 기능이나 능력, 지식이 요구하는 정도의 자격에 부합하는지를 인정하기 위한 판단을 할 경우에 총괄평가의 결과는 큰 도움이 된다.

2. 평가 기준에 따른 유형

1) 규준지향평가

규준지향평가(norm-referenced evaluation)는 한 학생이 받은 점수가 다른 학생들이 받은 점수에 의해 상대적으로 결정되는 평가방식이다. 규준이란 원점수의 상대적 위치를 설명하기 위해 쓰이는 척도로서 모집단을 대표하기 위해 추출된 표본에서 산출된 평균과 표준편차로 이루어진다. 이처럼 절대적 기준이 없고 학생들이 획득한 점수의 평균 혹은 미리 정해 놓은 등급의 비율에 따라 개개 학생들이 시험에서 받은 점수의 가치를 상대적으로 결정되기 때문에 흔히 상대평가라고도 한다. 따라서 규준지향평가에서 원점수 자체는 어떤 의미를 갖지 못한다. 자신이 속한 집단에서 다른 학생들이 얼마나 성취했느냐의 수준에 의해 영향을 받기 때문이다.

예를 들어, 수학 점수 88점이 어떤 학급에서는 1등이지만 어떤 학급에서는 중간 정도의 위치가 될 수 있기 때문에 원점수 88점은 아무런 의미가 없다. 단지 몇 등인지 또는 상대적 위치가 어디인지가 의미를 갖는다. 따라서 규준지향평가는 선발을 목적으로 평가하는 경우에 유용하게 사용될 수 있다.

일반적으로 규준지향평가의 특징은 다음과 같다.

• 선발적 교육관에 기초한다. 교육평가를 학생들의 능력에 따라 서열화하여 우수한 인재를 선발할 목적으로 사용하는 것이 선발적 교육관이다. 이 교육관에서는 교육에서 성공하는 학생과 실패하는 학생이 존재하기 마련이라는 전제를 가지고 소수 학생들만이 원래 의도한 교육목표

수준에 도달할 수 있다고 믿는다.

- 검사 점수의 분포가 정상분포곡선(normal distribution curve)으로 나타나는 것을 전제로 한다. 규준지향평가에서는 높은 점수나 낮은 점수 쪽에 학생이 편포될 경우 잘못된 평가로 받아들이며, 평균을 중심으로 좌우 대칭 형태의 정상분포곡선을 기대한다.
- 개인차 변별이 가능하다. 규준지향평가는 일반적으로 평가도구의 객관성과 엄밀한 성적표시 방법을 채택하여 여러 개인의 상대적인 비교를 기초로 하여 이루어지는 평가이므로 개인차 변별이 가능하다.
- 평가도구의 신뢰도를 강조한다. 규준지향평가는 학생들의 개인차를 얼마나 오차 없이 정확하게 측정하였는가에 중점을 둔다.

2) 준거지향평가

준거지향평가(criterion-referenced evaluation)는 주어진 학습목표를 달성했는지의 여부에 관심을 갖는 평가방식이다. 주어진 학습목표를 평가의 준거로 삼아 그 도달 여부와 정도를 확인 · 점검하기 때문에 준거참조(기준)평가 또는 목표지향평가라고 한다. 규준지향평가의 경우 집단에서의 비교를 통해서만 학생들의 성취 결과가 의미를 가진다면, 준거지향평가의 경우는 학생들의 성취 결과가 그 자체만으로 학생의 능력을 평가하는 절대적인 의미를 가지기 때문에 흔히 절대평가라고도 한다.

준거지향평가는 일종의 자격고사로서 운전면허시험, 간호사나 약사 자격시험 등에서와 같이 최소한의 성취목표를 설정해 놓고 그것을 기준으로 목표 도달-미달 집단으로 나누어 목표도달 집단에게 자격증을 부여하는 경우에 많이 활용된다. 또한 교육 현장에서도 학생들이 일정한 목표에 도달했는지의 결과를 통해 학생의 학습 결손이나 수준을 진단하고 현재의 교수-학습 과정을 개선해 나가는 데 활용될 수 있다.

일반적으로 준거지향평가의 특징은 다음과 같다.

- 발달적 교육관에 기초한다. 발달적 교육관이란 학습자라면 누구나 그 자신에게 알맞은 교수–학습 기회만 제공될 경우 주어진 학습목표에 도달할 수 있다고 믿는 교육관이다.
- 검사 점수의 분포가 부적 편포(negatively skewed distribution)로 나타나는 것을 전제로 한다. 모든 학생이 설정된 학습목표를 달성해 주기를 기대하기 때문에 검사 점수가 부적으로 치우친 편포곡선이 될 것을 기대한다.
- 개인차는 교육의 누적적 실패에서 오는 결과로, 교육의 작용과 노력에 의해 영(zero)으로 떨어뜨릴 수 있다고 본다.
- 평가도구의 타당도를 강조한다. 원래 측정하려고 의도했던 교육목표를 얼마나 충실하게 측정하고 있느냐에 중점을 둔다.

3) 규준지향평가와 준거지향평가의 비교

규준지향평가와 준거지향평가는 처음부터 어느 것이 옳은가가 아니라 그 목적이 무엇이냐에 따라 사용 여부를 결정해야 할 관계다. 즉, 교육측정을 필요로 하는 학생 선발, 분류를 위한 입시 장면에서나 상대적인 비교의 정보를 필요로 하는 장면에서는 표준점수로 검사 결과를 해석하며 비교할 수 있는 규준지향평가가 가장 강력한 평가체계가 될 것이다. 그러나 교육 효과의 확인을 통하여 교육 자체의 개선을 목적으로 하는 평가 장면에서는 준거지향평가가 가장 강력한 평가체계가 될 것이다.

준거지향평가와 규준지향평가의 특성을 비교하면 〈표 7–1〉과 같다.

〈표 7-1〉 준거지향평가와 규준지향평가의 비교

평가 유형 / 비교 기준	규준지향평가 (상대평가, 규준참조평가)	준거지향평가 (절대평가, 준거참조평가, 목표지향평가)
개념	집단 구성원들의 점수 결과에 비추어 특정 학생의 등급을 상대적 서열(석차 · 등수)로 나타내는 방법. 따라서 학생들이 무엇을 얼마만큼 알고 있는가에 관심이 있는 것이 아니라, 그들의 상대적 서열을 밝히는 데 관심을 가짐 * 우리나라의 경우 1950년부터 1976년까지의 초 · 중등학교에서 상대평가(한 학급을 단위로 하여 성적이 좋은 순서에 따라 수－10%, 우－20%, 미－40%, 양－20%, 가－10%로 평가)가 주로 실시되었음 * 현재 대학입시 내신성적은 상대평가체제를 적용하고 있음	특정 학생이 주어진 교육목표를 실질적으로 어느 정도 달성했는가(교육목표의 달성도)에 의해 성적을 나타내는 방법. 따라서 학생들이 무엇을 얼마만큼 알고 있는가를 밝히는 데 관심을 가짐 * 우리나라의 경우 1976년 문교부 훈령 제286호로 절대평가로 전환함
이론적 근거	정규분포(학습자의 능력이나 학업성취는 정상분포를 이룬다는 이론적 근거)	부적 편포(학습자들은 효과적인 교육활동에 의해 교육목표를 성공적으로 달성할 수 있다는 이론적 근거)
교육관	선발적 교육관(학생들의 개인차를 밝혀내고 능력의 판정을 위주로 함)	발달적 교육관(인간의 무한한 발달 가능성과 교육 효과에 대한 신념을 강조함)
측정에서의 강조점	신뢰도(대상을 얼마나 오차 없이 정확하게 측정하느냐에 관심) 변별도(학생들의 능력 차이를 얼마나 잘 변별하는가에 관심)	타당도(측정하려고 의도했던 교육목표를 얼마나 충실하게 측정하느냐에 관심)
원점수 해석 기준	규준지향(평가의 기준이 집단의 내부에서 결정됨. 한 집단 속의 여러 개인이 보여 주는 점수들의 평균치를 기준으로 삼고, 그로부터 각 개인의 점수가 얼마나 이탈되었느냐에 따라 새로운 점수, 즉 등위 점수나 석차 점수를 부여함)	준거지향(주어진 학습목표를 학생이 어느 정도 달성하였는가 하는 교육목표의 달성도에 의해 평가가 이루어짐)
평가기준	규준(평균)	준거(학습목표)
검사도구 예	표준화 검사	자격시험
이론모형 예	심리검사모형	학업성취모형

장점	• 개인차의 변별이 용이함 • 교사의 편견 배제 • 외발적 동기 유발에 도움	• 교육 개선을 위한 자료 제공 • 교수–학습 활동의 개선에 도움 • 성공감과 성취감의 경험 • 의미 있는 점수 제공 • 협동학습 조장 • 불필요한 지적 능력의 구분 배제
단점	• 지적 계급주의의 발생 • 다른 집단과의 비교 불가능 • 참다운 학력평가 불가능 • 경쟁의식을 지나치게 조장 • 인간의 발전 가능성과 교육의 효과에 대한 신념을 흐리게 함 • 현대 학습이론에 부합되지 않음	• 개인차의 변별이 어려움 • 외발적 동기 유발에 부적절 • 통계적 활용이 불가능 • 절대 기준의 설정이 어려움

3. 평가 대상에 따른 유형

1) 능력참조평가

능력참조평가(ability-referenced evaluation)란 학생들이 자신의 능력 수준에서 얼마나 최선을 다하였는가에 초점을 두는 평가방법이다. 이는 교육평가가 교수–학습을 극대화시키며 학생들이 긍정적 자아개념을 갖도록 해야 하므로 능력에 비추어 보다 최선을 다한 학생에게 교육적 관점에서 보다 좋은 평가 결과를 부여하는 것이 바람직하다는 이론이다. 이와 같이 능력참조평가는 학생 개인이 지니고 있는 능력을 최대한 발휘하였는가에 관심을 두기에 모든 학생에게 일률적인 평가 기준을 적용하는 것이 아니라 각 학생의 능력과 노력에 따라 개별적으로 평가된다는 특징을 지니고 있다.

능력참조평가는 특정 기능과 관련된 능력의 정확한 측정치에 의존하게 되므로 해당 능력에 국한하여 학습자의 수행을 해석하게 되는 한계가 있지만, 개인을 위주로 각자의 고유한 기준을 참조함으로써 학생 개개인에게 보다 의미 있는 개별화된 평가가 가능하다는 장점이 있다(성태제 외, 2007). 예를 들어, 우수한 능력을 지녔음에도 최선을 다하지 않은 학생과 능력이 낮더라도 최선을 다한 학생이 있을 때, 후자는 비록 성취 수준이 더 낮더라도 평가 결과가 더 좋을 수 있다.

2) 성장참조평가

성장참조평가(growth-referenced evaluation)란 일련의 교수-학습 과정을 통한 성장 · 변화에 관심을 두며 초기 능력 수준에 비해 얼마만큼 능력의 향상을 보였느냐를 강조하는 평가방법이다.

최근 교육을 통한 학생의 변화와 성장에 대한 관심이 증가하고 있는데, 이러한 교육적 상황을 고려해 볼 때 교육평가에서도 상대적 서열이나 준거 점수에 비추어 평가하는 것보다 교육의 진행과정을 통하여 얼마나 성장하였는가에 비추어 평가하는 것이 더 바람직하다는 것이다(성태제 외, 2007).

성장참조평가는 최종 성취 수준에 대한 관심보다는 초기 능력 수준에 비추어 얼마만큼 능력의 향상을 보였느냐를 강조한다. 즉, 이는 사전 능력 수준과 관찰된 시점의 측정된 능력 수준 간의 차이에 관심을 둔다. 그러므로 성장참조평가는 학생들에게 학업 증진의 기회를 부여하고 개인차를 강조하는 특징을 지니고 있다(성태제, 2002). 예를 들어, 중간고사 성적보다 기말고사 성적이 많이 향상된 학생일수록 성장참조평가에서 더 좋은 점수를 받을 수 있다.

4. 수행평가

1) 의미

수행평가(performance assessment)는 수행에 근거하여 관찰과 판단을 통하여 이루어지는 평가를 말한다. 수행은 학습과제 및 문제해결 상황에서 학습자가 보여 주는 구성적 반응으로서 관찰 가능한 학습자의 행동이나 학습의 산출물 및 그 기록물을 뜻한다. 여기서 구성적 반응이란 선택적 반응과

대비되는 것으로 선다형 검사에서와 같이 미리 정해진 답을 제한적으로 선택하는 반응은 배제된다. 이런 차원에서 보면 학생 스스로가 자신의 지식, 기능, 태도 등을 나타낼 수 있도록 답을 구성하거나 발표하거나 산출물을 만들어 내거나 행동으로 나타내도록 요구하는 평가방식으로서 보다 포괄적인 광의의 수행평가 개념과 부합된다. 수행평가는 객관식 평가의 대안으로서 보통 대안적 평가라고 한다.

2) 특징

구성주의 수업환경에서 강조하는 수행평가의 일반적 특징은 다음과 같다 (오만록, 2002).

- 학생이 문제의 정답을 선택하게 하는 것이 아니라 자기 스스로 정답을 구성하거나 행동으로 나타내도록 하는 평가방식이다.
- 추구하고자 하는 교육목표를 가능한 한 실제 상황에서 달성했는지의 여부를 파악하고자 한다.
- 교수-학습의 결과뿐만 아니라 교수-학습 과정도 함께 중시하는 평가방식이다.
- 단편적인 영역에 대한 일회적인 평가보다는 학생 개개인의 변화·발달 과정을 종합적으로 확인하기 위한 전체적이면서도 지속적으로 이루어지는 평가를 강조한다.
- 개개인을 단위로 해서 평가하기도 하지만 집단에 대한 평가도 중시한다.
- 학생의 학습과정을 진단하고 개별학습을 촉진하는 데 그 목적이 있다.
- 학생의 인지적 영역의 행동 특성뿐만 아니라 정의적 영역, 심리운동적(기능적) 영역의 행동 특성에 대한 종합적이고 전인적인 평가를 중시한다.

3) 방법

현재 많이 사용되고 있는 수행평가 방법으로는 서술형(주관식) 검사, 논술형 검사, 실기시험, 실험실습법, 관찰법, 토론법, 구술시험, 면접법, 자기평가 및 동료평가 보고서법, 연구보고서법, 포트폴리오 법 등 다양하다. 이러한 방법들은 새롭게 개발되었다기보다는 학습에 있어서 기존의 권위나 가치관에 대한 수동적인 수용보다는 자기 나름의 세계를 재창조해 가는 과정을 강조하는 근래의 인지심리학을 근거로 하였으며, 창의성이나 문제해결력 등 고등사고 기능을 파악하고 신장하기 위한 교육평가의 방법으로 각광받고 있다고 할 수 있다.

제3절 교육평가의 절차

일반적으로 교육평가의 과정은 교육목표의 확인 및 분석, 평가 장면의 선정, 평가도구의 제작 또는 선정, 평가의 실시 및 결과처리, 평가 결과의 해석 및 활용과 같은 일련의 절차를 통해서 이루어진다. 단계별로 내용을 살펴보면 다음과 같다.

1. 교육목표의 확인 및 분석

1) 교육목표의 확인

모든 교육활동은 교육목표를 설정·진술하는 것에서부터 출발한다. 그리고 모든 교육평가 활동은 이미 설정되고 그에 따라 실천된 교육목표의 달성도와 성과를 확인하는 데 일차적인 의미를 둔다. 따라서 교육평가 활동을 실시하려면 이미 설정되고 실시되었던 교육목표를 정밀하게 확인하는 작업에서 시작되어야 한다. 그러므로 교육목표는 교육활동 자체의 출발점일 뿐만 아니라 교육평가 활동의 출발점이기도 하다(박도순, 홍후조, 2002). 교육평가의 실천 상황에서 보면 교육목표는 이미 설정 · 진술되어 그 달성을 위한 일련의 노력이 지금까지 이루어져 왔으므로 교육평가의 첫 번째 단계에서는 그 목표를 확인하여 이원분류표를 작성하고 분석하는 등의 평가계획이 수립되어야 한다.

2) 교육목표의 분석

교육목표가 제 기능을 다하기 위하여 갖추어야 할 조건은 여러 가지다. 그리고 설정된 교육목표는 수업의 계획과정에서는 물론 교수–학습 활동이 이루어지고 있는 전 과정을 통하여 분명한 방향과 지침을 제공해 준다. 또한 미리 설정된 교육목표는 교육평가 활동을 위한 범위와 기준을 제공해 주기도 한다. 그러므로 교육목표를 구성하는 가장 핵심적인 요소, 즉 내용요소와 행동요소의 차원에서 포괄적 · 종합적으로 분석하는 노력이 필요하다(박도순, 홍후조, 2002). 이러한 방법으로는 제6장에서 언급한 바 있는 이원분류표에 의한 분류, 즉 세로에는 내용요소, 가로에는 행동요소를 교차시켜 목표를 이원적으로 분류하는 방법이 있다.

2. 평가 장면의 선정

1) 자연적 장면과 인위적 장면

평가 장면은 크게 자연적 장면(natural situation)과 인위적 장면(artificial situation)으로 구분할 수 있다. 자연적 장면이란 일상생활의 상태를 말하는데, 이는 자연스러운 상태에서 학생들에게 꾸미지 않은 진솔한 행동이 나타나는 상황을 지칭한다. 자연적 관찰법, 기록물 분석, 제작물 분석, 현장실습 및 실기 등이 그 예다. 따라서 자연적 장면은 학생의 행동을 확인하는 이상적인 평가 장면이 되나 실제적인 어려움이 뒤따른다. 즉, 교사가 평가하려는 행동의 증거가 우연한 기회에 어떤 장소에서든지 일어날 수도 있고, 반대로 학교교육이 끝날 때까지 일어나지 않을 수도 있다(오만록, 2002). 그러므로 필요에 따라서는 인위적 장면이 선정되어야 한다. 교육평가에 있어서 인위적 장면으로는 지필검사, 질문지법, 각종 표준화 검사, 면접, 투사법, 평정척도 등이 있는데, 이는 자연적 장면보다 더 자주 활용되는 것이 보통이다. 따라서 평가 장면이라고 하면 으레 인위적 장면을 생각할 정도다. 그런데 이러한 평가 장면을 선정할 때 가장 고려해야 할 것은 바로 평가하려는 학생의 행동 증거가 자연 상태에서 일어나는 것과 마찬가지로 생생하게 일어날 수 있는 장면을 선정해야 한다는 것이다.

2) 평가 장면 선정 시 고려점

교육목표가 일단 확인되면 그 목표에서 제시하는 내용과 행동이 잘 나타날 수 있는 적절한 평가 장면의 선정이 이루어져야 한다. 여기에서는 이미 설정 · 진술된 교육목표에서 제시된 학생의 행동을 측정 · 평가하기 위해서 어떠한 평가 장면이나 검사 상태가 가장 적절한가를 결정해야 한다. 그리고 무엇보다도 교육목표에 나타난 행동을 제대로 확인할 수 있는 장면을 선정하는 것이 중요하다. 교육목표에 따른 평가 장면은 지적 영역, 정의적 영역, 운동기능적 영역으로 구분할 수 있으며, 평가할 각 행동 특성에 따라 그에 알맞은 평가방법과 평가도구는 다를 수 있다.

앞서 언급한 바와 같이, 평가 장면에는 여러 가지 방법이 포함되므로 한 가지 방법만을 적용하여 학생의 행동 증거를 확인 · 평가하는 것은 바람직하지 않다. 평가의 유일한 방법은 존재하지 않는다는 사실을 명심하고, 여러 방법을 복합적으로 적용하는 것이 최선이 될 수 있으므로 평가 장면은 종합적인 입장에서 고려하고 선정해야 한다.

3. 평가도구의 제작 또는 선정

1) 좋은 평가도구의 조건

좋은 평가도구란 측정 대상의 속성을 제대로 측정하기 위해 측정하고자 하는 목적에 맞아야 하고 정확한 측정 결과를 제시해 줄 수 있어야 한다. 또한 누구라도 그 도구를 사용했을 때 같은 결과를 얻을 수 있어야 하며, 사용하기 편리하고 값싸고 다루기에 간단하여야 한다. 이와 같이 좋은 평가도구의 조건은 1차적 기준으로 타당도와 신뢰도를 요구하며, 2차적 기준으로 객관도와 실용도를 요구한다. 인간의 잠재적 특성을 측정하는 검사도 이와 같은 조건이 충족되어야 좋은 검사도구라고 할 수 있다.

(1) 타당도

타당도(validity)란 평가도구가 측정하고자 하는 구체적인 목표나 내용을 제대로 측정하고 있는가의 정도를 말한다. 이는 '무엇(what)을, 얼마만큼 충실하게 재고 있느냐'의 개념으로 반드시 준거의 개념이 수반된다. 결국 타당도는 무엇에 비추어 본 기준을 중심으로 판가름할 수 있는 것이다.

특정 검사나 평가도구는 마땅히 측정하려고 의도한 내용이나 대상을 제대로 측정할 수 있어야 한다. 예를 들어, 수학 교과의 평가 문항을 제작하여 실시한 시험문제가 수학 이외의 다른 교과 문항을 평가할 경우 타당도가 문제되는 것이다. 또한 학생들의 '자아개념'을 측정하기 위한 평가도구는 다름 아닌 그들의 자아개념을 충실하게 측정할 수 있어야 한다. 평가도구가 실제로 측정하고자 하는 것이 무엇이냐, 어느 정도로 충실하게 그들의 능력이나 특성을 측정하고 있느냐 등의 질문은 바로 타당도와 관련된다.

(2) 신뢰도

신뢰도(reliability)란 평가도구가 측정하려는 것을 얼마나 안정적으로 일관성 있게 측정하느냐 하는 측정의 일관성과 안정성을 의미한다. 이는 곧 한 평가도구가 '어떻게(how), 얼마나 정확하게 측정하고 있느냐'의 문제다.

특정 검사나 평가도구가 인간의 어떤 행동 특성을 측정할 때마다 같은 점수를 얻는다면 신뢰할 만한 검사도구다. 신뢰도는 측정하려는 것을 안정적이고 일관성 있게 오차 없이 측정하는가의 문제다. 오차가 클수록 신뢰도는 낮아진다고 할 수 있다. 그런데 아무리 정밀한 측정이라도 오차가 생길 수 있음을 염두에 두어야 한다. 측정 오차가 생기는 근원은 크게 세 가지로 나누어 볼 수 있는데, 검사의 실시 및 채점 과정에서 생기는 오차, 측정도구에 기인한 오차, 검사 대상에 의한 오차다. 따라서 가능하면 측정 오차가 생기는 근원을 알아봄으로써 그로 인한 변산을 감소시켜 신뢰도를 높이도록 해야 한다.

(3) 객관도

객관도(objectivity)란 평가자 혹은 채점자의 채점에 대한 일관성 정도를 말한다. 하나의 반응 결과에 대해 여러 사람의 채점 및 평가가 일치하는 정도를 채점자 간 신뢰도라 하며, 시간 간격이나 상황의 차이에 관계없이 한 사람의 채점자가 나타내는 일관성을 채점자 내 신뢰도라고 한다.

객관도는 신뢰도의 특수한 경우라고 할 수 있다. 객관식 검사 문항이 아닌 논술형 평가의 경우, 또는 채점에 채점자의 주관적 판단이 포함되는 경우에 객관도는 중요한 문제가 된다. 이때 객관도를 높이기 위해서는 평가도구의 객관화, 평가자의 소양, 평가 기준의 구체화, 다인수 평가, 문항별 채점, 응시자 이름을 가리고 채점 등의 측면이 고려되어야 한다.

(4) 실용도

실용도(usability)란 평가 방법이나 도구의 제작과정뿐만 아니라 시행방법이나 절차, 평가 결과를 채점하거나 분석하기 위해 소요되는 인적 · 물적 자원의 양과 질이 주변 여건에 비추어 실용적인가를 나타내는 정도를 의미한다.

비록 어떤 평가 방법이나 도구의 적합도, 타당도 그리고 신뢰도가 높다고 하더라도 그것을 제작하고 시행하기 위해 소요되는 인적 · 물적 자원의 양과 질이 주변 여건에 비추어 지나치게 많거나 높다면 현실적으로 사용하기란 거의 불가능할 것이다. 이처럼 실용도란 평가방법 실시의 편리성, 비용이나 시간의 경제성, 채점의 용이성, 해석의 용이성과 관련된다. 주어진 여건과 상황에서 실행할 수 있는 적절한 방법이나 도구여야 한다.

2) 평가도구의 제작

평가도구(문항)를 제작하는 것은 간단한 작업이 아니다. 교사는 수업의 목적에 맞는 평가 방법이나 도구를 제작하고 선택할 수 있는 평가 전문능력을 가지고 있어야 한다. 여기에서는 평가도구의 유형을 크게 선택형 문항과 서답형 문항으로 구분하여 살펴보고자 한다.

첫째, 선택형 문항(selection-type-item)이란 지시문 및 문두와 함께 여러 개의 선택지를 제시해 놓고 그중에서 적합한 답지를 선택하도록 하는 문항 형식이다. 선택형 문항에는 일반적으로 진위형, 배합형, 선다형이 있다. 진위형 문항은 양자택일식으로 '예/아니요' 또는 '찬성/반대'로 응답하는 유형이다. 배합형 문항은 일련의 전제와 일련의 답지를 배열하여 전제에 대한 질문의 정답을 답지에서 찾아 연결하는 형식으로서 연결형이라고도 한다. 선다형 문항은 학교에서 가장 많이 사용하는 형식으로서 두 개 이상의 답지를 주고 그중 맞는 답지나 가장 알맞은 답지를 선택하는 문항이다.

이와 같은 선택형 문항은 채점을 신속하고 기계적으로 할 수 있어서 간편하며, 채점 결과에 대한 신뢰성과 객관성이 높고, 내용 표집의 대표성이 높다는 장점이 있다. 그러나 양질의 문항을 만드는 데 시간과 노력이 많이 들고, 단편적 사실이나 기계적인 기억을 측정하는 문항이 출제될 가능성이 높다는 단점도 있다.

둘째, 서답형 문항(supply-type-item)이란 문두만 제시하여 응답자로 하여금 답을 생각해서 쓰도록 하는 형식의 문항이다. 서답형 문항에는 일반적으로 단답형, 완성형, 논문형이 있다. 단답형 문항은 간단한 단어, 어구, 수, 기호 등을 제한된 형태로 반응자가 써 넣는 유형이다. 완성형 문항은 진술문 내용의 일부를 비워 놓고 그 부분에 들어갈 적합한 단어나 부호를 적어 넣도록 하는 유형이다. 논문형 문항은 주어진 질문에 제한 없이 여러 개의 문장으로 응답하는 형식으로서 이론적으로는 반응자의 반응을 거의 무한하게 허용하는 자유반응 유형이다. 이 유형은 일정한 형식이 있는 것이 아니라 반응자가 질문이나 지시에 자유롭게 능력을 발휘하도록 하므로 분석력, 비판력, 조직력, 종합력, 문제해결력 등의 고등정신 능력을 측정할 수 있다(김대현, 김석우, 2005).

이와 같은 서답형 문항은 시험을 치르는 학생의 다양하고 자유로운 반응을 이끌어 낼 수 있고, 문항 제작이 쉬우며, 고등정신 능력을 측정하거나 표현력을 학습시키는 데 효과적이다. 그러나 많은 문항을 출제하는 것이 어렵고, 채점하는 데 시간과 노력이 많이 들며, 채점의 객관성과 신뢰성을 확보하기가 쉽지 않다는 단점도 있다.

4. 평가의 실시 및 결과처리

1) 평가의 실시

선정된 평가 장면에 활용될 평가도구가 제작 또는 선정된 다음에는 수업목표에 비추어 학생의 행동이 얼마만큼 변화하였는가의 증거를 실제적으로 확인하여야 한다. 따라서 평가 실시의 시기, 횟수, 방법, 대상 등을 고려하여 실제로 평가가 이루어져야 한다. 여기서 특히 고려되어야 할 것은 평가도구 자체에 대한 조건을 사전에 확인하는 일이다. 앞서 진술한 바 있는 평가도구의 조건으로는 타당도, 신뢰도, 객관도, 실용도가 있다. 좋은 평가도구가 되기 위해서는 반드시 이 네 가지 조건의 양호성을 점검해야 한다.

2) 평가 결과의 처리

평가를 실시한 후에는 수집된 자료의 결과를 채점하고 필요한 통계처리를 하여 분석하고 기록하게 된다. 평가 결과에 대한 자료의 분석은 자료의 특성을 파악하여 그에 맞는 분석방법을 적절하게 선택하여 이용한다. 학생의 인지적 영역에 대한 평가 결과는 대부분 점수라는 양적 자료의 형태이므로 이 경우에는 측정적 · 통계적 분석을 한다. 학생의 정의적 영역에 대한 평가 결과는 양적 자료의 형태도 있지만, 평소 학생에 대한 관찰 결과, 면담 결과 등의 질적 자료인 경우에는 의미 있는 결과를 나타낼 수 있도록 항목을 범주화하는 등 질적 분석을 한다.

5. 평가 결과의 해석 및 활용

1) 평가 결과의 해석

평가 결과를 처리하고 기록하는 것만으로 교육평가가 완료되는 것은 아니며, 평가의 본래 기능은 이 마지막 단계에서 발휘된다. 여기에서는 특히 교육목적의 달성도, 즉 행동의 변화량을 토대로 학생들을 개별적 또는 집단적으로 해석적인 평가를 하게 된다. 아울러 전체 교육활동에 대한 해석적인 평가와 함께 기타 부차적인 해석이 뒤따라야 한다.

평가 결과에 대한 올바른 해석을 위해서는 교사가 바람직한 행동에 대한 확고한 철학적 견해를 갖추고 있어야 한다. 인간 행동의 발달과 학습의 원리를 이해하는 심리학적 소양도 겸비하여야 한다. 그리고 교육과정에 대한 이해도 있어야 하고, 측정이론과 통계적인 소양도 갖추어야 한다(오만록, 2002).

평가 결과에 대한 해석은 교육과정에 도움이 되는 정보를 제공할 뿐만 아니라 교육활동 자체가 되기도 하여야 한다.

2) 평가 결과의 활용

평가는 어디까지나 활용을 목적으로 하는 것이므로 평가 결과를 가치 기준에 의거하고 올바르게 해석하여 최대한 활용할 수 있어야 한다. 먼저 평가목적이 선발을 위한 평가인지, 성적 부여를 위한 평가인지, 수업 개선을 위한 평가인지 등을 고려해 그에 비추어 평가 결과를 활용해야 한다. 또한 평가목적 이외에 교육적 목적, 즉 학습 습관의 교정이나 교사의 교수활동 개선, 수업 진도의 조정 등 다른 교육목적을 위해서도 그 결과를 활용할 필요가 있다. 그리고 학생을 평가한 결과는 곧 교사의 자기평가의 자료로 활용해야 한다. 평가의 목적이 무엇인가와 관계없이 학생평가의 결과는 교사의 교수활동 및 학생지도에 대한 간접적인 정보를 제공해 주는 가치 있는 자료이면서 교사 자신에 대한 평가 결과일 수 있다는 인식 아래, 교사는 자신의 교수활동 및 학생지도 활동의 개선을 위해 평가 결과를 적극적으로 활용하는 것이 필요하다.

학습과제

1. 측정관과 평가관을 비교 · 설명하시오.
2. 학교에서 경험했던 진단평가, 형성평가, 총괄평가의 예를 들어 보시오.
3. 수행평가의 개념과 수행평가가 강조되고 있는 이유를 설명하시오.
4. 자신의 중간고사 점수를 준거지향평가와 규준지향평가로 분류하여 해석하여 보시오.
5. 타당도와 신뢰도의 정의를 설명하고, 평가도구에서 그것이 왜 검증되어야 하는지를 논하시오.

제8장

교육방법

학습목표

1. 학습과 교수의 의미를 학습이론과 연결하여 설명할 수 있다.
2. 교수–학습의 과정을 가네의 학습조건이론에 근거하여 설명할 수 있다.
3. 교수방법을 전통적 교수방법, 개별교수방법, 협력학습, 구성주의 교수방법으로 분류하여 정리할 수 있다.
4. 문제중심학습과 인지적 도제학습에 대해 설명할 수 있다.
5. 원격교육, 웹기반 교육의 개념을 설명할 수 있다.
6. 원격교육의 발달과정을 설명할 수 있다.

제8장

교육방법

제1절 학습과 교수

학교에서는 많은 활동이 일어난다. 그중에서 핵심이 되는 활동은 교수-학습 활동이다. 교수(teaching)란 교사 중심의 가르치는 활동을 말하고, 학습(learning)이란 학생 중심의 배우는 활동을 말한다. 교수와 학습이 무엇을 의미하는지 좀 더 자세히 살펴본 후 교수-학습의 과정에 대해 살펴보자.

1. 학습과 교수의 의미

1) 학습

학습에 대한 정의는 관점에 따라 다양하지만, 여기에서는 크게 행동주의, 인지주의, 구성주의의 세 가지 입장으로 나누어 살펴보고자 한다. 먼저 행동주의는 학습을 외부 환경의 자극에 의한 유기체 내부의 반응으로 설명한다. 행동주의 학습이론은 행동주의 심리학의 창시자인 왓슨(J. Watson)에서부터 신행동주의자인 스키너(B. F. Skinner)에 이르기까지 자극에 대한 반응의 관계를 기반으로 한다. 행동주의에서 학습은 반복적인 자극을 통해 얻어진 '학습자의 행동변화'를 의미한다. 파블로브(I. P. Pavlov)의 조건반사이론, 손다이크(E. L. Thorndike)의 자극-반응 연합이론(시행착오설), 스키너의 조작적 조건형성이론이 대표적이다.

인지주의는 학습자가 환경의 자극을 어떻게 내적으로 지각하여 반응하느냐에 관심이 있다. 즉, 인지주의는 자극과 반응을 조정하는 학습자의 내적 과정에 중점을 둔다. 인지주의에서 학습은 내적 사고과정으로 '학습자의 인지구조의 변화'를 의미한다. 인지주의 학습이론에는 쾰러(W. Köhler)의 통찰이론, 레빈(K. Lewin)의 장이론, 브루너(J. S. Bruner)의 개념이론, 정보처리이론 등이 있다.

구성주의는 학습을 '학습자의 능동적인 지식 창출'로 본다. 이러한 관점은 학습을 수동적인 지식의 전수로 보는 기존의 관점과는 매우 대조적이다. 구성주의에서 지식은 객관적인 것이 아니라 구성되는 것이고, 학습자는 지식을 구성하는 능동적 존재다. 구성주의는 지식을 구성하는 요인에 따라 인지적 구성주의와 사회적 구성주의로 구분된다. 인지적 구성주의는 개인의 인지적 작용을 강조한다. 이에 반해 사회적 구성주의는 개인이 속한 사회,

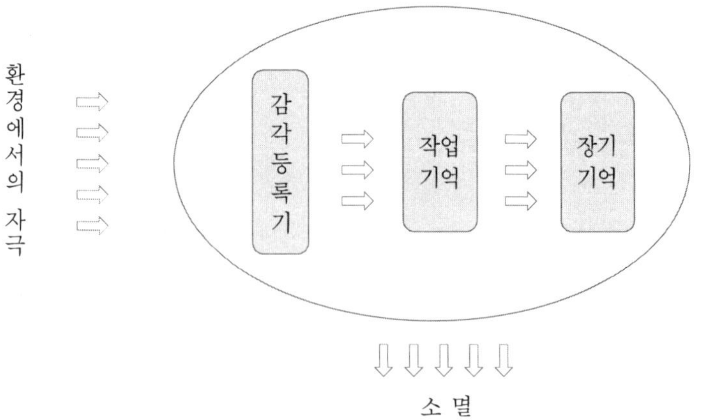

[그림 8-1] 학습에 관한 정보처리이론의 모형

문화, 역사적 상황을 강조한다. 이들은 각각 피아제(J. Piaget)의 인지발달이론과 비고츠키(L. S. Vygotsky)의 발달심리이론에 기초하고 있다.

2) 교수

다음은 교수의 의미를 살펴보자. 교수는 글자 그대로 '가르치는 것'을 의미한다. 즉, 교사가 학생들에게 지식과 기능을 가르치는 것이다. 그러나 학습에 도달하지 못한 교수 행위는 그 기능을 다하지 못한 것으로 진정한 교수라고 말할 수 없다. 이러한 점에서 교수는 학습과 분리될 수 없는 활동이다. 논의의 편의상 교수와 학습을 구분했으나, 실제 교수 상황에서 교수와 학습은 학습목표 달성을 위한 통합된 관계다.

〈표 8-1〉 교수이론의 예시

<table>
<tr><th colspan="3">켈러의 ARCS 이론</th></tr>
<tr><th>동기유발 요소</th><th colspan="2">전 략</th></tr>
<tr><td rowspan="3">주의집중
(Attention)</td><td>탐구적 주의환기</td><td>• 문제 제기로 수업을 시작</td></tr>
<tr><td>지각적 주의환기</td><td>• 다양한 실례나 사건, 모순되는 예나 예기치 못한 의견을 소개
• 다양한 매체를 활용해서 수업</td></tr>
<tr><td>다양성</td><td>• 수업방식의 변화</td></tr>
<tr><td rowspan="2">관련성
(Relevance)</td><td>목적지향성</td><td>• 내용을 성공적으로 배우게 되면 어떤 이익을 얻는지 설명</td></tr>
<tr><td>필요나 동기와의 부합성 강조</td><td>• 내용을 배우고 나면 실제 생활에서 어떻게 적용될지 설명</td></tr>
<tr><td rowspan="2">자신감
(Confidence)</td><td>성공 기회 제시</td><td>• 과제의 난이도 조정
• 연습문제를 통해 배운 내용을 적용해 볼 수 있도록 기회 제공</td></tr>
<tr><td>개인적 조절감 증대</td><td>• 학습 내용과 방법, 학습 속도, 학습량에 대한 학습자의 선택 허용</td></tr>
<tr><td rowspan="2">만족감
(Satisfaction)</td><td>지연적 결과 강조</td><td>• 흥미 있어 하는 내용에 대해서 더 많은 정보와 기회를 제공</td></tr>
<tr><td>긍정적 결과 강조</td><td>• 긍정적인 피드백 제공</td></tr>
</table>

학습이론은 학습이 일어나는 과정을 설명하고 결과를 예측한다. 이와는 달리 교수이론은 효과적인 교수설계 원칙을 강조한다. 학습이론은 기술적(descriptive)인 데 반해 교수이론은 처방적(prescriptive)이다. 학습이론은 최상의 학습 상황을 기술한 것으로 행동주의, 인지주의, 구성주의 등이 있다. 교수이론은 실제로 가르치는 상황에서의 방법을 처방한 것으로 가네(R. Gagné)의 학습조건이론, 켈러(J. Keller)의 ARCS 이론, 메릴(M. D. Merrill)의 내용요소제시 이론, 롸이거루스(C. M. Reigeluth)의 정교화 이론 등이 있다.

2. 교수-학습의 과정

1) 교수-학습의 관계

교수과정과 학습과정은 서로 영향을 주고받는 관계다. 교수 행위는 학습이 가능하도록 계획하고 실행하는 일이다. 교수와 학습의 상호작용적 관계를 가네의 학습조건이론에 근거하여 살펴보자.

가네는 학습을 학습 사태, 학습 조건, 학습 성과의 세 가지 요소가 관여하는 3차원 모형으로 설명한다. 그는 학습 성과를 언어 정보, 지적 기술, 인지전략, 운동 기술, 태도의 다섯 가지로 구분한다. 각 학습 영역은 서로 다른

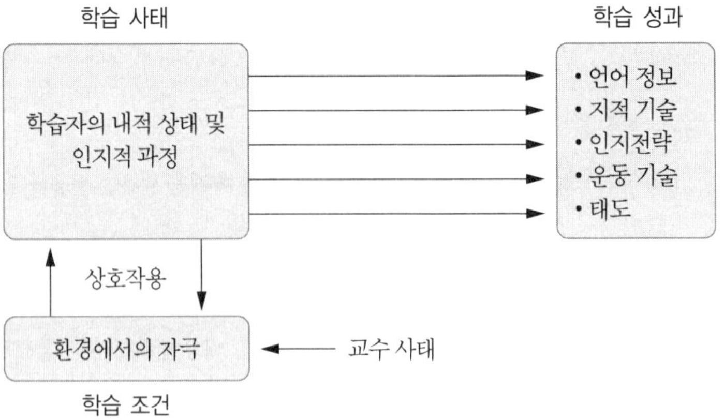

[그림 8-2] 가네의 3차원 모형

학습 사태와 학습 조건을 요구한다.

학습자들이 다섯 가지의 학습 성과를 얻기 위해서는 학습이 발생해야 한다. 이때 학습자의 내부에서 일어나는 일련의 정보처리 과정이 학습 사태 또는 학습의 내적 조건이다. 가네에 따르면 인지적 학습과정은 ① 수용, ② 기대, ③ 작동기억으로 인출, ④ 선택적 지각, ⑤ 의미의 부호화, ⑥ 반응, ⑦ 강화, ⑧ 인출 및 강화, ⑨ 인출 및 일반화의 단계를 거쳐 발생한다.

학습 조건이란 학습의 외적 조건으로 교수를 의미한다. 그 역할은 학습자의 학습과정(내적 과정)을 돕는 것이다. 따라서 교수는 학습자 내부에서 발생하는 일련의 정보처리 과정을 도와줌으로써 이루어진다. 그 과정은 ① 주의집중 획득, ② 목표 알려 주기, ③ 사전학습 재생, ④ 자극 제시, ⑤ 학습 안내, ⑥ 성취행동 유도, ⑦ 피드백, ⑧ 평가, ⑨ 파지 및 전이이다.

2) 교수-학습의 단계

가네는 학습할 때 발생하는 인지과정과 이를 도와주는 교수를 아홉 단계로 설명하고 있다. 그리고 이를 다시 학습 준비, 획득과 수행, 학습 전이의 세 단계로 구분한다. 이러한 단계는 실제 학교 현장의 수업에 가장 널리 보급되어 사용되고 있다. 그 내용을 도식화하면 [그림 8-3]과 같다.

단 계	학습 사태	학습 조건	학습 성과
학습 준비	① 수용 ② 기대 ③ 작동기억으로 인출	① 주의집중 획득 ② 목표 알려 주기 ③ 사전학습 재생	• 언어 정보 • 지적 기술 • 인지전략 • 운동 기술 • 태도
획득과 수행	④ 선택적 지각 ⑤ 의미의 부호화 ⑥ 반응 ⑦ 강화	④ 자극 제시 ⑤ 학습 안내 ⑥ 성취행동 유도 ⑦ 피드백	
학습 전이	⑧ 인출 및 강화 ⑨ 인출 및 일반화	⑧ 평가 ⑨ 파지 및 전이	

[그림 8-3] 가네의 학습조건이론

제2절 교수방법

교수방법은 교수목표를 달성하기 위한 수단이다. 형식적인 학교교육이 시작된 이래 수많은 교수방법이 교수–학습 현장에서 사용되었다. 오래전부터 교사가 중심이 되어 실시되었던 방법으로는 강의법, 문답법, 토의법 등이 있다. 이는 오늘날까지도 학교 현장에서 가장 많이 사용되는 전통적인 교수방법이다.

20세기 후반의 교수방법은 크게 세 가지의 경향으로 나누어 볼 수 있다. 1950년대 이후에는 행동주의를 적용한 개별교수방법이 주목을 받았다. 그 후 인지주의 학습이론을 배경으로 한 발견 · 탐구학습 방법이 등장하여 학습자의 인지적 활동이 강조되었다. 20세기 말에는 새로운 패러다임으로 구성주의가 등장하면서 소집단 교수방법이 선호되는 경향이 있다. 또한 구성주의의 영향으로 문제중심학습(problem-based learning: PBL), 인지적 도제(cognitive apprenticeship)학습, 정착교수(anchored instruction) 등이 나타나게 된다.

게이지(N. L. Gage)는 학생집단의 크기에 따른 교수방법을 주장한다. 그에 따르면 학생 수가 40명 이상의 대집단일 때는 강의법이 가장 대표적인 교수방법이다. 학생 수가 20~40명 정도의 중집단일 때는 교사의 질문과 학생의 답이 주가 되는 문답법이 가장 대표적인 교수방법이다. 학생 수가 2~20명 정도의 소집단일 때는 토의법이나 소집단 협력학습이 가장 대표적인 교수방법이다. 그리고 학생 수가 1명일 때는 개별지도가 이루어진다.

교수방법은 교육 목적과 목표, 교육내용, 학습자, 교수–학습 상황에 따라 적합하게 결정되어 활용되어야 한다. 다양한 교수방법을 크게 전통적 교수방법, 개별교수방법, 협력학습, 구성주의 교수방법으로 나누어 살펴보기로 하자.

1. 전통적 교수방법

1) 강의법

교수자 1인이 다수의 학습자를 대상으로 하는 경우, 가장 흔히 사용하는 방법은 강의법(lecture)이다. 강의법은 여러 교수방법 중에서도 가장 오래된 방법일 뿐만 아니라 가장 보편화된 방법이기도 하다. 강의법은 1인의 교사가 다수의 학생들에게 교육내용을 설명하는 방법이다. 따라서 학습자의 주의집중도가 떨어지고 능동적인 수업 참여가 적어 수업의 효과가 낮아질 수 있다. 그러나 정해진 시간에 다양한 지식을 많은 학생을 대상으로 동시에 전달하기에는 가장 효과적인 방법이다. 특히, 논쟁의 여지가 없는 사실적 정보나 개념을 효과적으로 전달할 수 있다. 또한 내용 개관과 요약이 용이하고 수업시간과 학습량 등을 교사가 자유로이 조절할 수 있어 학습 경제성 면에서 매우 유리한 방법이다.

오수벨(D. Ausubel)의 유의미 학습이론은 강의법이 지닌 단점을 보완할 수 있는 가능성을 보여 준다. 오수벨에 따르면 학습에 가장 큰 영향을 미치는 것은 이미 학습자가 알고 있는 것이다. 즉, 그는 학습자의 선행 지식에 큰 의미를 부여하고 있다. 새로 학습할 내용이 학습자의 인지구조 속에 이미 존재하고 있는 개념과 연관되어 어떤 의미를 갖게 될 때 유의미 학습이 가능해진다.

유의미 학습이론에서 강의법에 이용될 수 있는 효과적 전략 중 하나는 선행조직자(advanced organizer)다. 선행조직자란 학습과제가 학습자에게 의미를 갖도록 하기 위해서 새로운 낯선 학습과제를 제시하기 전에 보다 친숙한 과제를 먼저 제시하는 것을 말한다. 오수벨은 유의미한 학습이 되기 위해서는 새로 학습할 지식이나 과제가 학습자의 인지구조와 관련을 맺어 새로운 심리적 의미를 부여해야 한다고 말한다. 그리고 이를 위하여 선행조직자를 제시해야 한다고 말한다.

〈표 8-2〉 오수벨의 선행조직자 수업모형

단 계	활동내용
1. 선행조직자의 예시	• 수업목표 명료화 • 선행조직자 제시 • 학습자의 사전 지식과 경험을 현재 수업내용과 연결하도록 자극 제시 • 학습 의욕을 고취
2. 학습과제 및 자료의 제시	• 학습과제의 구속성과 실사성 명료화 • 학습 자료의 논리적 조직 명료화 • 자료의 제시 • 점진적 분화의 원리 적용
3. 학습자의 인지구조 굳히기	• 적극적 수용학습의 조장 • 통합조정의 원리 이용하기 • 학습내용에 대한 비판적 접근 유도하기 • 학습내용 명료화하기(정리)

2) 문답법

발문법 또는 질문법이라고도 하는 문답법(question and answer method)은 교수자와 학습자 간의 질문과 응답을 통해 교수-학습 활동을 전개시킨다. 이 방법은 개념과 원리에 대한 비교 · 비판 · 가치판단 등의 논술력, 학습자의 탐구 능력, 추상적 사고, 비판적 태도를 성장시킬 수 있는 유용한 방법이다(이화여자대학교 교육공학과, 2001). 교수-학습 과정에서 교수자의 질문은 학습자가 어느 정도 알고 있는지를 알아보기 위한 단순한 물음의 수준을 넘어선다. 교수자의 좋은 질문은 학습의 출발점, 학습을 위한 자극 그리고 피드백의 수단이 될 수 있다.

문답법에 활용되는 질문은 여러 가지 기준에 따라 분류될 수 있다. 블로서(Blosser, 1973)는 질문의 유형을 크게 폐쇄적 질문(closed question)과 개방적 질문(open question)으로 구분한다. 폐쇄적 질문은 한 가지의 답이나 제한적인 반응만을 요구하는 유형이다. 개방적 질문은 학습자에 따라 다양한 대답을 할 수 있는 유형이다. 폐쇄적 질문은 인지-기억적 질문(cognitive-

〈표 8-3〉 블로서의 질문 유형

유형		내용
폐쇄적 질문	인지-기억적 질문	• 사실, 공식과 같은 것을 단순하게 재생하도록 요구함 • 기억한 것을 단순히 회상하여 답하도록 요구함
	수렴적 사고 질문	• 주어지거나 기억된 자료의 분석과 종합을 요구함 • 번역, 관련, 설명, 결론 도출 등과 같은 활동을 요구함
개방적 질문	확산적 사고 질문	• 상상적이고 창의적인 대답을 요구함 • 자료를 산출하고, 고안하고, 종합하고, 정교화하는 등의 활동을 요구함
	평가적 사고 발문	• 사실문제보다도 가치문제에 대한 답변을 요구함 • 행동의 계획, 입장 선택 및 정당화, 새로운 방법의 설계, 가설의 형성, 가치문제에 대한 판단 등의 답변을 요구함

memory question)과 수렴적 사고 질문(convergent thinking question)으로 분류된다. 그리고 개방적 질문은 확산적 사고 질문(divergent thinking question)과 평가적 사고 발문(evaluative thinking question)으로 분류된다.

3) 토의법

토의법(discussion)은 강의법, 문답법과 마찬가지로 오랫동안 사용되었던 교육방법이다. 토의법은 학습자의 역할과 활동을 중요시하며 교사와 학습자, 학습자와 학습자 간의 언어적인 상호작용에 의해 의견을 교환하고 집단 내에서 문제를 해결하는 교수방법이다.

토의의 형태는 크게 두 가지로 나눌 수 있다. 하나는 교사가 질문을 던지고 학생들의 대답에 대응하는 과정을 통해 교사가 미리 생각해 놓은 방향으로 이끌어 가는 교사 중심의 토의다. 다른 하나는 교사가 학생들 사이의 중재자 겸 안내자의 역할을 하는 동안 학생들이 토의를 이끌어 가는 학생 중심의 토의다.

토의법의 유형은 목표, 집단의 크기, 참여자 등에 따라 다양하다. 먼저 버

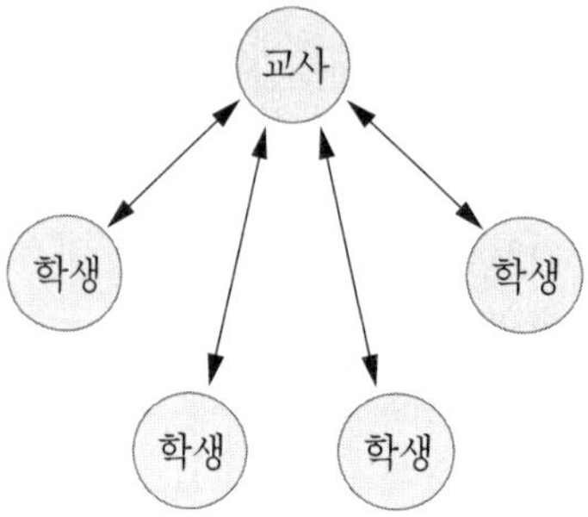

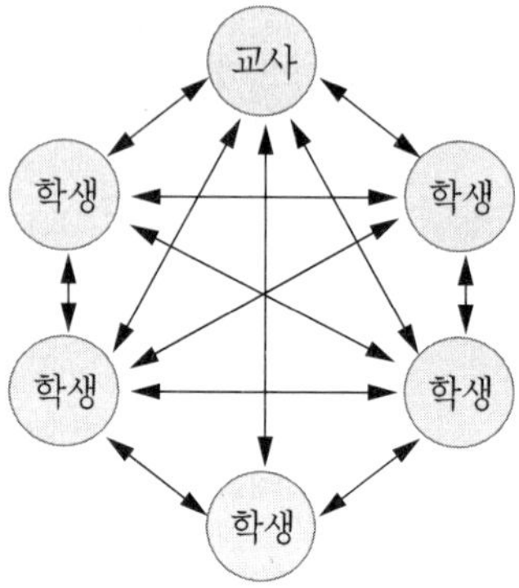

[그림 8-4] 토의법의 의사소통 유형

즈 토의(buzz discussion)는 한 장소에서 여러 개의 소집단이 동시에 토의를 하게 되는 방법이다. 토의가 이루어지는 동안 그 소리가 마치 벌이 윙윙거리는 것과 유사하다는 뜻에서 이러한 이름이 붙여졌다. 먼저 토의집단을 5~6명 정도의 소집단으로 나눈 다음 소집단끼리 토의가 이루어진다. 최종적으로는 전체 집단이 모두 함께 결과를 모아 결론을 맺게 된다.

배심 토의(panel discussion)는 의장을 포함해서 패널로 선정된 4~6명의 참가자가 주제를 토론하는 방식이다. 먼저 토의 주제에 대해 상반되는 견해를 지닌 패널이 선정된다. 사회자의 진행에 따라 선정된 패널들이 토의를 하게 된다. 그리고 다수의 일반 청중은 패널들의 토의를 지켜보거나 질문을 함으로써 토의에 참여할 수 있다.

강연식 토의(symposium)는 주제에 대하여 여러 가지의 입장이 있을 때 주로 사용된다. 먼저 토의 주제에 대해 권위 있는 2~5명 정도의 전문가의 의견이 발표된다. 이때 토의 주제에 대한 전문가들의 의견은 서로 다른 것이 일반적이다. 발표 후에는 사회자의 진행하에 발표자와 청중 사이에 질의 및 토론이 이루어진다.

학급 토의(class discussion)는 한 학급을 단위로 하여 토의가 진행되는 방식이다. 토의의 주제를 처음부터 정해 놓고 시작할 수도 있으며, 개방적인 분위기 속에서 여러 가지 주제를 가지고 자유롭게 토의할 수도 있다. 토의의 리더(leader)는 교사일 수도 있고 학급에서 선정된 학생일 수도 있다. 우리나라 초 · 중등학교에서 이루어지는 학급 회의는 대부분 이에 속한다.

그룹 토의(group discussion)는 전체 집단을 5~10명 정도의 작은 집단으로 나누어 공동의 관심사에 대하여 대화를 나누는 방법이다. 각 집단은 리더와 서기를 결정하고 일정한 시간 동안 토의를 진행한다. 토의 후에는 리더나 서기가 토의의 결과를 발표하고 종합한다.

브레인스토밍(brainstorming)은 창의적인 아이디어를 얻는 데 유리한 토의방법이다. 한 주제에 대해 참여자들은 자유로운 분위기에서 다양한 아이디어를 공동으로 내놓게 된다. 제시된 아이디어는 즉각적인 평가나 판단 없이 무조적적으로 수용이 이루어진다.

형식적 토론(formal debate)은 서로 반대되는 두 가지의 입장이 토론자의 설명에 의해서 제시된 후, 그에 대한 반론이 전개된다. 형식적 토론을 진행하기 위해서는 토론할 문제와 두 팀의 토론자들이 필요하다. 한 팀은 그 문제에 대하여 찬성하는 입장이고, 다른 한 팀은 반대하는 입장이다. 각 팀이 정해진 시간 동안 형식적인 발표를 하고, 뒤이어 다른 팀의 반론이 펼쳐지는 절차가 이어진다.

2. 개별교수방법

개별교수방법은 수업의 모든 요소를 학습자의 특성에 알맞게 조정하는 교수방법이다. 크론바흐(L. Cronbach)와 스노우(R. Snow)의 적성-처치 상호작용(aptitude-treatment interaction: ATI)이론에 따르면, 학습자의 적성에 따라 수업 처치를 달리하면 학습의 결과가 달라진다. 학습자의 적성에 부합하는 수업방법을 이용하면 학습이 촉진된다. 반면, 학습자의 적성에 부합되지 않는 수업방법을 이용하면 학습이 제대로 이루어지지 않을 수 있다. 개별학습을 실시하면 학습자의 특성과 능력에 맞는 학습이 가능하여 완전학습을 추구할 수 있다. 또한 학습자가 스스로 학습을 이끌기 때문에 학습하는 방법을 터득할 수 있다. 반면에, 시간과 노력이 많이 필요하고 동료 학습자와의 사회적 관계가 충분하지 않을 수 있다.

개별학습 방법으로는 개별화 교수체제, 개별처방 교수법, 개별지도 교수법, 완전학습법, 학습자 요구부응 학습 프로그램 등이 있다. 여기에서는 개별화 교수체제와 개별처방 교수법에 대해서 살펴본다.

1) 개별화 교수체제

개별화 교수체제(personalized system of instruction: PSI)는 프로그램 학습의 원리에 근거하여 개발된 것이다. 1960년대 중반 심리학자 켈러(F. Keller)가 체계화하였기 때문에 '켈러 플랜(Keller plan)'이라고도 한다. 개별화 교수체제는 다섯 가지의 원리적 요소로 구성되어 있다. 먼저 모든 학습자는 다음 단원으로 넘어가기 전에 각 단원의 일정 요구 수준을 완전히 성취하여야 한다. 둘째, 학습자마다 개별 속도로 학습한다. 셋째, 모든 학습자는 스스로 공부할 수 있는 자료를 배부받는다. 자료는 프로그램 학습 자료와 그것에 따른 학습 안내서가 있다. 넷째, 먼저 그 단원을 성공적으로 완수한 학습자를 교사 보조원(proctor)으로 활용한다. 다섯째, 학습자의 동기 강화와 학습자의 개별학습을 보충하기 위한 강의를 실시한다.

개별화 교수체제는 일련의 수업목표와 독서과제의 모음으로 구성된 모듈을 사용한다. 하나의 과목은 보통 15~30개의 모듈로 나뉜다. 모듈은 단원과 같은 것으로, 각 모듈은 논리적인 순서에 따라 체계적으로 조직된다. 하나의 모듈은 3~6시간 정도의 학습 분량으로 구성되며, 각 모듈은 5~8개 정도의 학습목표를 가지고 있다. 학습자는 주어진 단원의 학습목표를 완전히 습득했다고 스스로 판단했을 때 시험에 응시할 수 있으며, 이 시험의 기준에 합격했을 때 다음 단원의 학습을 시작한다.

〈표 8-4〉 프로그램 학습의 원리

원 리	내 용
소단계의 원리 (small step)	• 학습자의 목표활동에 도달하는 과정을 세분화 • 전체는 대단히 작은 단위로 세분화 • 많은 단계로 나누어 무리 없게 학습될 수 있도록 함
적극적 반응의 원리 (active responding)	• 학습자는 비약 없이 손쉽게 학습 • 물음이 분명하고 쉬운 것이므로 학습자는 언제나 반응하려고 함
자기 속도의 원리 (self pacing)	• 학습자의 능력이나 필요에 따라 각자 다른 속도로 나아갈 수 있음
즉시 확인의 원리 (immediate confirmation or feedback)	• 물음의 답이 어떤 형태로든 즉각 반응되어 나타남 • 자기가 한 반응의 정답과 오답을 즉시 확인할 수 있음

2) 개별처방 교수법

개별처방 교수법(individually prescribed instruction: IPI)은 1964년 미국 피츠버그 대학의 학습연구개발센터에서 글레이저(R. Glaser)와 볼빈(J. O. Bolvin) 등에 의하여 개발된 모형이다. 이 모형은 학습자 모두에게 공통의 학습목표를 제시하여 특정 수준 이상을 성취하도록 요구한다. 이때 요구하는 수준은 최소한의 수준이며, 그 수준을 성취해 나가는 방법은 개별화되어 있다. 즉, 학습자마다 자기의 속도대로 공부해 나갈 수 있다. 이를 위해서 모든 학습 과제가 단원으로 구성되어 있고, 각 단원은 다시 몇 개의 수준으로 나누어져 있다. 또한 각 단원 안에는 학습을 순서대로 해 나갈 수 있도록 계열화된 연습과제들이 마련되어 있으며, 모든 학습자들은 그 순서를 따라 학습해야 한다.

개별처방 교수법에서는 글자 그대로 처방을 중시한다. 모든 학습자는 단원학습 전에 적정한 수준에 배치되기 위한 진단평가를 받는다. 그 결과에 따라 적절한 수준의 학습 자료가 제공되므로 같은 단원 내에서도 학습자의 능력에 따라 출발 수준이 다를 수 있다. 각 단원마다 모든 학습자는 그 단원의

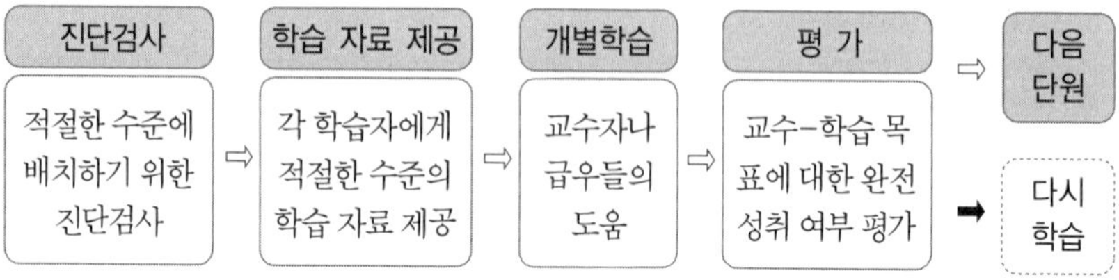

[그림 8-5] 개별처방 교수법의 단계

학습을 시작하기 전, 학습 도중 그리고 학습을 마친 후에 반드시 검사를 받아야 한다. 검사 결과에 따라 학습자의 출발 수준이 결정되고 처방된다. 학습자들은 교사나 동료의 도움을 받거나 자신의 능력으로 과제를 학습하고, 교육과정목표검사(curriculum embedded test)라는 준거지향검사에 의해 완전성취 여부가 입증되면 다음 단원으로 넘어갈 수 있다. 그러나 완전성취에 실패하면 같은 단원의 적절하고 새로운 학습 자료를 다시 제공받게 된다. 개별처방 교수법은 단원별로 진단→처방→평가의 과정을 두어 학습자를 완전학습에 이르게 하는 모형이다.

3. 협력학습

협력학습은 소집단을 구성하여 함께 학습하는 교수방법이다. 공동의 학습목표를 가지고 서로 도움을 주고받으며 모두에게 유익한 결과를 얻고자 하는 방법이다. 여기서 '전체는 개인을 위하여(all-for-one), 개인은 전체를 위하여(one-for-all)'라는 태도를 갖게 되고, 집단 구성원들의 성공적 학습을 위하여 서로 격려하고 도움으로써 학습 부진을 개선할 수 있다. 협력학습에서는 상호작용, 협동성, 책무성 등이 전제된다.

협력학습의 형태로는 슬라빈(D. Slavin)이 고안한 성취과제 분담학습, 텍사스 대학의 아론슨(E. Aronson)이 제안한 직소(Jigsaw) 모형이 있으며, 이외에도 팀 경쟁 학습, 팀 보조 개별학습, 집단조사, 함께 학습하기 등 다양한 형태가 있다.

1) 성취과제 분담학습

성취과제 분담학습(stundent team achievement divisions: STAD)은 기능의 습득이나 지식의 이해를 촉진시키기 위해 고안되었다. 개인의 성취에 대해 팀 점수가 가산되고 팀에게는 집단 보상이 추가되는 구조로 집단 보상, 개별적 책무성, 성취 결과의 균등 배분이라는 특징을 지니고 있다. 이러한 평가방식은 소집단 구성원들끼리 서로 도와주지 않으면 안 되는 동기를 제공한다.

학습 절차를 보면, 먼저 교사는 매주 전체 학생을 대상으로 학습단원을 소개한다. 학생들은 능력별로 이질적인 4~5명이 한 팀을 이룬 후, 팀 구성원 모두가 서로 가르치고 배우면서 동료의 학습을 지원하고 교정해 준다. 그 후 모든 학생은 개별적으로 형성평가를 받는다. 형성평가 점수는 각 학생의 과거 점수와 비교하여 향상 점수가 산출되고, 개인별 향상 점수는 팀의 총점수로 환산된다. 향상 점수와 팀 점수를 공고하고, 정한 규칙에 따라 집단 보상을 한다. 학기 말 성적으로는 기본적으로 개인의 득점 점수를 부여하나 때로는 향상 점수와 팀 점수를 포함시키기도 한다.

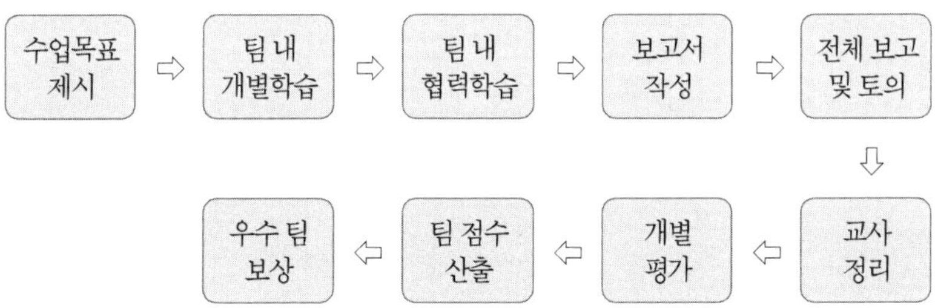

[그림 8-6] STAD의 학습 절차

2) 직소 모형

직소 모형(Jigsaw model)은 수업방식이 직소(조각 맞추기) 퍼즐과 비슷하다고 해서 붙여진 이름이다. 먼저 5~6명의 팀을 구성한 후 학습할 단원을 팀 구성원의 수에 맞도록 쪼개서 각 구성원에게 한 부분씩 할당한다. 각 부분을 담당한 학생들이 따로 모여 전문가 집단을 형성하여 담당한 내용을 토의하고 학습한 후 팀 구성원들에게 가르친다. 단원학습이 끝나면 학생들은 시험에 응시하고 개인의 성적대로 점수를 받는다. 이 모형의 평가방식은 개인의 시험 점수만 반영하고 집단 점수는 사용하지 않으므로 팀 구성원 간에 과제 해결의 상호 의존성은 높으나 보상 의존성은 낮다.

최근에는 과제를 분담할 뿐만 아니라 여기에 STAD 평가방식을 결합시켜서 과제 분담과 보상 효과를 동시에 추구하는 직소II 모형이 개발되었다. 직소II 모형에서는 먼저 모든 학생들이 전체 학습 자료와 과제를 읽은 후 특별히 관심 있는 주제를 선택한다. 그리고 각 팀에서 동일한 주제를 맡은 학생끼리 따로 모여 전문가 집단을 구성하여 공동 토론을 한 후 다시 자기 팀으로 돌아와 구성원들에게 가르쳐 준다. 학생들은 개인별 형성평가를 받게 되고, STAD에서처럼 향상 점수와 팀 점수를 산출하여 그 결과에 따라 보상을 받는다. 직소I과 다른 점은 개별 보상에 집단 보상이 추가된다는 점이다. 따라서 직소II는 직소I보다 보상 의존성이 높다.

직소II가 모집단 학습을 마친 후 곧바로 시험을 보기 때문에 시험 준비할

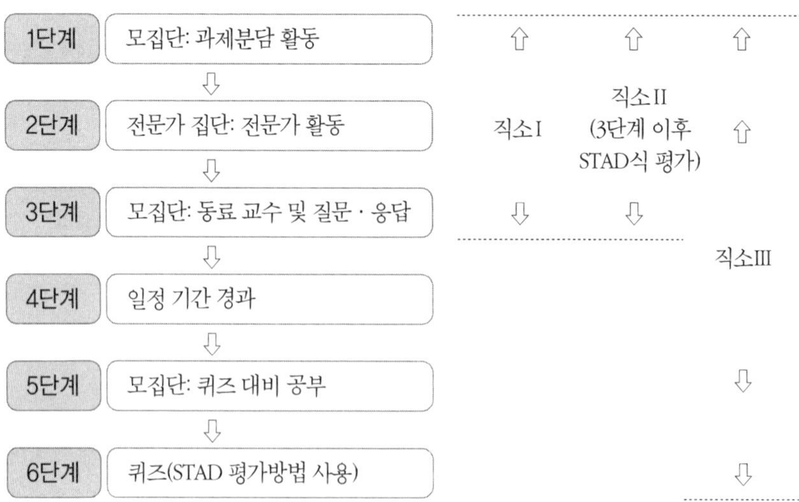

[그림 8-7] 직소의 학습 절차

시간이 부족하다는 문제점이 지적되면서 제시된 모형이 직소III 모형이다. 즉, 이것은 시험에 대비하는 학습 기회를 추가한 모형이다.

3) 팀 경쟁 학습

팀 경쟁 학습(team games tournaments: TGT)은 팀 간의 경쟁을 유도하는 방법이다. 성취과제 분담학습과 유사하지만 집단 간 토너먼트 게임을 통하여 학습을 유도한다는 점에서 다르다. 이 모형은 체급별 운동시합과 비슷하여 수업을 마치 게임처럼 재미있게 할 수 있고 모든 학생에게 성공 기회를 균등하게 제공할 수 있다는 장점이 있다.

그 절차를 보면 먼저 교사는 문제카드, 정답지, 기록카드를 준비한다. 각 토너먼트 게임의 성적에 따른 기준 점수도 미리 제시해 주어야 한다. 수업이 진행되고 학생들이 퀴즈를 대비한 소집단별 학습이 끝나면 게임을 시작한다. 각 팀은 학습 능력별로 상위, 중위, 하위의 학생들로 구성되고, 각자 자신의 학습 능력에 따라 다른 팀의 같은 학습 능력을 가진 학생과 게임을 하게 된다. 4명의 학습자들이 토너먼트 테이블에 둘러앉아 교사가 준비해 둔 문제카드 묶음에서 한 장을 골라 문제를 다른 학생들이 들을 수 있도록 읽는다. 교사가 수업 종료 10분 전에 게임의 종료를 알리면 게임이 끝나고, 교사는 STAD와 마찬가지로 소집단별 보상을 한다.

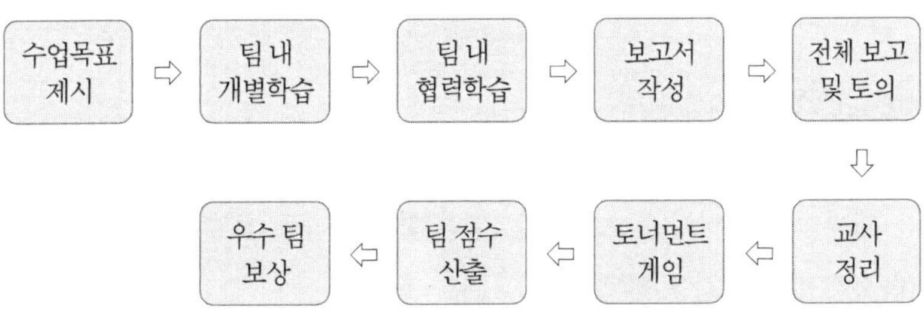

[그림 8-8] TGT의 학습 절차

4) 팀 보조 개별학습

팀 보조 개별학습(team assisted individualization: TAI)은 수학 과목에 적용하기 위해 개발된 협력학습과 개별학습의 혼합모형이다. 대부분의 협력학습 모형이 정해진 학습 진도에 따라 학습이 이루어지는 반면, 이 모형은 학습자 개개인이 각기 다른 속도로 학습을 진행한다.

먼저 4~6명의 이질적인 구성원이 개별적인 진단검사를 받은 후 각자의 수준에 맞는 학습 자료를 제공받는다. 주어진 학습 자료를 개별적으로 학습한 이후 단원평가 학습지를 풀고, 팀 구성원들은 2~3명씩 짝을 지어 문제지를 상호 교환하여 채점한다. 여기서 80% 이상의 점수를 받으면 그 단원의 최종적인 개별시험을 보게 된다. 개별시험 점수의 합이 각 팀의 점수가 되고, 미리 설정해 놓은 팀 점수를 초과했을 때 팀은 보상을 받게 된다.

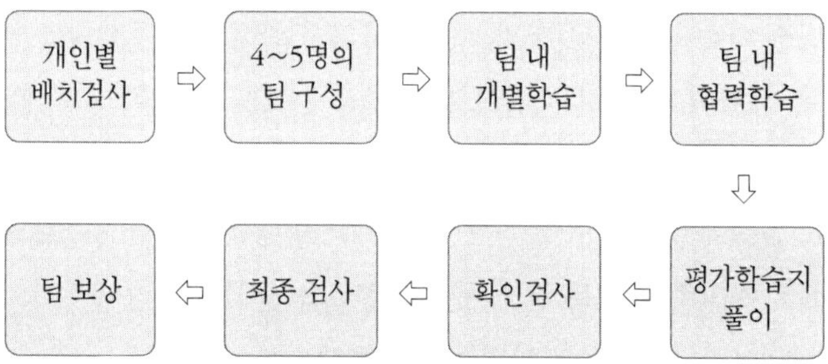

[그림 8-9] TAI의 학습 절차

5) 집단조사

집단조사(group investigation: GI)는 학생들의 자발적 협력과 논의로 진행되는 개방적인 협력학습 모형이다. 분담 작업과 공동 작업의 혼합이며 개별 보상 혹은 집단 보상을 선택할 수 있는 구조다.

먼저 학생들을 2~6명 정도의 팀으로 나눈 후, 학습과제를 집단 수에 맞추어 작은 단원으로 세분한다. 각 팀은 맡은 단원의 과제를 해결하기 위해 개인별 역할을 정한다. 팀별 조사학습 이후, 각 팀은 그 결과를 전체 학생들

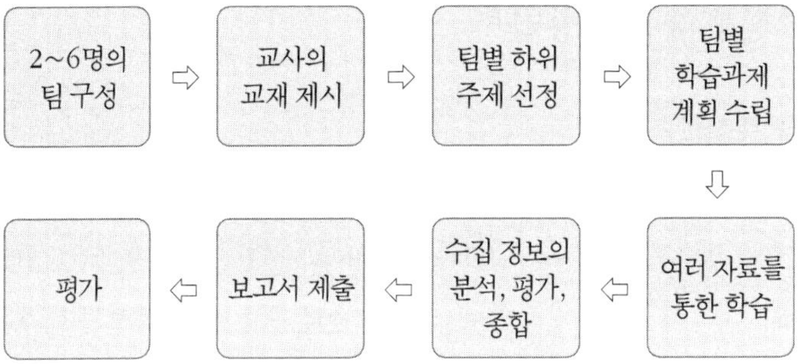

[그림 8-10] GI의 학습 절차

에게 보고하고 그 기여도를 평가받는다. 최종 학업성취에 대한 평가는 개인평가나 집단평가로 이루어진다.

6) 함께 학습하기

함께 학습하기(Learning Together: LT)는 5~6명의 이질적인 구성원이 주어진 과제를 협력적으로 수행한다. 과제, 평가, 보상 모두 팀별로 받는다. 시험은 개별적으로 시행하나 소속된 집단의 평균을 개인 점수로 받게 되므로 팀 구성원들의 성취 정도가 개인의 성적에 영향을 준다.

이 모형은 협력적 행위에 대해 보상을 줌으로써 협력을 격려하고 조장한다. 그러나 집단 보상을 함으로써 무임승객 효과(free-rider effect), 봉 효과(sucker effect) 같은 빈둥거림 현상이 나타날 수 있다.

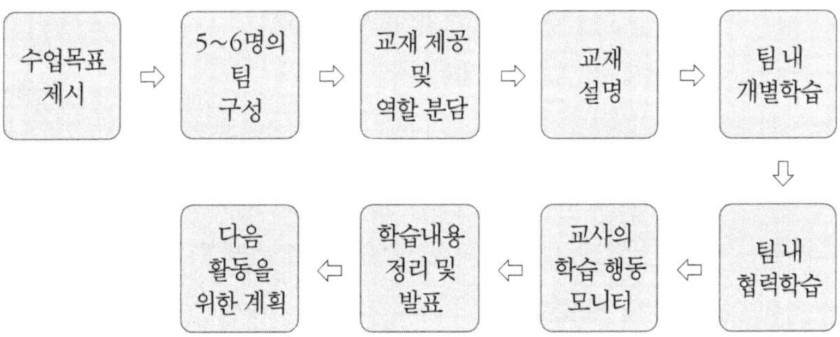

[그림 8-11] LT의 학습 절차

4. 구성주의 교수방법

1) 문제중심학습

문제중심학습(problem-based learning: PBL)은 1960년대 캐나다의 한 의과대학에서 개발된 모형이다. 의과대학의 교수였던 바로우즈(H. Barrows)는 기존의 강의식, 암기식 수업이 의과대학의 수업에는 적절하지 못하다고 판단하고 그 대안으로 문제중심의 학습을 제안하였다. 실제적인 문제와 상황을 중심으로 접근하는 문제중심학습은 의과대학뿐 아니라 여러 분야에서 적용되고 있다.

실제적인 성격을 갖는 과제를 중심으로 학습자가 스스로 문제를 해결해 나가는 문제중심학습은 협동학습의 환경에서 자기주도적으로 이루어진다(박숙희, 염명숙, 2007). 문제중심학습을 계획할 때 가장 먼저 생각해야 할 것은 어떠한 문제를 제시할 것인가다. 문제 개발은 수업 이전에 교과과정, 학습자의 특성 등을 고려하여 이루어져야 한다.

문제중심학습의 절차는 크게 5단계로 문제 제시, 문제해결 계획 세우기, 탐색 및 재탐색하기, 해결책 고안하기, 발표 및 평가하기로 구성된다.

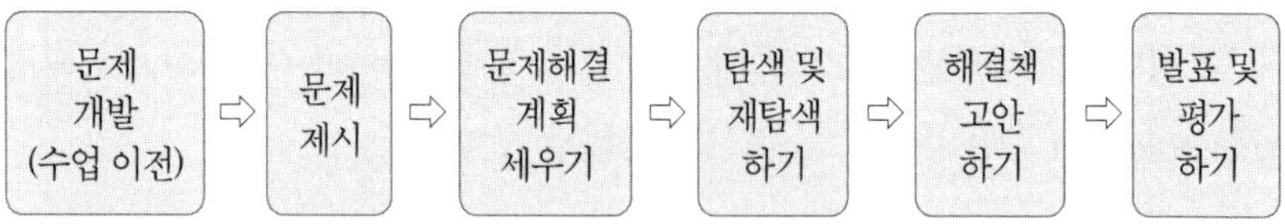

[그림 8-12] 문제중심학습의 절차

2) 인지적 도제학습

인지적 도제학습(cognitive apprenticeship)은 사람들이 상호작용하는 맥락 속에서 지식이 구성된다는 사회적 구성주의에 근거한다. 초보 학습자가 전문가의 실천과정을 관찰하고 전문가의 지식과 기술을 전수받아 점차 중심적인 구성원으로 변해 가는 과정을 통해 이루어진다.

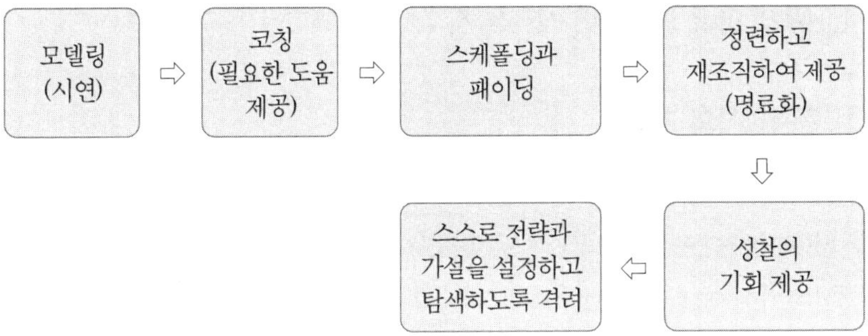

[그림 8-13] 인지적 도제학습의 절차

인지적 도제의 기본 과정은 전문가가 실제적 과제의 문제해결 과정을 보여 주는 '모델링(modeling)', 문제 해결을 위한 인지적 틀을 제시하는 '교수적 도움(scaffolding)', 학습자 스스로 문제 해결을 할 수 있도록 하는 '교수적 도움의 중지(fading)'로 이루어진다(Collins, Brown, & Newman, 1989). 이 과정을 더욱 세분화하고 정교화시키면 모델링(modeling), 코칭(coaching), 스케폴딩과 패이딩(scaffolding and fading), 명료화(articulation), 성찰(reflection), 탐색(exploration)으로 이루어진다(권성호, 서윤경, 2005).

제3절 원격교육

원격교육은 교수자와 학습자가 시공간적으로 서로 분리되어 있는 상황을 전제로 한다. 그리고 대부분의 수업은 매체를 통하여 이루어진다. 원격교육의 학습자는 고립된 상태에서 독립적으로 학습해야 하기 때문에 과정을 시작하여 마치기까지 모든 과정을 지원하는 시스템이 필요하다. 원격교육의 개념 및 특징에 대해 알아본 후 그 발달과정에 대해 살펴보자.

1. 원격교육의 개념 및 특징

1) 원격교육의 개념

원격이라는 용어가 정식으로 사용되기 시작한 것은 1982년 국제통신교육협회(International Council for Correspondence Education)가 국제원격교육협회(International Council for Distance Learning)로 바뀌면서부터다.

원격교육은 언제 어디서나 누구에게든 교육의 기회를 제공하는 학습자 중심의 쌍방향 의사소통을 지향하는 교수-학습 체제로 일정한 교육목표와 의도를 갖는 계획적인 활동이다(권성호, 1998). 이를 위해 원격교육은 언제 어디서나 다양한 매체와 공학을 이용하여 학습이 이루어지도록 한다. 원격교육이란 원래 시간과 장소가 다른 곳에서 학습이 이루어지는 것을 전제로 한다. 즉, 교수자와 학습자가 지리적으로 떨어져 있지만 교수매체를 통해 상호작용하며 학습 자료와 결과를 교환하여 교수-학습이 이루어지는 것이다. 이러한 전제로부터 원격교육 개념과 관련된 몇 가지 중요한 사항을 도출할 수 있다(김영환, 이상수, 정희태, 박수홍, 2003).

첫째, 원격교육은 주요 수업과정에서 교수자와 학습자들이 분리되어 있다. 이러한 분리는 대체적으로 물리적 분리를 의미하며 경우에 따라서는 시간적 분리를 의미하기도 한다.

둘째, 원격교육은 분리되어 있는 교수자와 학습자의 상호작용을 지원하기 위해 교수-학습 매체에 의존하고 있다. 원격교육에서는 교육내용의 전달뿐만 아니라 교수자와 학습자, 학습자와 학습자, 학습자와 학습내용 간의 상호작용을 위해서도 물리적 제약을 극복하기 위한 다양한 형태의 수업매체를 사용한다.

셋째, 원격교육은 학습활동을 계획하고 실행하는 교육조직체에 의해서 그 효과가 영향을 받는다. 원격교육의 효과는 교육조직체에 의해 학습을 제공하기 위한 과정들이 얼마나 체계적으로 운영되느냐에 따라 달라진다.

넷째, 원격교육은 전통적인 교육 형태와는 달리 학습자 중심의 교육이 이루어진다. 독립적 학습상황이 많은 원격교육 상황에서는 학습 통제권이 학습자에게 많이 주어진다. 이러한 상황에서 자기주도적인 학습 능력은 원격교육의 중요한 요인이 된다.

다섯째, 원격교육에서는 면대면 수업과는 다른 형태의 인프라, 교수 설계, 활동, 실행, 평가 전략을 필요로 한다. 면대면 수업은 물리적 장소 중심의 학습활동 설계와 전략이 필요하다. 반면 원격교육은 가상공간 중심의 학습활동 설계와 전략이 필요하다. 따라서 원격교육은 가상공간 중심, 다대다(many-to-many) 의사소통, 학습자 중심, 성찰과 협력 학습 중심, 수행 중심의 실제적 평가로의 전반적인 변화를 요구하게 된다.

2) 원격교육의 특징

교수자와 학습자가 직접 만나지 않고 매체를 활용하여 교수-학습이 이루어지는 원격교육의 특징을 살펴보면 다음과 같다(박숙희, 1997).

- 교수자와 학습자 간의 물리적인 격리: 교수자와 학습자는 지리적 거리에 의해서 분리되어 있으며 교수매체를 통하여 의사소통을 한다.
- 교수매체의 활용: 원격교육의 기초가 되는 것은 학습자가 개별적으로 사용하는 교수매체다. 교수매체에는 인쇄 자료, 음향 및 영상 자료, 컴퓨터 코스웨어 등이 포함된다.
- 쌍방향 의사소통: 교수자와 학습자 간의 물리적인 격리는 의사소통의 단절을 의미하지는 않는다. 비록 학습자가 교수자의 도움 없이 자습용 교재로 학습을 하지만 각종 피드백, 면대면 출석강의, 전화/팩스 상담, 컴퓨터 통신을 통한 토론, 음성 또는 화상회의 시스템을 통한 쌍방향 의사소통이 필수적이다.
- 다수 대상의 개별학습: 다수를 대상으로 하면서도 공학적인 기재를 사용하여 사전에 계획되고 준비되고 조직된 교재를 통하여 개별학습이 이루어진다.

〈표 8-5〉 면대면 교육과 원격교육의 특성

구 분	면대면 교육	원격교육
시공간적 측면	• 교수자와 학습자가 시공간적으로 함께 있음	• 교수자와 학습자가 시공간적으로 분리
학습자 특성	• 대체로 동질적	• 대체로 이질적
	• 같은 지역에 거주	• 분산된 지역에 거주
	• 대체로 학부모에 의존	• 성인인 경우가 많음
교수방법	• 면대면 수업	• 교수매체를 통한 수업
상호작용	• 직접적인 상호작용	• 간접적인 상호작용
교수 개발	• 개별교수자에 의존	• 부문별 전문가에 의한 공동 작업
수업 형태	• 교수자에 의존한 집단교육	• 자습에 의한 개별학습
행정조직	• 교수자들이 행정 업무의 일부를 담당	• 강력한 행정조직 필요

- 학습자의 책임감: 학습자는 언제, 어디서, 어떻게 학습을 할지 스스로 결정해야 하기 때문에 자신의 학습에 대해 보다 책임감을 갖는다.
- 지원조직의 필요: 원격교육은 형식적인 학교교육과는 달리 각종 교재 개발과 학생지원 서비스 등을 위한 물리적 인적 조직이 필요하다.

2. 원격교육의 발달과정

1) 세대별 발달과정

원격교육의 발달과정은 크게 3세대로 구분할 수 있다. 원격교육의 세대별 분류는 편의상 이루어진 것으로, 한 세대 종료 후 다음 세대가 시작되는 순차적 발달에 따른 것은 아니다(Garrison & Anderson, 2003).

제1세대 원격교육은 가정에서 우편물을 받아 보면서 학습하는 통신교육의 시대다. 이 시대에는 성인을 대상으로 한 교육 기회의 확대를 강조하였다. 제2세대는 방송을 중심으로 한 대중 전파매체를 이용한 원격교육의 시대다. 특히, 이 시기에는 영국의 개방대학(Open University)을 중심으로 교육 기회의 확대뿐만 아니라 교육방법의 다양화를 추구하였다. 그리고 제3세대에는 발달된 정보통신 기술을 도입한 상호작용적 원격교육 또는 가상교육의 세대로 오늘날 우리가 일반적으로 사용하고 있는 멀티미디어와 네트워크를 통한 교육이 이루어졌다(나일주, 정인성, 1997).

제1세대 원격교육 시대에는 인쇄 교재와 우편제도를 이용하였다. 우편제도를 이용한 통신교육은 지금도 원격교육의 교육방법으로 활용되고 있다. 이 세대의 대표적인 공학은 인쇄 교재와 코스 안내서인데, 이 교재들은 유능한 전문가들로 구성된 팀에 의해 설계되고 제작되었다.

제2세대 원격교육은 대중매체, 방송매체가 새로운 공학으로 등장하고, 인지주의 학습이론이 점차적으로 주목받는 시기에 발전하였다(Garrision & Anderson, 2003). 제2세대 원격교육에는 우편을 이용한 인쇄 교재는 물론 라디오와 텔레비전 등의 전파매체와 전화 등을 복합적으로 사용하여 각 매체의 장점을 살리고 단점을 보완하였다. 영국 개방대학의 경우 1970년대 인쇄 교재를 보완하는 청각매체로 라디오를 도입하였고, 그 후 오디오카세트를 학습에 적극 활용하고 있다.

제3세대 원격교육은 학습자들에게 지식 창출의 기회를 제공하는 구성주의 학습이론에 기반을 둔다. 영국의 개방대학은 1980년대부터 컴퓨터 통신매체를 활용하여 쌍방향 원격교육을 시도하였으며, 개별화된 학습자 지원서비스를 강화하였다. 다른 원격교육기관들도 인쇄 교재와 함께 컴퓨터 매개 통신을 교육에 도입하여 적극적으로 활용하고 있다. 1990년대부터 원격

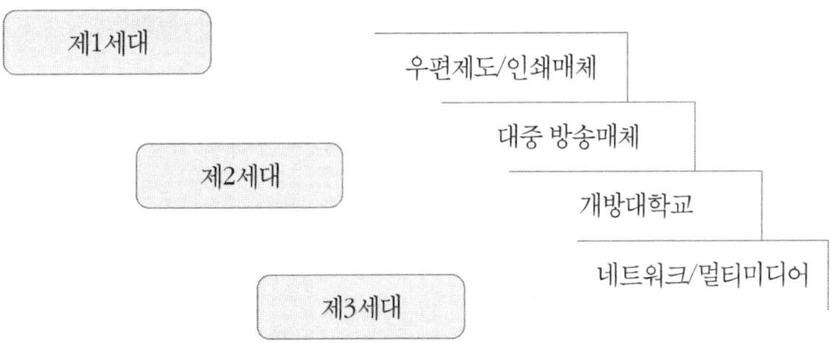

[그림 8-14] 원격교육의 발달과정

〈표 8-6〉 원격교육의 세대별 구분

시 기	연 대	주요 통신 수단
제1세대	18세기 초	• 우편제도 • 인쇄매체
제2세대	1920년대 이후	• 대중 방송매체: 라디오(1920년), 텔레비전(1973년) • 인쇄 및 시청각 교재
제3세대	1980년대 중반 이후	• 컴퓨터/컴퓨터 매개 통신 • CATV • 위성방송 및 멀티미디어 • 시뮬레이션

영상강의 체제를 이용한 원격교육이 제공되었고 사이버 공간에서의 원격교육이 급속도로 발전하였다. 이 과정에서 사이버대학, 가상대학 등의 원격교육기관이 출현하였다.

2) 웹을 통한 원격교육

1990년대 중반 이후 전 세계적으로 인터넷이 급속도로 확산되면서 학교 현장에서도 인터넷을 활용한 교육에 많은 관심을 갖게 되었다. 흔히 정보의 바다라고 일컬어지는 인터넷은 언제 어디서나 자신이 원하는 정보를 검색할 수 있는 기회, 풍부한 정보 획득의 기회, 다양한 사회적 상호작용의 기회, 열린 학습환경 등을 제공해 줌으로써 평생교육, 열린교육, 수요자중심 교육 등으로 대변되는 현대사회의 교육에 많은 가능성을 제시해 주고 있다. 특히, 근래 들어서는 인터넷의 웹을 교수-학습 상황에 활용하는 웹기반 교육(web-based education: WBE)이 강조되고 있다. 웹기반 교육의 초기에는 고등교육기관이나 원격교육기관에서 새로운 교육방법으로 널리 활용되었고, 점차 초·중등교육 현장에서도 적극적인 활용방안이 모색되고 있다.

웹은 인터넷이 가지고 있는 여러 기능 중 하나인 하이퍼텍스트 원리를 활용한 정보망이다. 웹기반 교육은 링크를 통해 수많은 정보를 담고 있는 노드들을 항해하면서 수업이 이루어진다. 웹상에는 현실 세계에서 일어나고 있는 생생한 자료들이 무수히 존재한다. 웹기반 교육에서는 정해진 내용을 반복적으로 가르치는 기존의 교육적 형태를 벗어나 현실 세계의 변화하는 자료를 그대로 교육에 활용할 수 있다. 지금 학교 현장에서는 EBS 수능방송의 서비스를 활용하고 있으며 사이버 가정학습체제를 통해 학교교육과 연계된 학습 콘텐츠를 내려받아 활용하고 있다.

웹기반 교육은 학습을 촉진하고 지원해 줄 수 있는 유의미한 학습환경을 조성하기 위하여 웹의 특성과 웹이 제공하는 자료들을 활용하여 전개하는 하이퍼미디어 기반의 교수 프로그램이다(나일주 편, 1999). 다른 매체를 활용하는 원격교육과 마찬가지로, 웹기반 교육 역시 교수자와 학습자가 직접 대면하지 않는 가상공간에서 학습이 일어나는 것을 전제로 한다. 원격교육에서는 학습자의 상호작용이 부족하다는 것이 가장 큰 문제인데, 웹에 의한 원격교육은 정보통신공학을 활용하여 활발한 상호작용을 가능하게 해 준다(김정렬, 2001). 웹기반 교육은 웹이 제공하는 풍부한 정보와 통합적 환경을 활용하여 보다 풍부한 원격교육을 가능하게 할 수 있다.

학습과제

1. 인간의 학습을 행동주의, 인지주의, 구성주의의 관점에서 설명하시오.
2. 가네의 학습조건이론을 이용하여 교수-학습 과정을 설명하시오.
3. 강의법의 장단점을 기술하고, 오수벨의 유의미 학습이론을 이용하여 단점을 극복할 수 있는 전략을 설명하시오.
4. 문제중심학습과 인지적 도제학습의 특징을 기술하고, 그 과정을 설명하시오.
5. 협력학습의 특징을 기술하고 그 유형들에 대해 설명하시오.
6. 면대면 교육과 원격교육의 차이를 설명하시오.
7. 원격교육의 발달과정에 대해 설명하시오.

제9 장

교육공학

학습목표

1. 교육공학의 학문적 발전과정을 설명할 수 있다.
2. 교육공학 정의를 분석하고 시사점을 논의할 수 있다.
3. 교육공학의 다섯 가지 연구 영역과 그 하위 영역을 설명할 수 있다.
4. ASSURE 모형을 중심으로 교수매체의 선택과 활용 절차를 설명할 수 있다.
5. 컴퓨터 보조수업과 컴퓨터 관리수업의 개념을 구분하여 설명할 수 있다.
6. ICT 활용수업에 대해 나름의 정의와 의견을 제시할 수 있다.
7. 멀티미디어, 하이퍼텍스트, 하이퍼미디어를 구분하여 설명할 수 있다.
8. e-러닝과 u-러닝을 구분하여 설명할 수 있다.

제9장 교육공학

제1절 교육공학의 이해

교육공학은 교수와 학습에 대한 다양한 탐구문제 중에서 '교수–학습을 보다 효과적 · 효율적으로 하기 위해서는 어떻게 해야 하는가?'에 대한 해답을 얻기 위한 학문적 활동이다(윤정일 외, 2009). 즉, 교육공학은 교육적 활동을 보다 효과적 · 효율적으로 하려면 어떻게 해야 하는가에 대한 해답을 제시하고자 한다. 교육공학을 보다 자세히 이해하기 위해 교육공학의 발달과정을 살펴본 후 그 정의와 영역에 대해 알아보자.

1. 교육공학의 발달과정

많은 사람들이 공학 또는 테크놀로지의 의미를 생각할 때 흔히 컴퓨터를 중심으로 한 첨단공학을 떠올린다. 그러나 컴퓨터 중심의 첨단공학은 단지 공학의 한 분야를 차지하는 것으로, 공학은 보다 넓은 의미를 지닌다. 공학

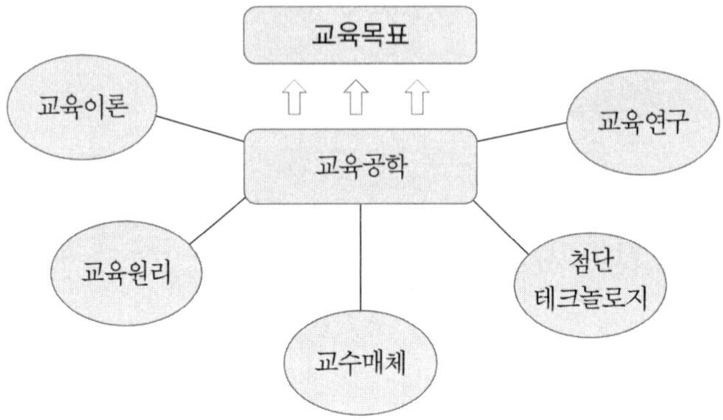

[그림 9-1] 교육공학

은 과학에서 이루어 놓은 원리와 원칙을 실제에 적용하는 학문으로, 교육을 목적으로 이러한 공학적 산물을 활용하면 교육공학이 된다. 따라서 교육공학은 교육목표를 달성하기 위하여 첨단공학의 산물이나 교수매체 또는 그 외의 다양한 요소를 통합하여 가장 효과적 · 효율적이며 매력적인 방법으로 교육목표에 달성하는 문제에 관심을 둔 학문이다.

현대적인 의미의 교육공학 발달과정은 관점에 따라 견해가 다를 수 있으나 대체로 다음과 같이 구분해 볼 수 있다.

1) 시각교육

초기 교육공학은 언어 중심의 교육방법에서 탈피하여 구체적인 경험을 제공하는 시각교육을 중심으로 시작되었다. 시각교육운동은 추상적 개념을 구체화하기 위해서 시각 자료를 보조물로 사용한다는 개념에 기반을 두고 있었다. 시각 보조물에는 그림, 모형, 사물, 장치 등이 있다. 이러한 보조물은 추상적인 개념을 구체화하거나 보완해 주고 학습활동에 대한 학습자의 흥미를 자극한다. 호반(C. F. Hoban)은 교재의 시각화를 주장하면서 시각적 교재를 구체성과 추상성에 따라 분류한다. 그러나 당시 시각교육은 시각 자료를 단순히 교사의 교수 보조물 정도로 간주했다는 한계가 있었다.

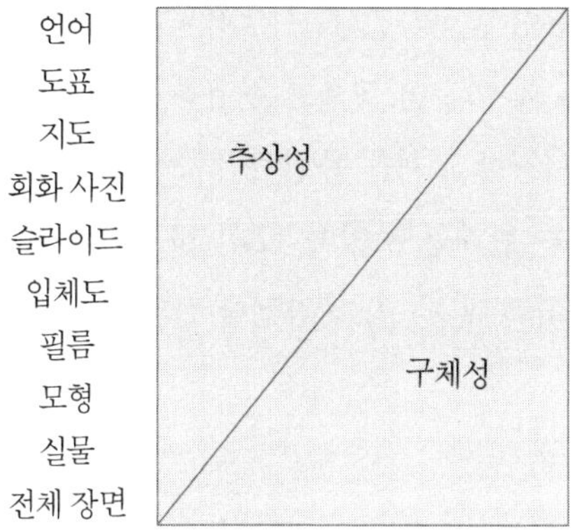

[그림 9-2] 호반의 시각 교재 분류

2) 시청각교육

1930년대 말부터 청각 자료를 통합할 수 있는 기술이 발달함에 따라 시각교육은 시청각교육으로 변화하게 된다. 시청각교육은 다양한 시청각매체를 이용하여 학습자의 감각기관, 특히 눈과 귀를 통해 학습내용을 효과적으로 전달하고자 했다. 올슨(E. G. Olsen), 데일(E. Dale), 킨더(J. S. Kinder) 등에

〈표 9-1〉 올슨의 학습경험

	단 계	특 징	예 시
추상적	1단계	• 지역사회 경험을 통한 직접적 학습 • 감각적 접촉	• 자원인사-면담-견학-조사연구 • 현장실습-학교캠핑-지역사회활동
⇧	2단계	• 표현적 활동을 통한 직접적 학습 • 개인적인 중계활동	• 제도하기-그림 그리기-모형 만들기 • 벽화 만들기-연극-조립-수집-게시판 꾸미기
	3단계	• 시청각 자료를 통한 대리학습 • 기계적인 제시	• 지도-도표-그래프-실물-표본-모형 • 사진-슬라이드-필름스트립-영화-라디오-녹음자료-텔리비젼
⇩ 구체적	4단계	• 언어를 통한 대리학습 • 추상적 상징	• 책-잡지-신문-강의 • 토의-토론-편지-수필-보고서-공식

의해 시청각교육이론이 발전하였다. 시청각교육이론은 교수매체가 갖는 구체성-추상성의 정도에 비추어 교재를 분류하는 데 역점을 두었다. 그러나 시청각교육운동은 시청각 교재를 독립적인 교수 자료보다는 교사에게 부여된 보조물로 간주하는 한계를 보였다. 또한 시청각매체 자체의 효과만을 중시하고 매체가 활용되는 교수-학습 과정을 간과하는 한계가 있었다.

3) 시청각교육통신

1950년대에는 시청각교육에 교수-학습 과정을 통신과정으로 보려는 통신이론, 교육에 전체적으로 접근하려는 초기 체제이론이 결합하여 시청각교육통신이 등장한다. 통신이론가들은 통신의 핵심 요소인 송신자, 수신자, 통신 수단, 메시지를 중심으로 다양한 통신모형을 개발하였다. 이 모형들은 모두 송신자로부터 수신자에게 매체를 통해 메시지가 전달되는 과정을 강조하였다. 통신모형의 한 가지인 벌로(D. Berlo)의 SMCR 모형은 정보원(sourece)으로부터 메시지(message)가 통로(channel)를 통하여 수신자(receiver)에게 전달되는 과정을 보여 주었다.통신이론과의 결합으로 이전 시청각교육운동에서 나타난 산물(매체, 교재, 교구 등) 중심적 관점이 학습이 이루어지는 과정으로 확대되었다.

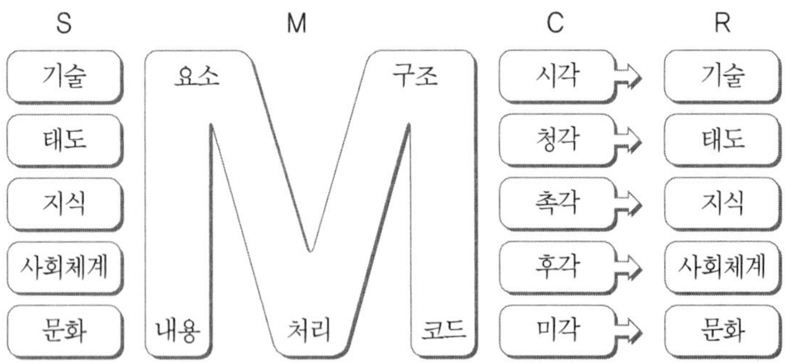

S(source): 메시지를 창출하는 대상　C(channel): 메시지를 전달하는 도구
M(message): 내용을 전달하는 기호체계　R(receiver): 메시지를 전달받는 대상

[그림 9-3] 벌로의 SMCR 모형

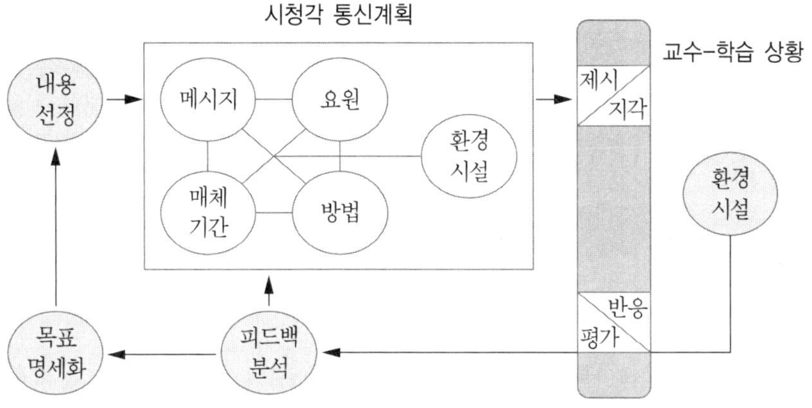

[그림 9-4] 엘리의 시청각과 교육통신 과정의 관계모형

초기 체제이론에서 체제(systems)는 '공통의 목적을 위해서 구성된 각 요소들이 체계적으로 형성된 조직체'로 정의된다. 초기 체제이론에서 '초기'라는 명칭은 1970년대 이후에 등장한 체제 개념과 구분하기 위한 것이다. 초기의 체제 개념은 과정(process)으로서의 체제보다는 산물(products)로서의 체제 개념을 강조하였다. 따라서 수업은 특정 목적을 달성하기 위한 요소들의 결합이며 그것들이 어떻게 통합되느냐에 따라 효과가 달라진다는 새로운 관점을 갖게 된다. 체제이론의 영향으로 시청각교육은 교수매체를 단순히 교수-학습 보조물로 활용하려는 접근방식에서 벗어나 '과정으로서의 체제' 혹은 '체제적 접근'의 개념을 시도하였다. 그러나 요소들 간의 상호 관련성과 모든 요소들을 포함하는 완전한 체제적 접근 개념을 형성하지는 못하였다. 시청각교육통신 모형으로 엘리(D. Ely)의 '시청각과 교육통신 과정의 관계모형'이 있다.

4) 교수공학

1960년대에 이르러 시청각교육통신은 행동주의 심리학과 체제이론의 영향을 받아 교수공학으로 발전한다. 초기 교수공학의 형성에는 행동주의 심리학의 학습이론들, 특히 스키너(B. F. Skinner)의 조작적 조건형성, 강화이

〈표 9-2〉 행동주의 이론의 원리와 적용

원리	적용
• 학습은 학습자의 외현적 행동으로부터 추론	• 수업목표를 학습자의 행동의 측면에서 진술
• 행동은 이를 유발시키는 선행 조건에 의해 결정	• 학습자를 바람직한 행동으로 유도하는 요인 사용
• 행동의 반복 여부는 행동에 수반되는 결과, 즉 보상에 의해 결정됨	• 바람직한 행동을 강화하는 보상을 선정하고, 바람직한 행동 직후 보상

론, 프로그램 학습이론이 많은 영향을 주었다. 프로그램 학습은 주어진 학습 과제를 숙달하기 위하여 자극-반응의 원리에 따라서 학습자가 작은 단계로 제시된 문제 형식의 학습내용을 자신의 학습 속도에 맞게 자율적으로 진행하는 학습 형태다. 프로그램 학습은 행동적 교수목표, 과제분석, 준거지향평가 등과 같은 원리와 개념을 교수-학습 과정에 적용한다.

체제이론은 초기의 체제이론이 산물을 강조했던 것과는 달리 과정을 강조했다. 체제이론의 도입으로 교수공학은 '부분들의 집합체 이상'의 의미를 내포하게 된다. 이로 인해 수업을 준비하고 설계하고 개발하는 과정을 하나의 체제로 파악하려는 교수 개발(instructional development) 개념이 발전한다. 교수 개발은 교수의 구성요소 및 그것들을 사용하는 관리 기능과 수업체제의 계획, 제작, 평가, 활용의 체제적 접근을 의미한다.

〈표 9-3〉 체제이론의 원리와 적용

원리	적용
• 목표가 체제를 작동하게 함 • 체제의 각 요소가 목표 달성을 위해 기능 • 요소들은 상호 의존적	• 교수체제의 목표를 명세화 • 교수체제의 요소 확인, 목표 달성을 위한 각 요소의 활동 명시 • 한 요소의 변화가 발생하면 그에 부응하여 다른 요소를 변화시켜 체제의 균형을 유지

5) 교육공학

1977년에 교육공학회(Association for Educational Communication & Technology: AECT)는 교육공학의 의미에 대한 공식적인 정의를 제시하였다.

> 교육공학은 인간의 학습에 포함된 모든 문제점을 분석하여 그에 대한 해결책을 고안하고 실행하며 평가·관리하기 위하여 사람, 절차, 이념, 장치 및 조직을 포함한 복합적이고 통합된 과정이다(AECT, 1977).

이 정의에 따르면 교육공학은 인간 학습에서의 문제들이 어떻게 규명되고 해결되는가에 대한 이론이며, 그러한 문제들을 분석하고 해결하기 위하여

〈표 9-4〉 교육공학의 역사적 발전과정

발전과정	시 기	주요 내용
시각교육	1920년대 1930년대	• 시각교육운동 • 호반에 의한 시각 자료와 교과과정의 통합
시청각교육	1940년대	• 시청각교육운동 • 데일의 경험의 원추 • 올슨의 시청각교육이론
시청각 교육통신	1950년대 1960년대	• 통신이론 • 초기의 체제 개념 • 시청각 교육통신 • 펀의 교육공학 용어 최초 사용
교수공학	1970년대	• 행동주의 심리학 • 체제 접근과 교수 개발 • 프로그램학습과 교수기계 • 다양한 교수체제 모형 등장
교육공학	1980년대 1990년대 2000년대	• 컴퓨터의 교육적 활용 • 인지심리학의 영향 • 교수공학의 정의와 영역 • 인터넷의 확산, 가상교육 • 공학의 눈부신 발전 • 구성주의의 영향

복합적이고 통합된 과정을 적용하는 일과 관련된 분야다.

1994년에는 사회의 발전 경향에 따른 교육공학의 학문적 성격, 개념 정의, 실제와의 관련성, 활동 영역에 대한 연구와 논의를 바탕으로 교육공학에 대한 새로운 정의가 제시되었다.

> 교육공학이란 학습을 위한 과정과 자원의 설계, 개발, 활용, 관리, 평가에 관한 이론과 실제다(Seels & Richey, 1994).

2. 교육공학의 정의와 영역

1) 교육공학의 정의

교육공학에 대한 정의는 1963년 이후 많은 학자들에 의해 여러 차례 수정 · 발표되었다. 특히 AECT는 1972년, 1977년, 1994년에 교육공학에 대한 정의를 발표하였다. 가장 최근의 정의는 1994년에 실즈(B. B. Seels)와 리치(R. C. Richey)가 발표한 것으로, 교육공학이 학문의 한 분야로 인정받을 수 있을 만큼 체계적이면서도 포괄적으로 제시되었다.

실즈와 리치는 교육공학을 "학습을 위한 과정과 자원을 설계, 개발, 활용, 관리, 평가하는 이론과 실제"로 정의하였다. 교육공학에 대한 이러한 정의는 다음과 같은 몇 가지 특징을 내포한다.

- 교육공학은 인간의 학습 활동과 결과에 영향을 주는 것을 목적으로 한다. 따라서 교육공학은 학습자의 인지구조, 지식, 태도, 행동 등의 변화가 실제로 일어나도록 하는 데 관심이 있다.
- 교육공학은 과정과 자원을 모두 포함한다. 과정이란 특정한 결과를 얻기 위한 일련의 운영이나 활동을 말한다. 자원이란 학습을 지원하기 위해 필요한 원천으로서 지원체제, 교수 자료, 교수환경을 포함한다. 따라서 자원에는 교수-학습 과정에 사용되는 고안물과 자료뿐만 아니라

인적자원, 예산 및 시설, 개개인의 학습을 돕고 능률적으로 수행하는 데 필요한 모든 것이 포함된다.

- 교육공학은 설계, 개발, 활용, 관리, 평가의 연구 영역을 갖는다. 이는 교육공학의 기본 영역으로 전문 분야와 실천 분야 모두에 관련이 있다. 이 다섯 영역은 상호 독립된 영역이지만 이론과 실제를 통해서 서로 연관되기 때문에 그 관계가 선형적이지는 않다.
- 교육공학은 이론과 실제를 모두 포함한다. 타 학문에서 정립된 이론을 실제에 적용하는 것뿐만 아니라 자체적으로 새로운 이론을 생성한다는 점에서 이론과 실제를 모두 포함하는 것이다.

1994년에 AECT가 교육공학을 정의하는 데 사용한 용어들을 활용하여 재정의한다면, '교육공학은 효과적인 교수-학습을 위해(목적) 그 과정과 자원을 이용하여(수단) 설계 · 개발 · 활용 · 관리 · 평가 등의 기능을(영역) 이론적인 측면과 실제적인 측면에서 체계적으로 수행하는 하나의 학문 분야'라고 정의할 수 있다(박숙희, 염명숙, 2007).

2) 교육공학의 영역

교육공학은 설계, 개발, 활용, 관리, 평가의 다섯 개 영역으로 나뉘고, 각 영역은 다시 몇 개의 하위 요소로 구성된다. 다섯 개의 영역은 개념적 측면에서만 구분될 뿐 실제로는 상호 의존적이며 보완적이다.

(1) 설계 영역

설계란 학습 조건을 분석하여 구체적인 학습목표를 달성하기 위해 다양한 방법과 전략을 계획하는 영역이다. 즉, 설계는 학습 경험을 어떻게 안내할 것인가에 관한 미시적 활동뿐만 아니라 교육이나 수업의 전 과정을 기획하는 거시적인 활동까지를 포함한다. 설계 영역은 교수체제 설계, 메시지 디자인, 교수전략, 학습자 특성의 네 가지 하위 요소로 구성된다.

- 교수체제 설계: 효과적인 수업을 개발하기 위하여 학습에 관한 과학적 이론과 수업에 관한 처방적 지식을 체계적으로 활용하는 분야다. 체계적 설계과정은 일반적으로 분석, 설계, 개발, 실행, 평가의 단계에 따라 진행된다.
- 메시지 디자인: 교수 장면에서 어떻게 메시지를 설계하는 것이 학습의 효과를 가져올 수 있는가에 대해 연구하는 분야다. 인간의 인지과정, 특히 지각, 기억, 주의집중 등과 관련된 연구 결과를 바탕으로 문자, 기호, 그림 등을 어떠한 형태로 제시할 것인가를 연구한다.
- 교수전략: 특정한 학습이론으로부터 수업방법에 관한 시사점을 도출하려는 단편적 차원에서 벗어나 보다 체계적인 처방을 포함하는 교수방법에 관한 연구 영역을 의미한다. 예를 들면, 가네(R. Gagné)의 수업 사태, 학습과제 유형에 따른 차별적 교수전략 제시, 구성주의적 관점에 기반을 둔 교수-학습 환경설계 전략 등이 연구되고 있다(박성익 외, 2003).
- 학습자 특성: 학습의 효과에 영향을 주는 학습자의 일반적 특성과 구체적 선수학습 능력을 의미한다. 학습자의 일반적 특성은 연령, 지능, 사회경제적 환경, 선호하는 학습 유형, 성격 등을 말한다. 선수학습 능력은 학습할 과제와 직접 관련된 지식, 기술, 태도를 의미한다.

(2) 개발 영역

개발은 설계 영역에서 작성된 내용을 바탕으로 수업에서 활용할 교수매체를 제작하고 전달하는 방법에 관한 영역이다. 교수에 적용되는 다양한 매체, 즉 슬라이드, OHP, 영화, TV, 컴퓨터, 멀티미디어 등에 활용할 교육 프로그램을 개발하는 영역이다. 개발 영역은 인쇄공학, 시청각공학, 컴퓨터기반공학, 통합공학의 네 가지 하위 요소로 구성된다.

- 인쇄공학: 책, 사진, 그림 등과 같은 자료를 제작 · 전달하는 방법을 말한다. 교육 현장에서 가장 일반적으로 사용되고 있는 것은 교과서다.

- 시청각공학: 음성 정보와 시각 정보를 함께 제시하기 위하여 기계와 전기 기자재를 사용하여 자료를 제작하거나 전달하는 방법을 말한다.
- 컴퓨터기반공학: 컴퓨터를 사용하여 메시지를 제작하고 전달하는 방법이다. 컴퓨터기반공학을 이용하는 경우, 전달하고자 하는 메시지를 비순차적으로 제시할 수 있기 때문에 학습자나 교수자가 자신의 필요에 따라 원하는 내용을 언제든지 선택할 수 있다는 장점이 있다.
- 통합공학: 컴퓨터를 중심으로 여러 유형의 매체를 통합하여 자료를 개발하고 전달하는 방법을 말한다. 그리하여 제시되는 정보와 정보 간의 상호 연결을 즉각적으로 보여 주는 것은 물론 학습자가 자신의 필요에 따라서 정보를 탐색할 수도 있게 한다.

(3) 활용 영역

활용 영역은 학습을 위하여 절차나 자원을 사용하는 행위에 관한 영역이다. 즉, 학교에서 실물화상기, 영화, 컴퓨터, 인터넷 등을 어떠한 방식으로 사용할 것인가를 다루게 된다. 활용 영역은 교육공학의 다른 어떤 영역보다도 오래된 전통을 가지고 있다. 활용 영역은 매체 활용, 혁신의 보급, 실행과 제도화, 정책과 규제라는 네 가지 하위 요소로 구성된다.

- 매체 활용: 학습을 위해서 자원을 체계적으로 사용하는 것을 의미한다. 여기에는 단순히 수업 중에 매체를 사용하는 것뿐만 아니라 학습목표를 성취하기 위해서 가장 적합한 교수매체를 선택하는 절차와 관련된 의사결정 과정까지도 포함된다.
- 혁신의 보급: 새로운 아이디어의 채택과 확산을 목적으로 계획적인 전략을 사용하는 의사소통 과정이다. 새로운 교육공학으로 제안된 아이디어에 대하여 그것을 수용하는 사람들이 어떻게 긍정적인 인식, 태도, 행동을 나타내도록 할 것인가를 체계적으로 접근하도록 하는 것이다.
- 실행과 제도화: 새로운 교육공학을 특정 조직 내에서 적절하게 사용하

고 지원하는 것을 의미한다. 실행은 새로운 교육공학의 적절한 사용에 초점을 두는 것이고 제도화는 그것의 정착에 초점을 둔다.

- 정책과 규제: 새로운 교육공학의 보급과 사용에 영향을 주는 사회의 규칙과 행위를 의미한다. 즉, 교육방송과 관련된 정책과 규제, 교육용 소프트웨어 개발과 활용에 관련된 정책과 규제 등에 대하여 교육공학적 기준과 표준을 제공하거나 불필요한 규제에 대해 문제점을 지적하는 활동이 포함된다.

(4) 관리 영역

관리란 일반적으로 기획, 조직, 조정, 감독을 통하여 교육공학의 전 과정과 결과를 운영하고 조절하는 것이다. 교육공학자는 언제나 개발의 전 과정을 관리하는 역할을 수행하게 된다. 기본적으로 프로그램을 조직하고, 직원을 관리하고, 예산과 시설을 기획하고 집행하며, 변화를 수행하는 일을 하게 된다. 관리 영역은 프로젝트 관리, 자원 관리, 전달체제 관리, 정보 관리의 네 가지 하위 요소로 구성된다.

- 프로젝트 관리: 교수 설계와 개발 프로젝트를 기획, 조직, 조정 및 감독하는 일련의 활동과 그에 관련된 원리들을 포함한다. 특히, 성공적인 프로젝트 실행을 위해서는 방해요소를 명확히 분석하고 그 해결책을 찾는 것이 필요하다.
- 자원 관리: 설계, 개발, 활용, 평가와 관련된 각종 자원의 지원체제와 서비스를 기획, 조직, 조정, 감독하는 기능이다. 비용 효과성과 학습 효과의 정당성 측면이 자원관리와 관련하여 중요하게 고려되어야 한다.
- 전달체제 관리: 교수 자료를 학습자에게 보급하고 확산하는 과정과 방법을 기획, 조직, 조정, 감독하는 기능이다. 수업에 활용할 전달체제와 관련하여 하드웨어와 소프트웨어의 요구 조건은 무엇이고, 사용자와 관리자에게 필요한 기술적 지원은 어떤 것이며, 설계자와 교수자에게

필요한 지침은 어떤 것인가 등의 문제를 다룬다.

- 정보 관리: 학습 자원을 제공하기 위하여 정보를 저장 · 전달 · 처리하는 과정과 방법을 기획, 조직, 조정, 감독하는 기능이다. 학습자가 쉽게 정보를 사용할 수 있게 해 준다는 점에서 중요한 영역이다.

(5) 평가 영역

평가는 활동의 과정이나 결과에 대한 장점, 가치 등을 확인하는 절차다. 교육에서의 평가는 교육 프로그램, 산물, 프로젝트, 과정, 목표, 교육과정의 질, 효과, 가치 등을 결정하고자 하는 것으로 과학적이고 체계적인 평가가 요구된다. 평가 영역은 문제분석, 준거지향평가, 형성평가, 총괄평가의 네 가지 하위 요소로 구성된다.

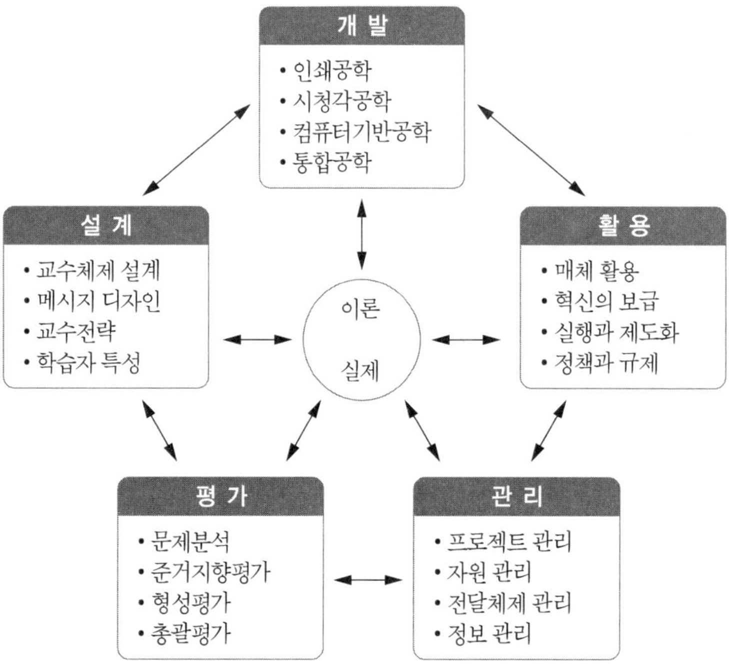

[그림 9-5] 교육공학 영역과 하위 요소

• 문제분석: 정보수집과 의사결정 전략을 사용하여 문제의 성질과 요소를 확인하는 것이다. 문제분석에는 교육적 요구 분석, 학습자 특성 확인, 교육적 우선순위 결정 등이 포함된다.
• 준거지향평가: 사전에 정해진 목표를 준거로 학습자가 어느 정도 목표를 달성하였는지 측정하는 것이다. 준거지향평가는 학습자가 목표나 교육내용을 얼마나 달성하였는가에 관심을 두기 때문에 목표지향 혹은 내용지향 평가라고도 한다.
• 형성평가: 수업의 전개과정에서 활용하고 있는 교수 자료나 프로그램의 적절성과 효과성에 관한 자료를 수집 · 분석하여 교수 자료나 프로그램을 수정 · 보완하기 위해 실시하는 평가다. 형성평가는 프로그램이 개발되는 과정에서 시행된다.
• 총괄평가: 프로그램의 유용성을 결정하기 위해서 교수 자료나 프로그램을 사용한 후에 각종 정보를 수집하고 그 효과를 평가하는 것이다. 형성평가와 달리, 총괄평가는 프로그램이 모두 완성된 후에 시행된다.

제2절 교수매체

매체(media)은 송신자와 수신자 사이에서 정보를 전하는 전달 수단을 뜻한다. 즉, 매체는 정보전달 과정에서 전달을 위해 사용되는 모든 형태의 채널을 의미하는데, 이는 목표 달성을 위한 중요한 수단이 된다(이화여자대학교 교육공학과, 2001). 그리고 교수매체는 교육목표를 달성할 수 있도록 교수자와 학습자 간의 학습에 필요한 의사소통을 도와주는 다양한 형태의 매개 수단이다. 교수매체의 개념과 기능 그리고 종류에 대해 살펴본 후 교수매체의 선택과 활용 절차에 대해 알아보자.

1. 교수매체의 이해

1) 교수매체의 개념과 기능

과거에는 교수활동을 할 때 학습자가 학습내용을 명확히 이해할 수 있도록 돕는 모든 기계나 자료를 지칭하는 개념으로 교수매체를 사용했다. 하지만 매체를 보는 시각이 확대됨에 따라 교수-학습 과정에서 교수목표를 달성하기 위하여 학습자와 교수자 간에 사용되는 모든 수단을 교수매체로 생각하는 보다 넓은 개념으로 변하고 있다. 따라서 교수매체는 시청각 기자재와 교재뿐만 아니라 인적자원, 전달하는 메시지 내용, 학습환경, 시설 등을 포함하는 포괄적이고도 종합적인 개념으로 이해되어야 한다.

매체의 종류에 관계없이 모든 매체가 보편적으로 갖고 있는 교육적 기능은 매개적 보조 기능, 정보전달 기능, 학습경험 구성 기능, 교수 기능 등으로 나누어 볼 수 있다(조영일, 2003). 매개적 보조 기능은 교사가 학습자를 가르칠 때 보조 수단으로 매체를 사용하는 것을 말한다. 매체를 사용하는 것은 사용하지 않을 때보다 학습의 효과를 높일 수 있다는 것이 일반적인 견해다. 교수매체를 사용하면 교사가 의사소통을 보다 원활하게 할 수 있고, 가르치는 데 소요되는 시간을 줄일 수 있어서 수업을 더 능률적으로 수행할 수 있다.

정보전달 기능은 교사가 많은 학습자를 대상으로 가르쳐야 하는 상황에서 특히 효과적이다. 인쇄매체는 많은 정보를 담을 수 있으며 쉽게 사용할 수 있기 때문에 중요한 매개 수단의 하나다. TV, 컴퓨터, 멀티미디어와 같은 정보통신매체가 보급되면서 교사들은 다감각적인 정보를 보다 신속하고 효과적으로 전달할 수 있게 되었다.

교수매체는 그 자체가 학습 경험을 구성하는 기능을 가지고 있다. 이러한 기능을 하는 예는 기능교육을 위한 컴퓨터, 타자기, 피아노, 사진기 등을 사용하는 경우에서 볼 수 있다. 이 경우 매체는 그 자체가 학습내용이 되면서 동시에 내용을 경험하게 하는 매체가 된다. 즉, 매체를 사용할 수 있는 기능

획득이 학습목표가 되고 학습내용이 되며, 동시에 그 목표를 달성하기 위한 학습 경험을 매체를 통해서 하게 된다.

교수 기능이란 매체를 효과적으로 구성 · 활용하여 학습자의 지적 능력을 계발시키는 것이다. 교수매체는 학습자의 주의집중과 동기 유발을 도우며 이를 통해 학습을 촉진시켜 지적 활동을 원활하게 해 준다.

2) 교수매체의 종류

교수매체의 유형을 나누는 기준은 학자와 목적에 따라 다양하지만 일반적으로 사용하고 있는 호반과 데일의 분류, 상징체계에 따른 분류에 대해 살펴보자.

(1) 호반과 데일의 분류

호반은 여러 종류의 시각적 교재를 그것이 갖는 구체성-추상성을 기준으로 분류했다. 가장 구체적인 형태는 실제적 현상을 총체적으로 직접 관찰하는 것이고, 가장 추상적인 형태는 언어에 의존하는 것이다. 그는 사실에 가까운 구체적인 매체일수록 메시지가 정확하게 전달되고 학습자의 지식 획득

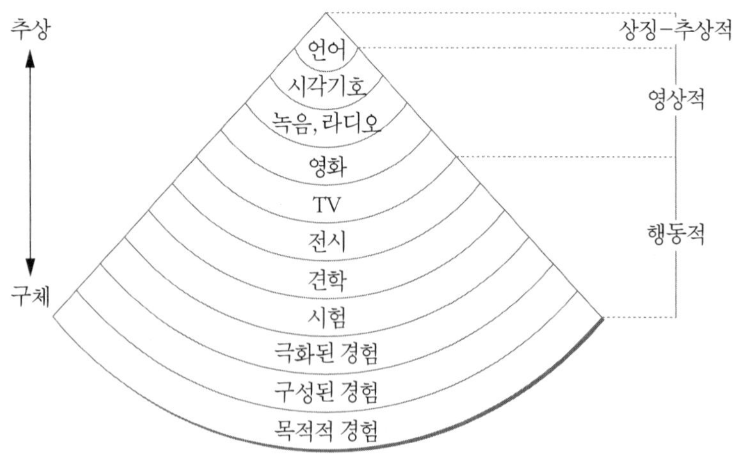

[그림 9-6] 데일의 경험의 원추

에 효과적이지만 추상성이 높아지게 되면 이해도가 낮아진다고 주장했다.

데일은 호반의 모형을 더욱 확장하여 '경험의 원추(cone of experience)' 모형을 제시하였다. 경험의 원추 모형은 시청각 교재가 제공하는 구체적 경험의 정도에 따라 교재를 분류한다. 원추의 하부에서 상부로 올라갈수록 추상성이 높아지고 상부에서 하부로 내려갈수록 구체성이 높아진다. 그런데 추상성이 높아질수록 반드시 학습이 어려워지는 것은 아니며, 교재는 학습자의 지적 능력이나 경험에 맞추어 선택하는 것이 적절하다.

(2) 상징체계에 따른 분류

상징체계에 따른 분류방식은 매체가 정보를 제공하는 형태와 감각 통로를 기준으로 한다. 시각매체, 청각매체, 시청각매체, 상호작용매체로 구분할 수 있다.

시각매체는 시각에만 의존하는 것으로 비투사매체와 투사매체가 있다. 비투사매체란 자료를 제시할 때 광학적 또는 전기적인 투사방법을 사용하지 않는 매체를 말한다. 반면 투사매체는 광학적 또는 전기적 투사방법을 사용하여 사물의 고정된 상을 스크린에 비추는 형태를 의미한다. 청각매체는 주로 청각적인 정보를 전달하는 것이다. 청각 자료는 손쉽게 구할 수 있으며 제작하기 쉽다는 장점이 있다. 시청각매체는 시각과 청각적 정보를 동시에 활용하는 것이다. 그리고 상호작용매체는 매체와 사용자의 상호작용을 강조

〈표 9-5〉 상징체계에 따른 교수매체 유형

분류		특징	예
시각매체	비투사매체	전기적 투사를 하지 않음	실물, 모형, 그래픽, 만화, 사진, 포스터
	투사매체	전기적 투사를 함	슬라이드, OHP, 실물화상기
청각매체		청각적인 정보 전달	라디오, 녹음기, 전축
시청각매체		시각과 청각 정보를 동시에 활용	VTR, 영화, TV
상호작용매체		컴퓨터가 기본, 학습자와 상호작용이 가능	컴퓨터 보조수업, 멀티미디어

한 것으로 주로 컴퓨터를 기본으로 한다. CAI, 상호작용 비디오, 멀티미디어, 쌍방향 TV 등이 해당된다.

2. 교수매체의 선택 및 활용 절차

교수-학습 과정에서 교수매체를 효과적으로 활용하기 위해서는 학습자 분석, 목표 진술, 학습 자료의 선택과 활용, 학습자의 행동 분석과 평가 등이 체계적으로 이루어져야 한다. 교수매체의 체계적 활용을 위한 지침이 될 만한 모형은 하인니히(R. Heinich) 등이 고안한 ASSURE 모형이다. ASSURE 모형은 교실수업에서 매체의 활용계획을 수립할 때 사용하기 위한 것으로 ① 학습자 분석, ② 목표 진술, ③ 방법·매체 및 자료의 선택, ④ 매체와 자료의 활용, ⑤ 학습자 참여 요구, ⑥ 평가와 수정의 여섯 단계로 진행된다. 이 모형은 매우 체계적인 절차로 제시되기 때문에 초보교사들도 교육 현장에서 쉽게 활용할 수 있는 실천적 모형이라는 장점이 있다.

1) 학습자 분석

교수매체를 효과적으로 선택하고 활용하려면 학습자의 특성을 파악해야 한다. 학습자 특성의 분석을 위해 고려해야 할 사항은 학습자의 일반적 특성, 구체적 출발점 행동, 학습양식 등이다. 일반적 특성이란 학습자의 연령, 지적 특성, 사회경제적 배경 등을 의미한다. 이러한 일반적 요인은 학습내용과 직접 관련되지 않지만 수업 수준을 결정하거나 적절한 예를 선택하는 데 도움이 된다. 출발점 행동이란 새로운 학습을 시작하기 이전에 학습자가 이미 가지고 있는 지식, 기술, 태도를 의미하는 것으로 학습내용과 직접적으로 관련된다. 학습양식은 학습자가 학습환경에서 어떻게 지각하고 상호작용하고 반응하는지에 대한 심리학적 특징을 의미한다. 주로 감각적 선호도, 정보를 처리하는 습관, 동기요인 등에 의해 영향을 받는다.

2) 목표 진술

학습자가 달성해야 할 학습목표를 구체적으로 설정하고 학습의 결과로 습득하게 될 새로운 지식과 경험을 명확하게 진술한다. 목표 진술은 교사가 무엇을 가르치느냐의 관점에서가 아니라 수업이 끝난 후에 학습자가 무엇을 할 수 있느냐의 관점에서 진술하여야 한다. 메이거(R. Mager)는 구체적 목표 진술에 포함해야 할 요소로 학습 대상자(Audience), 행동(Behavior), 학습 조건(Condition), 평가 수준(Degree)의 네 가지를 제시한다. 구체적으로 잘 진술된 목표는 누가 학습할 것인지를 분명히 제시하고(학습 대상자), 학습자가 성취해야 할 것을 관찰 가능한 행동으로 진술하며(행동), 목표에 도달하는 데 사용되는 자원, 시간 등의 제약을 제시하고(조건), 학습자가 목표에 도달하였는지의 여부를 나타내는 기준(평가 수준)을 포함해야 한다.

3) 방법, 매체 및 자료의 선택

학습자의 특성이 분석되고 도달해야 할 구체적 목표가 확인되었으면 이 두 과정을 연결하기 위한 구체적 계획이 세워져야 한다. 즉, 어떤 수업방법을 선택할 것인지, 어떤 매체를 사용할 것이지, 매체와 교수방법을 실행하기 위하여 어떤 교재를 활용할 것인지를 결정해야 한다. 교수방법이나 교수매체의 선택은 수업의 내용이나 목표에 따라서, 학습 대상자에 따라서, 교사의 교육관에 따라서, 그리고 수업이 실시되는 환경에 따라서 이루어져야 한다.

4) 매체와 자료의 활용

사용할 매체와 자료가 선택되면 그 자료를 수업에서 어떻게 활용할 것인가를 계획해야 한다. 교수매체의 효과적인 제시를 위해서는 수업 전에 미리 시연해 보는 것이 필요하다. 뿐만 아니라 자료를 사용하기 위한 매체 및 수업 환경을 정비해야 한다. 그리고 학습자들의 주의를 집중시키기 위하여 제시할 내용의 소개, 학습할 주제와의 관련성, 사용할 교수매체에 대한 정보나 특별한 용어에 대해 미리 설명함으로써 학습자들의 동기를 유발시켜야 한다.

5) 학습자 참여 요구

학습은 내용의 일방적인 전달로만 이루어지는 것이 아니라 학습자가 학습 과정에 능동적으로 참여할 때 더욱 효과적으로 이루어질 수 있다. 따라서 자료의 활용과 더불어 중요한 것이 학습자의 적극적 참여다. 학습자 참여는 학습자의 반응을 이끌어 낼 수 있는 자료 제공, 연습 기회 제공 그리고 반응에 대한 피드백 제공으로 유도할 수 있다.

6) 평가와 수정

교수활동이 끝나면 수업의 효과에 대한 평가가 이루어져야 한다. 사전에

〈표 9-6〉 ASSURE 모형

단 계	내 용
A: 학습자 분석(Analyze learners)	• 일반적 특성 • 구체적 출발점 행동 • 학습양식
S: 목표 진술(State objectives)	• 학습 대상자 • 행동 • 학습 조건 • 평가 수준
S: 방법, 매체 및 자료의 선택 (Select methods, media and materials)	• 수업방법 선택 • 매체 선택 • 자료 선택, 수정, 제작
U: 매체와 자료의 활용(Utilize materials)	• 자료의 사전 검토 • 환경 정비 • 학습을 위한 사전 준비 • 자료 제시
R: 학습자 참여 요구 (Require learner participation)	• 연습 • 과제
E: 평가와 수정(Evaluate and revise)	• 학업 성취도 평가 • 매체와 방법 평가 • 교수-학습 과정 평가 • 수정, 보완

진술된 학습목표를 학습자가 얼마나 잘 달성했는가에 대한 평가가 이루어져야 한다. 또한 사용한 교수매체와 교수방법에 대한 평가, 교수–학습 과정에 대한 평가가 이루어져야 한다. 교수매체와 교수방법에 대한 평가에서는 사용한 특정 매체가 학습자의 목표 달성에 도움이 되었는가, 학습자의 흥미를 유발시키는 데 효과적이었는가, 학습자의 참여를 유도하였는가 등을 평가해야 한다. 교수–학습 과정에 대한 평가는 교수의 전 과정에 대해 수시로 이루어지며 만족스럽지 않은 부분에 대해서는 자료나 활용 계획 등을 수정하게 된다. 따라서 평가는 ASSURE 모형의 마지막 단계이면서 지속적인 매체 활용을 위한 새로운 출발점이 된다.

제3절 컴퓨터와 교육

컴퓨터는 사용된 기간이 비교적 짧음에도 불구하고 그 어느 매체보다도 큰 매체로 인식되고 있다. 특히, 교육 분야에서 컴퓨터는 학생들이 미래사회를 준비하기 위해 배워야 할 대상이 되었을 뿐 아니라 교사가 교수–학습 과정에 활용하는 효율적인 매체로 인식되고 있다. 컴퓨터가 일반적으로 교육에서 어떻게 활용되는지 살펴보고 ICT 활용수업, 멀티미디어, e–러닝과 u–러닝에 대해 알아보자.

1. 컴퓨터의 교육적 활용

교육 현장에서 컴퓨터는 교수–학습을 지원하거나 교수–학습을 위한 도구로 사용되고 있다. 컴퓨터가 교사의 역할을 담당하여 교수–학습을 지원하거나 교수–학습을 위한 도구로 사용되는 형태에는 컴퓨터 보조수업과 컴퓨터 관리수업이 있다.

1) 컴퓨터 보조수업

컴퓨터 보조수업(computer assisted instruction: CAI)은 컴퓨터를 직접 수업매체로 활용하여 지식, 태도, 기능 등의 교과내용을 학습자에게 가르치는 수업방법이다. CAI는 전통적인 강의식 수업과는 다른 여러 가지 특징이 있다. 따라서 CAI의 효과는 이러한 특징들이 얼마나 잘 설계에 반영되느냐에 따라 달라진다. CAI가 갖는 특징들은 다음과 같다(박성익 외, 2003).

첫째, 개별학습이 가능하다. 개별학습은 학습자의 능력 수준에 알맞은 학습 경험을 제공하는 것이다. 모든 학습자에게 똑같은 방식으로 내용을 제시

〈표 9-7〉 컴퓨터 보조수업의 유형

유형	개 요	교사의 역할	컴퓨터의 역할
반복연습	• 이미 학습한 내용 • 기본적인 사실이나 용어 • 반복되는 질의와 응답을 통한 연습	• 학습에 필요한 수업 계획, 준비 • 교수 자료 선택 • 프로그램을 학습자에 맞게 배정 • 진도 점검	• 질문 제시 • 학습자 반응 평가 • 즉각적인 피드백 제공 • 학습자 진도 기록
개인교수	• 새로운 정보를 제시 • 개념과 원리를 가르침 • 교정학습을 제공	• 교수 자료 선택 • 필요에 따라 적응적 수업 실시 • 학습 상황 점검	• 정보 제시 • 질문 제시 • 응답 점검 • 교정 피드백 제공 • 주요 내용 요약 • 기록
게임	• 경쟁 • 높은 학습 동기하에 반복 연습 • 개별 또는 모둠 활동	• 제한사항 결정 • 학습과정 관리 • 학습 결과 점검	• 경쟁 상대, 심판, 기록자의 역할 병행
시뮬레이션	• 실제 상황 묘사 • 실제적인 모형에 입각 • 개별 또는 모둠 활동	• 배울 내용 소개 • 배경 설명 • 전체적인 사용 안내	• 역할 수행 • 결과 통보 • 모형과 데이터베이스 관리

하는 것이 아니라 학습자의 능력을 프로그램이 진단하여 그에 적합한 수준과 속도로 학습내용을 제공하는 것이다. 따라서 하나의 프로그램을 여러 학습자가 동시에 학습한다 하더라도 반드시 동일한 순서로 학습이 진행되지는 않는다. 이러한 개별학습은 학습자의 능력 수준에 따라 학습할 수 있는 환경을 제공함으로써 학습의 효과를 높일 수 있다.

둘째, 상호작용을 촉진한다. 상호작용이란 컴퓨터와 학습자 간에 정보를 능동적으로 주고받는 것을 의미한다. 상호작용을 위해 컴퓨터는 정보를 제시하고 학습자는 그에 반응하며, 컴퓨터가 학습자의 반응을 판단하고 적절한 정보를 제공한다. CAI에서는 학습자의 개별적 반응에 따라 그에 적합한 조치를 취할 수 있다. 이러한 상호작용은 학습자의 능동적 참여를 유도함으로써 동기를 유발하고 학습의 효과를 높이는 데 기여한다.

셋째, CAI는 여러 가지 방법을 통해 학습자의 학습 동기를 유발한다. 다양한 멀티미디어를 통한 자극은 정적인 매체에 비해 학습자의 학습 의욕을 높여 줄 가능성이 높다. 또한 교사 주도의 강의식 수업과 비교할 때, CAI는 학습자에게 편안한 분위기를 제공하여 학습 동기를 고취시킨다. 그리고 학습내용이나 수준, 학습 경로, 반응양식들을 학습자의 취향대로 선택하도록 하는 학습자 통제를 제공함으로써 학습에의 적극적 참여를 유도할 수 있다.

넷째, 다른 매체에서는 불가능하거나 어려운 즉각적 피드백이 가능하다. CAI는 학습자의 반응을 순간적으로 평가하고 진단하여 그에 적절한 처방을 제공할 수 있다. 또한 학습자들이 학습과정에서 나타나는 오답이나 실수에 대한 두려움을 감소시키는 효과가 있고 다양한 형태의 피드백도 제공할 수 있다.

2) 컴퓨터 관리수업

컴퓨터 관리수업(computer managed instruction: CMI)은 컴퓨터를 직접 수업매체로 사용하는 것이 아니라 컴퓨터를 활용해서 교수-학습 활동을 기록·분석하여 교사가 효율적으로 수업을 할 수 있도록 지원하는 것이다.

수업과 관련된 의사결정을 하기 위해 교사들은 각 학생들의 학업 성취도나 학습 진전에 대한 최신 정보가 필요하다. CMI는 학생 개개인에 대한 이러한 정보들을 수집, 보관, 분석, 보고하기 위해 사용된다. 개별적인 CMI 적용은 간단한 성적처리 프로그램에서부터 학생 개개인에 대한 진단과 처방 프로그램에 이르기까지 매우 다양하다. 성적처리 프로그램은 학습자들의 시험 점수를 관리하고 최종 성적을 산출하고 학습자와 학부형, 교사와 학교행정가들을 위해 성적표를 작성한다. 오래전부터 표준화 검사에 컴퓨터 채점을 활용하였고 각 문항에 대한 응답의 분석도 제공하고 있다.

2. ICT 활용수업

ICT는 정보 기술(information technology)과 통신 기술(communication technology)의 합성어로, 정보기기의 하드웨어 및 그 기기의 운영 및 정보관리에 필요한 소프트웨어 기술과 그 기술을 이용하여 정보를 수집, 생산, 가공, 보존, 전달, 활용하는 모든 방법을 의미한다(한국교육학술정보원, 2000).

1) ICT 활용수업의 개념

그동안 ICT 활용수업과 관련하여 이루어진 논의를 살펴보면 대부분 학습내용 또는 학습 자료를 전달하는 도구로서 공학을 사용하는 것에는 많은 관심을 보였지만, 교사-학습자, 학습자-학습자 의사소통을 향상시키기 위한 공학의 사용은 등한시했다. ICT 학습환경은 이전 환경에서 가능했던 것보다 더 다양한 학습활동의 실현 가능성을 지니고 있다. 하지만 교수-학습 단계에서 ICT는 주로 제시의 도구로 활용되고 있다.

많은 이들이 ICT 활용수업의 의미를 멀티미디어 자료를 제시하는 것으로 인식하곤 한다. 또는 기존의 실물환등기나 OHP로 학습내용을 제시하는 대신 컴퓨터를 이용한 멀티미디어적 자료를 제시하는 것이 ICT 활용수업이라고 생각한다. 그런데 ICT를 활용하여 만들 수 있는 잠재적인 협력적 공간에서는 공간을 초월하여 교사-학습자, 학습자-학습자, 학습자-학습내용의 의사소통과 상호작용이 가능하다.

ICT 활용수업은 '교실 안팎에서의 의사소통과 상호작용의 양적 · 질적 확장을 위하여 ICT를 활용하는 수업'이 되어야 한다.

2) ICT 활용수업의 유형

한국교육학술정보원은 ICT 활용수업의 유형을 ① 정보 탐색하기, ② 정보 분석하기, ③ 정보 안내하기, ④ 웹 토론하기, ⑤ 협력 연구하기, ⑥ 전문가와 교류하기, ⑦ 웹 펜팔하기, ⑧ 정보 만들기의 여덟 가지로 제시한다. 유

〈표 9-8〉 ICT 활용수업의 유형

유형	내용
정보 탐색하기	인터넷 검색 엔진을 활용하거나 웹사이트, 시디롬 타이틀, 인쇄 자료를 활용한 자료 탐색, 직접 정보를 가지고 있는 사람과의 정보 교환 등을 통해 다양한 정보를 찾아보는 유형
정보 분석하기	원자료를 워드프로세서나 데이터베이스, 스프레드시트 등을 이용하여 비교, 분류, 조합하는 등의 분석활동을 통해 결론을 예측하고 추론해 보는 유형
정보 안내하기	교사가 미리 수업을 계획하여 교육용 시디롬 타이틀을 제공하거나, 미리 개발한 프레젠테이션 자료를 제시하거나, 홈페이지를 구축하여 학습자들에게 수업내용을 안내하는 유형
웹 토론하기	채팅이나 전자게시판, 전자우편 등을 활용하여 특정한 주제에 대해 허락이 된 참여자들 또는 불특정 다수가 자신의 의견을 제시하는 유형
협력 연구하기	다른 지역, 다른 나라 학습자끼리 공동 관심사항에 대해 각기 자료를 검색하고, 취합하여 결과물을 공유하는 유형
전문가와 교류하기	인터넷을 통해 특정 분야의 전문가를 포함한 학부모, 선배, 다른 교사 등과 의사소통을 하면서 관련 분야의 전문 지식을 활용하는 유형
웹 펜팔하기	E-pals, 또는 Keypals는 인터넷의 전자우편 기능을 이용하여 여러 지역의 다른 사람들과 개인적인 교류를 하거나 언어 학습 또는 문화에 대한 이해를 목적으로 하는 유형
정보 만들기	문제해결 과정에서 산출된 각종 결과물들을 다른 사람들이 볼 수 있도록 보고서나 프레젠테이션 자료, 홈페이지 등으로 만드는 유형

형별 내용을 보면 〈표 9-8〉과 같다.

3. 멀티미디어

멀티미디어(multimedia)의 개념은 공학이 발달함에 따라 변화되어 왔다. 초기의 멀티미디어는 두 가지 이상의 개별적인 매체를 조합하는 것을 의미하였다. 즉, OHP, 슬라이드, 녹음기, 영화 등에서 두 가지 이상의 개별적인 매체를 조합하여 사용하는 것이었다. 그러나 컴퓨터공학이 발달하면서 여러 매체에 의해 전달되었던 정보가 하나의 매체로 통합되어 전달되는 형태로 그 의미가 변화되었다.

특히, 교수-학습에 활용하는 멀티미디어는 단순히 매체들을 조합하여 사용하는 것만을 의미하는 것이 아니라 교수목적을 달성하기 위해 두 개 이상의 매체를 통합하여 구조화되고 체계화된 정보를 제시하는 것을 의미한다(박숙희, 염명숙, 2007).

1) 하이퍼텍스트, 하이퍼미디어, 멀티미디어

하이퍼텍스트(hypertext)는 컴퓨터상에서 구현되는 비선형적(non-linear)으로 조직된 자료 또는 자료 형태다. 하이퍼텍스트는 기본적으로 노드(node)와 링크(link)로 구성되어 있다. 노드는 하나의 아이디어, 주제, 개념 등을 표현하는 작은 정보단위를 말한다. 링크는 이러한 노드들을 특정의 원칙에 따라 서로 연결하는 것을 말한다.

하이퍼미디어(hypermedia)는 하이퍼텍스트 방식으로 구성된 멀티미디어라고 할 수 있다. 즉, 하이퍼미디어는 문자 정보, 그래픽, 사진, 애니메이션, 영화의 한 부분, 비디오 정보와 음성 정보를 포함하는 다양한 형태의 정보로 구성되며 상호작용적 링크를 허용하는 컴퓨터 보조 시스템을 말한다.

멀티미디어(multimedia)는 문자 정보, 그래픽, 사진, 애니메이션, 영화의 한 부분, 음성 정보, 비디오 정보 등의 자료를 표현하는 복합적인 다중매체

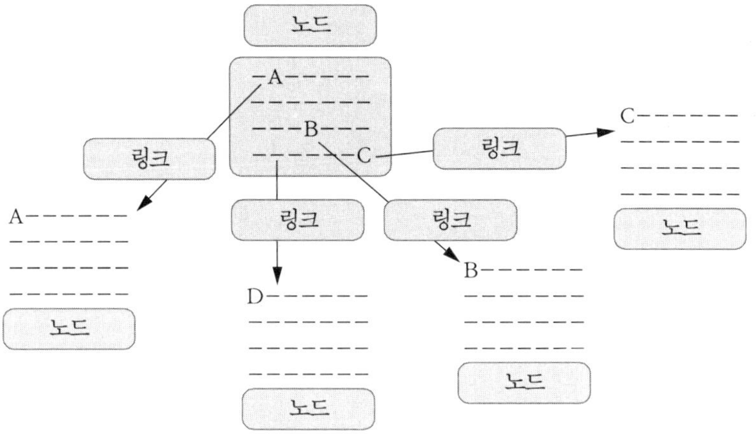

[그림 9-7] 하이퍼텍스트의 개념

다. 멀티미디어에서 표현하는 정보들은 컴퓨터를 중심으로 디지털 방식으로 통합되어 의사소통과 상호작용을 가능하게 한다. 컴퓨터를 이용한 상호작용적 멀티미디어는 하이퍼텍스트와 하이퍼미디어를 포함한다(이화여자대학교 교육공학과, 2001).

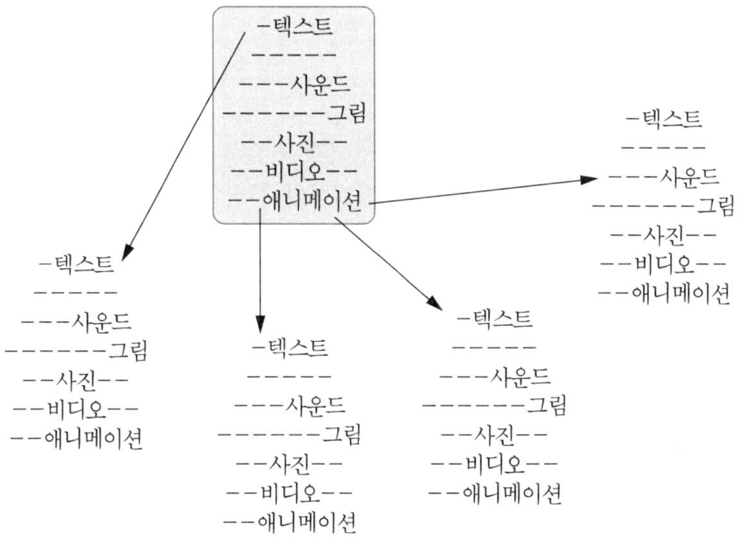

[그림 9-8] 하이퍼미디어의 개념

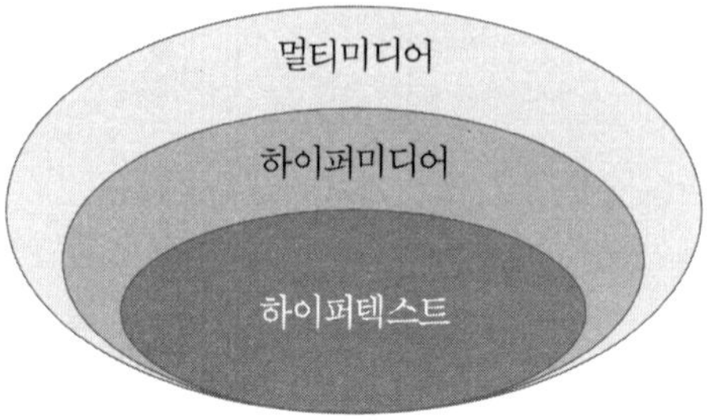

[그림 9-9] 하이퍼텍스트, 하이퍼미디어, 멀티미디어의 관계

2) 멀티미디어의 특성

멀티미디어는 정보를 조직하고 접근하는 데 있어서 사용자 주도적인 비선형적 방법을 제공한다. 이러한 특성은 개인의 요구에 따른 정보 접근과 사용자 중심의 상호작용적 환경을 가능하게 한다. 멀티미디어가 갖는 특성은 다음과 같다.

- 많은 양의 정보를 다양한 형태로 수록할 수 있으며 탐색이 용이하다. 예를 들어, CD-ROM은 많은 양의 정보를 수록할 수 있을 뿐만 아니라 수록하는 정보의 형태가 이미지, 사운드, 텍스트, 동영상 등 매우 다양하며 이들 정보의 검색이 매우 용이하다.
- 다양한 형태의 정보를 통합하여 한 화면에 제시한다. 초창기 컴퓨터 프로그램은 문자 정보를 위주로 제시되다가 후에 그래픽이나 사운드가 첨가되었다. 이제는 애니메이션, 영화 등을 포함한 다양한 형태의 정보를 한 화면에 제시할 수 있는 단계가 되었다.
- 상호작용이 가능하여 학습 경험을 확장시켜 준다. 컴퓨터의 정보처리 능력은 학습자의 요구나 반응에 따라 프로그램과 상호작용하도록 지원한다. 멀티미디어는 기존의 매체들이 제공하는 일방적인 의사소통 형태를 쌍방향적인 의사소통으로 변화시켜 다양한 학습 경험을 제공할 뿐만 아니라 선택 가능성을 제공한다.

- 비선형적인 정보의 사용이 가능하다. 멀티미디어 타이틀을 이용하는 경우, 사용자는 원하는 정보를 선택하여 사용할 수 있다. 즉, 사용자에 따라 멀티미디어 타이틀에 저장된 내용에 접속하는 순서나 사용하는 정보의 양에 차이가 있을 수 있다.
- 시공간적인 제약을 극복할 수 있다. 멀티미디어 프로그램이 통신 기술과 연결되면 시공간을 초월한 학습이 가능하게 된다. 정해진 시간과 장소에서 학습이 일어나는 기존의 틀을 깨고 학습자가 원하는 시간에 어디서든지 학습할 수 있는 새로운 형태의 교육이 가능하게 된다.

4. e-러닝과 u-러닝

1) e-러닝

e-러닝의 e는 'electronic', 러닝은 '학습'을 의미한다. 따라서 용어의 직접적인 의미로 보면 e-러닝은 전자적인 학습매체를 사용하여 이루어지는 학습을 말한다. 컴퓨터의 사용이 보편화되면서 e-러닝은 CD-ROM, 인트라넷, 인터넷 등을 활용하여 컴퓨터상에서 이루어지는 학습을 의미하게 되었다. 인터넷이 급속도로 확산되면서 e-러닝은 온라인학습, 인터넷학습, 사이버학습, 웹기반학습 등과 유사한 의미로 사용되고 있다. 일반적으로 e-러닝이란 컴퓨터의 웹 환경을 기반으로 시간과 공간의 제약 없이 지식과 정보에 접근하며 이루어지는 학습을 의미한다. 학교에서도 EBS 인터넷 수능방송이나 사이버 가정학습 체제를 통하여 e-러닝을 활용하고 있다.

2) u-러닝

u-러닝에서 u는 'ubiquitous'를 의미한다. 따라서 u-러닝은 학습을 원하는 사람들이 어떤 장소, 어떤 시간이든 다양한 자원과 정보에 접근하여 학습하는 것을 말한다. u-러닝은 언제, 어디서나, 누구나 학습할 수 있는 것은 물론 필요할 때 항상 학습할 수 있는 것을 추구한다. u-러닝의 실현을 위

해서는 편재적인(ubiquitous) 컴퓨팅 기술, IT 기술 기반의 시스템이나 서비스 제공이 전제되어야 한다. 그리고 학습자는 오프라인 프로그램과 모바일 프로그램이 조합된 환경에서 적시학습(just-in-time learning)과 위치기반학습(location based learning)을 하게 된다(한국교육공학회, 2005).

학습과제

1. 교육공학의 발달과정을 시기별로 분류하여 설명하시오.
2. 교육공학이란 무엇인지 최근의 개념을 가지고 설명하시오.
3. 교육공학의 다섯 가지 연구 영역을 열거하고 각각의 예를 들어 설명하시오.
4. 교수매체의 유형별 특징과 수업 적용방법을 설명하시오.
5. 컴퓨터 보조수업과 컴퓨터 관리수업을 구분하여 설명하시오.
6. ICT 활용수업에서 ICT가 의미하는 바를 설명하고, 그 활용방안과 가능성을 정리하시오.
7. 멀티미디어가 갖는 독특한 특성을 설명하시오.
8. e-러닝과 u-러닝을 구분하여 설명하시오.

제10 장

생활지도와 상담

학습목표

1. 생활지도의 개념과 목표를 이해하고 생활지도의 원리를 설명할 수 있다.
2. 생활지도의 영역과 주요 활동을 설명할 수 있다.
3. 상담의 개념과 목표를 이해하고 설명할 수 있다.
4. 상담의 과정과 기본적 조건, 주요 기술에 대하여 이해하고 설명할 수 있다.
5. 상담자의 윤리에 대하여 이해하고 설명할 수 있다.
6. 상담에 접근하는 다양한 이론과 실제에 대하여 이해하고 설명할 수 있다.

제10장

생활지도와 상담

제1절 생활지도의 이해

교육활동은 크게 학습지도와 생활지도로 구분된다. 특히, 오늘날의 교육은 사회의 다양화와 개성화로 인하여 학습지도 못지않게 생활지도의 중요성이 부각되고 있다. 그러므로 효과적인 교육활동을 위해서는 생활지도와 학교상담의 주요 활동의 내용과 방법들을 이해할 필요가 있다. 이 절에서는 우선 교육에 있어서 학습지도와 함께 중요한 축을 이루고 있는 생활지도의 의미를 개념, 목표, 원리의 순으로 살펴본다. 다음으로 생활지도가 학교교육현장에서 어떤 영역들을 관여하는지에 대하여 살펴본 후 생활지도의 활동을 살펴보고자 한다.

1. 생활지도의 의미

1) 생활지도의 개념

생활지도란 말은 영어의 'guidance'를 번역한 것으로서 '안내하다' '이끌어 주다' '지도하다'를 뜻한다. 생활지도의 원래 의미는 개인으로 하여금 자신과 자기를 둘러싸고 있는 환경을 잘 이해할 수 있도록 도와주는 전반적인 활동이라는 것이다.

생활지도의 시작은 1907년 미국의 보스턴에서 파슨스(T. Parsons)가 직업 분화 현상과 경제공황으로 인한 실업에 적절히 대응하지 못하는 성인들을 도와주기 위해 조직적인 직업지도 운동을 펼친 것에서 찾을 수 있다. 생활지도는 청소년의 직업지도 등 교육적 활동의 일부로서 시작된 것이지만, 차츰 그 영역이 확대되어 오늘날에는 대체적으로 거의 모든 교육적 활동 영역을 포괄하게 되었다.

이런 의미에서 생활지도는 학생의 바람직한 성장을 돕기 위하여 그 발달 단계에 따라 체계적이고 종합적으로 제공되는 교육 영역으로, 일생을 살아갈 독립된 인간으로서 필요한 자질이 갖추어지도록 지원하는 일련의 교육활동을 의미한다. 또한 원만한 인성이 그들의 신체적 성장과 더불어 함양되도록 계획되고 시행되는 활동이며, 교사는 아동 개개인이 지닌 능력과 흥미, 잠재력을 발견하여 그것을 최대한으로 개발해 가는 자기지도와 자기관리 태도를 기를 수 있도록 해야 하는 전문 기술이다.

2) 생활지도의 목표

생활지도의 목표는 개인의 존엄성과 가치에 초점을 두고 자신의 올바른 이해와 발전 가능한 잠재능력을 개발하는 데 있다. 또한 자율적인 문제 해결과 능력의 신장과 현명한 선택과 적응, 전인적 인간 개발과 자아실현, 사회봉사자로서의 민주시민 육성에 있다.

생활지도의 목적은 직접적 목적과 간접적 목적으로 구분된다. 생활지도의 직접적인 목적은 학생이 자신을 더 잘 이해하고 잠재능력을 파악하여 최대한 신장시키도록 돕는 데 있다. 간접적인 목적은 교사가 학생을 정확히 이해하고 지도할 수 있도록 돕고, 더 나아가 생활지도 활동을 통하여 학생의 행동을 이해하고 분석하는 기술을 갖추도록 하기 위함이다.

3) 생활지도의 원리

학교 현장에서 생활지도에 대한 잘못된 개념들이 있다. 첫째, 생활지도를 '문제 학생의 지도'라고 보는 관점이다. 이 관점은 생활지도의 대상을 문제를 가진 소수의 학생으로 제한하게 되는 오류가 있다. 생활지도란 정상적이고 성공적인 학생들이 더욱 합리적이고 창조적인 생활을 할 수 있도록 원조하는 활동을 포함하고 있기 때문에 전체 학생을 대상으로 한다. 둘째, 생활지도를 '훈육적 지도'로 보는 관점이다. 훈육은 규칙이나 규율을 지키도록 지도하고 지도의 방법도 권위적인 처벌에 의존하는 것으로, 어떤 점에서는 군국주의 및 권위주의라는 그릇된 인습과 전통에 뿌리를 박고 있는 것으로 하루속히 극복하여야 할 관점이다. 셋째, 생활지도를 '학생운동 지도'라고 보는 관점이다. 이것은 교육과 생활지도가 정치적 과정에 이용되어 생활지도가 지니고 있는 영속적이고 인도주의적인 기능을 훼손시킬 염려가 있다. 넷째, 생활지도를 '도의교육'이라고 보는 관점이다. 생활지도란 도덕적인 생활에만 관심을 갖는 것이 아니라 학생의 삶에 대한 모든 문제에 관심을 갖고 있다.

학교 현장에서 생활지도를 할 때 기본적인 지침이라고 할 수 있는 생활지도의 기본 원리는 다음과 같다(이재창, 1988). 첫째, 생활지도는 모든 학생들을 대상으로 한다. 생활지도는 특수한 학생들만을 대상으로 하는 상담이나 심리치료와는 구별된다. 둘째, 생활지도는 모든 연령층의 학생을 대상으로 한다. 즉, 생활지도는 유치원, 초등학교, 중학교, 고등학교, 대학교, 대학원 학생에 이르기까지 모든 연령층의 학생을 대상으로 해야 한다. 셋째, 생활지도는 개인의 존엄성, 개성발달, 자율성에 초점을 두어야 한다. 즉, 생활지도는 개인의 인간으로서의 존재 가치를 인정하고, 각자 가지고 있는 고유한 특성을 인식하며, 이를 개발하여 특특한 개성을 가진 인간으로 기능하도록 조력하는 활동이어야 한다. 넷째, 생활지도는 처벌보다는 선도를 통해 건전한 성장을 도와주어야 한다. 즉, 생활지도는 문제 학생을 처벌하는 식의 소극적 활동이 아니라 개인의 성장과 발달을 촉진하는 적극적 활동이 되어야 한다. 다섯째, 생활지도는 치료나 교정보다는 예방에 역점을 두어야 한다. 즉, 생활지도는 이미 발생한 문제의 처리나 치료보다는 앞으로 발생할 소지가 있는 문제를 미연에 방지하는 데 역점을 두어야 한다. 여섯째, 생활지도는 과학적인 근거를 바탕으로 하는 활동이어야 한다. 생활지도는 객관적 자료의 활용과 전문적인 기술을 활용한 과학적인 활동이 되어야 한다. 일곱째, 생활지도는 학교교육의 통합된 일부여야 한다. 즉, 생활지도는 학습지도에 여유가 생겼을 때 실시하는 선택적 영역이 아닌 학교교육의 필수적인 영역이어야 한다.

2. 생활지도의 영역 및 활동

1) 생활지도의 영역

생활지도는 학생의 바람직한 성장을 돕는 전인적 인간의 형성에 목적을 두기 때문에 학생들의 생활 관련 모든 영역에 연관되어야 한다. 생활지도의 영역을 생활지도에 포함되어야 할 내용들을 중심으로 구분하면 인성지도, 교육지도, 진로지도, 건강지도, 사회성 지도, 여가지도, 성교육 등이 있다.

(1) 인성지도

인성지도(personality guidance)는 성격지도 또는 인격지도라고도 하며, 개인의 건전한 인성의 발전과 인간으로서의 완전한 조화 발전을 위한 지도 활동을 말한다. 인성지도는 개인의 정서적 문제, 대인관계 문제, 가족관계 문제, 가치관 문제 등을 포함한다. 또한 최근에는 심리교육 차원에서 개개인이 긍정적 성격의 소유자가 되도록 지도한다.

인성지도의 목표는 개인이 자신의 성격을 올바르게 인식하고 원만한 인격적 소질을 육성하도록 지도하고 조언하는 것이다. 그러므로 원만한 인격 형성에 장애가 되는 인간의 기본적 욕구불만, 우월감, 열등감, 노이로제에 대한 공포, 정서적 불안감, 이성문제로 인한 갈등, 기존 질서에 대한 불안 등의 문제를 해결하고 제거해 줌으로써 조화로운 인성발달을 형성하여 원만한 사회생활을 할 수 있도록 하는 것이다.

(2) 교육지도

교육지도(educational guidance)는 학업 및 면학 지도로서, 학생들의 개성 · 흥미 · 능력에 따라 교육을 실시함으로써 자기의 가능성을 최대한 발전시키기 위한 활동을 말한다. 학업 및 면학은 학교교육의 핵심 요소라고 할 수 있다.

교육지도를 교과지도의 영역이 아닌 생활지도의 영역에서 다루어야 하는 이유는 학업상의 문제를 일으키는 원인에는 개인의 지적 특성 이외에도 심리적 특성과 환경적 요인들이 관여하기 때문이다. 또한 학업의 실패는 단지 개인의 지식의 부진에 그치는 것이 아니라 자기효능감의 상실, 자기존중감의 저하, 우울증, 부모와의 관계 악화 등 다양한 문제를 수반하기 때문이다.

(3) 진로지도

진로지도(career guidance)는 진학지도와 직업지도를 포함한다. 즉, 학생들의 진로 및 직업 선택을 위한 적성 · 흥미의 조사, 직업 정보의 제공, 직업이 요구하는 태도 · 지식 · 기능을 개발함으로써 올바른 직업관을 갖도록 하는 활동을 말한다.

진로지도의 목표는 ① 개인으로 하여금 자신의 진로에 대한 의식을 갖도록 하며 자신의 현실에 대한 이해를 바탕으로 자신의 직업적 적합성을 파악하도록 하는 것, ② 직업 세계에 대한 이해를 바탕으로 자신의 진학과 직업의 선택을 위한 방향을 탐색하도록 하는 것, ③ 자신의 환경에 대한 이해를 기초로 하여 자신의 생애를 설계하도록 하는 것이다.

(4) 건강지도

건강지도(health guidance)에는 신체적 건강뿐만 아니라 정신적 건강을 위한 지도도 포함된다. 개인의 신체적 발달 유지와 증진을 위한 적절한 조언과 조력 활동, 정신위생 및 정신건강 교육, 흡연, 음주, 약물 복용에 대한 지도 등의 활동을 말한다.

특히, 청소년기는 신체적으로 가장 빠르게 변화하는 시기이기 때문에 신체 각 부분의 성장 불균형에서 오는 피로나 무기력 등의 부적응이 일어나기도 한다. 그러므로 가정생활에 있어서는 올바른 식습관, 의복, 수면 등의 생활 습관과 위생관념에 대한 지도와 조언이 있어야 하고, 학교생활에 있어서는 건강에 대한 일반적인 지식, 간단한 구급법, 전염병 예방방법, 공중위생에 대한 관념 등에 대한 지도를 통한 건강지도가 필요하다.

(5) 사회성 지도

사회성 지도(sociality guidance)는 사회인으로서 충실한 사회생활을 영위할 수 있는 사회적 생활 태도, 기술, 자질 배양을 위한 조력활동을 말한다. 오늘날 인간이 직면하고 있는 대부분의 문제는 생물학적인 존재로서가 아닌 사회적 존재로서의 인간의 문제다.

사회성지도는 민주시민으로서의 준법정신, 책임과 의무를 수행하는 인성의 함양, 대인관계의 유지 및 증진, 예의범절의 준수, 친구의 선택과 교제, 협동심의 함양, 봉사정신의 발휘 등에 초점을 둔다. 사회성 지도의 궁극적인 목적은 개인의 사회에 대한 바람직한 적응을 통하여 사회적 가치를 높이는 데 있다.

(6) 여가지도

여가지도(leisure-time guidance)는 개인이 여가를 보람 있게 보내도록 조력하는 지도활동을 말한다. 취미, 오락, 감상, 창작활동 등 개인의 교양을 향상시킬 뿐 아니라 보다 나은 인생을 즐기고 남을 돕는 생활을 할 수 있도록 지도하는 활동도 포함된다.

여가란 단순히 휴식을 하는 것이 아닌 자기 발견 및 창조를 통한 자아실현의 기회다. 여가지도는 개인이 여가를 가치 있게 활용할 수 있도록 여가활동을 선택하고 그 활동을 통하여 건전한 취미와 심신의 조화로운 발달을 도모하게 하는 것이다. 여가활동에는 건전한 놀이, 취미활동, 특기 신장, 음악 및 미술의 감상, 독서, 특별활동 등이 포함된다. 이러한 활동 중에서 개인의 흥미, 요구, 능력, 성격 등에 따라 가장 적합한 것을 선택하여 여가를 선용하도록 지도한다.

(7) 성교육

성교육(gender education)이란 남성과 여성의 신체적 · 심리적 특성 및 역할에 대한 이해를 바탕으로 건전한 이성관계를 형성 · 유지 · 발전시켜 나가도록 지도하는 활동을 말한다.

성교육은 성에 대한 인지적, 정의적, 실천적 측면을 모두 고려하여 지도해야 한다. 첫째, 성에 대한 인지적 측면, 즉 자신의 몸과 성에 대한 올바른 지식과 태도를 습득하도록 지도해야 한다. 둘째, 성에 대한 정의적 측면, 즉 성과 성적 현상 및 문화에 대한 건전한 태도를 형성하도록 지도해야 한다. 셋째, 성에 대한 실천적 측면, 즉 남녀 간의 예의범절을 포함한 올바른 성역할 행동의 실천에 대하여 지도해야 한다.

2) 생활지도의 활동

생활지도의 주요 활동은 학생조사 활동, 정보제공 활동, 상담활동, 정치활동, 추후지도 활동으로 구분할 수 있다. 교육 현장에서 생활지도 활동이 효과적으로 이루어지기 위해서는 다음과 같은 다섯 가지의 활동이 체계적으로 실천되어야 한다.

(1) 학생조사 활동

학생조사 활동(inventory service)은 학생들을 정확하게 이해하고 지도하는 데 필요한 각종 자료를 수집하는 활동을 말한다. 가정환경, 출신 학교의 성적, 학업 성적 및 지적 능력, 신체 및 정신 건강, 교외생활, 학습 및 직업 흥미, 특수 능력, 성격 및 장래 계획 등이 포함된다. 생활지도 활동이 효과적으로 진행되기 위해서는 학생조사 활동을 통하여 학생에 대한 구체적인 이해가 선행되어야 한다. 학생조사 활동을 통하여 얻어진 정보는 학생의 인지적, 정의적 발달을 촉진시키기 위한 교육적 경험을 형성하는 기초 자료가 된다.

(2) 정보제공 활동

정보제공 활동(information service)은 학생들이 필요로 하는 각종 정보 및 자료를 제공하여 그들의 개인적 성장과 사회적 적응을 돕기 위한 활동을 말한다. 정보제공 활동은 학생들로 하여금 그들의 문제를 스스로 해결할 수 있도록 기본 지식을 갖게 하고 책임성을 기르며 자기 발달을 촉진시킨다. 학생들에게 제공되는 정보는 크게 교육 정보, 직업 정보, 개인적 · 사회적 정보로 분류된다.

(3) 상담활동

상담활동(counseling service)은 생활지도의 활동 가운데 가장 중심이 되는 활동으로, 상담을 통하여 학생들의 자율성과 문제해결력을 신장시키고 정신건강을 향상시키며 적응을 돕는 활동을 말한다. 학교에서의 상담활동은 병원이나 전문상담기관에서 이루어지는 상담활동과는 차이가 있다. 학교상담은 전문상담과는 달리 교사가 담당하며, 내담자도 문제 행동을 가진 학생들만이 아니라 모든 학생이 대상이다. 그러므로 학교상담은 예방과 발달에 초점을 두어야 하며 교육활동의 일부가 되어야 한다. 교사는 학생과의 상담활동을 위해 대화 및 기본적 상담 기술을 익혀야 할 필요가 있다.

(4) 정치활동

정치활동(placement service)은 학생들을 능력이나 적성에 맞게 적절하게 배치하는 활동을 말한다. 정치활동은 학교 · 학과 · 과목의 선택, 특별활동반의 선택, 학급활동이나 동아리활동의 선택 등과 같은 교육적 정치(educational placement)와 직장의 알선, 진로 및 직업의 선택, 부직 알선 등과 같은 직업적 정치(vocational placement)로 구분된다. 정치활동은 적재적소의 배치를 지향하며 교육 효과의 극대화를 위해서도 매우 중요하다.

(5) 추후지도 활동

추후지도 활동(follow-up service)는 생활지도를 받은 학생들의 추후의 적응 상태를 보살피고 보다 나은 적응을 하도록 돕는 활동을 말한다. 그러므로 추후지도의 대상은 재학생뿐 아니라 졸업생, 휴학생, 전학생, 퇴학생을 포함한다. 좁은 의미에서 추후지도는 상담활동이 종료된 후에도 내담자가 잘 적응하고 있는지를 알아보고 지도하는 것을 의미한다. 넓은 의미에서 추후지도는 교육이나 생활지도의 전체적인 성과를 체계적으로 계속 확인하는 것을 말한다.

제2절 상담의 이해

앞서 살펴본 바와 같이, 생활지도의 주요 활동은 학생조사 활동, 정보제공 활동, 상담활동, 정치활동, 추후지도 활동으로 구분할 수 있다. 이 중 생활지도의 가장 핵심적인 활동은 상담활동이다. 상담활동은 생활지도의 한 활동으로 발전해 왔지만 학교에서의 생활지도와는 별도로 독자적이고 전문적인 영역을 확보하여 왔다. 그 결과, 상담은 하나의 독립적인 학문체계로 발전되어 생활지도의 핵심적 영역으로 인정받고 있다. 이 절에서는 상담의 의미를 살펴보고 상담의 과정과 기술을 살펴본 후 상담의 주요 이론들에 대하여 살펴본다.

1. 상담의 의미

1) 상담의 개념

상담(counseling)이란 도움을 필요로 하는 내담자(client)가 전문적 훈련을 받은 상담자(counselor)와의 대면관계에서 생활과제의 해결과 사고, 행동 및 감정 측면의 인간적 성장을 위해 노력하는 학습과정이다. 생활지도와 상담 그리고 심리치료를 구분하는 데는 〈표 10-1〉과 같은 몇 가지 기준이 있다.

〈표 10-1〉 생활지도, 상담 및 심리치료의 비교

구 분	생활지도	상담	심리치료
대상	학생 전체	내담자, 소집단	환자, 소집단
기본 철학	적응 (현실 적응, 자기방향 정립)	구체적인 생활문제의 해결 (감정, 사고, 행동의 변화)	정서적 문제의 해소 정신건강
주요 관심	생활환경	개인의 내면세계	정신병리, 이상심리
기본 목적	삶의 방향 정립	힘을 북돋움 (잠재능력 발휘하도록)	정신질병 치료
주요방법	정보 제공 가르치기 배치활동	촉진적 관계 촉진적 면접	진단 처방 치료면접
책임자	교사	전문상담교사 상담 전문가	정신과 의사 임상 전문가
학문적 기초	교육학	행동과학, 인간과학 (교육학, 심리학, 사회학, 문화인류학 등이 통합적으로 융합하여 생성된 것)	정신의학

2) 상담의 목표

(1) 행동변화

상담은 개인이 생산적이고 만족스러운 생활을 하는 데 방해가 되는 행동을 감소시키거나 제거하고 도움이 되는 행동을 형성하거나 증가시키는 것을 목표로 한다.

(2) 정신건강의 증진

상담은 부적응 행동의 치료뿐만 아니라 좀 더 적극적으로 정신건강을 촉진하는 데 역점을 둔다. 정신건강이 증진되면 개인은 성격적인 통합을 이루고 잘 적응하게 되며 건전한 인간관계를 형성할 수 있다.

(3) 문제의 해결

상담은 내담자의 문제를 해결하는 데 목표를 둔다. 내담자가 상담을 필요로 하는 것은 도움을 필요로 하는 문제를 가지고 있기 때문이다.

(4) 개인적 효율성의 향상

내담자의 사고, 행동, 의사결정의 효율성을 향상시키는 것은 또 하나의 상담의 목표다. 효율적인 인간은 생산적인 사고를 할 수 있고, 적응적인 인간관계를 형성하며, 다양한 문제 상황에 효과적으로 대처하는 능력을 가지며, 문제를 정확하게 인지하고, 주어진 역할을 일관성 있게 수행하며, 자기 자신을 적절히 통제할 수 있는 사람을 말한다.

(5) 의사결정

상담의 목표는 내담자의 중요한 의사결정을 돕는 데 있다. 상담에서는 상담자가 어떤 결정을 내리는 것이 아니라 내담자가 결정을 내려야 한다는 것을 전제로 한다. 이 경우 왜 그러한 결정을 하는 것이며 그러한 결정을 어떻게 수행할 수 있는지에 관해서도 내담자는 명백히 알고 있어야 한다.

2. 상담의 과정과 기술

1) 상담의 과정

상담이 이루어지는 과정은 내담자의 문제나 상황에 따라 단 1회로 종결될 수도 있고 3~4회, 6개월, 1년 또는 2~3년간 계속될 수도 있다. 이와 같이 상담은 단기적인가 장기적인가에 따라 그 진행과정이 달라질 수 있다. 그러나 모든 상담에서 공통적으로 이루어지는 상담의 과정은 다음과 같은 과정으로 집약될 수 있다(홍경자, 2001).

〈표 10-2〉 상담의 일반적인 진행과정

제1단계: 소개인사 나누기	"어서 오세요! 저는 ○○이고 상담은 이렇게 합니다."
⇩	
제2단계: 관심사를 알아보기	"어떤 문제를 이야기할까요?"
⇩	
제3단계: 희망사항을 탐색하기	"무엇을 원하십니까? 그리고 어떻게 변하고 싶습니까?"
⇩	
제4단계: 실천계획을 수립하기	"실제로 어떻게 하시겠습니까?"
⇩	
제5단계: 생활에서 변화를 확인하기	"실제 생활에서 달라진 것은 무엇인지요?"
⇩	
제6단계: 작별하기	"상담에서 얻은 점은 무엇입니까? 안녕히 가십시오. 또 연락합시다."

상담의 진행과정은 상담의 이론에 따라 매우 다양하다. 여러 이론의 상담과정과 이건(Egan, 1994)이 제시한 절충적인 상담의 진행과정을 종합하여 홍경자(2001)가 구분한 상담의 과정은 다음과 같다.

(1) 제1단계: **상담관계를 수립하고 이끌어 가는 단계**

이 단계에는 초기 상담시간에 친밀감의 형성과 구조화를 이룩하는 것과 내담자에게 관심을 기울임으로써 내담자가 자기 이야기를 하도록 이끌어 주는 과정이 포함된다.

(2) 제2단계: **내담자의 마음을 읽어 주는 단계**

이 단계에는 내담자의 감정을 반영해 주고 생각과 의미를 반영해 주는 과정이 포함된다.

(3) 제3단계: **내담자의 현재 상태와 미래의 꿈을 밝혀 주는 단계**

이 단계에서는 내담자가 안고 있는 문제점을 규명하면서 동시에 내담자가 미처 인지하지 못하고 있는 자기의 강점과 잠재력을 발견해 주는 작업을 한다. 그리고 내담자가 상담에서 얻고자 기대하는 바, 곧 상담의 목표를 설정한다. 이 모든 것은 내담자의 현재의 마음 상태와 욕구를 파악하고 내담자가 이상적으로 그리는 미래의 자기 모습과 미래 환경에 대하여 구체적으로 명료화함으로써 가능하다.

(4) 제4단계: **내담자의 문제점을 풀어 나가는 단계**

이 단계에서는 브레인스토밍을 통하여 내담자가 여러 가지로 문제 해결에 관한 대안을 탐색하게 하고 그중에서 가장 좋은 대안을 선택하여 실천계획을 수립하도록 원조하는 작업을 한다. 이 단계에 와서 상담자는 내담자의 특성에 알맞은 상담이론을 적용하게 된다.

(5) 제5단계: **내담자의 발전과 변화로 인도하는 단계**

이 단계에서는 내담자가 온통으로 조감하도록 돕고, 상담과정에서 일어나는 상담자-내담자 상호관계적 특성을 깨닫도록 인도한다. 또 상담자가 능동적으로 개입하여 내담자에게 필요한 인간관계의 기술 내지 문제해결의 방법 등을 가르쳐 주고 환경의 변화를 모색한다. 그리하여 상담에서 내담자가 획득한 문제해결 능력 내지 적응력이 실생활에 일반화되는 것을 지켜보는 것이다.

(6) 제6단계: 상담관계를 마무리하는 단계

이 단계에서는 상담의 성과를 평가하고 상담관계를 종결하는 작업을 한다. 그리고 상담자 자신의 전문성을 평가해 보고 자질 향상을 위한 성찰을 기도해 본다.

2) 상담의 기본적 조건

상담은 관계의 형성에서부터 시작된다. 상담관계를 형성하기 위해서는 다음과 같은 요건들이 고려되어야 한다.

(1) 신뢰

상담관계에서 가장 중요한 것은 상담자와 내담자 간의 신뢰(trust)다. 내담자가 상담자를 불신하면 자신의 감정, 사고, 갈등이나 문제 등을 솔직하게 표현할 수 없고 진지한 대화가 이루어질 수 없다. 따라서 상담자는 내담자가 상담자를 믿고 의지할 수 있도록 신뢰할 수 있는 태도를 보여 줘야 한다. 이러한 상담자와 내담자의 친근감 있는 분위기를 라포(rapport)라고 한다.

(2) 수용

수용(acceptance)은 인간의 가치와 존엄에 대한 인식에서부터 출발한다. 수용은 편견이나 선입관 없이 내담자를 받아들이는 것을 말한다. 즉, 내담자가 어떤 문제를 지니고 있든지, 어떤 인간적인 결함을 지니고 있든지, 혹은 어떤 죄악과 과오를 범하였든지 간에 그를 한 인간으로서 존재하고 성장할 필요가 있는 귀중한 인간으로 존중하는 것을 말한다.

(3) 긍정적 존중

다른 사람들에 대한 긍정적 존중(positive regard)은 자기존중으로부터 기인한다. 누구나 자신에 대해 긍정적으로 사고하고 감정을 존중하는 과정에서 타인에 대한 긍정적 태도가 형성된다. 그러므로 상담자는 자신의 감정을 긍정적으로 가져야 하고 내담자에 대한 긍정적 이해, 배려, 온정적 태도를 보이면서 효과적으로 상담해야 한다.

(4) 공감적 이해

상담자는 내담자의 불안, 좌절, 혼란 등을 내담자의 입장에서 이해해야 한다. 공감적 이해(empathic understanding)는 내담자의 경험, 신념, 사고를 상담자가 내담자인 것처럼 듣고 이해해야 함을 의미한다.

(5) 일치

일치(congruence)란 내적인 경험과 그에 관한 인식의 합일을 가리킨다. 내적인 경험과 외적인 경험이 일치하지 않으면 상담은 성공하기가 어렵다. 따라서 상담자는 내담자와의 상담관계에서 자신의 경험이나 감정을 왜곡하지 않고 필요한 경우 그 감정을 솔직하게 표현할 수 있어야 한다. 일치는 진지성, 명료성, 순수성 등으로 불리기도 하며, 대립된 개념으로는 불일치, 허구성, 가식, 경박함 등이다.

3) 상담의 주요 기술

(1) 경청

내담자의 말과 행동에 적극적 경청(active listening)을 하는 것은 상담을 성공적으로 이끄는 주요 요인이 된다. 상담자는 내담자의 말과 행동 하나하나를 흘려보내서는 안 되지만 내담자의 모든 말과 행동에 주목하여 반응할 수도 없다. 상담자는 내담자가 핵심적인 문제에서 떠난 이야기를 장황하게 늘어놓을 때는 주목하지 않고, 내담자가 현재의 심경과 문제를 토론할 때 주로 주목하여 경청한다. 즉, 선택적으로 주목함으로써 내담자가 특정 문제에 대해서 탐색하도록 할 수 있다.

(2) 반영

반영(reflection)은 내담자가 표현한 내용의 이면에 깔려 있는 감정을 상담자가 표면으로 끌어내어 구체적인 말로써 표현해 주는 것을 말한다. 즉, 상담자가 내담자의 감정과 관련된 내용을 반복적으로 진술하거나 부연설명을 해 주는 것을 말한다. 반영에는 '감정의 반영'과 '행동 및 태도의 반영'이 있다. 감정의 반영은 내담자의 말에서 표현된 주요 태도나 감정을 부연해 주는 시도를 말하고, 행동 및 태도의 반영은 내담자의 자세, 몸짓, 목소리의 어조, 눈빛 등에 의해 표현되고 있는 비언어적 행동 및 태도를 반영해 주는 것을 말한다.

(3) 명료화

명료화(clarification)는 내담자의 말 중에서 모호한 점이나 모순된 점이 발견될 때 명확히 이해하고 넘어가기 위해서 다시 그 점을 상담자가 질문함으로써 내담자로 하여금 그 의미를 명백하게 하는 기술이다. 명료화란 상담자가 내담자의 말을 정확히 이해하기 위해서도 이루어지고, 또 내담자가 스스로의 의사와 감정을 구체화하여 재음미하도록 돕기 위해서도 이루어진다.

(4) 직면

직면(confrontation) 또는 맞닥뜨리기란 내담자가 모르고 있는 내용이나 인정하기를 거부하는 생각과 느낌에 대하여 상담자가 모순점을 직접적이고 강력하게 지적해 주거나 인식하도록 하는 것을 말한다. 직면을 통해 내담자는 상담자에게 비친 자기의 모습을 되돌아보고 통찰의 순간을 경험할 수 있다.

(5) 해석

해석(interpretation)은 내담자로 하여금 자기의 문제를 새로운 각도에서 이해하도록 그의 생활 경험과 행동의 의미를 상담자가 설명해 주는 것이다. 해석은 내담자가 의도하는 의미와 그 말의 뒤에 숨겨져 있는 감정 등을 점검하거나 확인하는 역할을 한다. 해석은 내담자의 이해 수준과는 상이한 새로운 참조체제를 제공해 준다는 점에서 큰 의의가 있겠으나 아주 신중하게 사용되어야 한다.

(6) 바꾸어 말하기

바꾸어 말하기(say in other words)는 내담자가 표현한 내용을 다른 말로 표현하는 것을 말한다. 내담자의 표현을 바꾸어 말해 줌으로써 내담자의 입장을 상담자가 이해하려고 노력하고 있음을 전달하며, 내담자가 한 말을 간략하게 반복함으로써 내담자의 생각을 구체화시켜 준다.

(7) 구조화

구조화(structuring)는 상담 장면에서 심리적 조력관계의 본질, 목표와 방법 및 제한점을 규정하고, 상담자와 내담자의 역할과 책임 및 약속 등의 윤곽을 명백히 하는 것을 말한다. 일반적으로 상담자는 내담자가 목표에 도달하는 과정을 명백히 인식하도록 함으로써 추후 어느 방향으로 상담이 전개될 것이며, 최종 목표에 도달하기 위해서 얼마의 시간이 소요될 것인가 등에 대해서도 어느 정도 분명한 체계를 가져야 한다.

(8) 요약

요약(summarization)은 내담자가 표현한 내용들을 간략하게 정리해 주는 것을 말한다. 이는 내담자에게 대화가 어떤 방향으로 진전되고 있으며, 문제 해결이나 새로운 학습이 어느 정도 이루어지고 있는가를 분명히 인식하도록 돕는 데 그 목적이 있다. 이러한 요약은 내담자가 얘기한 내용을 상담자가 주의 깊게 들었다는 것을 간접적으로 표현하는 것이며, 상담자에 대하여 내담자가 신뢰를 갖도록 할 뿐만 아니라 상담자 자신의 지각의 정확성을 검토하도록 하는 데도 도움을 준다.

4) 상담자의 윤리

(1) 비밀유지

상담에 있어 비밀보장은 매우 중요하다. 상담자는 내담자나 보호자의 요청이 있는 경우를 제외하고는 타인에게 상담내용을 노출해서는 안 된다. 그러나 어떤 경우든 무조건 비밀보장을 한다는 데에는 어려움이 많다. 그러므로 상담은 비밀보장을 우선으로 하지만 완전한 비밀보장에는 한계성이 있다. 왜냐하면 상담자는 내담자에 대한 책임뿐만 아니라 사회에 대한 책임도 가져야 하기 때문이다.

상담자가 비밀유지를 파기할 수 있는 예외는 다음과 같다. 첫째, 내담자 개인 및 사회에 피해가 돌아가는 경우다. 예컨대, 내담자가 자신을 해칠 가능성이 있는 경우(자해, 자살 등), 내담자가 타인을 해칠 가능성이 있는 경우(살인, 상해 등), 내담자가 사회의 안전을 해칠 가능성이 있는 경우(각종 범죄), 내담자가 감염성이 있는 치명적 질병이 있다는 확실한 정보를 가졌을 경우(각종 전염병), 16세 이하의 내담자가 근친상간, 강간, 아동 학대, 기타 다른 범죄 행위를 당했다고 말할 경우 등이다. 둘째는 상담 사례를 전문적 목적, 교육 장면이나 연구용으로 사용할 경우다. 이때는 반드시 사전에 내담자의 동의를 얻어야 한다.

(2) 전문적 한계

상담자는 전문적 책임감과 기술을 가지고 내담자를 조력해야 한다. 그러나 상담자가 내담자의 모든 문제를 상담하는 것은 불가능하다. 상담자는 자신의 전문적 한계를 인식하고 자신의 능력을 넘어선 상담이나 진단을 해서는 안 되며, 자신이 상담하기 어려운 경우에는 다른 상담자에게 내담자를 의뢰해야 한다.

(3) 이중관계

이중관계란 상담자와 내담자 간의 관계가 상담자–내담자 관계 이외에 다른 관계도 되는 경우를 말한다. 이런 경우 상담자와 내담자의 관계는 객관적인 심리적 거리를 유지하기가 어렵다. 이중관계는 상담에 영향을 주기 때문에 상담을 피해야 한다. 특히 상담 회기 내에 내담자와 사적 관계를 갖지 않아야 한다.

(4) 성적 관계

상담자는 상담관계 중에 있는 내담자와 어떤 종류의 성적 관계도 가져서는 안 된다. 통계에 의하면 상담자와 성적인 관계를 가진 내담자의 90%는 상담자를 불신하게 되고 죄의식이나 수치심 등으로 자살, 우울, 자아상실, 자아 부적응, 알코올 및 약물 중독 등의 증세를 나타낸다.

3. 상담의 이론

현대 상담 및 심리치료에 적용되는 상담이론은 매우 다양하다. 여기에서는 대표적인 상담의 이론인 정신분석적 상담, 행동주의적 상담, 인간중심적 상담, 게슈탈트 상담, 현실요법, 교류분석적 상담, 인지적 · 정서적 · 행동적 상담을 소개한다.

아울러 주로 진로상담에 적용하는 상담이론인 특성요인적 상담, 상담의 다양한 접근방법의 장점들을 절충한 절충적 상담, 그리고 집단 속에서 문제해결을 도와주는 방식인 집단상담에 대하여 살펴보고자 한다.

1) 정신분석적 상담

정신분석학(psychoanalysis)은 20세기 초 비엔나의 개업의인 프로이트(Sigmund Freud, 1856~1939)의 천재성에 의해 구축되었다. 프로이트는 인간의 행동이 어린 시절의 경험에 크게 좌우된다는 결정론적 입장을 취한다. 생후 5~6년간 아동들은 세상에 대한 신뢰문제, 분노나 적대감 같은 부정적 감정, 실수에 대한 수용, 성적인 문제 등의 영역에서 중요한 갈등을 경험하게 되며, 그러한 갈등을 어떻게 해소하는지의 문제가 그 이후 그의 인생에 영향을 미치게 된다.

프로이트는 인간을 본능이 지배하는 생물학적 존재, 세 가지 자아가 갈등하는 비관론적 존재, 비이성적이고 비사회적인 본능에 의해 통제되고 지배되는 결정론적 존재로 보았다. 그는 마음의 대부분은 무의식 속에 잠겨 있다고 보고, 인생 초기에 발생하는 다양한 갈등을 경험하거나 처리하는 과정은 대부분 무의식적으로 이루어지며, 그러한 경험이 현재의 생활과 태도에 영향을 끼치는 과정 역시 무의식적으로 진행된다고 보았다. 그러므로 정신분석적 상담(psychoanalitic therapy)은 어렸을 때 형성된 무의식적 갈등을 자유연상이나 꿈의 해석 등의 방법을 통해 의식화시킴으로써 내담자로 하여금 자신에 대한 통찰을 얻도록 하여 성격을 재구성하는 것이다.

정신분석적 상담의 목표는 무의식적 갈등(현재의 행동과 태도에 영향을 주고 있는 과거의 경험과 갈등)을 의식화시켜서(자유연상, 꿈의 해석 등) 통찰함으로써 심리적 문제를 해소하는 것이다. 즉, 무의식 속에 숨겨진 비밀을 끄집어내어 증상과 관련된 정신적인 원인을 해결함으로써 심리적 문제를 해소한다. 결국 정신분석적 상담은 증상의 뿌리에 해당하는 무의식적 충동이나 갈등을 해결하는 심층적인 심리치료라고 할 수 있다. 그러므로 정신분석적 상담은 다른 형태의 상담에 비해 장기화되는 경향이 있다.

정신분석적 상담의 주요 기법으로는 자유연상, 꿈의 해석, 정화, 전이의 해석, 저항의 인식, 해석 등이 있다.

2) 행동주의적 상담

행동주의 심리학(behavioral psychology)은 인간 행동의 대부분은 학습에 의해 형성된다고 보고, 학습을 '자극-반응' 패러다임에 의한 조건형성의 결과로 보았다. 행동주의적 상담은 행동주의 학습이론에 바탕을 두고 있다. 이는 근본적으로 치료의 대상을 '행동'에 두고 있다는 점에서 다른 이론들과 상당히 다르다. 행동주의적 상담은 바람직하지 못한 행동을 제거하거나 바람직한 행동을 조성하는 행동의 변화를 갖도록 돕는다. 행동주의적 상담은 상담에 있어서 체계적이고 구조화된 접근, 즉 인간 행동의 과학적인 견해에 기초한다.

행동주의적 상담(behavior therapy)에서 가장 중요한 핵심은 행동적인 상담목표를 구체적으로 명확하게 정하는 것이다. 즉, 어떤 부적응 행동을 적응 행동으로 변화시킬 것인가에 있다. 그러기 위해서는 내담자의 부적응 행동을 정확히 파악하고 평가하여 체계적이고 구체적인 계획에 따라 적절한 상담기법을 사용하여야 한다. 즉, 내담자는 어떤 행동을 변화시킬 것인지를 결정해야 하고, 상담자는 그 행동을 어떻게 변화시킬 것인지를 결정해야 한다.

행동주의적 상담의 주요 기법으로는 체계적 둔감화, 프리맥(D. Premack)의 강화원리, 자기표현훈련, BASIC-ID, 자극통제, 타임아웃, 혐오치료, 홍수법, 토큰경제법, 모델링 기법 등이 있다.

3) 인간중심적 상담

인본주의 심리학(humanistic psychology)은 실존주의(existentialism)의 영향을 받아 '개인의 독자성'을 강조한다. 즉, 인간은 다른 동물에서 볼 수 없는 자유의지를 갖고 있으며, 그것을 통해 자신의 의지를 통제할 수 있고, 나아가 자기 성장 및 자아실현을 하고자 하는 동기가 있다고 본다. 또한 눈에 보이는 객관적 세계보다 어떻게 느끼는가의 주관적인 세계가 행동의 원천이 된다고 보는 현상학(phenomenology)의 영향으로 '개인의 주관적 경험(개인의 현상학)'을 강조한다.

인간중심적 상담은 로저스(C. R. Rogers)에 의해 1940년대에 창시되었으며, 처음에는 비지시적 상담(non-directive counseling), 1970년대까지는 내담자중심 상담(client-centered counseling), 최근에는 인간중심 상담(person-centered counseling)으로 불리고 있다.

인본주의는 정신장애나 부적응자들을 환자나 문제아로 취급하지 않는다. 대신 인간은 누구나 문제를 가지고 있으며, 자신의 문제에 대해서는 자기 자신만큼 뛰어난 전문가가 없다고 본다. 따라서 상담자는 내담자 자신이 자신의 문제를 스스로 발견하도록 도움을 주는 역할을 해야 한다고 본다. 즉, '내담자중심 상담' 또는 '비지시적 상담'을 강조한다.

인간중심적 상담이 나오기 이전의 전통적인 심리치료 분야에서는 인간을 본질적으로 비합리적이고 비사회적이며 자신과 타인을 파괴하는 존재로 보았다. 그러나 인간중심적 관점에서는 인간을 합리적, 사회적, 발전적, 현실적 존재로 본다. 즉, 인간은 자신의 잠재력을 최대로 개발하고, 현재의 자신보다 더 향상되려는 기본 욕구(자아실현 욕구)를 가진 존재라고 본다. 인간에 대한 이 같은 믿음은 상담이론을 불문하고 모든 상담자가 지녀야 할 기본적인 믿음이다. 따라서 이 이론은 단순히 여러 개의 상담이론 중의 하나가 아니라 모든 상담에서 상담자가 지녀야 할 기본적인 태도를 제공한다.

인간중심적 상담의 목표는 '충분히 기능하는 인간'이 되도록 돕는 것이다. 상담의 초점은 현재의 문제가 아니라 인간 그 자체이며, 단순히 특정 문제의 해결을 돕는 것이 아니라 내담자의 개인적 성장을 위해 사용할 수 있는 관계성의 문제를 돕는 것이다. 상담과정은 내담자가 자신의 경험 세계를 탐색하고 존중할 수 있도록 자극하는 상호 신뢰적인 분위기를 제공하여 내담자의 긍정적 자기존중과 유기체적 경험에의 개방성을 증대할 수 있도록 돕는다. 그 결과로 내담자는 자신의 환경에 대한 왜곡된 지각을 수정하고, 현실적인 경험과 자아개념 간의 조화를 이루며, 능력과 개성을 최대한 발휘하는 자기실현을 촉진하게 된다.

이를 위해서는 무엇보다 내담자가 사회화의 과정을 통해 발달시킨 '가면'

을 벗어야 한다. 즉, 성장과정에서 '가치 조건'에 물들여져 위축되고 왜곡된 자아개념을 변화시켜야 한다. 그러기 위해서 바로 지금-여기 진행되는 모든 내적 경험들을 상담자가 왜곡 없이 수용할 수 있을 때 비로소 내담자는 이제까지 보지 못했던 자신의 참모습을 발견할 수 있게 되는 것이다.

인간중심적 상담은 상담자와 내담자 간의 관계 자체가 상담의 성패를 좌우한다고 본다. 인간중심적 상담관계의 핵심은 상담자의 세 가지 성격 특성과 태도다. 즉, 상담자의 일치성, 무조건적인 긍정적 존중, 공감적 이해의 태도는 내담자로 하여금 자연적 성장의 변화를 경험하게 한다.

4) 게슈탈트 상담

게슈탈트 상담(gestalt therapy)의 창시자인 펄스(F. S. Perls)는 과거를 중심으로 지나치게 해석을 강조하는 정신분석을 비판하며 경험을 통한 자각을 통해 통합을 강조하는 게슈탈트 상담을 발전시켰다. 게슈탈트(Gestalt)란 전체, 형상, 형태, 모습 등의 뜻을 지닌 독일어로, 게슈탈트 상담에서 게슈탈트란 인간에 의해 지각된 욕구나 감정을 의미한다. 그리고 게슈탈트를 형성한다는 말은 개체가 어느 한순간에 자신의 욕구나 감정을 지각하여 전경으로 떠올린다는 의미다.

게슈탈트 상담의 기본 전제는 ① 개체는 모든 활동을 게슈탈트를 형성함으로써 조정하고 해결, ② 만약 개체가 게슈탈트 형성에 실패하면 심리적·신체적 장애를 겪게 된다는 것이다. 따라서 건강한 삶이란 바로 분명하고 강한 게슈탈트를 형성할 수 있는 능력과 같다.

게슈탈트 상담의 일차적 목표는 내담자가 성숙하여 자신의 삶을 책임지고 접촉을 통해 게슈탈트를 완성하도록 조력하는 것이다. 즉, 증상 완화보다는 내담자를 성장·성숙시키는 것에 있다. 그런 다음 내담자가 자신의 욕구와 감정을 분명히 알아차리고 그것을 환경과의 접촉을 통해 잘 해소하도록 도와주는 것이다. 게슈탈트 상담의 또 다른 목표는 내담자가 느끼는 불안을 삶의 부분으로서 수용하고 처리하도록 조력하는 것이다. 즉, 내담자를 괴롭히는 과거의 미해결 과제를 해결하도록 돕는 것이다. 게슈탈트 상담은 비교적 짧은 시간에 좋은 효과를 나타내기 때문에 가장 인기 있는 방법 중 하나다. 그리고 일반인들의 자기실현과 성장에도 유용한 기법이다.

게슈탈트 상담의 주요 기법으로는 언어표현 바꾸기(언어 자각), 신체 행동을 통한 자각(신체 자각), 신체활동을 통한 자각 확장(과장하기, 순회하기, 시연), 책임지기, 대화하기(빈의자기법), 환상기법, 역전기법(반대로 하기), 꿈 작업, 욕구와 감정 자각, 환경 자각, 머물러 있기, 뜨거운 자리 등이 있다.

5) 현실요법

윌리엄 글래서(William Glasser, 1925~)에 의해 창시된 현실요법(reality therapy: RT)은 비교적 단기간의 치료로 재활이 가능하여 폭넓게 활용되고 있다. 현실요법이라는 명칭의 근거는 과거보다 현실에 초점을 두어 미래를 계획하는 상담이라는 데에 있다.

현실요법은 내담자의 문제를 해결하고 사회의 현실적 요구에 대처하도록 돕는 데 초점을 둔다. 따라서 내담자로 하여금 자신의 욕구를 충족시키는 데 사용하는 행동을 실제로 변화시키는 것에 중점을 둔다. 이 접근에서는 사람들이 그들 자신의 바람(want)이나 욕구(need)를 정직하게 검토해 봄으로써 삶의 질을 향상시킬 수 있다고 본다.

현실요법은 글래서의 선택이론에 이론적 근거를 둔다. 인간의 뇌는 두 개의 부분으로 구성되었는데, 하나는 크기도 작고 의식 기능이 없는 뇌(old brain)이고 다른 하나는 크고 의식 기능이 활발한 신뇌(new brain)다. 기본적인 인간의 욕구는 신뇌에 자리한 네 가지 심리적이고 정신적인 욕구인 소속의 욕구(belonging need), 힘에 대한 욕구(power need), 자유에 대한 욕구(freedom need), 즐기고 싶은 욕구(pleasure need)와 구뇌에 자리한 생존에 대한 욕구(survival need)의 다섯 가지로 구성되어 있다. 이들 욕구는 개인의 행동을 유발시키는 근원이 된다. 인간은 다섯 가지의 기본 욕구에 의해 끊임없이 행동하는데, 순간순간 최선이라고 판단되는(그 판단이 정확했든 잘못되었든 간에), 즉 주관적이기는 하나 자기 나름대로 창의적인 방법을 찾아 개인적 욕구를 충족시킨다.

현실요법에서 인간은 자신과 주위 사람들이 자신을 사랑하고 가치 있게 여기면 성공적인 정체감이 발달하게 되고 그렇지 못할 경우에는 패배적인 정체감이 발달하게 된다.즉, 인간은 자신의 바람(want) 또는 질적 세계와 지각 세계가 불일치하는 경우 갈등이 생김에 따라 문제 행동을 선택하게 된다. 내담자의 성공적인 정체감을 강조하는 이 접근법은 전통적인 접근과는 달리 내담자 자신이 선택한 행동과 그 결과에 대해 책임을 지도록 한다. 내담자가 자신의 욕구를 충족할 수 있는 더욱 합리적인 행동을 배우거나 계획함으로써 성공적으로 현실을 살아나갈 수 있는 방법을 탐구하는 데 치료 초점을 두고, 궁극적으로 내담자로 하여금 자기 통제력을 키워 가도록 도와주는 것이 상담의 목표다.

우볼딩(R. E. Wubbolding)은 글래서의 이론을 구체화시켜 WDEP 상담과정 모델을 제안하였다. WDEP 모델은 '욕구, 바람, 지각의 탐색(want)' '행동방향의 탐색(doing)' '자기 행동의 평가(evaluation)' '계획하기(planning)'의 순으로 이루어진다.

첫 번째 단계인 '욕구, 바람, 지각의 탐색(want)' 단계에서는 내담자의 질적 세계를 탐색하기 위해 내담자가 주변 사람이나 자기 자신에게 원하는 것을 알아보고 내담자의 심리적 욕구 중 충족된 것과 충족되지 않은 것을 구분해 준다. 또한 내담자가 주위 사람이나 세상을 어떻게 보는지를 질문을 통해 알아본다.

두 번째 단계인 '행동방향의 탐색(doing)' 단계에서는 내담자가 어디로 가고 있는가를 알 수 있도록 도와준다. 현실요법 상담자들은 내담자가 통제할 수 있는 활동을 스스로 탐색할 것을 강조하는데, 내담자는 활동요소를 바꿈으로써 자신이 지녔던 우울, 격분, 외로움 등의 느낌요소와 생리 기능까지 변화시킬 수 있기 때문이다. '당신은 지금 무엇을 하고 있는가?'라는 질문을 한다.

세 번째 단계인 '자기 행동의 평가(evaluation)' 단계에서는 내담자의 행동과 욕구의 관계를 점검해 본다. '당신의 현재 행동이 당신에게 도움이 되는가?' '당신이 지금하고 있는 것은 당신이 진정으로 원하는 것을 얻는 데 도움이 되는가?' '당신이 행동하는 것은 규칙에 어긋나는가?' '당신이 원하는 것은 현실적이거나 실현 가능한 것인가?' '그런 식으로 보는 것은 당신에게 도움이 되는가?' 등의 질문을 한다.

네 번째 단계인 '계획하기(planning)' 단계는 계획과 실행 과정으로서 긍정적인 행동계획과 그에 대한 약속, 과정에 대한 마무리 제언으로 이루어진다. 계획을 세울 때 고려해야 할 사항은 SAMIC3/P로 요약할 수 있다. ① 계획은 단순해야 한다(simple). ② 계획은 도달할 수 있는 것이어야 한다(attainable). ③ 계획은 측정할 수 있어야 한다(measurable). ④ 계획은 즉각적이어야 한다(immediate). ⑤ 계획은 계획자에 의해 통제되어야 한다(controlled). ⑥ 계획은 일관성이 있어야 한다(consistent). ⑦ 계획은 이행하겠다는 언약이 있어야 한다(committed). ⑧ 이상의 모든 계획의 구성요소는 계획자의 책임에 달려 있다(planner).

현실요법에서 강조하는 것은 인간이 자신의 운명을 변화시킬 수 있고 자신의 삶의 선택방식에 대해 책임을 져야 한다는 것이다. 말하자면 우리는 행복하기 때문에 노래를 부르는 것이 아니라 노래 부르기를 선택할 때 행복해지는 것이다.

6) 교류분석적 상담

교류분석적 상담(의사교류분석, transactional analysic therapy: TA)은 에릭 번(Eric Berne)에 의해 창시되었다. 교류분석은 상호 반응하고 있는 인간 사이에서 이루어지고 있는 교류(대화, 커뮤니케이션, 거래 등)를 분석하는 것이다. 즉, 내담자가 갖는 자아 상태를 바탕으로 의사소통의 교류가 어떻게 이루어지는가를 탐색하여 조력하는 것이다. 교류분석에서는 인간을 '자율적인 존재(자율성)' '자유로운 존재(자유)' '선택할 수 있는 존재(선택 · 결정 능력)' '책임질 수 있는 존재(책임감)'로 본다.

번은 임상경험 과정에서 인간의 성격을 구성하는 '세 가지 형태의 자아' 상태를 관찰 · 분석하고 그것을 어버이 자아, 어른 자아, 어린이 자아의 상태로 구분하였다. 첫째, 어버이 자아(parent: P)는 출생에서부터 5년간 외계의 경험원들, 주로 부모를 통해 모방학습(modeling)을 하여 형성된 태도나 기타 지각내용과 그 행동들로 구성된다. 어버이 자아는 그 기능에 따라 '양육적인 어버이(nurturing parent, 모성적 NP)'와 '비판적인 혹은 통제적인 어버이(critical or controlling parent, 부성적 CP)'의 두 가지 상태를 나타낸다. 둘째, 어린이 자아(child: C)는 생득적인 모든 충동과 감정들로서 출생 후 5세 경까지의 외적 사태들(주로 부모와 관련된)에 대한 감정적 반응체제가 내면화된 것이다. 감정적 반응들은 경험 사태에 따라 긍정적일 수도 있고 부정적일 수도 있는데, 이는 자기 긍정적 자아 혹은 자기 부정적 자아의 형성에 영향을 미친다. 어린이 자아는 그 기능에 따라 '순응적 어린이(adapted child: AC)'와 '자유스러운 혹은 자연적인 어린이(free child or natural child: FC or NC)의 두 가지 자아 상태로 구분된다. 셋째, 어른 자아(adult: A)는 외부의 자극, 정보들을 수집하고 그것을 객관적으로 처리하는 것이다. 그것은 어버이 자아 상태에 기록된 자료들의 진실성 여부와 어린이 자아 상태에 기록된 자료들의 현재 적용가능성 등을 검토하고 상황에 맞추어 적절하게 조정하는 논리적 합리성에 기초하여 기능을 한다. 개인의 원만한 의사소통이나 적응은 어른 자아의 기능에 달려 있다.

교류분석적 상담은 이 세 가지 자아 상태를 적절하게 사용하는 방법을 가르쳐서 내담자가 자기 인생의 사회 통제권을 가질 수 있도록 돕는다. 그리하여 내담자로 하여금 '자기 긍정과 타인 긍정(I'm OK, You're OK)'의 자세로 생산적이고 창의적인 삶을 살도록 하는 것이다. 그리고 '자기 긍정과 타인 부정(I'm OK, You're not OK)' '자기 부정과 타인 긍정(I'm not OK, You're OK)' '자기 부정과 타인 부정(I'm not OK, You're not OK)'의 생활태도는 건전하고 생산적인 삶을 방해하므로 그것이 생기지 않도록 조력한다.

상담의 과정은 ① 상담자와 내담자의 계약, ② 자아 상태의 구조분석, ③ 의사교류분석, ④ 게임분석, ⑤ 생활각본분석, ⑥ 재결단(재결정)의 순으로 진행된다.

첫째 단계인 '상담자와 내담자의 계약'은 상담의 목표, 단계, 상담 처치의 조건에 대해서 규정짓는 상담자와 내담자 간의 합의다. 상담자와 내담자의 어른 자아에 의한 의사교류를 통해 두 사람은 모두 수용할 수 있는 상담목표를 설정한다. 상담목표는 문제에 대한 각성이 가능하고 현실적으로 실행이 가능한 것이어야 하며, 상담자와 내담자의 책임사항을 구체적으로 진술한다.

둘째 단계인 '자아 상태의 구조분석'은 개인의 성격을 자아 상태를 통하여 분석하는 방법이다. 이는 어버이 자아(parent ego), 어른 자아(adult ego), 어린이 자아(child ego)의 머리글자를 따서 'P-A-C 모델'이라고도 한다. 즉, 구조분석은 내담자의 세 가지 자아 상태가 내담자의 사고, 감정, 행동에 어떤 영향을 미치고 있는지를 파악하여 그것을 내담자에게 이해시키는 것이다.

셋째 단계인 '의사교류분석'이란 한 사람이 다른 사람과의 의사교류 과정에서 각자의 어떤 자아 상태가 관여하고 작용하며 또 각자 어떤 유형의 의사교류를 하고 있는지를 확인함으로써 의사소통이나 인간관계의 과정에서 일어나는 문제가 무엇인지를 분석·확인하는 것이다.

넷째 단계인 '게임분석'에서는 의사소통 및 신뢰적 대인관계의 저해요소인 게임을 중지하도록 하기 위하여 게임에서 내담자가 얻는 것이 없음을 분석·확인한다. 즉, 내담자의 교류유형 중 '저의적 교류'를 분석하여 게임을 해제하도록 돕는다.

다섯째 단계인 '생활각본분석'은 내담자의 문제 행동과 관련된 '생활 각본'이나 '생활 자세'를 찾아 건강한 삶에 방해가 되는 잘못된 각본을 수정하고 변화시키기 위하여 새로운 결정을 하도록 하는 것이다.

여섯째 단계인 '재결단'에서는 내담자의 '인생 각본'을 변화시킨다. 즉, 내담자의 어른 자아를 교육하여 내담자가 가지고 있는 부적응적 현상(예: 부정적 인생 태도, 게임, 자아 상태의 혼합과 배타 현상 등)을 각성하도록 도와서,

새로운 결단을 통해 창조적이고 직관적이며 자발적이고 친밀한 인간관계를 형성하며 자율적이고 실존적인 인간으로 거듭나도록 한다.

교류분석은 대인관계 의사소통의 질 개선을 위한 구체적인 방안과 효율적인 부모 역할에 대한 지혜를 제공해 주었다. 그러나 용어에 대한 내담자의 이해에 어려움이 있을 수 있고, 정서적 혼란을 겪는 내담자에게 도움을 주는 데는 한계가 있다.

7) 인지적 · 정서적 · 행동적 상담

일명 '지-정-행 상담'이라고 불리는 인지적 · 정서적 · 행동적 상담(rational emotive behavior therapy: REBT)은 알버트 엘리스(Albert Ellis)에 의해서 창시되었으며, 인간을 이해하는 데 있어서 핵심을 이루는 세 가지 영역인 인지, 정서, 행동에 초점을 맞추고 있다. 특히, 이 이론에서는 인지, 정서, 행동이 상호작용하는 과정에서 인지가 중심이 되어 정서와 행동에 영향을 준다고 강조한다. 그러므로 REBT에서는 인간이 일상생활에서 겪는 신념, 평가, 해석, 반응에서 정서가 발생한다는 것을 가정한다. 즉, 인간은 사건 자체보다는 사건에 부여한 의미에 의해서 고통 받는다는 명제에 근거한다.

REBT는 인간의 부적응 행동 또는 이상심리는 환경이나 무의식 따위에 의하여 유발되는 것이 아니고, 그 사람이 지니고 있는 사고 내지 신념이 비합리적(비논리적, 비현실적, 비실용적)이기 때문이라고 한다. 따라서 내담자의 역기능적 생각을 기능적 생각으로, 비합리적 신념을 합리적 신념으로 바꾸는 것이 상담의 목표다.

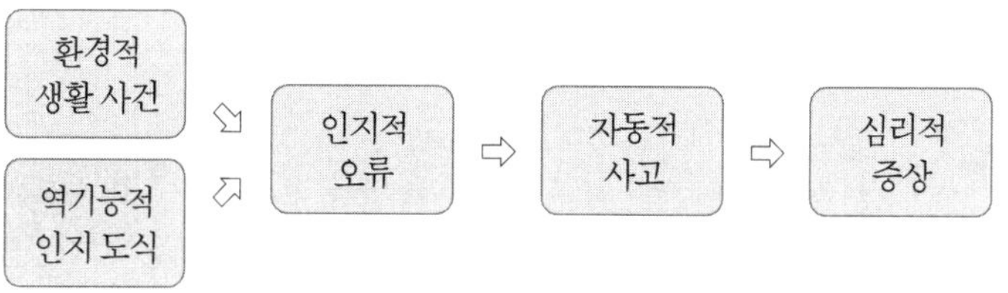

[그림 10-1] 심리적 문제에 대한 인지이론적 설명모형

〈표 10-3〉 ABCDE 모델

① Activating event (선행사건)	활성화된 사건, 즉 인간 정서를 유발하는 사건이나 행위 (예: 시험에 떨어짐, 실직, 중요한 사람과의 결별 등)
② Belief system (신념체계)	활성화된 사건에 대한 개인의 신념 → 합리적 신념, 비합리적 신념
③ Consequence (결과)	선행사건에 대한 비합리적 신념으로 느끼게 되는 결과 (예: 불안, 원망, 비관, 죄책감 등)
④ Dispute (논박)	내담자의 비합리적 신념을 바꾸도록 내담자의 생각에 도전하고 그 논리들이 사리에 맞고 합리적인지 다시 생각하도록 하기 위한 상담자의 촉구
⑤ Effect (효과)	내담자의 비합리적 신념을 논박함으로써 합리적 신념으로 대치한 다음에 자기 수용적 태도와 긍정적 감정을 갖게 하는 것

엘리스는 잘못된 신념체계가 개인 문제의 근원이라고 보고, 치료목표를 내담자의 자기 패배적 인생관을 제거하고 합리적 인생관을 획득하여 지·정·행이 조화되도록 하는 데 두었다. 그렇기에 REBT는 대단히 적극적, 지시적, 교육적인 기법이다. 엘리스는 비합리적 신념을 합리적 신념으로 수정하는 일련의 과정을 ABCDE 모델(〈표 10-3〉 참조)이라고 하였다.

REBT의 가장 일반적인 방법은 상담자가 적극적으로 내담자의 비합리적 신념을 논박하는 것이다. 상담자는 내담자에게 그가 장애를 겪는 것은 어떤 사건이나 상황 때문이 아니라 그런 상황이나 사건을 자각하는 방법과 그것들을 반복해서 자기 진술하기 때문임을 알려 준다. 상담자는 '당신의 신념

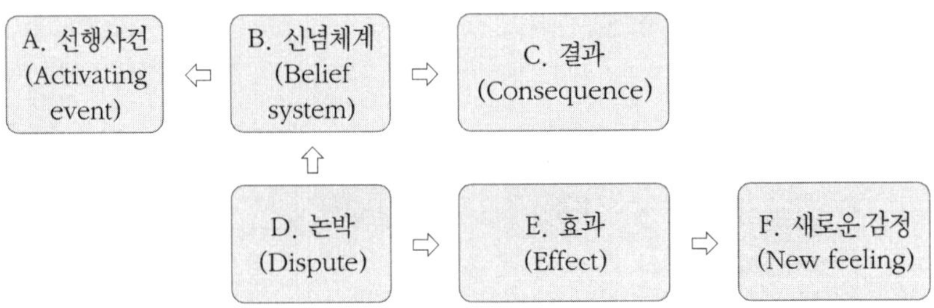

[그림 10-2] 합리적 정서이론

을 입증할 수 있는 증거는 무엇인가?' '당신의 생이 원하는 대로 되지 않았다고 해서 그것이 왜 두렵고 무서운가?' '왜 그렇게 행동했다고 해서 자신을 형편없는 사람이라고 생각하는가?' '가장 최악이라고 상상했던 것이 현실화된다면 그것이 정말로 파국적인 일인가?' 등의 질문을 통해 신속하게 그런 내담자의 비합리적 신념에 도전한다. REBT의 주요한 목적은 내담자에게 깊이 뿌리박힌 정서적, 행동적 변화를 유도하는 심오한 철학적 변화를 이끌어 내도록 돕는 것이다. 이는 내담자에게 그들이 앞으로 살아가면서 부딪힐 정서적 · 행동적 문제를 해결하는 데 도움이 되도록 하는 교육적 접근을 취하는 것이다.

REBT 상담의 기법으로는 인지적 기법(비합리적 신념에 대한 논박, 인지적 과제, 자신의 말 바꾸기 등), 정서적 기법(합리적인 정서적 이미지, 역할놀이, 부끄러움 공격연습, 무조건적 수용 등), 행동적 기법(조작적 조건형성, 자기관리, 체계적 둔감화, 자기표현훈련, 이완, 강화와 처벌 등)이 있다.

8) 특성요인적 상담

윌리엄슨(E. G. Williamson)에 의해서 체계화된 특성요인적 상담(trait-factor counseling)은 직업상담의 토대 위에서 발전된 방법으로 지시적 상담(directive counseling), 상담자중심 상담(counselor-centered counseling)이라고도 불린다. 특성요인적 상담의 기본 입장은 ① 인간은 선과 악의 잠재력을 모두 지니고 있는 존재로 선의 본질은 자아의 완전한 실현이다, ② 인간은 악의 잠재력도 동시에 지니고 있기 때문에 타인의 효과적인 도움을 받아야 하며 어느 정도의 도움을 받게 되면 이후 스스로의 노력을 통하여 인간 선의 생활을 찾을 수 있다는 것이다. 특성요인적 상담은 이성적, 지시적 접근을 시도하는 가운데 인간의 행동에 주안점을 둔다.

특성요인적 상담이론은 직업적성과 능력평가의 관련성을 체계화하여 진로상담에 적용하고 있는 상담이론이다. 특성요인이론은 인간의 자아정체감의 실패는 일반적으로 생활 부적응이 일차적인 원인이며, 부적응 행동은 직업적 · 교육적 부적응에 기인한다고 가정한다. 그리고 상담의 목표는 정서적 안정을 조력하고 자기 이해, 자기 지도, 자기 성장을 촉진하는 이성적 능력을 길러 합리적인 인간이 되게 함으로써 문제해결력을 기르고 인간 선의 잠재력을 탁월한 수준으로 실현할 수 있도록 하는 것이다.

상담의 과정은 분석(analysis), 종합(synthesis), 진단(diagnosis), 예후(prognosis), 상담(counseling), 추수지도(follow up service)의 6단계로 진행된다.

- 1단계－분석: 내담자의 적성, 흥미, 동기, 건강, 정서 상태, 적응을 촉진하거나 방해하는 조건들을 진단하기 위하여 신뢰성과 타당성 있는 객관적 자료를 다음의 분석도구들을 통해 수집한다. 분석도구에는 누가기록(cumulative records), 면접(interview), 시간배당표(time distribution), 자서전(autobiography), 일화기록(anecdotes), 심리검사(psychological test) 등이 있다.
- 2단계－종합: 분석단계에서 수집된 자료를 진단단계에 유용하게 활용할 수 있도록 요약하고 조직하는 정리단계다.
- 3단계－진단: 내담자의 특징들을 기술하고 설명하는 일반화 단계다. 진단과정은 '문제를 규명하는 단계'와 '원인을 발견하는 단계'로 구분된다.
- 4단계－예후: 내담자의 문제 원인에 대한 진단에 근거하여 미래를 예언하는 단계다.
- 5단계－상담: 현재 및 미래의 일상생활에 잘 적응할 수 있도록 돕기 위해 지도 및 조언하는 단계다. 사용되는 상담기법으로는 동조 구하기(forcing conformity), 환경을 변화시키기(changing the environment), 적절한 환경을 선택하기(selecting the appropriate environment), 필요한 기술을 학습하기(learning needed skills), 태도 바꾸기(changing attitudes) 등이 있다.

- 6단계–추수지도: 상담 종료 후에 내담자에게 문제가 다시 발생했을 경우 혹은 상담의 효과를 확인하기 위해 상담을 재개하는 단계다.

9) 절충적 상담

1980년대 초부터 상담 분야에 통합(integration)과 절충주의(eclecticism) 운동이 전개되기 시작하였다. 절충적 상담(eclectic counseling)은 지시적 상담과 비지시적 상담의 장점을 절충한 것으로, 상담의 다양한 접근 중에서 적절한 개념과 기법을 선택해 상담해 나가는 과정이다. 즉, 하나의 상담이론에 의존하지 않고 다양한 자원과 조직에서 가장 적절한 원칙과 방법을 선택하는 것이다.

절충적 상담에서는 대체로 교육적 · 직업적 문제의 상담은 지시적 상담이 유효하고, 정서적 · 심리적 문제의 상담은 비지시적 상담이 유효하다고 본다. 즉, 내담자의 과거 행동과 동기를 심리적으로 깊이 이해하려면 비지시적 방법을, 그리고 부적응을 치료하는 데는 지시적 방법을 사용해야 한다는 입장이다.

일반적으로 통합을 시도하기 위한 경로에는 기술적 절충, 이론적 통합이 있다. 기술적 절충(technical eclecticism)은 다양한 접근들 간의 차이에 초점을 맞추고 다양한 기법들 중에서 적절한 것을 선택하여 상담에 이용하는 것이다. 이론적 통합(theoretical integration)은 단순한 기법의 혼합을 넘어서 개념이나 이론의 창조를 의미한다. 이는 두 가지 이상의 이론을 종합할 때 하나의 이론에서보다 더욱 풍부한 결과가 나올 것이라는 가정하에 둘 이상의 이론적 접근들을 종합하여 하나의 개념적 틀을 만들고자 하는 것이다.

10) 집단상담

집단상담(group counseling)은 개인이 지니고 있는 문제의 원인을 파악하는 데 있어서 보다 환경 중심적으로 이해하려는 입장을 취한다. 집단상담의 목표는 특별한 인간관계 경험을 통하여 내담자의 일상생활 적응 능력을 향상시키는 데 있다. 집단상담을 통해 내담자는 자신의 욕구를 스스로 인지하여 그것을 집단 속에서 충족시키는 방법을 배우게 되고, 자기와 다른 사람의 문제를 이해함으로써 문제해결 능력을 기르게 되며, 자신의 문제 해결은 물론 다른 사람의 문제 해결을 도와주는 방식도 배우게 된다. 집단상담에서는 6~12명 정도의 내담자 집단이 집단지도성 훈련을 받은 상담자의 지도 아래 교육적, 직업적, 사회적 혹은 개인적 가치 등에 관하여 상호 간에 대화를 나눈다.

집단상담은 상담자와 내담자 간의 일대일 관계를 중시하는 개인상담과는 달리 상담 장면을 인위적으로 형성하는 특징을 가진다. 이질적 집단이라도 치료적 기능이 잘 수행될 수 있다면 문제의 다양성이나 집단 경험을 더욱 풍부하게 할 수 있다는 점에서 집단의 동질성은 필수적인 것이 아니다. 그러나 집단 구성원의 사회적 성숙도의 동질성은 중요하며 남녀 혼합 집단이 좋다.

집단상담에서 상담자의 역할은 다음과 같다. 첫째, 상담자는 집단 구성원들이 자신의 문제를 상호 교환할 수 있는 분위기를 조성해 주는 데 노력을 기울여야 한다. 둘째, 상담자는 집단상담을 위해 내담자 각자가 자신의 문제 해결은 물론 다른 구성원의 문제 해결에도 도움을 줘야 한다는 것, 상담의 시간과 장소를 정확히 알려 주어 그것을 철저히 지켜 나가야 된다는 것을 인지시켜야 한다. 셋째, 상담자는 집단 구성원 개개인의 발언을 이해하고 받아들여야 할 뿐만 아니라 그것이 다른 구성원에게 미치는 영향과 상호작용도 관찰하고 이해해야 한다. 넷째, 상담자는 집단 구성원에게 서로 신뢰하고 상호 비밀이 유지되어야 성공적인 상담이 이루어질 수 있다는 점을 알려 주어야 한다.

학습과제

1. 생활지도의 원리를 설명하시오.
2. 생활지도가 학교교육 현장에서 어떤 영역들에 관여하는지 설명하시오.
3. 생활지도의 주요 활동을 설명하시오.
4. 생활지도, 상담 및 심리치료의 차이점을 비교 · 설명하시오.
5. 상담의 일반적인 진행과정을 설명하시오.
6. 상담의 기본적 조건과 주요 기술들에 대하여 설명하시오.
7. 정신분석적, 행동적, 인간중심적 상담의 차이점을 비교 · 설명하시오.
8. 학교 현장에서 가장 적합한 상담이론은 무엇이며 그 이유는 무엇인지 설명하시오.

제11장

교육행정

학습목표

1. 교육행정이 왜 필요한지에 대하여 구체적으로 말할 수 있다.
2. 교육행정의 개념을 파악하고 우리 사회에 적절한 정의와 성격을 서술할 수 있다.
3. 교육행정학의 발달과정을 시대적 배경과 관련하여 구체적으로 논의할 수 있다.
4. 우리 교육제도 중 학제, 교육자치제도, 교원교육제도가 어떻게 조직 · 운영되고 있는지에 대하여 설명할 수 있다.

제11장

교육행정

제1절 교육행정의 필요성

교육행정 또는 교육행정에 관한 학문인 교육행정학은 왜 필요할까? 우리는 그 필요성을 두 가지 차원, 즉 교육활동의 차원과 학문활동의 차원에서 생각해 볼 수 있다. 교육활동 차원에서는 우리가 공부를 통하여 인격을 함양하고 능력을 신장시켜 나가도록 하는 교육활동이 효과적으로 수행되게 하기 위해서 교육행정의 역할과 기능이 올바로 수행되지 않으면 안 된다는 현실적인 필요성에서 살펴볼 수 있을 것이다. 그리고 이러한 교육행정 활동이 전문성을 지니고 기능하도록 하기 위해서는 학문적인 체계를 지니고 학술적인 이론을 정립하여 나가야 한다는 당위성에서 그 필요성을 인정하게 될 것이다.

1. 교육활동의 차원

교육사업을 수행할 때 왜 교육행정이 필요할까? 일반적으로 교육행정이 수행하는 일이나 역할을 살펴보면 그 활동의 필요성을 인정하게 될 것이다. 우리는 공부하기 위하여 학교에 다닌다. 그런데 학교에서 공부할 수 있으려면 우리에게 공부를 가르쳐 주는 선생님도 있어야 하고, 교실과 운동장도 있어야 하며, 교실에서 공부할 수 있도록 냉온방 시설도 갖추어야 한다. 교육행정은 이처럼 공부하는 데 필요한 선생님을 양성하여 배치하고, 공부하는 장소인 학교를 만들고 교실도 지어 주는 일을 도맡아 한다. 또한 우리가 배울 교육과정도 편찬하고 교과서도 제공해 주며, 학교를 경영하는 데 있어 필요한 교육계획도 작성하고 교육경비도 염출해 준다. 더불어 이러한 교육활동이 수행될 수 있는 정책도 마련하여 시행하지 않으면 안 된다.

이러한 수많은 일들은 교육 본연의 활동인 교육활동을 뒷받침해 줄 뿐만 아니라 교육활동을 이끌어 주는 역할도 수행한다. 우리가 공부하고 싶다고 하여도 위에 언급한 제반 일이나 역할들이 사전에 마련되어 시행되지 못하면 우리는 배움의 길을 접을 수밖에 없을지도 모른다. 이처럼 교육행정은 교육 본연의 활동인 교수-학습이 올바로 이루어질 수 있도록 하는 데 목적을 두고 수행되는 성격을 띠고 있다.

이러한 제반 사업들이 어떻게 수행되느냐에 따라 교육은 지대한 영향을 받는다. 예컨대, 학교를 설립하였다고 해도 주위 환경이 비교육적이라면 우리는 교육적인 효과를 거두기 어려울 것이다. 또 학교시설이 자라나는 청소년의 발달 상황을 감안하지 못한다든지, 환기가 제대로 되지 않는다든지, 교실의 조명이 낮아 책을 보는 데 쉽게 피로를 느낀다면 교수-학습 활동의 효과를 제대로 거둘 수 없을 것이다. 우리를 가르치는 교사의 질이 높지 못한다면 우리는 열심히 공부한다고 하더라도 원하는 수준의 성취를 하기 어려울 것이다. 또한 교과서나 학습 자료들이 적시에 제작되어 공급되지 못한다면 우리가 원하는 공부를 제대로 할 수도 없을 것이다. 더구나 변화하는 시대에 부응할 수 있는 교육정책을 마련하여 시행하지 않는다면 우리는 공부를 한다고 하여도 미래사회에 적절히 대응하지 못하게 될 것이다.

이처럼 교육행정은 교육사업의 수행에서 교수학습의 효과를 거두도록 하는 데 있어 필수불가결한 요소다. 교육행정이 중요한 역할을 수행하기 때문에 국가사회는 그 체계를 수립하고 교육활동을 적극적으로 지원할 수 있도록 전력을 기울이고 있는 것이다. 건국 이래 교육행정체계를 어떻게 조직 · 운영할 것인가에 대한 수차례의 개정을 거쳐 오늘의 교육자치제를 수립하여 시행하고 있는 것도 모두 교육활동이 원활히 수행될 수 있도록 지원하려는 데 그 목적이 있다.

2. 학문활동의 차원

앞서 언급한 것처럼 교육행정 활동이 교육활동의 효과를 거두도록 하는 데 중요한 역할을 수행한다면 우리는 그것을 어떻게 체계화하고 각종 조치를 마련하여 시행하도록 할 것인가? 이 문제는 우리가 상식적으로 접근하여 해결할 수 있는 것이 아니다. 더욱이 교육은 국가백년지대사(國家百年之大事)라고 하기에 적당히 대응할 수가 없다. 이들 문제에 올바로 대처하기 위해서는 전문적인 연구를 통하여 교육 본연의 활동을 올바로 지원하고 이끌 수 있어야 한다.

이러한 연유로 교육행정 현상을 대상으로 한 연구가 지속적으로 추진되어 그것을 규명할 수 있는 이론을 개발하고 검증하는 작업이 수행되어야 하는 것이다. 이러한 연구사업이 학자들을 중심으로 꾸준히 추진되어 이론적인 체계가 확립되고 검증되면서 교육행정학이라는 학문으로 정립되게 되었다. 그리고 우리는 이 과목을 교직과정에 포함하여 교사가 되려는 이에게 필수로 이수하도록 하고 있는 것이다.

이처럼 교육행정 현상을 대상으로 한 연구를 통해 학문적인 체계를 확립 · 제공하여, 일선 현장에서의 교육행정은 교육 본연의 활동을 보다 적극적으로 지원할 수 있게 되어서 교육의 효과를 거둘 수 있게 될 것이다.

제2절 교육행정의 개념과 성격

그렇다면 교육행정이란 무엇이며, 어떻게 체계화하여 가능하도록 하는 것이 바람직할까? 교육행정이 어떻게 수행되어야 할 것인가에 대해서는 사회에 따라 다를 수밖에 없다. 왜냐하면 교육은 사회현상으로서 당해 사회의 요구에 맞아야 하기 때문이다. 이러한 연유로 교육행정이란 무엇인가에 대한 개념 규정은 사회마다 다를 수밖에 없다.

나아가 교육행정의 성격 또한 사회에 따라 그 특성을 달리한다. 그래서 일반론은 존재하기가 어렵다. 이 점에서는 우리 사회의 이념과 현실을 감안하여 제안된 교육행정의 개념 중 어느 것이 가장 적절할 것인가에 대하여 논의해 본다. 그리고 우리 사회 교육행정의 성격은 어떠한가에 대하여도 살펴본다.

1. 교육행정의 개념

교육행정(教育行政, educational administration)은 어떻게 개념화할 수 있는가? '교육에 관한 행정'이라고 정의하는 이가 있는가 하면, '교육을 위한 행정'이라고 정의하는 이도 있다. 이에 대해 과정적인 관점에서 '교육활동을 계획하고 실천하고 평가하는 일련의 과정'이라고 주장하는 이가 있는가 하면, '교육목표 달성을 위한 협동 행위'라고 주장하는 이도 있다. 이와 같은 견해의 차이는 교육행정의 범위가 매우 넓을 뿐만 아니라 각 사회의 교육행정 활동의 성격이 다르고, 교육행정을 보는 시각에서도 서로 다르기 때문이다(동신대학교 교직과, 2009).

1) 국가공권설

국가공권설은 국가주의적 발상에 유래를 둔 것으로 교육행정을 국가 통치권의 작용으로 설명하려는 입장이다. 이 학설에 따르면 교육행정은 일반행정의 일부로서 '교육에 관한 행정'으로 정의된다. 즉, 삼권분립적 헌법체제를 전제하고서 입법, 사법을 제외한 국가통치 작용을 행정이라고 보는 견해에 입각하여 교육행정을 보고 있는 것이다. 나아가서 행정 작용은 내무, 외무, 법무, 국방 및 재무 활동의 다섯 가지로 나뉘는데, 교육행정은 이 중에서 내무행정의 일부인 조장행정 또는 보육행정에 속하는 것으로서 경찰행정과는 대비되는 특성을 지닌다.

국가공권설에서 교육행정은 국가의 공권적 작용의 일환으로서 권력기관이 법규에 근거하여 교육정책을 실현하는 과정이다. 구체적으로 말하자면, 교육행정은 권력기관이 교육에 관한 법규를 집행하는 과정으로서, 교육의 이념과 목표를 수립하고 그것을 구현 혹은 달성하기 위한 구체적인 계획을 세우며 그 계획을 구체화시키기 위한 실제적 작용을 의미하는 것이다.

이와 같은 교육행정의 개념 규정은 교육행정을 중앙집권적이고 관료적인 관리 · 통제 작용으로 보는 국가체제하에서 널리 받아들여졌다. 이러한 입장에서는 교육행정에서 국가가 정한 법규나 상사의 명령에 충실히 복종할 것이 요구된다. 게다가 자율적이고 창의적인 교육은 획일화된 중앙의 방침이나 법령의 규정에 위반되는 것으로 인정되어 교육이 경직되고 통제적인 틀 속에 갇히게 되는 결과를 초래한다.

그러나 이와 같은 국가공권설에 입각한 교육행정의 개념은 오늘의 사회에서는 바람직하지도 않고 또 받아들이기도 어렵다. 교육의 전문성이 인정되고 국민들의 교육에 대한 요구도 다양해지고 있어 획일화된 관리 · 통제 작용으로는 교육의 발전을 도모할 수 없을 뿐더러, 이미 우리 교육체제가 교육자치체제로 전환되어서 그 기반 자체가 바뀌었기 때문이다.

2) 조건정비설

이 학설은 교육행정이 교육의 핵심적인 활동인 교수–학습 활동이 올바로 수행될 수 있도록 지원하는 것을 바람직하다고 본다. 즉, 교육행정을 교육활동에 관한 목표를 설정하고 그것을 달성하기 필요한 제반 인적 · 물적 조건들을 정비 · 수립하고 지원하는 수단적 봉사활동으로 보는 견해다.

앞서 언급한 국가공권설이 국가권력으로 교육을 통제한다는 입장을 견지하는 데 반해, 조건정비설은 행정이 교육 아래서 교육을 지원한다는 민주적 발상에서 교육행정을 파악하려 한다. 이는 미국적 교육행정관으로서, 행정이 교육을 통제하는 것이 아니라 교육의 필요에 응하기 위하여 존재한다는 관점을 지니고 있다. 행정 행위를 교육활동의 목적이 아닌 수단으로 보고, 그 달성을 위해 조건들을 마련하는 활동이라고 보기 때문에 조건정비론이라고도 한다. 이는 흔히 '교육에 관한 행정'이 아닌 '교육을 위한 행정'의 관점을 대표하는 학설로 인식되고 있다.

조건정비설의 대표적 학자는 몰먼(A. B. Moehlman)이다. 그는 수업이 학교의 최종 목적이며, 조직이나 행정과 같은 활동은 수업의 성공적 운영과 개선을 위한 수단일 뿐이라며 기능론적 교육행정론을 전개하고 있다. 그리하여 교육행정이 일련의 수단적 작용이며 지원적 활동이라는 입장을 견지하고 있다(Moehlman, 1951). 김종철(1985) 또한 "사회적 · 공공적 · 조작적 활동으로서 교육을 대상으로 하고, 공식 목표를 설정하고 목적 달성을 위한 인적 · 물적 조건을 정비 · 확립하고, 목표 달성의 과정에 있어 지도 · 감독하는 일련의 봉사활동"이라고 정의하면서, 교육행정을 교육목표를 달성하기 위하여 교육 조건을 정비해 주는 수단적 봉사활동으로 보고 있다.

이러한 기능론적 해석은 교육행정에서 교육활동을 위한 조건 정비라는 수단적 · 기술적 측면만을 강조하여 행정 주체의 권력적 작용의 측면을 소홀히 다루고 있다는 비판을 받고 있다. 교육행정은 비권력적 작용의 측면을 지니고 있기는 하지만 권력적이고 정치적인 기능도 가지고 있다. 따라서 교육행정은 본질적으로 교육활동을 지원하는 봉사적 성격을 가져야 하지만 교육의 방향을 이끌고 그 활동을 선도하는 기능도 수행하지 않으면 안 된다는 점에서 행정의 발전 지향적인 적극적 측면도 간과되어서는 안 될 것이다.

3) 과정설

과정설은 교육행정을 행정과정에 초점을 두고 규정하려는 것이다. 이 학설은 행정가가 조직의 목적을 설정한 후에 그것을 달성하는 데 필요한 적절한 행동을 취하는 과정을 생각하게 된다는 데서 출발한다. 즉, 계획의 수립에서부터 실천·평가에 이르는 행정의 전체 경로를 의미하는 행정과정에 초점을 두고 그 속에서 이루어지는 행정 작용의 구성요소를 찾아 그것을 통해 교육행정을 정의하려는 입장을 취한다.

과정설은 페이욜(F. Fayol)에 의해 처음 제기된 이래 여러 행정과정론자들의 연구로 정교화되었고, 1950년대 이후 교육행정에 도입되었으며, 캠벨(R. F. Campbell)과 그레그(R. T. Gregg) 등에 의해 발전되었다. 페이욜은 행정과정을 기획(planning), 조직(organizing), 명령(commanding), 조정(coordinating), 통제(controlling)로 규정하였다. 그리고 캠벨과 그레그는 행정과정을 의사결정, 기획, 조직, 의사소통, 영향력 행사, 조정, 평가의 7단계로 구분하여 설명하고 있다. 이것은 행정활동을 계획하고 수행하며 그 결과를 평가하는 일련의 과정들을 보다 상세화·구체화하여 교육행정을 설명하는 방식이라고 할 수 있다. 이로 볼 때 초기의 교육행정학자들이 통제, 지시, 명령 등의 권위주의적이고 지시적인 교육행정 과정을 강조한 데 반해 시대 변화에 따라 조직 구성원의 참여를 유도하는 민주적 교육행정을 강조하는 방향으로 변하고 있음을 알 수 있다.

최근 킴브로(R. B. Kimbrough)와 너너리(M. Y. Nunnery)는 행정과정을 의사결정, 영도, 충성 확보, 갈등관리, 변화관리, 계획, 조직, 의사소통 및 통제의 아홉 가지로 제시하고, 이 중 의사결정을 강조함으로써 급변하는 사회에서 행정가의 행위를 중시하고 있다. 한편 네즈비치(S. J. Knezevich)는 교육행정이란 설정된 교육목표를 달성하기 위하여 하나의 통합체제 내에서 공식적 · 비공식적으로 조직된 인적 · 물적 에너지를 파악하고, 유지하고, 자극하고, 통제하고, 단일화(통합)하는 사회적 과정으로 정의함으로써 행정 과정론을 사회과정론과 통합하는 방식을 취하였다.

과정설은 교육행정 현상을 정태적으로 파악하는 종래의 관점들과 달리 동태적으로 파악할 수 있는 계기를 마련했다는 점에서 교육행정의 개념발달에 매우 큰 공헌을 하였다. 그러나 초기에 행정의 과정과 절차에만 초점을 둔 나머지 행정 행위의 내용과 규범적 측면들을 소홀히 하였다는 지적이 제기되어, 최근에는 조직의 행정 행위에 관한 논의들도 함께 언급되고 있다.

4) 협동행위설

협동행위설은 교육행정을 조직목적의 효율적인 달성을 위한 여러 사람들의 협동적 행위로 보는 것이다. 즉, 행정을 합리성에 기초한 집단적 행위, 특히 목표 달성을 위한 협동 행위로 보고 교육행정을 규정하려는 입장이다. 이러한 행정행위론적 관점에 따라 교육행정을 정의한다면 교육목표를 보다 효율적으로 달성하기 위해 교육조직의 구성원들을 통합하고 조정하는 활동이라고 할 수 있을 것이다.

협동행위설은 교육행정 활동을 단순한 절차나 과정이 아니라 그 수행하는 활동의 내용을 중심으로 정의하고 있다는 점에서 교육행정 활동의 본질적 의미를 구현할 수 있는 가능성을 보여 주고 있다. 그렇지만 이는 원래 일반적인 행정 작용을 기준으로 하여 제안된 것이어서 단순한 집단 협동활동만을 강조한다는 제한점을 갖는다. 즉, 여기서 말하는 협동 행위는 교육조직의 특수성을 반영한 모종의 특수한 행위라기보다 모든 조직의 공통성을 반영하는 일반적인 행위를 의미하고 있기에 사실상 교육행정 활동의 본질적 측면을 반영할 가능성은 크지 않다는 지적이 많다.

이상으로 교육행정의 개념에 대한 학자들의 정의를 살펴보았는데, 대표적인 견해는 '교육에 관한 행정'과 '교육을 위한 행정'으로 교육행정을 보는 것이다. 전자는 교육행정에서 교육 법규를 해석하고 그대로 집행하는 것에 중점을 두며, 행정 작용에 있어서는 권력적 · 강제적 요소를 강조하고 있어 교육행정의 전문성과 특수성을 신장시키기가 어렵다. 이러한 관점은 교육의 자주성을 중시하며 교육행정의 전문성을 강조하는 현대 교육행정의 입장에서는 적절하지 않다고 할 수 있다.

이상의 여러 가지 정의들은 교육행정의 개념발달에 매우 의미 있는 단초를 제공하고 있다. 국가공권설은 권력기관의 법규에 근거한 교육정책 실현 측면에 주요 관심을 집중하고 있다. 조건정비설은 행정의 수단적 기능에 초점을 맞추어야 함을, 과정설은 행정의 절차 혹은 과정의 중요성을 지적해 주고 있다. 그리고 협동행위설은 집단적 협동 행위의 측면을 부각시켜 주고 있다. 이들 학설은 복잡하고 다양한 교육행정 작용의 핵심 내용들을 분명히 제시해 주고 있을 뿐만 아니라 이해의 관점도 제공해 주고 있다.

이러한 논의에 근거하여 교육행정의 개념을 정의해 보면, 교육행정은 '교육을 위한 행정의 입장에 서서 최종적으로 교육활동이 수행되는 단위학교에서 다양한 학교행정 활동과 조직 구성원들의 협동을 통하여 교육목표 달성을 극대화할 수 있도록 인적 · 물적 자원을 지원 · 조장하고 그 과정을 감독하는 일련의 행위'라고 개념화할 수 있을 것이다.

2. 교육행정의 성격

교육행정은 본연의 본질적인 성격 이외에도 하나의 사회현상으로서 특정 사회의 이념, 체제와 밀접한 관련을 지니고 있다. 따라서 교육행정의 성격을 논의할 때 특정 사회와 분리하여 논의하는 것은 한계가 있다. 교육행정의 본질적인 성격 이외에도 우리 사회의 특성과 관련지어 논의하는 것이 요구된다. 이러한 것들을 감안하여 교육행정의 성격을 추출해 보면 공공적 성격, 조장 · 봉사적 성격, 감독적 성격, 수단 · 기술적 성격, 전문적 성격, 민주적 성격, 특수적 성격 등으로 정리할 수 있을 것이다(동신대학교 교직과, 2009).

1) 공공적 성격

교육은 특정한 개인의 이익을 위한 사업이 아닌 모든 국민과 관계되는 공익사업이라는 특성을 지니고 있다. 우리나라에서 국민이 교육을 받을 수 있는 권리를 보장하기 위하여 교육제도를 비롯한 제 교육 조건의 마련을 법률로 정하고 있는 점은 교육행정의 공공성을 보여 주는 것이다. 즉, 국가와 지방자치단체가 교육기관을 직접 경영하고 지원할 뿐만 아니라 사립학교에 대하여도 사회적 공공기관으로서의 기능과 역할을 수행할 수 있도록 감독 · 지원하고 있다.

이와 같이 공공성은 학교법인이나 혹은 사인에 의하여 설치 · 운영되는 사립학교 교육에도 적용된다. 경영 주체가 국가나 공공단체가 아니라 할지라도, 사립학교의 경영은 국가의 위임 인가사항으로서 법률에 의하여 이루어진다. 근본적으로 교육이 공공성을 전제하고 있기 때문에 교육의 주체가 국가든 사인이든 교육행정은 공공적 성격을 지니고 있다.

2) 조장 · 봉사적 성격

조건정비론적 입장에 의하면 교육행정은 학교의 교수–학습을 위하여 제반 교육 조건을 정비하려는 봉사활동으로 본다. 교육의 목적을 달성하기 위하여 필요한 인적 · 물적 조건을 정비 · 수립하는 데 목적을 두고 있기 때문에, 교육행정은 교육목적 달성을 위한 하나의 수단으로서 조장 · 봉사적 성격을 띠게 되는 것이다.

교육행정이 아무리 좋은 교육목표를 수립하여도 그것을 달성하기 위한 인적 · 물적 조건의 정비 없이는 소기의 목적을 달성할 수 없다는 입장에서 볼 때, 교육행정은 조장 · 봉사적 성격이 강하다고 할 수 있다. 이는 민주 교육행정에서 가장 기본적인 특성이 바로 조장 · 봉사적 성격인 점을 반영하고 있다고 하겠다.

3) 감독적 성격

행정일반론적 입장이나 공권론적 입장에서 교육행정은 국가가 권력 작용을 통하여 교육정책을 실현하려고 하는 것이기에 감독적 성격이 강하게 나타난다. 즉, 교육 관련 법규나 지침 또는 시책에 따라 교육행정을 수행하고, 법규나 지침에 있는 내용의 실현 여부가 행정의 주요 목적이 되기 때문에 법규나 명령 또는 지침에 따른 감독적 성격을 지니게 된다고 볼 수 있다.

교육행정에 대한 공권적 해석은 국가주의적 견지에서 교육행정을 국가 통치권의 한 작용으로 보아, 중앙집권적 · 관료통제적 국가체제하에서의 학교행정의 성격뿐만 아니라 교육 자체의 성격도 규정하게 된다. 따라서 교육행정이나 학교교육 활동에 있어서도 공권력, 즉 국가에서 정한 법규를 집행 · 실현하고, 국가교육 정책을 실현하기 위해 감독하는 것을 타당한 것으로 여긴다.

현재 지방자치제, 교육자치제의 실시로 중앙집권적 교육행정체제에서 지방단위 혹은 단위학교의 자율적 운영이 강조되는 지방분권적 교육행정체제로 변화되고 있으나, 국가 교육정책 실현을 위하여 교육행정기관이나 학교조직에 대한 어느 정도의 감독적 작용도 있다고 보아야 할 것이다.

4) 수단 · 기술적 성격

교육행정이 교육목적을 달성하기 위하여 필요한 인적 및 물적 제 조건을 정비하는 '교육을 위한 행정'이라는 기능주의적 개념에서 그 수단성과 기술성이 요구됨을 알 수 있다. 교육행정은 교육목적을 능률적으로 달성하기 위하여 합리적인 수단과 기술을 동원한다. 따라서 교육행정에서는 합리성과 능률성을 보장할 수 있는 수단과 기술이 적절하게 활용되어야 한다. 오늘날과 같이 사회변화가 빠르고 국민의 교육에 대한 요구가 다양해지는 상황에서는 교육행정의 수단도 더욱 정교화되어야 하며 그 기술도 더욱 전문화되어야 할 것이다.

5) 전문적 성격

사회가 복잡하고 다양해짐에 따라 각 영역의 행정에서는 전문성과 특수성이 요청되고 있다. 특히 교육 자체가 전문성을 갖고 있으므로 교육행정은 그것을 지원 · 조장하기 위하여 전문성을 전제로 이뤄져야 한다. 따라서 교육행정이 분야별로 전문성을 지닌 전문가에 의하여 수행되어야 함은 말할 나위가 없다. 이러한 요구에 부응하여 교육행정은 전문적 교육과 훈련을 받은 전문가를 양성하기 위해 주기적으로 전문 연수과정을 두고 있다.

6) 민주적 성격

교육행정의 성격 중 민주적 성격은 미래 인재를 길러내는 데 목적을 둔 교육의 특수성에 근거하여 매우 중요시되어야 할 사항이다. 교육법 제14조는 "국가와 지방자치단체는 교육의 자주성을 확보하며 공정한 민의에 따라 각기 실정에 맞는 교육행정을 하기 위하여 필요 · 적절한 기구와 시책을 수립 · 실시해야 한다."라고 규정하고 있다.

이 규정은 "교육의 자주성, 전문성, 정치적 중립성 및 대학의 자율성은 법률이 정하는 바에 의하여 보장된다."라고 명시한 헌법 제31조 제4항에 근거한 것이다. 교육은 자주성과 중립성을 보장받으며 부적절한 외부의 간섭 없이 그 전문성과 특수성에 비추어 독자적인 견지에서 교육 본래의 목적에 입각하여 운영 · 실시되어야 함을 밝히고 있는 것이다.

따라서 교육은 일반행정으로부터 분리 · 독립되어 정치적 중립성을 확보하고 교육행정도 이를 실현하는 차원에서 민주적으로 운영되어야 할 것이다. 아울러 교육행정의 민주적 성격이 보다 확립되기 위해서는 교육 직원의 전문성과 자주성이 보장되어야 함은 두말 할 나위가 없다.

7) 특수적 성격

교육행정의 성격은 앞서 지적한 바와 같이 다른 부문의 행정에서 발견되는 점도 있으나, 다른 부문의 행정과는 다른 독자적이고 특수한 성격도 지니고 있다. 이러한 특수적 성격은 교육행정이 교육 조직과 활동을 통해 교육의 효과를 높이는 데 궁극적인 목적을 두고 있는 데서 기인한다.

교육행정의 특수적 성격으로는 먼저 교육의 장기성에 기인하는 목표 달성의 장기성과 그에 따른 비긴급성을 들 수 있다. 교육은 장기적 투자와 투자이익 회수의 장기성을 그 특징으로 하고 있다. 이러한 점에서 교육재정의 분리 · 독립은 더욱 필요하다. 그리고 교육에 관여하는 제 집단의 독자성과 협력성은 그대로 교육행정의 특수성을 잘 나타낸다. 학교조직만 보더라도 교사조직, 학생조직, 학부형 조직, 지역사회 조직 등 관련 조직이 그 나름대로의 독자성을 가지고 있으며, 교육목표를 효과적으로 달성하기 위하여 이들 이질적인 사회집단이 상호 협력한다.

교육행정의 또 다른 특수한 성격으로는 교육 효과성에 관한 직접적인 측정의 곤란성을 들 수 있다. 교육 효과성은 학생의 지적 · 정의적 · 신체적 영역의 변화로 나타나지만, 이러한 것이 개인과 사회의 발전과 연결되어 평가되는 데는 투입과 산출의 문제, 무형적인 성과, 효과의 장기성 등으로 인하여 그 측정이 곤란한 경우가 많다.

제3절 교육행정학의 발달과정

사회적 현상으로서의 교육행정 활동은 오랜 역사를 갖고 있지만 학문적 요건을 갖추고 발전하기 시작한 것은 20세기 중반부터였다. 따라서 그 이전에는 일반행정학 이론을 교육행정 활동에 적용하여 문제를 해결하려 하였는데, 이 시기에 적용된 주요 이론은 고전이론과 인간관계론이었다. 여기서는 이에 대해 간단히 서술하고, 교육행정 활동을 주 대상으로 삼았던 20세기 중반 이후의 행동과학론과 다원론에 대한 논의를 전개하고자 한다. 과연 어느 이론이 우리 교육행정 현상을 설명 · 규명하며 문제를 해결하는 데 더 바람직한지에 대하여 검토해 보자.

1. 고전이론(1900~1930)

18세기에 시작된 산업혁명이 소기의 성과를 거두었지만, 19세기 말과 20세기 초의 세계는 제국주의 전쟁과 노동자들의 파업으로 인하여 생산성을 높이지 못하고 위기에 빠져 있었다. 이러한 상황에서 조직이 어떻게 하면 생산의 효율성을 높일 수 있을 것인가에 관심을 두고 합리적인 조직체제와 관리기술을 개발하려는 시도가 있었다. 이 시기에 대두된 이론이 고전이론으로, 그 대표적인 이론은 테일러(F. W. Taylor)의 과학적 관리론, 행정관리론, 그리고 베버(M. Weber)의 관료제론이다. 이들 이론은 약간의 차이가 있지만 모두 인간 관리의 과학화, 합리화, 효율화를 추구하려 하였다. 그래서 인간을 기계로 보고 생산의 효율성을 극대화할 수 있는 방법을 찾고자 하였다.

이러한 요구에 맞추어 공식적 조직을 중시하고 능률적인 체계나 절차를 구축하고 합리적인 분업체계를 수립하는 데 전력을 기울였다. 이 때문에 조직은 피라미드 형태를 띠고서 상층부가 명확한 권위를 가지고 지시 · 감독하고 하층부의 노동자들은 능률을 올리기 위하여 일을 나누어 지속적으로 한 부문의 일만 하도록 하는 방식을 취하였다.

이러한 상황은 교육행정에도 영향을 미쳤다. 학교 운영에 있어 분업을 하도록 하였고, 합리적인 작업 절차와 회계 절차를 개발하여 나갔으며, 교육재정을 절감하고 과학적인 직무 수행과 효율적인 관리기법(교칙을 정하고 성과급을 제공하는 등)에 관심을 두게 되었다. 교사는 수업을 그리고 직원은 행정업무를 수행하도록 하였으며, 경비를 절감하고 교육의 효율성을 높이기 위하여 학급당 학생 수를 늘리려는 시도를 하게 되었다. 이 때문에 많은 학교에서 과밀학급이 많아지게 되어 교육의 질을 높이는 데 어려움을 겪게 되었다.

이러한 실정으로 고전이론은 한계도 문제점도 많을 수밖에 없었다. 고전이론이 합리적이고 경제적인 인간관에 바탕을 두고 있어서 인간을 수동적인 기계와 같이 보고, 일을 기능별로 나누어 분담시키고, 상층부의 간부는 일을 잘 하도록 물질적 유인을 제공하고 감독만 잘하면 능률이 올라간다고 보았기 때문이다. 고전이론은 공식적인 조직만을 중시하고 작업장의 심리사회적 요인은 무시함으로써 소외감을 야기하고 창의성을 억제하기도 하였다. 게다가 조직을 폐쇄체제로 보아 환경과의 상호작용을 소홀히 다루었기에 생산성 향상에 한계가 있을 수밖에 없었다.

2. 인간관계론(1930~1950)

1930년대에 이르러 경제공황이 심화되면서 고전이론은 한계를 드러내어 점차 설 자리를 잃게 되었다. 인간을 합리적 경제인으로 보고 기계적 효율성만을 강조하여 인간의 사회심리적 측면을 경시함으로써 인간으로서의 자존감을 인정하지 않는 과오를 범하였다. 또한 그간의 경제성장과 교육 수준의 향상으로 사회가 점차 민주적인 방향으로 변화되고 있어서, 노동자는 인간으로서의 권리를 향유하고 대우받기를 원하였다. 이러한 상황에서 고전이론은 점차 인간관계론에 그 자리를 내어 주게 되었다.

인간관계론은 미국 시카고에 있는 웨스턴 일렉트릭사의 호손 공장에서 실시된 실험 연구로 그 기반을 다지게 되었다. 이 연구는 하버드 대학교 경영학 교수인 메이오(G. E. Mayo) 교수 팀이 8년간에 걸쳐 수행한 것으로, 조직 내의 물리적 요인과 생산성의 관계에 초점을 두어 조직 내의 인간관계에 의해 생산성이 어떻게 달라지는가를 밝히고자 하였다.

이 실험은 조명실험, 전화계전기 조립실험, 면접 프로그램 등을 통하여 수행되었다. 간단한 예를 들자면, 공장 내의 조명을 한동안 밝게 하였다가 다시 낮추어 작업 조건을 보통 수준으로 바꾸기도 하고, 작업 중 휴식시간을 주고 간식도 주는 등 조건을 개선하다가 다시 예전 수준으로 돌리기도 하는 실험을 하였다. 그리고 노동시간을 점차 줄이다가 예전과 같이 하거나 급료를 점차 높이다가 예전과 같이 하는 등의 실험도 하면서 조직 간에 생산성이 어떻게 변하는가를 관찰하였다. 작업 팀도 상급자가 조직하여 주는 방식, 팀의 간부급만 선정하고 그들이 원하는 팀원들을 모아 팀을 조직하도록 하는 방식 등을 통해 생산성과 어떠한 관계가 있는가를 실험하였다.

연구 결과는 다음과 같다. 첫째, 경제적 유인이 유일한 동기요인은 아니며 비경제적인 사회적 제재가 경제적 유인의 효과를 제한한다. 둘째, 근로자는 개인으로서가 아니라 비공식적인 구성원으로서 관리층에 반응한다. 셋째, 조직이 합리적으로 분업화하고 전문화하는 것이 반드시 효과적인 방법은 아니다. 넷째, 개인은 기계의 수동적인 부속품이 아니라 능동적인 인간의 특성을 지니고 있다. 다섯째, 비공식적인 지도자들은 공식적인 감독자만큼이나 중요할 때가 자주 있다. 이와 같은 결과를 통하여 인간의 사회심리적 요인의 중요성을 인식하게 되었으며, 사회심리적 요인이 충족됨으로써 동기가 유발되고 생산성도 향상됨을 파악하고 비공식집단을 중시하게 되었다.

이와 같은 연구 결과로 인간관계론의 기반이 확립됨에 따라 교육행정도 많은 영향을 받게 되었다. 교육 현장에서도 교직원의 사기를 높이고 소외감을 해소하는 것이 생산성 향상에 필요함을 인식하게 되었으며 장학활동도 인간주의적 방식으로 전환하게 되었다. 또한 교직원 상호 간의 신뢰감을 형성하도록 돕고 의사소통을 중시하며, 민주적 교육행정으로서 교직원들이 참여할 수 있는 기회를 마련하는 방식으로 바뀌게 되었다.

3. 행동과학론(1950~1970)

앞의 고전이론과 인간관계론은 서로 다른 측면을 중시하였다. 전자가 조직의 목적을 달성하기 위해 조직 내의 문제에 관심을 두고 공식적 조직을 중시하며 인간을 기계적으로 취급하려 하였다면, 후자는 비공식적 조직을 보다 중시하고 사회심리적 요인을 강조하며 상반된 입장을 보였다. 이러한 문제는 행동과학자들이 통합의 관점에서 조직과 개인의 문제를 종합하여 복합적으로 다루려고 하면서 해결의 계기를 마련하였다. 즉, 조직의 목적도 달성하고 조직의 구성원인 개인의 만족감도 동시에 제고하는 방향에서 접근하게 되었다. 다시 말하면, 조직의 생산성 향상에 초점을 두되 어느 한 측면만을 보지 않고 인간의 행동과 조직의 관계를 정립하여 양자를 동시에 만족시키는 균형점을 찾는 방식으로 접근하고자 하였다.

바나드(C. I. Barnard)는 행정에 대한 행동과학적 접근을 최초로 시도한 학자였다. 그는 뉴저지의 벨 전화회사의 사장으로서의 조직관리 경험을 토대로 조직 내 비공식적 조직이 중요하며 공식적 조직과의 상호작용이 필수적으로 이루어져야 함을 역설하려고 하였다. 구체적으로는 조직관리를 구조적 개념과 동태적 개념으로 구분한 후, 구조적 개념에는 개인, 협동체제, 공식적 조직, 비공식적 조직 등을 포함하고 동태적 개념에는 자유의지, 협동, 의사소통, 권위, 의사결정 등을 포함하였다. 그리고 이 두 개념을 통하여 공식적 조직 내의 협동적 행위를 설명하려고 하였으며, 이들 개념이 역동적으로 작용하여 균형이 이루어져야 함을 강조하였다.

사이먼(H. Simon)은 바나드의 이론을 확대 · 발전시켜 조직의 유인과 구성원의 기여가 조화를 이루는 조직 균형에 관한 개념을 정립하였다. 그는 조직을 작업에 대한 보상이 교환되는 체제로 보고, 의사결정 과정에서 최적의 합리성만을 추구하지 않고 제한된 합리성을 토대로 의사결정을 하는 행정적 인간형이 필요함을 역설하였다. 즉, 경영의 입장에서 볼 때 최대의 이익을 찾기보다는 현실적으로 적절한 이익을 찾는 것이 바람직함을 제안한 것이다.

이 시기에는 지금까지 일반행정이론을 원용하여 교육행정의 문제를 해결하려는 차원을 벗어나 사회과학적 관점에서 교육행정 현상을 설명하고 그 실제를 규명하려는 시도도 이루어졌다. 이러한 시도는 미국에서 주로 이루어졌는데, 1947년에 결성된 미국교육행정학교수협의회(NCPEA)의 활동을 기점으로 하여 1950년대에도 다양한 관련 조직체를 통하여 연구되어 유용한 교육행정 이론들이 산출되었다. 예컨대, 교육체제를 사회체제로 보고 체제론적 관점에서 교육행정을 연구하려는 시도, 구성원의 동기를 적극적으로 개발하려는 차원에서의 동기-위생이론, 욕구 5단계설, 지도성 이론, 조직 자체를 대상으로 한 조직풍토론, 의사소통론 등을 들 수 있다. 이런 이론들은 교육행정과 경영 과목에서 논의하게 될 것이다.

이 시기에 교육행정학은 발전의 토대를 구축하게 되었다. 교육행정 현상을 대상으로 행정학, 심리학, 정치학, 사회학을 동원한 학제적 연구가 이루어지게 됨으로써 교육행정학이 차용시대를 벗어나 본격적으로 학문의 위상을 지니게 되었으며, 대학에서는 교육행정학 박사과정이 신설되어 발전의 토대가 마련됨으로써 교육행정의 전문화에 기여하게 되었다.

4. 다원론(1970~)

교육행정 이론은 1950~1960년대에 이론적 토대가 마련된 후 한 단계 도약이 이루어졌으며, 1970~1980년대에 발전의 과정을 거쳐 1980~1990년대에는 다양한 사조가 혼재하는 다원화 시대에 접어들어 교육행정 현상을 분석하고 설명하는 데 다양한 접근이 이루어지고 있다. 교육행정을 개방적 관점에서 보려고 하는 체제론(system theory)이 그 대표적인 이론이며, 대안적 관점에서 접근한 해석학적 접근, 급진적 접근 등도 있다.

1) 체제론

체제론은 조직을 종합적이고 체계적으로 조망하려 하며, 조직과 환경의 관계를 중시하는 입장을 취한다. 지금까지의 이론은 조직 내부만을 중시하는 입장을 취하였는 데 반해, 이 이론은 조직이라는 실체는 그것을 둘러싸고 있는 외부 환경과 끊임없이 상호 교류하면서 유지하고 발전하는 맥락으로 보았다. 우리가 접하고 있는 교육조직 또한 체제의 관점에서 볼 때 교육조직을 둘러싸고 있는 외부 환경과 상호 교류하는 실체로서 특정 사회체제의 일종이라는 특성을 띠고 있다. 따라서 특정 교육체제가 어떠한 사회체제에 포함되어 있느냐에 따라 다른 모습을 지닐 수밖에 없으며 조직의 역할이나 기능도 다를 수밖에 없다.

체제(system)라는 단어의 어원은 희랍어 '시스테마(systema)'로서 '하나의 전체를 이루고 있는 상호 관련된 집합체' '여러 부분으로 이루어진 전체 또는 관련된 여러 요소들의 총체'라고 정의할 수 있다. 이러한 개념을 가진 체제가 가지는 속성으로는 개방성, 목적지향성, 그리고 지속적으로 투입-전환-산출의 과정을 밟아 간다는 점을 들 수 있다.

개방성이란 체제가 개방적으로 주변 환경과 상호작용함을 의미하며, 목적지향성은 특정 체제는 자기 통제력을 지니고 목적을 달성하려는 경향을 지니고 있음을 의미한다. 즉, 자기에게 영향을 미치는 모든 힘을 조절하고 통제하면서 상이한 조건하에서도 다른 과정을 밟더라도 의도하는 목적을 달성하려는 경향을 가지고 있다는 것이다. 그리고 투입-전환-산출의 과정에서 투입(input)은 체제의 목적을 달성할 수 있도록 체제의 밖에서 안으로 들어오는 모든 요소를 칭한다. 전환(transformation)은 투입된 자원과 정보를 활용하여 산출을 만들고 가치를 창조하는 과정을 말하는데, 외부에서 보면 이 과정이 매우 복잡하고 역동적이어서 말로 표현하기도 어려워 흔히 암흑상자(black box)라고 한다. 산출(output)은 전환의 과정을 거쳐 산출해 내는 결과를 의미한다. 이 산출된 결과는 다시 투입이나 전환의 과정에 연계되어 피드백 됨으로써 끊임없이 체제가 의도하는 목적을 달성하고 발전하려 하는 데 기여하게 된다.

이 이론은 개방적인 관점에 입각하고 있기 때문에 교육행정 현상을 이해하는 데 편협되고 단절된 사고를 지양하고 체계적이고 총체적인 사고를 하려는 특성을 띠고 있다. 따라서 교육계획, 정책의 수립, 교육 관련 의사결정 등의 영역에서 그 유용성을 인정받고 있다. 개방적인 관점에서 교육조직을 연구한 예로는 와익(K. Weick)의 '느슨한 이완체제(loosely coupled system) 개념, 그리피스(D. E. Griffiths)의 과학적 문제해결 과정을 적용한 의사결정 과정이론 등이 있다.

2) 대안적 관점의 이론

교육행정학 이론은 교육행정 현상을 규명하고 설명할 수 있어야 한다. 그런데 앞서 논의한 이론으로는 교육행정 현상을 이해하는 데 한계가 있다. 이러한 문제의식에서 제기된 대안적 관점의 이론으로 해석학적 접근과 급진적 접근이 있다(윤정일 외, 2009).

해석학적 접근은 지금까지의 교육행정 관련 연구가 과학적이고 실증적인 방법으로 접근하여 가설이나 양적인 통계치에 의존하고 연역적 접근에 기반하고 있어서 교육행정 현상을 이해하는 데 한계가 있다고 보았다. 실제적으로 조직이란 인간에 의해 창조되고 의미가 부여된 사회문화적 가공물이라는 특성을 지니고 있기 때문에 조직현상을 인간의 주관적인 의미 구성체로 보고 교육행정 현상을 연구하는 새로운 패러다임이 필요하다는 것이다. 이 패러다임은 조직의 구조와 역동성을 설명하거나 예측하려 하지 않으며, 질적 연구 방법을 통하여 특수한 상황을 해석하고 이해하는 데 일차적인 관심을 두고 있다. 따라서 해석학적 탐구는 객관성을 견지하고 일반화하는 데는 어려움이 있다. 이러한 패러다임의 대표적인 예로는 민속방법론이 있다.

급진적 접근으로는 신마르크스주의(Neo-Marxism), 포스트모더니즘(post-modernism), 비판이론, 페미니즘(feminism) 등이 있다. 이들 접근은 조직의 비합리적이고 특수한 측면, 주변적이고 소외된 측면에 초점을 맞추어 조직 문제를 탐구한다. 지식과 권력은 필연적으로 관련이 있다. 그리고 사실은 사회적 맥락에 구속되어 있다. 따라서 사실은 사회적이고 가치 개입적인 과정을 통해서만 해석될 수 있다는 등의 견해를 지니고 접근한다는 특성이 있어서 비판적인 접근을 위주로 하고 있다. 포스트모더니즘은 이성과 진리, 합리성과 절대성을 비판하고 기존의 것들의 해체와 탈정형화를 추구하고 있다. 비판이론은 비판을 통해 신비화된 허위의식을 파헤치고 새로운 변화를 모색하려는 입장을 견지하고 있다. 페미니즘은 현대의 조직이 남성문화의 산물이며 편향되어 있다는 비판적인 입장을 견지하고서, 여성의 역할을 부각시키거나 기존의 관료제적 조직을 변혁시키려는 접근을 취하고 있다.

제4절 우리 교육제도

교육제도는 사회제도의 일종이라는 특성을 띠고 있어서 사회가 다르면 교육제도도 다를 수밖에 없다. 따라서 우리 교육제도도 다른 나라의 교육제도와 다르게 조직되어 있다. 여기에서는 협의의 교육제도인 학교제도를 이해한 바탕 위에서 교육자치제도를 파악한 다음 교원교육제도를 논의하는 순서로 접근하고자 한다.

1. 학교제도

1) 학교제도의 개념

학교 상호 간의 결합관계에 바탕을 둔 학교제도는 교육제도의 중핵적 영역이다. 학교제도는 교육제도의 하위체제 중의 하나이며, 교원양성제도, 교육 행 · 재정제도 및 사회교육제도들과의 상호작용 속에서 유지 · 발전할 수 있으므로 교육제도와 불가분의 관계에 있다. 다만 교육을 협의의 학교교육에 국한시킬 때 학교제도는 교육제도와 동일시된다.

학교는 의도적 · 조직적으로 교육을 수행하는 곳이다. 학교가 설립되기 전에는 생활 자체가 교수-학습의 장이었는데, 생활과 노동의 형태가 바뀌고 지식과 정보가 다양해짐에 따라 학교가 성립하게 된 것이다. 학교제도의 개념은 각종 학교를 고립적으로 보는 것이 아니라 각 학교 간에 존재하는 일종의 관련성과 전체 구조를 파악하려는 것이다. 따라서 각종 학교는 학교제도를 구성하는 하나의 단위다.

학교제도의 구조는 수직적 '계통성'과 수평적 '단계성'에 따라 구성된다. 계통성은 어떠한 교육을 하고 있는가 또는 어떤 계층(혹은 성별이나 능력)의 취학자를 대상으로 하고 있는가를 나타내며, 단계성은 어떠한 연령층을 대상으로 하는가 혹은 어느 정도의 교육단계인가를 나타낸다. 따라서 각급 학교는 종적 계통성과 횡적 단계성의 관계를 갖는 학제 속에서 한 위치를 차지한다. 기본적으로 단선형인 우리나라의 6-3-3-4제는 횡적으로 구분된 초등학교 단계, 전기 중등단계의 중학교, 후기 중등단계의 고등학교 그리고 고등교육 단계인 대학교라는 네 개의 단계를 기반으로 하고 있다. 그리고 전기 중등단계까지는 계열을 분화하지 않고 후기 중등단계부터 일반계, 전문계, 종합계, 특수목적계의 네 가지 계열로 분화하는 방식을 취하고 있는데 단선형의 성격을 띠고 있어 계열 간 이동을 자유롭게 하고 있다.

이렇게 볼 때 학제는 국가의 교육목표를 실현하기 위하여 종적 · 횡적으로 학교 간 연결관계를 마련하는 것이라고 볼 수 있다. 즉, 제도적 장치로서의 학교교육을 단계별로 구분하고, 각 단계의 교육목적과 교육기간, 교육내용을 설정한다. 그리고 종적으로는 교육단계 간의 접속관계를, 횡적으로는 학교교육과 학교 외 교육 및 교육과정 간의 연결관계를 규정함으로써 국민교육의 운영을 제도적으로 규정하는 역할을 담당하는 것이라고 할 수 있다.

2) 학교제도의 유형

학교제도의 유형은 계통성을 중심으로 하는 복선형과 단계성을 중심으로 하는 단선형으로 나눌 수 있으며, 복선형과 단선형의 중간적 형태로 분기형(分岐型)이 있다. 역사적으로 학교제도는 복선형→분기형→단선형의 형태로 발달하여 왔는데, 이는 교육의 기회균등 원칙의 발달과 밀접한 관련이 있다.

복선형은 상호관련을 갖지 않는 두 가지 이상의 학교 계통이 병존하면서 학교 계통 간의 이행을 인정하지 않는 학교제도다. 여기서는 단계성보다 계통성이 중시되며, 사회계급 · 계층을 재생산하는 기능을 담당한다. 일반적으로 유럽에서 발달하여 왔다.

단선형은 복선형에 반대되는 유형으로서 학교 계통이 하나뿐인 단일의 학교제도다. 현실적으로 순수한 단선형은 존재하지 않으며, 공통의 기초학교 위에 수업 연한이나 수료 자격에 있어서 동등한 복수의 학교나 코스로 분화되는 형태를 취하는 경우가 많다. 다만 여기서는 계통성보다 단계성이 우선시된다는 점이 복선형과 다르다. 단선형은 일반적으로 북미에서 발달하여 왔으며 우리나라의 학제도 이 유형에 속한다.

분기형은 복선형과 단선형의 중간적 형태로서 각국의 현실적인 학교제도를 설명하기 위하여 독일의 비교교육학자 힐커(F. Hilker)에 의해 분류된 학교제도의 한 유형이다. 대체로 이는 복선형의 기초학교 부분이 통일되고 그 위에 동격이 아닌 복수의 학교 계통이 병존하는 학교제도다. 분기형은 전통적인 특성을 많이 보유하고 있는 영국, 독일을 비롯한 서구 여러 나라의 최근 학제에서 볼 수 있다.

2. 교육자치제도

교육은 백년지대사라고 한다. 이처럼 중요한 사업이 원활히 수행되도록 하기 위해서는 교육행정이 어떻게 제도화되어 수행되어야 할까? 먼저 교육자치제의 개념을 파악한 후 우리 교육자치제가 추구하는 이념과 원리를 파악한다. 그리고 해방 후 오늘날까지 어떠한 과정을 거쳐 왔으며, 오늘날 시행되고 있는 교육자치제의 모습은 어떻게 되어 있는지에 대해 논의한다.

1) 교육자치제의 개념

지방의 교육행정은 교육의 자주성과 중립성을 확보하고 교육행정의 민주화와 지방 분권화를 보장하기 위하여 교육자치제를 기본으로 삼고 있다.

지방자치제는 민주주의의 이념상 당연히 요청된다. 민주주의가 국가의 주체인 국민의 자치를 의미하기 때문에 중앙의 행정만이 아니라 지방의 행정에서도 주민의 자치가 요망된다. 지방자치란 국가 내의 일정 지역을 대상으로 삼아 법적 능력을 가진 공공단체(지방자치단체)가 지방의 공공사업을 독자적 책임으로 수행하는 것을 말한다.

현대 민주주의 국가에서 지방자치는 민주주의와 지방분권의 원리를 기초로 하여 성립된다. 지방의 공공사업으로서의 교육사업에 관하여 이와 같은 민주화와 지방 분권화를 적용한 것이 지방교육자치제이고 이를 흔히 교육자치제라고 한다. 교육자치란 교육에 관한 지방자치이므로 지방자치를 전제로 성립되는 개념이며 지방자치와의 연계 속에 실현된다.

2) 교육자치제의 이념과 원리

교육자치의 이념이란 교육자치를 행함에 있어서 목표로 삼고 지향해야 할 지침이나 준거 또는 가치체제를 의미한다. 원래 이념이란 다의적인 개념이며, 당위적이고 규범적으로 개념화한 것이기 때문에 입장과 견해를 달리함에 따라 상이하게 정의할 수 있는 포괄적인 개념이다. 교육자치의 이념이란 교육자치를 시행할 목표의 기능뿐 아니라 교육자치의 문제를 해결하는 데도 가치판단과 평가의 준거의 기능을 함으로써 교육자치제의 합리성과 일관성을 보장하는 기능을 한다.

교육자치는 교육에 관한 또는 교육을 위한 지방자치라는 관점에서 볼 때, 교육자치의 이념은 두 가지로 개념화할 수 있다. 첫째는 민주성의 이념이고, 둘째는 전문성의 이념이다. 전자는 지방자치에 보다 중점을 둔 이념이며, 후자는 교육에 보다 중점을 둔 이념이다. 그런데 교육자치의 이념이란 고도로 추상적이고 포괄적인 개념이기 때문에 현실에 의미를 부여하고 소정의 목표를 달성하는 행동 지침으로서의 구체성을 확보하기 위해서 교육자치의 원리라는 이름하에 논의한다.

민주성의 이념은 주민자치의 원리와 지방분권의 원리로 구체화되며, 전문성의 이념은 자주성의 원리와 전문적 관리의 원리로 구체화된다.

첫째, 주민자치의 원리는 일정 지역의 교육사업은 그 지역의 실정과 특수성을 고려하여 그 지역 주민의 공정한 의사에 따라 자율적으로 실시되어야 한다는 것이다. 말하자면 의회민주정치의 이념을 지방 수준에서 구현하려는 것이다. 지금까지의 교육위원회제도는 이를 실현하기 위한 제도였다. 주민자치의 원리는 주민통제의 원리라고도 한다. 주민자치의 원리 또는 주민통제의 원리에 입각한 지방자치를 흔히 주민자치라고 하고 지방분권의 원리에 입각한 지방자치는 단체자치라 하여 양자를 구분하기도 한다. 주민자치란 주민의 자율적 의사에 따라, 그들의 책임으로 지방자치를 행하는 '아래에서 위로(bottom-up)'의 형태를 말한다.

둘째, 지방분권의 원리는 주민자치의 실효를 거두려면 지방의 교육행정이 중앙의 획일적이고 직접적인 통제에서 벗어나야 하므로 지방 교육행정기관이 중앙정부로부터 권한을 위양받아 독자적, 창의적, 자율적 의사결정권을 가지고 지역의 특수성과 실정에 맞는 교육을 해야 한다는 것이다. 또한 지방분권은 중앙의 정치적 변혁에 초연한 안정적 지방행정을 위해서도 중요하다.

셋째, 우리나라 헌법 제31조 4항에서는 "교육의 자주성 · 전문성 · 정치적 중립성 및 대학의 자율성은 법률이 정하는 바에 의해서 보장된다."고 규정하고 있으며, 교육기본법(2008년 6월 22일 시행) 제6조 1항에서는 "교육은 교육 본래의 목적에 따라 그 기능을 다하도록 운영되어야 하며, 정치적 · 파당적 또는 개인적 편견을 전파하기 위한 방편으로 이용되어서는 아니 된다."라고 규정하고 있다. 이는 교육과 교육행정의 본질상 요구되는 전문성의 이념을 구체화한 것이다. 여기에서 도출되는 교육자치의 제3의 원리는 자주성 존중의 원리이며 제4의 원리는 전문적 관리의 원리다.

자주성 존중의 원리는 교육이 무엇보다도 개개인의 존엄성과 가치를 인정하여 그 능력을 최대한으로 신장시키는, 말하자면 수월성을 보장하는 것이기 때문에 이를 지원하고 조장하려면 교육행정이 일반행정으로부터 분리 · 독립하고 정치적 중립성을 견지해야 한다는 것이다. 그러므로 이 원리는 비단 지방행정에서뿐만 아니라 중앙의 교육행정에서도 마찬가지로 준수되어야 할 원리다.

마지막으로 교육자치의 전문적 관리의 원리란 교육행정은 아무나 할 수 있는 것이 아니라 전문가가 해야 한다는 것이다. 학식과 덕망이 있다거나 법규의 해석과 적용에 능한 일반행정 관료라면 교육행정을 할 수 있다는 통념을 깨고 교육의 본질을 이해하고 교육조직의 특수성과 그 운영에 대한 고도의 전문적 식견과 기능을 갖춘 인사가 교육행정을 맡아야 한다는 것이다. 그 구체적 실현의 하나가 바로 교육감(장)제도다.

현대 교육행정에 있어서 전문화의 경향은 더욱 촉진될 것이다. 예컨대, 교육행정 조직이 그 기능에 따라 점차 세분되며 인사 · 재정 · 시설 · 장학 · 연구 · 평가 등 각 분야에 걸쳐서 전문가의 배치가 불가피하기 때문이다.

3) 우리 교육자치제도

우리 교육자치제는 사회의 변화에 따라 수차례의 곡절을 거쳐 발전하여 왔다. 정부 수립 이듬해인 1949년 지방자치법이 발효되고 교육자치제를 규정한 교육법이 제정되었으나, 한국전쟁이 끝나지 않은 1952년 5월 24일 한강 이남의 시 · 군 교육위원 선출을 거쳐 6월 3일 첫 회의가 열리면서 교육자치제의 역사적 발족을 보았다. 그렇지만 사회가 아직 안정되지 않은 상황이어서 초기의 교육자치제는 시 · 군 단위의 매우 불완전한 것이었다.

교육자치제가 초등교육만을 관리 대상으로 하여 소교육구제라는 등의 제한점을 타개하기 위해 이를 더욱 확대 · 발전시키려는 움직임이 교육계 내부에 있었으나, 내무부 측에서는 기회가 있을 때마다 교육자치제 자체를 폐지하려고 시도하여 여러 차례 시련을 겪었다. 이러한 와중에 1961년 5 · 16 군사 쿠데타로 군사정부가 들어서면서 결국 교육자치제도는 폐지되었다. 이에 따라 시 · 군 교육행정은 시장 · 군수 산하의 교육과에 편입되고, 시 · 도에서는 시장 · 도지사 산하의 교육국에 편입됨으로써 내무행정에 통합 · 예속되었다.

교육행정이 내무행정에 예속된 후에 교육자치제를 부활시키기 위한 노력은 계속되었다. 민정 이양을 계기로 문교부는 1962년 5월부터 교육자치제 부활을 위한 실무위원회를 구성하고 대한교육연합회를 통해 여론을 환기시키는 등의 노력을 기울였고, 마침내 1963년 12월 교육법을 개정하여 2년 5개월 만에 교육자치제가 부활하게 되었다. 이때의 자치제에서는 합의제 집행기관의 성격을 지닌 교육위원회를 두고 시 · 도 지사를 당연직 의장으로 하였는데, 이 골격은 1991년 7월까지 유지되었다. 이 시기의 교육자치제는 지방자치를 전제로 성립된 개념이지만 지방자치가 폐지된 상황에서 실시되었다는 특성을 지니고 있다.

한편 5 · 16 군사 쿠데타를 계기로 폐지된 지방자치제도는 제5공화국에 와서 다시 부활하게 되었으나 그 실시가 보류되었다. 헌법에서 지방자치를 규정하고 지방의회를 두기로 하였으나 재정 자립도를 감안하여 그 실시가 지연된 것이다. 마침내 제6공화국의 출범에 앞서 1988년 대통령 선거와 국회의원 총선거를 계기로 지방자치의 부활에 대한 정치권의 합의가 이루어지게 되었다. 또한 이를 계기로 삼아 교육자치제를 발전적으로 개편 · 활성화하려는 노력이 활발히 수행되었다. 대통령 교육정책 자문기구인 교육개혁심의회는 연구와 공청회 등을 통하여 교육자치제의 발전방안을 확정하고, 대한교육연합회는 자체안을 마련하여 관계기관에 건의서를 제출하는 등 교육자치제의 개편을 위한 심도 있는 노력이 계속되었다.

이러한 과정을 거쳐 1988년 4월 지방자치법에 이어 교육법 개정안이 국회를 통과함으로써 새로운 교육자치제로서 시 · 군 · 구의 기초 자치구역은 1989년 5월, 시 · 도 광역구는 1991년 5월 중에 단계별로 실시하기로 하였다. 그러나 새로운 교육자치제 역시 지방자치제와 연동하여 실시하기로 되어 있었던 바, 지방자치법이 시행도 되기에 앞서 여 · 야 논란이 계속되어 지연되다가 1991년에 이르러서야 실시하기로 확정하였다.

그리하여 교육법 제2장과 제3장에 규정된 교육자치에 관한 규정을 따로 떼어서 새로이 제정 · 공포된 지방교육자치에 관한 법률(법률 제4347호, 1991. 3. 8)로 흡수 · 개편하였으며, 일반 지방자치에 이어서 1991년 7월부터 교육자치제가 새로이 실시되었다. 이 법률은 다시 2007년 5월 11일 법률 제8423호로 개정 · 공포되었는데 부칙을 제외하고 총 5장 42개 조로 구성되어 있다.

이러한 지방교육자치에 관한 법률에 따라 교육위원회가 시 · 도 의회의 특별 상임위원회로 일원화된다. 따라서 교육자치제는 집행기구인 교육감만 존재하고 심의 · 의결기구가 일반 자치단체의 의회로 통합됨에 따라 교육의 자주성과 정치적 중립성이 훼손되지 않을까 우려되는 측면도 없지 않다. 그러나 심의 · 의결기구의 이원화로 인한 교육위원회와 시 · 도 의회 간의 소모적 갈등과 교육기관에 대한 중복감사에서 오는 폐단은 해소할 수 있게 되었다.

교육감과 교육의원의 선출은 시 · 도 지사나 의회의원과 마찬가지로 주민 직선제에 의하도록 하고 있다. 시 · 도 의회에 설치된 상임위원회의 성격을 지닌 교육위원회의 권한은 현행과 동일하다. 개정된 법률의 시행은 2007년 1월 1일부터이지만 현재의 교육위원회와 교육의원은 임기가 끝나는 2010년 8월 말까지 임기가 보장되고 지위에는 변화가 없다. 그러므로 대부분의 차기 교육감과 교육의원은 2010년 6월 지방선거 때 주민직선으로 선출된다. 시 · 도 교육위원회는 일반 의원과 교육의원(교육 또는 교육행정 경력 10년 이상인 자로서 무당적자)으로 구성하되 교육의원이 과반수가 되도록 한다.

교육감도 주민의 보통 · 평등 · 직접 · 비밀 선거에 따라 선출한다. 교육감의 연임은 3기에 한하도록 하고 있다. 현행 교육자치제를 도표로 나타내면 [그림 11-1]과 같다.

기관 / 자치구	의결기관		집행기관	
	일반 사무	교육 · 학예 사무	교육행정	일반행정
광역구	시 · 도 의회 (교육 · 학예에 관한 중요 사무 일부 포함)	시 · 도 의회 내의 교육위원회 (교육 · 학예에 관한 사무의 심의 · 의결)	교육감 (교육 · 학예에 관한 사무의 집행)	시 · 도 지사 (교육 · 학예 사무에 관한 지원 및 협조 사무 집행)
기초구	시 · 군 · 구 의회	교육 · 학예 사무	교육장 · 교육 · 학예 사무 분장	시장 · 군수 · 구청장

[그림 11-1] 지방자치의 구조(남정걸, 2007, p. 131에서 수정)

3. 교원교육제도

교육의 질은 교원의 질을 능가할 수 없다. 이 말은 교원교육의 중요성을 지적하는 한편 교원교육이 국가사회의 실정에 맞게 체계적으로 수립되어 수행되어야 함을 말해 주고 있다. 여기에서는 교원교육의 의의를 이해한 후 우리 사회에서 직전교육으로서의 교원 양성 그리고 현직교육으로서의 교원연수가 어떻게 체계화되어 수행되고 있는지에 대하여 이해하고 논의해 본다.

1) 교원교육의 의의

교육의 질을 높이기 위해서는 우선적으로 교원교육(teacher education)의 중요성이 인식되어야 하고 그것이 한 나라의 교육체제에서 차지하는 비중 또한 막중한 것임을 알아야 한다. 그래서 우리나라 교육기본법에서도 교원의 전문성 존중, 사회경제적 지위 우대와 신분 보장, 교육자로서 갖추어야 할 품성과 자질의 향상을 규정하고 있다.

교원교육은 직전교육(inservice education)과 현직교육(on the job education)으로 나뉜다. 직전교육은 교육대학이나 사범대학에서 최초의 교사 자격 취득을 요건으로 하는 준비교육을 말한다. 이는 교원양성이라고도 한다. 현직교육은 교원으로 임용된 후 현직에 있는 자를 대상으로 하는 교육을 말하며 교원연수라고도 한다. 사전적 의미에서 양성은 기능이나 기술자를 양성하듯이 훈련을 통하여 기술이나 기능 따위를 갖춘 인재를 길러내는 것을 말하고, 연수란 학문 같은 것을 연구하고 닦는 것을 의미한다. 양성이나 연수는 반드시 교육을 통하지 않으면 안 된다. 그러므로 양성과 연수를 아우르는 말이 교육이라고 할 수 있다.

영어의 경우 양성이나 연수를 구분하지 않고 종래에는 교사훈련(teacher training: preservice teacher training, inservice teacher training)이라 하여 교육(education)이라는 개념보다는 훈련(training)이라는 개념을 썼다. 양자 간에는 별 차이가 없고 또 있더라도 중요하지 않다고 생각하였지만, 오늘날에는 훈련이라는 개념보다는 교육이라는 개념을 더 선호하고 있다. 양성이나 훈련은 표준화된 학습 절차나 순서를 통해서 교원으로서 직무 수행상 필요한 사무 능력이나 학습지도와 그에 따른 기자재를 다루는 기술의 획득에 주안점을 둔다. 그러므로 훈련은 동작이나 행동의 단순한 반복과 연습에 의해 습관을 형성하는 방법적인 측면에 주안점을 둔다. 이와는 대조적으로 교육은 기능이나 기술뿐만 아니라 현장에 필요한 지식의 이해와 현장에 영향을 주는 여러 변인 간의 관계를 이해하고 분석하는 능력과 태도 및 가치관의 변화에 주안점을 둔다. 그러므로 교육은 양성이나 연수 또는 훈련은 포함하는 더 포괄적이고 보편적인 개념이다. 이런 추세에도 불구하고 우리나라에서는 아직도 직전교육을 교원의 양성으로, 현직교육은 교원의 연수로 통용되고 있다.이것은 교육이란 개념보다 양자의 개념이 보다 분명하고 일선에 직결된다고 여기기 때문이라고도 할 수 있다.

2) 교원의 양성

교원양성제도는 흔히 두 가지로 구분된다. 하나는 교육대학이나 사범대학과 같이 교사 양성을 목적으로 설립된 교육기관에서만 교사를 양성케 하는 폐쇄체제이고, 다른 하나는 일정한 조건만 갖추면 널리, 많은 교육기관에서 교사 양성을 인정하고 재학 중에 법에 규정된 교사 자격증 취득 조건을 충족하면 당사자의 신청에 의해 교사자격증을 주는 개방체제다.

폐쇄체제는 직접양성체제라고도 하는데, 이는 전국적 차원에서 교사 양성의 양과 질을 국가가 강력히 통제할 수 있고 교사 수급상의 차질을 방지할 수 있다는 장점이 있다. 그러나 특정 교육기관에만 교사 양성을 인정하는 데서 오는 폐쇄성과 경직성이 문제가 되고 전국적으로 교사 양성을 국가가 획일화하는 데서 오는 비융통성이 문제시된다. 이에 반하여 개방체제는 간접양성체제라고도 하는데, 폐쇄체제의 경직성과 비융통성을 탈피하여 양성기관의 특수성과 독자성에 따라 폭넓은 교양과 다양한 가치관과 태도를 갖춘 교사를 양성한다는 다양성과 융통성을 특징으로 한다. 그리하여 자격증 수

여에 대한 국가의 통제를 완화하고 양성기관의 자주성이 존중된다. 그러나 교사의 수급을 조절하는 데 어려움이 있어서 때로는 공급부족, 때로는 공급과잉 현상을 초래하여 심각한 문제를 유발하는 단점이 있다. 우리나라의 경우 초등교원은 목적대학으로서 국립 교육대학에서 거의 전부를 양성하므로 폐쇄체제라고 하겠고, 중등교원은 국립이나 사립의 사범대학을 포함하여 비사범대학에서도 폭넓게 양성하므로 개방체제라고 할 수 있다.

(1) 중등교사의 양성

중등교사의 양성은 다양한 경로를 통해 이루어진다. 종합대학교 내의 사범대학, 한국교원대학교, 일반대학(비사범대학)의 교직과정과 교육계열 학과, 교육대학원 등에서 국 · 사립을 막론하고 다양하게 양성되고 있다.

교직과정이란 비사범계인 일반대학에서 교육부장관의 승인을 얻어 소정의 교직과목과 전공과목을 이수한 자에게 교사자격증을 수여하는 제도다. 이는 원래 사범대학에서 양성하지 않거나 양성하기 곤란한 과목의 교사를 양성하여 교원의 수급을 원활히 하기 위한 것이었다. 그러나 대부분의 대학이 사범대학과 중복되는 학과에 교직과정을 설치하였고 졸업생의 취업 기회를 확대하는 방편으로 설치하였다. 그리하여 사범대학보다 더 많은 교사를 배출함으로써 교원수급의 원활화라는 원래의 의도에 맞지 않게 수급 불균형을 초래해 교사로 임용되는 것이 오히려 어려운 실정이다. 그리고 교육대학원에서도 교사양성 기능을 가지고 있어서 학부전공 학과와 관련된 전공의 석사학위 취득자는 2급 정교사 자격을 취득할 수 있다.

중등교원 양성의 문제점으로 지적할 수 있는 것은 중학교와 고등학교의 엄연한 설립목적과 교육내용의 차이에도 불구하고 중등교원이라는 명목으로 동일한 과정으로 동일한 자격의 교사를 양성하고 있다는 사실이다. 초등교원 양성기관이 사범학교에서 2년제 교육대학을 거쳐 4년제로 개편 · 발전되어 왔음에 반해, 중등교원 양성기관은 광복 직후의 중 · 고교 미분화 시기의 중학교 교사 양성과 마찬가지의 형태를 취하고 있다.

6-3-3제의 학제에 따라 중학교의 교사와 달리 고등학교 교육의 질적 향상과 대학교육과의 연계성 및 중학교 교육과정과의 차등에 알맞은 양성체제를 모색해야 할 시기에 이르렀다고 본다. 이에 대학원 수준에서 중등교사를 양성하거나 중학교 교사와 고등학교 교사의 자격증을 구분하여 고등학교 교사만이라도 대학원 수준에서 양성해야 한다는 개혁 논의가 일고 있다.

(2) 특수교사의 양성

전체 국민의 생활 수준 향상과 의식 고도화에 따라 장애아에 대한 교육이 점차 보편화되고 있다. 그리하여 대부분 초등과정만 개설하던 특수학교에 유치부와 중학부 및 고등부까지 병설하는 경향이 있으며 공·사립을 불문하고 장애아들에게는 무상으로 교육을 실시하고 있다. 또한 초등과 중등의 일반학교에도 특수학급을 병설하고 있는데, 이는 더욱 확대될 전망이다. 현대 특수교육의 동향은 장애아들의 열등의식과 차등의식을 불식하고 일반아동과 더불어 공동체의 일원으로서 사회생활을 영위할 수 있도록 하기 위하여 정규학교의 일반아동과 같은 반에서 교육을 받도록 하는 통합교육의 방향으로 나아가고 있다.

특수교사의 양성은 4년제 대학의 특수교육학과에서 주로 하고 있다. 특수학교와 학급의 규모의 영세성으로 인해 특수학교는 유치부와 초등부, 초등부와 중학부 또는 고등부, 또는 유치부에서 고등부까지는 연계형으로 병설하여 운영하고 있고, 특수학급에도 특수교사가 배치되므로 현재의 특수교사 양성체제의 개혁이 검토되고 있다.

(3) 기타 교사의 양성

이에 속하는 관련 교사의 양성에 대한 법률 규정을 소개하면 다음과 같다. 전문상담교사는 대학·산업대학의 상담·심리 관련 학과 졸업자로서 재학 중 소정의 교직 학점을 취득한 자와 교육대학원 또는 교육과학기술부장관이 지정하는 대학원의 상담·심리교육학과에서 전문상담 교육과정을 이수하고 석사학위를 받은 자로 하고 있다.

사서교사는 대학 · 산업대학의 졸업자로서 재학 중 문헌정보학과 또는 도서관학과를 전공하고 소정의 교직 학점을 취득한 자나 교육대학원 또는 교육과학기술부장관이 지정하는 대학원의 교육학과에서 사서교육과정을 전공하고 석사학위를 받은 자로 하고 있다.

보건교사는 대학 · 산업대학의 간호학과 졸업자로서 재학 중 소정의 교직 학점을 취득하고 간호사 면허증을 가진 자나 전문대학의 간호과 졸업자로서 재학 중 소정의 교직 학점을 취득하고 간호사 면허증을 가진 자로 규정하고 있다.

영양교사는 대학 · 산업대학의 식품학과 또는 영양학과 졸업자로서 소정의 교직 학점을 취득하고 영양사 면허증을 가진 자나 영양사 면허증을 가지고 교육대학원 또는 교육과학기술부장관이 지정하는 대학원의 교육학과에서 영양교육과정을 이수하고 석사학위를 받은 자로 규정하고 있다.

준교사는 교육과학기술부장관이 지정하는 대학(전문대학 제외)의 공업, 수산, 해양 및 농공계 학과를 졸업한 자나 준교사 자격검정에 합격한 자로 규정하고 있다.

3) 교원의 연수

교사의 현직 교육 또는 연수는 초임 이후 정년에 이르기까지 지속적으로 이루어지는데, 상급 자격의 취득과 승진 및 전문적 성장에 있어서 필수적이라는 사실을 감안한다면 교사교육에서 현직교육의 중요성은 아무리 강조해도 지나침이 없다.

현대사회는 가속적으로 변화하고 있어서 새로운 과학기술이 폭발적으로 증가하고 있다. 어제의 지식이 오늘에 와서는 이미 낡은 것, 잘못된 것이 되고 마는 시대다. 이런 시대에서 교사는 스스로 변화에 적응하도록 끊임없이 배워야 하고, 새로운 자질을 함양하여 아동 · 학생을 교육해야 한다.

교원의 연수는 과정이 다양함에 따라 각기의 목적이나 목표가 다를 수밖에 없다. 그러나 교원연수의 목적은 어느 경우든 보편적으로 교원의 과업 수행과 관련하여 지식과 관심, 이해 또는 기능을 심화 · 확대하는 것이라고 할 수 있다.

교원 등의 연수에 관한 규정(2010. 4. 13. 일부 개정 및 시행)의 제6조에 따르면 연수의 종류는 크게 두 가지로 나뉜다. 하나는 교육의 이론과 방법 및 직무 수행에 필요한 능력을 배양하기 위한 직무연수이며, 다른 하나는 교원의 자격을 취득하기 위한 자격연수다. 자격연수는 2급 정교사과정, 1급 정교사과정, 전문상담교사 과정, 사서교사 과정, 1급 보건교사 과정, 원장과정, 원감과정, 교감과정 및 교장과정으로 구분하고 있다. 자격연수는 30일(180시간) 이상으로 하며, 직무연수는 연수를 실시하는 기관장이 연수기간을 정하도록 하고 있다.

학습과제

1. 교육행정이 교육사업에 있어 필요한 이유를 예를 들어 설명하시오.
2. 교육의 개념 중 우리 사회에 가장 적합한 정의를 들고 그 이유를 설명하시오.
3. 우리 교육행정의 성격을 예를 들어 설명하시오.
4. 교육행정 이론의 발전과정과 그 특성을 논하시오.
5. 우리 현행 교육자치제의 주요 내용과 그 특성을 설명하시오.
6. 우리나라 중등교원 양성제도와 연수제도의 주요 내용과 그 특성을 서술하시오.

제12장

평생교육

학습목표

1. 평생교육의 태동 배경을 설명할 수 있다.
2. 평생교육의 필요성을 설명할 수 있다.
3. 평생교육이 추구하는 이념을 설명할 수 있다.
4. 평생교육의 특징을 열거할 수 있다.
5. 평생교육 프로그램의 유형을 몇 가지 기준에 따라 분류할 수 있다.
6. 평생학습사회의 구축방안을 열거할 수 있다.

제12장

평생교육

제1절 평생교육의 본질

21세기는 열린사회(open society)를 특징으로 하며, 인간의 보람 있는 삶을 추구하는 데 가치를 두고 있다. '닫힌사회'로 명명되는 과거에는 학교중심의 교육활동에 주된 관심과 중요성을 두었다. 그러나 열린사회의 특징이라고 할 수 있는 국제화 · 개방화 · 정보화 · 민주화 · 노령화 등에 대비하기 위해서는 학교교육을 포함한 모든 형태의 교육활동이 보다 적극적이고 체계적으로 실천되어야 한다. 이러한 흐름에 발맞추어 우리나라도 1982년 12월 31일에 공포된 사회교육법을 전면 개정하여 1999년 8월 31일에 평생교육법을 공포하기에 이르렀다.

여기에서는 먼저 평생교육의 대두와 의미에 관하여 살펴본 다음, 평생교육 관련 용어, 그리고 평생교육의 필요성과 이념 및 특징 등에 관하여 살펴보기로 한다.

1. 평생교육의 대두와 의미

1) 평생교육의 태동과 발전

1950년대 후반에 접어들면서 급격한 과학기술의 발달과 복잡한 경제 · 사회 · 문화 구조의 변화와 그에 따른 여러 가지 문제는 기존 교육체제의 개혁을 불가피하게 만들었다. 그리하여 1960년대에 들어서면서 UN 산하기구 중의 하나인 유네스코를 주축으로 여러 나라의 교육 전문가들이 이와 같은 문제의 해결을 위한 새로운 방향 설정을 모색하면서, 급변하는 세계에서의 성인교육 과제에 대하여 논의하게 되었다. 그들은 성인교육이 전체 교육계획 속에서 통합적인 부분으로 다루어져야 한다는 점을 강조하였다.

이러한 가운데 평생교육의 필요성과 그 구상이 세계 교육 전문가들 사이에서 서서히 논의되기 시작하였다. 그러나 여기에서의 평생교육 개념은 어디까지나 성인교육 또는 계속교육의 중요성을 강조하는 데 머물렀다. 물론 1950년대에 성인교육의 필요성이 증대되면서부터 생애를 통한 교육(education throughout life span)이라든가 평생학습(life-long learning)이라는 용어가 교육학자들, 특히 성인교육 전문가들에 의해 점차 사용되기 시작하였다.

그러나 평생교육, 즉 인간의 출생에서부터 노년기에 이르는 전 생애의 교육을 통합적인 측면에서 실천하려는 새로운 교육의 개념은 1960년대 중반에 와서야 그 이론적 형태를 갖추기 시작하였다. 즉, 1965년 12월에 개최된 유네스코 성인교육추진 국제위원회(International Committee for the Advancement of Adult Education)에서 프랑스의 성인교육학자이며 유네스코의 성인교육부장인 랭그랑(P. Lengrand)이 프랑스어로 된 '계속교육(l'education permanente, 영속교육)'이라는 자료를 정리하여 제출하였는데, 이것이 영어 'life-long education'으로 번역 · 발표되었다. 이 자료에서 랭그랑은 "유네스코는 태어나서 죽을 때까지 인간의 일생을 통해서 행해지는 교육의 과정, 즉 전체로서 통합적인 구조가 필요한 교육의 과정을 만들어 활성화시킬 원리로서 '평생교육'이라는 구상을 승인해야 한다. 그러기 위해서는 사람의 일생이라는 시계열에 따른 수직적 차원과 개인의 사회생활 전체를 망라하는 수평적 차원의 통합이 이루어져야 한다."라고 역설하였다.

이어 1968년 제82차 유네스코 집행위원회에서 1970년의 '세계 교육의 해'를 기념하여 제시한 12개 과제 중 하나로 평생교육이 채택된 가운데, 1970년 랭그랑의 『평생교육 입문(*An Introduction of Life-long Education*)』이 출간되면서 평생교육이라는 용어가 일반화되었다.

그 후 '평생교육'이라는 용어는 1972년 일본 동경에서 개최된 제3차 세계성인교육회의에서 공식적인 국제적 용어로 채택되기에 이르렀다. 유네스코는 같은 해에 에드가 포르(Edgar Faure)가 주도한 교육발전 국제위원회의 보고서 「존재하기 위한 학습: 현재와 미래의 세계교육(Learning to Be: The World of Education, Today and Tomorrow)」(1972)에서 평생교육의 중요성을 다시 한 번 강조하였다.

유네스코는 1990년대의 교육사업 방향을 결정한 '모든 이를 위한 교육에 관한 세계회의(World Conference on Education for All)'(1990)에서도 "누구나 기본적인 학습 능력, 즉 문해 능력, 문제해결 능력, 수리 능력, 의사표현 능력 등을 배양할 수 있어야 한다."라고 주장하면서 평생교육의 필요성과 중요성을 재차 강조하였다. 또한 유네스코의 21세기 교육사업의 방향을 결정하기 위한 특별위원회가 1996년에 발간한 보고서 「학습: 그 안에 숨겨진 보물(Learning: The Treasure Within)」에서도 평생교육의 중요성을 재천명하면서 학습의 근본으로 4개의 기둥(기본적인 학습 유형)을 제시하였다. 그것은 함께 살아가기 위한 학습(learning to live together), 알기 위한 학습(learning to know), 실천하기 위한 학습(learning to do), 존재하기 위한 학습(learning to be)이다.

최근에 유네스코는 전통적인 '평생교육(life-long education)'이라는 용어 대신에 '모든 이를 위한 평생을 통한 교육(education for all throughout life)'이라는 용어를 새롭게 사용함으로써 기존의 평생교육 개념을 더욱 명료화하고 있다. 이는 모든 사람들이 평생교육의 기회를 충분히 누릴 수 있어야 한다는 점을 강조하는 것이라고 볼 수 있다.

2) 평생교육의 의미

평생교육은 간단히 말해서 문자 그대로 '일생을 통한 교육'이라고 말할 수 있다. 이러한 맥락에서 평생교육은 생애교육이라고도 한다. 평생교육의 개념에 대한 학자들의 정의를 살펴보면, 제섭(F. W. Jessup)은 계속교육(continuing education)이라고 정의(Jessup, 1969)하였으며, 랭그랑(P. Lengrand)은 모든 사람에게 평생을 통해 각기 자신이 가진 다방면의 소질을 계속적으로 발전시키고 사회의 발전에 충분히 참여할 수 있게 하는 교육이라고 정의(Lengrand, 1970)하였다. 데이브(R. H. Dave)는 가정, 학교, 지역사회, 직장 등 어느 곳을 막론하고 그 안에서 행해지는 모든 차원의 학습활동으로서, 사회적 삶의 질을 계속적으로 향상시키기 위하여 평생 동안에 걸쳐 이루어지는 형식·비형식·무형식의 학습활동 전부를 평생교육이라고 정의하였다(Dave, 1976).

한편 우리나라의 교육5법(교육기본법, 유아교육법, 초·중등교육법, 고등교육법, 평생교육법) 중의 하나인 평생교육법은 1982년 12월 31일에 공포된 사회교육법을 전면 개정하여 1999년 8월 31일에 공포되었다. 평생교육법(2009년 8월 9일 시행) 제2조에서는 "평생교육이란 학교의 정규교육과정을 제외한 학력보완교육, 성인기초·문자해득교육, 직업능력 향상교육, 인문교양교육, 문화예술교육, 시민참여교육 등을 포함하는 모든 형태의 조직적인 교육활동을 말한다."라고 규정하고 있다.

평생교육은 그동안 청소년기까지만을 대상으로 하던 학교교육에 국한된 교육의 개념을 확장하여, 개인의 일생을 통하여 이루어지는 제반 교육의 '수직적 통합'과 개인의 생활 영역에 따라 이루어지는 모든 교육의 '수평적 통합'을 강조한다. 다시 말하면, 평생교육은 그동안 다양한 연령층을 포괄하지 못한 폐쇄적인 학교교육체제와 체계적인 조직이 되지 못한 채 방치되어 온 사회교육체제를 재편성하여 교육을 보다 활성적이고 통합적인 방향으로 이끌어 가려는 것이다.

따라서 평생교육의 개념에서 핵심적인 요소는 통합(integration, 수직적 통합+수평적 통합)이다. 평생교육에서는 인간의 발달단계에 따라 이루어지는 태아교육 · 유아교육 · 아동교육 · 청소년교육 · 성인교육 · 노인교육 등의 교육 유형과 내용을 수직적으로 통합하는 것뿐만 아니라, 인간의 생활 장면에 따라 다르게 전개되는 가정교육 · 학교교육 · 사회교육 등 형식적 및 비형식적 교육 유형과 내용을 수평적으로 통합하는 것을 강조한다.

2. 평생교육 관련 용어

평생교육 관련 용어는 대단히 많으나, 대표적으로는 사회교육(society education), 계속교육(continuing education or further education), 성인교육(adult education), 생애교육(career education), 순환교육(recurrent education, 회귀교육), 지역사회교육(community education)을 들 수 있다.

1) 사회교육

사회교육의 의미는 크게 광의와 협의로 구분하여 규정하는 경우가 많다. 광의의 사회교육은 학교교육을 제외하고 국민의 평생교육을 위한 모든 형태의 조직적인 교육활동을 말하며, 협의의 사회교육은 평생교육체제의 한 영역으로서 학교 외 청소년과 성인을 위한 모든 형태의 조직적인 교육활동을 말한다. 따라서 사회교육이라 함은 평생교육체제 속의 통합적 부분으로서 학교 외의 사회화 과정이며, 주로 청소년 및 성인들을 대상으로 행해지는 조직적인 교육활동을 말한다.

2) 계속교육

계속교육이란 용어는 미국에서는 continuing education으로, 영국에서는 further education으로 표현되는데, 이는 일정 과정의 학교교육을 일단

마친 자가 직업이나 사회 생활을 영위하면서 계속 교육활동에 참여하는 것으로서 주로 성인학교를 통한 2차적 교육 기회를 의미한다. 따라서 계속교육의 대상은 주로 성인이며, 교육방식은 학교교육이 주가 된다는 점에서 사회교육이나 성인교육 또는 비형식적 교육과 차이가 있다.

3) 성인교육

성인교육은 교육 대상을 분류 준거로 한 용어로서 성인을 대상으로 하는 모든 형태의 교육활동을 총칭한다. 따라서 교육의 대상은 성인이며, 교육방식은 형식 및 비형식의 모든 교육 형태가 포함될 수 있고, 성인을 위한 학교교육도 포함될 수 있다는 점에서 사회교육과는 다르다. 이는 평생교육의 개념 중 성인기 이후의 교육활동만 해당된다.

4) 생애교육

생애교육은 미국에서 시작하여 최근에 발달하기 시작한 교육의 한 형태로 주로 직업교육의 영역에서 많이 사용되고 있다. 이는 '개인이 생활의 일부로 혹은 생활 수단으로서 일을 배우고 이에 종사하기 위해 준비하는 경험의 총체' 또는 '개개인 모두가 일을 중심으로 한 사회의 가치관에 익숙해지고, 그 가치관이 인격체제에 통합되어 일이 개인에게 보람 있고 만족될 수 있도록 생활화하는 데 도움을 주는 학교와 지역사회 간의 노력의 총체'로 정의된다.

5) 순환교육

순환교육(회귀교육)은 OECD에 의해 주창된 교육 개념으로, 기존의 일회성 학교교육체제가 지니는 비효율성과 한계를 극복하고 교육의 시기를 평생에 걸쳐 순환적으로 재분배하여 계속되도록 해야 한다는 새로운 교육양식을 전제로 하는 용어라고 할 수 있다. 이러한 순환교육은 학교교육과 직업생활을 주기적 · 순환적으로 반복하여 연계 짓는 교육체제를 전제로 하며, 그 주요 대상은 직업을 가진 성인이다.

6) 지역사회교육

지역사회교육은 지역사회의 종합적인 생활 향상과 주민들을 위한 집단적인 사회교육 활동을 말한다. 이는 본래 학교교육의 목적을 지역사회의 요구에 보다 근접시키려는 시도에서 출발한 넓은 의미에서의 지역사회 지향적 교육의 의미를 가진 개념이다. 따라서 지역사회교육은 지역사회와 학교 간에 상호 의존적인 관계를 형성하여 지역사회의 모든 인적·물적 자원을 최대한 활용하고자 하는 것이다.

3. 평생교육의 필요성과 이념 및 특징

1) 평생교육의 필요성

평생교육의 필요성이나 중요성은 여러 관점에서 논의해 볼 수 있으나, 현대와 같은 지식사회(지식기반사회, 정보화사회)의 도래는 평생교육의 필요성을 더욱 높여 주고 있다. 지식기반사회에서는 지식의 생명주기가 짧고 지식의 힘이 바로 원천이 되기 때문이다.

평생교육의 주창자인 랭그랑은 평생교육의 필요성으로서 급속한 사회구조 변화와 인구의 증가, 과학적 지식과 기술의 발달, 민주화를 위한 정치적 도전, 매스컴의 발달과 정보의 급증, 경제적 수준의 향상과 여가의 증대, 생활양식과 인간관계의 균형 상실, 그리고 이데올로기에서의 위기의 일곱 가지를 들었다.

평생교육의 필요성을 크게 세 가지로 구분하여 제시하면 다음과 같다. 첫째, 평생교육은 현대사회의 도전과 위기에 적극적으로 대처하기 위해서 필요하다. 현대사회가 안고 있는 제반 문제들을 효과적으로 해결하고 더 나아가 그것들을 예방하기 위해서는 모든 사회 구성원들을 대상으로 평생교육이 실천되어야 한다. 위에서 언급한 랭그랑의 평생교육의 필요성은 이에 해당한다고 볼 수 있다. 둘째, 평생교육은 학교교육의 문제점을 해결(학교교육의 보완)하기 위해서도 필요하다. 학교교육의 문제점으로는 일정한 연령의 청소년에게만 교육이 제한되어 있다는 점, 교육내용이 지식에 편중되어 있다는 점, 학교교육을 지나치게 강조한다는 점, 교육과 생활이 분리되어 있다는 점 등이 있는데, 이러한 학교교육의 결함들을 개선하기 위해서도 평생교육은 필요하다. 셋째, 평생교육은 사회교육을 활성화하기 위해서도 필요하다. 급격한 사회변화에 따른 문화지체 현상의 야기, 기존 사회구조의 변화, 산업화에 따른 직업구조의 급변 등은 사회교육의 확충을 불가피하게 만들었다. 이러한 사회변화와 타문화에 대한 이해, 세대 · 남녀 · 집단 간의 조화와 협력, 학교 이외의 청소년 직업훈련, 성인교육 등에 관한 사회교육의 요구 증가에 따라 평생교육에 대한 필요성이 더욱 대두되었다.

2) 평생교육의 이념

우리나라 평생교육법 제4조에 규정되어 있는 '평생교육의 이념'은 다음과 같다. 즉, ① 모든 국민은 평생교육의 기회를 균등하게 보장받는다. ② 평생교육은 학습자의 자유로운 참여와 자발적인 학습을 기초로 이루어져야 한다. ③ 평생교육은 정치적 · 개인적 편견의 선전을 위한 방편으로 이용되어서는 아니 된다. ④ 일정한 평생교육과정을 이수한 자에게는 그에 상응한 사회적 대우를 부여하여야 한다.

평생교육이 인간의 삶의 질을 향상시키기 위하여 인간의 전생애 동안 이루어지는 모든 종류의 교육적 경험과 학습과정을 지칭하므로 평생교육이 추구하는 이념은 교육의 전체성, 교육의 통합성, 교육의 융통성, 교육의 다양성, 교육의 민주성 등으로 규정될 수 있다.

- 교육의 전체성: 학교교육뿐만 아니라 학교 이외에서 이루어지는 모든 교육에 대해서도 중요성과 정통성을 부여하는 것을 말한다. 평생교육체제에서는 학교가 교육을 독점하는 것을 인정하지 않는다. 즉, 학교가 더 이상 교육에 관하여 전매특권을 누릴 수 없으며, 사회의 다른 교육기관으로부터 더 이상 독립적으로 존재할 수 없다는 것이다. 평생교육체제

에서는 학교에서 실시되는 교육은 단지 전체 교육의 일부로 인정된다.

- 교육의 통합성(광역성): 다양한 교육활동의 유기적 · 종합적 관련성을 중시하는 것을 말한다. 따라서 평생교육에서는 가정교육 · 학교교육 · 사회교육 등 인간의 생활 영역에 따라 서로 개별적으로 전개되는 형식적 또는 비형식적 교육 유형의 '수평적 통합'과 태아교육 · 유아교육 · 아동교육 · 청소년교육 · 성인교육 · 노인교육 등 인간의 발달단계에 따라 각기 이루어지는 교육 유형의 '수직적 통합'을 강조한다.
- 교육의 융통성(개방성 · 탈정형성): 교육의 형태, 시간, 장소, 내용, 방법 등을 획일적 · 고정적으로 운영하기보다는 신축적 · 유동적으로 운영함으로써 어떤 상황이나 형편에 있는 사람(학습자)일지라도 필요한 교육 서비스를 받을 수 있도록 융통성 있는 여건과 제도를 마련하는 것을 말한다. 개개인이 가지는 교육적 욕구를 만족시키기 위해서는 과거와 같은 폐쇄적이고 제한적인 교육체제가 융통성 있는 체제로 바뀌어야 한다.
- 교육의 다양성: 각 개인이 원하는 종류와 양의 교육을 자유스럽게 받을 수 있도록 뷔페(buffet)식의 다양한 교육과정을 제공함으로써 개인의 전인적 성장 · 발달을 실현하게 하는 것을 말한다. 사회가 발전함에 따라 다양화 · 다원화됨으로써 개인은 다양한 교육적 욕구를 갖게 되기 때문에 자율학습이 이루어질 수 있도록 다양한 교육활동이 제공되어야 한다.
- 교육의 민주성: 사회 구성원 전체에게 균등한 교육의 기회를 보장함으로써 '모두를 위한 교육(education for all)'을 실천하고자 하는 것을 말한다. 우리나라의 헌법 제31조 제1항은 "모든 국민은 능력에 따라 균등하게 교육을 받을 권리를 가진다."라고 규정하고 있는데, 이는 주로 학교교육체제에 적용된다고 볼 수 있다. 평생교육체제에서는 개인의 사회경제적 지위, 성별, 종교, 가정 배경, 인종 등에 의한 교육 기회의 차별은 물론 '능력'에 따른 차별마저도 무너뜨리고자 한다.

이와 같은 평생교육의 이념들은 보다 완전한 평생교육체제를 확립시키도록 함으로써 개개인의 삶의 질을 향상시키며 나아가 사회와 국가의 발전에 기여하게 된다.

3) 평생교육의 특징

데이브(1976)는 평생교육의 개념을 정의하면서 그 특징을 20가지로 설명하였는데, 이를 토대로 평생교육의 특징을 나열하면 다음과 같다.

- 평생교육은 학습자의 생의 필요와 요구를 충족시키는 방향으로 구성된다. 평생교육은 '교육은 생활이다.'라는 명제를 전제로 한다. 평생교육은 미래생활을 위한 준비로서도 필요하지만, 현재의 생활을 토대로 개인의 필요와 요구에 부합되는 교양교육과 전문교육을 제공하여 개인의 문화적 · 직업적 · 인격적 성장과 발달을 도모하고 사회에 대한 적응 능력과 창조적 기능의 신장을 촉진시킨다.
- 평생교육은 모든 교육활동을 통합적 체제로 재편성한다. 평생교육은 인간의 발달단계에 따라 이루어지는 유아교육 · 아동교육 · 청소년교육 · 성인교육 · 노인교육 등과 개인의 생활 장면에 따라 이루어지는 가정교육 · 학교교육 · 사회교육 등의 모든 교육을 통합적으로 재편성(조직화)하는 것을 그 특징으로 한다.
- 평생교육은 인간의 계속적 학습을 적극 권장한다. 학교교육만으로는 사회구조와 직업구조의 급격한 변화, 지식의 급증과 제반 환경의 변화에 대처하지 못하기 때문에 학교교육 이후에도 계속교육이 불가피하다.
- 평생교육은 연령의 제한을 받지 아니한다. 평생교육은 일정한 연령의 청소년들만을 대상으로 하던 교육을 모든 개인들에게 개방하는 것을 특징으로 한다. 평생교육체제에서는 학령전 교육의 확대는 물론 근로청소년 교육, 직장인이나 근로자를 위한 사회교육, 부녀자를 위한 교육, 은퇴 후 노인들의 적응에 필요한 교육 등 모든 연령층에게 교육의 기회

가 주어진다.

- 평생교육은 장소의 제한을 받지 않는다. 평생교육체제에서의 교육은 학교는 물론 가정과 지역사회의 여러 기관, 즉 도서관, 교회, 공원, 관공서 등의 시설에서 계획되고 실천된다.
- 평생교육은 인간의 모든 국면을 다룬다. 인간은 다양한 여러 측면을 가지고 있는데, 이 모든 측면의 성장 · 발달은 교육의 관심 대상이 된다. 과거의 학교교육에서는 교과서 위주의 실생활과 유리된 지식을 주로 다루었으나, 평생교육에서는 현재 삶의 모든 부분이 생생하게 다루어진다. 그럼으로써 인격의 모든 면에 걸친 조화로운 성장 · 발달을 도모한다. 이를 위하여 평생교육에서는 일반(교양) 분야와 전문(직업) 분야를 동시에 다룬다.
- 평생교육은 자율학습을 강조한다. 과거의 교육은 강제에 의해서 주로 받아들이는 형태의 것이었으나, 평생교육에서는 학습자의 자율적 학습이 강조된다. 평생교육은 각자가 자기 자신을 한 단계씩 발전시켜 나가는 자학자습(自學自習) 중심의 학습 형태와 자율적인 학습 형태를 강조한다.
- 평생교육의 목적은 삶의 질(quality of life) 향상에 둔다. 평생교육의 궁극적인 목적은 삶의 질을 향상시키는 데 있다. 그러나 개인의 생은 어디까지나 사회생활과 직결되어 있으므로 교육 역시 사회발전에 이바지해야 한다.
- 평생교육은 교정적 기능(corrective function)을 수행한다. 평생교육은 학교교육의 문제점과 한계점을 해결 · 보완할 뿐만 아니라 사회문제들을 근본적으로 해결하게 함으로써 모든 인간으로 하여금 자아실현과 자기 완성을 가능하게 하며, 나아가 바람직한 사회발전을 유도한다.
- 평생교육은 교육의 형태 · 내용 · 방법(도구 · 기술) 등을 다양화하고 융통성을 부여함으로써 개인과 사회의 다양한 교육적 욕구나 흥미에 대처하게 하는 동시에 누구나 쉽게 접근할 수 있게 한다.

• 평생교육은 개개인이 가지고 있는 교육권과 학습권을 실질적으로 보장함으로써 국민 전체에 대한 교육 기회의 균등화와 확대에 노력한다.

이상과 같은 특징들을 가진 평생교육이 더욱 활성화되기 위해서는 무엇보다도 가정교육, 학교교육, 사회교육이 보다 상호 유기적이고 효율적으로 운영되어야 한다. 그렇게 되면 평생교육체제가 더욱 공고히 확립되고, 미래사회에는 일정한 시간과 장소에서만 교육이 실천되는 것이 아니라 누구나 언제 어디서나 교육과 학습이 가능한 교육사회체제(educative society system)와 학습사회체제(learning society system)가 도래될 것이다.

제2절 평생교육 프로그램

이상에서 평생교육의 본질로서 평생교육의 대두, 의미, 관련 용어, 필요성, 이념, 특징 등에 관하여 살펴보았다. 이러한 평생교육이 제대로 실천되고 활성화되기 위해서는 그 프로그램이 잘 마련되어야 한다. 이에 여기에서는 평생교육 프로그램의 성격과 구성요소에 관하여 살펴본 다음, 그 유형들에 대하여 논의하고자 한다.

1. 평생교육 프로그램의 성격과 구성요소

1) 평생교육 프로그램의 성격

지역 주민들에게 제공되는 평생교육 프로그램은 다음과 같은 성격을 가지고 있다(김진화, 정지웅, 2000).

첫째, 평생교육 프로그램은 교재나 이론 중심적인 내용보다는 실생활과 밀접한 관계를 가지고 있는 내용이며, 단순한 지식 전달보다는 참여자의 문제해결 능력의 신장과 사회생활에의 적응에 주안점을 두고 있다. 그리고 프로그램은 장기간이 소요되는 내용으로 이루어진 프로그램도 있지만, 단기 코스로 다루어질 수 있는 강좌나 강연 형태의 프로그램도 많다.

둘째, 평생교육 프로그램은 다양한 수준으로 존재하며, 그 안에는 여러 가지 요소들이 포함된다. 즉, 프로그램은 개별 학습자 또는 학습집단의 욕구, 프로그램 목적 및 목표, 지도전략 등에 따라 다양하게 존재한다. 또한 프로그램의 기획, 실행 및 평가 등에 관련된 요소는 물론, 운영기관의 성격과 역량, 개별 학습자 또는 학습집단의 특성, 관련 내용 영역, 자원구조의 특성에 관련된 요소들을 내포하고 있다.

셋째, 평생교육 프로그램은 두 가지 시간 차원, 즉 장기적 프로그램(long-range program)과 단기적 활동계획(short-range plans of action)을 함께 담고 있다. 장기적 프로그램은 일련의 단기적 활동계획들을 효과적으로 포함하고 있다. 즉, 두 개 혹은 그 이상의 활동계획을 논리적으로 포괄하고 있다. 학습자들의 전체적인 욕구, 계획된 프로그램의 목적과 목표, 프로그램 기획과 실행에 활용되는 수행방법, 장기간 검토되어야 할 평가전략 등은 연차별 · 국면별 활동계획 속에 반영된다.

넷째, 평생교육 프로그램은 위계적 순서(hierarchical oder)로 구성되어 있다. 즉, 프로그램은 장기적이고 광범위한 욕구와 이를 충족시키기 위한 일반적인 전략들을 포함하고 있다. 한 프로그램의 전체적인 구조를 보면 가장 기본적이고 낮은 수준의 광범위한 기초 프로그램의 토대 위에 상위의 프로그램이 존재하며, 그것을 바탕으로 다시 그 상위의 프로그램이 유기적으로 연결되어 있어, 전체는 일련의 연속적인 활동계획(sequential plans of action)들로 구성되어 있다. 이런 활동계획들에는 구체적인 내용과 전달 형태인 코스, 워크숍, 협의, 혹은 개인 지향적 활동 등이 반영된 구체적인 내용들이 포함되어 있다.

2) 평생교육 프로그램의 구성요소

평생교육 프로그램이 소정의 목적과 목표를 달성하기 위해서는 그 필수적인 구성요소들을 갖추어야만 한다. 즉, 프로그램은 최소한의 구성요소를 갖출 때 마침내 의미를 갖게 된다. 여기에서는 평생교육 프로그램의 구성요소들이 무엇인가를 살펴보고 그 본질에 대하여 살펴보기로 한다(주영흠, 박진규, 오만록, 2002).

일반적으로 평생교육 프로그램의 필수적인 구성요소는 ① 주체(who, 지도자 · 교육자), ② 대상(whom, 학습자 · 참여자), ③ 목적 및 목표(why, 교육목적 및 목표), ④ 활동내용(what, 교육과정), ⑤ 실행방법 및 활용매체(how, 교육방법), ⑥ 평가활동(how much), ⑦ 실행 장소 및 시설 · 설비(where), ⑧ 실행 시기와 기간(when), ⑨ 예산 등으로 개념화할 수 있다.

(1) 주체

평생교육 프로그램의 주체는 프로그램의 개발자와 관리자 및 실행자를 지칭한다. 프로그램 운영의 성패는 그 주체에게 달려 있다고 해도 과언이 아니다. 프로그램의 주체는 일반적으로 개발자, 관리자(supervisor), 실행자들로 구성된다. 일정한 목적과 목표를 가진 프로그램이 개발 · 실행됨으로써 개인과 집단의 발달(변화)이라는 의도가 성취되기 위해서는 가장 근본적으로 그 프로그램을 개발하고 관리하며 실행하는 주체가 존재해야 한다. 특히 프로그램의 개발자와 실행자 및 실행자 등 유능한 인적자원이 확보되어야만 그 프로그램의 존재 가치, 즉 효과성과 효율성이 확보될 수 있다.

(2) 대상

평생교육 프로그램의 대상(객체)은 주로 그 프로그램의 학습자 또는 참여자를 일컫는다. 프로그램의 성공적인 운영을 위해서는 앞서 말한 주체가 필수적으로 존재해야 하지만 그것만으로는 충분하지 못하다. 특정 프로그램은 그 적용 대상이 분명할 때 그 가치가 인정된다. 그러므로 프로그램의 성패는 그 대상과도 밀접한 관련성을 가진다. 따라서 성공적인 프로그램을 개발하여 실행하기 위해서는 학습자에 대한 적절한 이해가 필요하며 학습자의 선정과 편성에 많은 관심을 가져야 한다. 학습자에 관한 이해에는 참여 대상에 대한 명확한 규정과 그 규모의 결정, 참여집단의 특성에 대한 파악 등이 포함된다.

(3) 목적 및 목표

평생교육 프로그램의 목적 및 목표는 곧 프로그램이 지향하는 의도를 의미한다. 모든 프로그램은 그것이 지향하는 목적 및 목표를 가지고 있기 마련이다. 프로그램은 우선적으로 학습자들의 올바른 변화를 추구하는 데 중점이 주어진다. 그러나 프로그램에 따라서는 그것을 운영하는 기관(조직)의 역량을 제고시키는 데에 그 목적과 목표를 두기도 하고, 더 나아가 지역사회 · 국가의 발전과 변화에 중점을 두기도 한다.

(4) 활동내용

평생교육 프로그램의 활동내용은 프로그램의 목적 및 목표를 성취하기 위해서 학습자들이 경험하게 될 구체적인 내용을 말한다. 따라서 활동내용은 프로그램의 목적 및 목표를 성취하기 위한 매개체라고 할 수 있다. 프로그램이 지향하는 의도성이 달성되기 위해서는 그 객체인 학습자의 성장 · 발달(변화)을 실현하게 하는 구체적인 활동내용(프로그램 주체의 입장에서 보면 '지도내용', 프로그램 객체의 입장에서 보면 '학습경험 내용')이 반드시 존재해야 한다. 이러한 프로그램의 활동내용은 그 프로그램이 지향하는 목적 및 목표에 따라서 달라지게 된다.

(5) 실행방법 및 활용매체

평생교육 프로그램의 실행방법 및 활용매체는 그 프로그램의 목적 및 목표를 성취하기 위해 선정 · 조직된 활동내용을 실행(전개)하는 방법을 말한다. 프로그램의 목적 및 목표를 성취하기 위해서는 먼저 그에 합당한 활동내용이 마련되어야 하지만 그것만으로는 충분하지 않다. 프로그램의 목적 및 목표를 실질적으로 달성하기 위해서는 그 활동내용을 매개로 주체와 객체 간의 상호작용을 가능하게 하는 구체적인 실행방법도 설정되어야 한다. 프로그램의 목적 및 목표를 성취하기 위해 선정된 실행방법은 결국 학습자들의 행동변화에 지대한 영향을 미치게 된다. 그런데 프로그램의 활동을 효과적으로 펼치기 위해서는 여러 가지 공학매체(자료)도 갖추어야 한다.

(6) 평가활동

평생교육 프로그램의 평가활동이란 그 효과성 및 효율성의 정도를 확인하는 활동을 말한다. 프로그램의 가치는 결국 그 효과성과 효율성의 정도에 의해 검증되는데, 이러한 검증은 바로 프로그램의 성과에 대한 평가활동에 의해서 확인될 수 있다. 그러나 프로그램에 대한 평가활동에는 이러한 '성과평가(output evaluation)'뿐만 아니라 그 실행과정에 대한 '과정평가(process evaluation)'도 포함된다. 그러므로 프로그램의 실행과정에서의 진전 상황과 그 문제점에 대한 계속적인 점검활동(monitoring)을 통하여 프로그램의 적절한 실천이 이루어지도록 노력해야 하며, 프로그램이 종료된 후에는 그 효과성과 효율성을 종합적으로 판정하는 활동이 함께 이루어져야 한다.

(7) 실행 장소 및 시설·설비

평생교육 프로그램의 실행 장소 및 시설·설비는 그 프로그램의 실천에 관련되는 전체의 물리적 조건을 지칭한다. 프로그램의 효율적인 실행이 이루어지기 위해서는 그 장소의 선정 역시 중요한 요소가 아닐 수 없다. 프로그램의 실행 장소를 선정하는 데 있어서는 무엇보다도 프로그램의 활동 내용과 방법에 적절한가를 우선 고려하여야 한다. 그리고 프로그램의 효율적인 운영을 위해서는 그에 필요한 각종의 시설과 설비도 잘 갖추어야 한다.

(8) 실행 시기와 기간

평생교육 프로그램의 실행 시기와 기간은 그 프로그램의 운영과 관련된 시간적 요소로서 프로그램 실행의 시기와 기간 및 시간대 등을 지칭한다. 프로그램이 실행되는 시기는 주로 계절이나 프로그램의 내용 및 방법에 따라 적절하게 설정되어야 하고, 기간은 주로 프로그램의 목적 및 목표의 성취에 필요한 시간적 길이에 의해 결정된다. 그리고 학습자들이 이용 가능한 시간대에 프로그램을 운영하는 것도 매우 중요한데, 이를 위해서는 지역 주민이나 잠재적 학습자들의 생활주기에 대한 분석과 실질적인 이용 가능한 시간대에 대한 사전 조사도 이루어져야 한다.

(9) 예산

평생교육 프로그램의 예산은 프로그램의 운영에 소요되는 재정을 말한다. 아무리 좋은 프로그램이 존재한다 하더라도 그것을 실제로 운영하는 데 소요되는 재정이 확보되지 못하면 아무런 소용이 없다. 따라서 계획된 프로그램이 실질적으로 운영되기 위해서는 그에 필요한 예산이 확보되어야 한다. 프로그램 예산에 대한 계획에서는 재정계획을 세운 다음 그 재원의 조달계획을 수립하여야 한다. 즉, 프로그램을 구상할 때 그 프로그램을 운영하는 데 필요한 재정 상태를 검토하여 계획된 프로그램에 재원이 충분히 제공될 수 있는지를 점검하고, 계획된 재정을 조달할 수 있는 방안을 마련해야 한다.

2. 평생교육 프로그램의 유형

평생교육 프로그램의 유형은 분류 기준에 따라 다양하게 나누어진다. 여기에서는 프로그램의 유형에 대한 한국청소년개발원(1997)의 논의를 토대로, 개발 주체에 따른 유형과 구성 범위에 따른 유형 및 활동내용에 따른 유형으로 나누어 살펴보기로 한다.

1) 개발 주체에 따른 유형

평생교육 프로그램의 유형은 개발의 주체에 따라 국가에 의해 개발되는 국가수준 프로그램과 단위교육기관(조직)에 의해 개발되는 기관수준 프로그램의 두 유형으로 나눌 수 있다.

(1) 국가수준 프로그램

국가수준 프로그램이란 국가수준에서 평생교육의 활성화를 위해 다양한 프로그램을 보급하는 것을 주요 목표로 개발하는 정책적인 성격의 프로그램을 말한다. 국가수준 프로그램은 국민들의 기본 욕구를 충족시키는 데서 출발하기 때문에 국민생활에 필수적이거나 바람직할 것으로 간주되는 내용을 중심으로 개발된다. 가장 대표적인 국가 프로그램으로는 청소년기본계획의 일환으로 한국청소년개발원이 1992년부터 개발하고 있는 청소년활동 프로그램이 있다. 예를 들면, 역사연극활동 프로그램, 도시 · 농촌교환봉사활동 프로그램, 호연훈련활동 프로그램, 명절쇠기활동 프로그램, 국토탐사활동 프로그램 등이 있다.

국가수준 프로그램은 개발의 초기부터 실행 여건에 따른 수정 · 보완을 전제로 하여 계획되기 때문에 어디서나 적용될 수 있는, 즉 프로그램이 실제 실행되는 지역이나 기관의 특수한 여건에 유동성 있게 적용할 수 있는 지침으로서의 보편적인 성격을 가지게 된다. 그러므로 프로그램들의 내용은 포괄적인 가치성과 일반성을 띠고 있고, 그 평가는 각 교육기관들이 그 프로그램을 얼마나 많이 활용하고 있는가에 중점을 두고 이루어진다.

(2) 기관수준 프로그램

기관수준 프로그램은 단위교육기관들이 독자적으로 그 기관의 교육활동을 구체적으로 실현하기 위한 수단으로서 개발하는 사업적인 성격을 가진 프로그램을 말한다. 이러한 프로그램은 특정 교육기관이 가지고 있는 목적과 목표를 달성하기 위한 기본 수단으로 활용되기 때문에 각 기관의 기본 이념을 보다 잘 반영할 수 있는 독창적인 프로그램으로 개발된다. 따라서 각 기관의 고유한 설립목적과 특성에 따라 다양한 프로그램들이 개발될 수 있다. 예를 들면, 각 평생교육기관에서 그 기관의 특성과 지역사회의 특수성을 반영하여 개발하는 모든 프로그램이 해당된다. 청소년 프로그램을 예로 들면, 청소년적십자의 각종 공중위생활동 프로그램, 해양청소년단의 해양스포츠활동 프로그램, 걸스카우트의 가정생활교육활동 프로그램, 한국우주소년단의 실물모형제작활동 프로그램, 한국청소년마을의 청소년가족수련회 활동 프로그램 등이 해당된다.

이러한 기관수준 프로그램은 실제 실행되는 현장 여건을 중심으로 계획되어 그 내용이 보다 구체적인 성격을 가지게 된다. 이러한 프로그램은 국가수준 프로그램보다 그 성격이 뚜렷하며 활동내용을 비롯하여 방법, 시기, 장소, 효과, 평가 등이 보다 명확하게 명시되어 있다. 그러므로 이러한 프로그램은 보다 특징성과 구체성을 띠게 되고, 그 평가는 주로 활동의 취지가 참여자들에게 얼마나 잘 효과적으로 전달되었는가에 따라 이루어진다.

2) 구성 범위에 따른 유형

전체 프로그램을 실행하는 데 있어 그 기준이 되는 가장 작고 기본적인 프로그램을 단위 프로그램이라고 하는데, 이는 일반적으로 활동시간을 기준으로 일정한 편제에 따라 구성된 하나하나의 프로그램이 된다. 이러한 단위 프로그램을 기준으로 하여 전체 활동에 대한 프로그램 구성의 범위에 따라서 프로그램을 구분해 보면 단일 프로그램, 연속 프로그램, 통합 프로그램, 종합 프로그램으로 나눌 수 있다.

(1) 단일 프로그램

단일 프로그램이란 특정의 목적과 목표를 성취하기 위한 활동내용을 가진 독자적인 프로그램을 말한다. 이는 대체로 단일의 목적과 목표를 달성하기 위한 하나의 활동내용으로 구성되어 있다. 단일 프로그램은 특정한 목적과 목표를 달성하는 데 비교적 짧은 기간이 소요되며, 다른 프로그램과의 유기적인 관련성은 거의 없다. 예를 들면, 지역사회 청소활동이나 위문활동 또는 헌혈 캠페인 등과 같은 단편적인 지역사회 봉사활동 프로그램, 박물관 견학이나 고적답사 또는 한강탐사와 같은 견학과 탐사 활동 프로그램, 전통 생활용품 조사나 지역 환경오염 상태의 조사와 같은 조사활동 프로그램 등과 같이 주로 1회의 활동으로 구성된 프로그램을 말한다.

(2) 연속 프로그램

연속 프로그램이란 하나의 주제나 문제 해결을 여러 개의 내용으로 나누어 일정한 순서에 따라 실행하는 프로그램을 말한다. 다시 말하면, 동일한 계열에 속하는 여러 개의 활동 프로그램들이 단일 목적과 목표를 달성하기 위해 연속적으로 실시되는 프로그램을 지칭한다. 따라서 각 프로그램의 활동내용들은 전후관계로 얽혀서 연결되어 있고, 통일된 체계에 의해서 조직되어 있다. 그러므로 연속 프로그램은 하나의 프로그램의 종료가 다음 프로그램의 시작으로 연결되는 형태를 띤다. 즉, 먼저 실행된 활동내용을 토대로 후속적인 활동이 이루어지도록 하는 선 · 후 활동내용 간 종적인 체계를 이루면서 활동들의 넓이와 깊이가 점진적으로 확장되는 체제를 유지한다.

선 · 후 활동 프로그램들은 주로 활동내용의 구조와 학습자들의 성장 · 발달과정에 따라 여러 단계의 프로그램으로 구체화된다. 여기에서는 일반적으로 초보적이고 단순한 활동에서 복잡하고 어려운 활동으로, 구체적이고 세부적인 활동에서 추상적이고 일반적인 활동으로, 그리고 부분적 활동에서 전체적 활동으로 점진적으로 연결된다. 이러한 연속 프로그램은 주로 복잡한 기능 연마나 기술 습득을 목적으로 하는 활동 영역에서 많이 적용된다. 예를 들면, 컴퓨터, 수영, 태권도, 바둑, 도예 등 비교적 장기간의 지속적인 훈련을 필요로 하는 프로그램들이 해당된다.

(3) 통합 프로그램

통합 프로그램은 한 주제에서 세분화된 여러 활동이나 비슷한 성격을 가진 여러 활동들을 모아 한 체계 속에 적절하게 연결시켜서 하나의 활동으로 묶어 구성한 프로그램을 말한다. 이 프로그램은 각 활동들의 독자적인 성격은 어느 정도 유지하면서 서로 관련된 활동들을 적절하게 연결하여 하나의 큰 활동을 구성하는 융합적 접근방식을 취하고 있다.

통합 프로그램은 연속 프로그램과 같은 복합적인 성격을 가지고 있으나 엄격한 의미에서는 매우 다르다. 즉, 연속 프로그램을 구성하고 있는 하나하나의 프로그램들은 그 자체로서는 미완성의 활동으로 각각 독립적으로 존재하기가 어렵다. 반면 통합 프로그램은 그것을 구성하고 있는 여러 프로그램들이 각기 독립적인 개별 프로그램으로 분리되면서도 서로 모순되지 않고 하나의 목적과 목표의 달성이라는 관점에서 효과적으로 결합되어 있다. 따라서 여기에서는 부분적인 활동내용들이 하나의 부분으로 존재하면서 전체적으로 조화 있게 결합되어 하나의 의미 있는 체계를 이루고 있다. 그러므로 이는 활동내용의 종적인 관계를 이루고 있는 연속 프로그램과는 달리 구성된 다양한 활동 프로그램들이 횡적인 관계에서 서로 간에 보완하고 강화할 수 있도록 조직되어 있다.

이러한 통합 프로그램은 하나의 목표를 달성하기 위해서는 상호 밀접하게 연관되어 있는 여러 유형의 활동들이 단편적으로 이루어지지 않고 참여자들의 경험 속에서 모두 함께 어우러짐으로써 의미 있게 상호 연결되어 종합적으로 강화되어야만 하는 활동 영역에서 많이 사용된다. 특히 가치관 또는 태도 형성이나 각종 사회문제의 해결을 목적으로 하는 활동 영역에서 많이 사용된다. 예를 들면, 환경문제를 인식하여 환경을 보호하는 태도를 형성시키기 위한 환경보호 프로그램은 ① 대기오염, 수질오염, 쓰레기난 등 심각한 환경오염 실태를 알려 환경오염 문제의 심각성을 깨닫게 하는 인식 프로그램, ② 환경오염을 스스로 파악하게 하는 환경탐사 또는 조사활동 프로그램, ③ 자연환경과 인간생활 관계를 연구하여 자연보호의 중요성을 인식시키는 자연탐구활동 프로그램, ④ 환경을 보호하는 방법을 연구하는 환경보호 사례 프로그램, ⑤ 환경보호를 실천하고 생활화하기 위한 환경보호 실천 프로그램 등은 함께 실행되어야 비로소 그 목적과 목표를 충분히 달성할 수 있다.

(4) 종합 프로그램

종합 프로그램은 여러 영역의 활동 프로그램들을 한데 모아 활동의 체계에 따라 분류하지 않고 같은 구조 속에서 모든 활동을 종합적으로 전개하는 프로그램을 말한다. 이는 부분별 프로그램들이 각각 고유한 목표와 성격을 그대로 유지하면서 어떤 연결원칙이나 공통적인 문제, 상호 관심의 영역 하에 그 연계성을 합리적으로 조합한 총괄성을 가진 프로그램이다. 이는 마치 오케스트라처럼 여러 유형의 단위가 한 구조 속에서 각 활동을 다양하게 전개하면서 하나의 종합적인 기능을 하는 구조적 통합의 형태를 취한다.

이러한 프로그램은 비교적 편성 규모가 큰 광역 프로그램으로서, 주로 특정한 기간 동안 이루어지는 일정한 주제 중심의 행사형 프로그램들이 대부분이다. 종합 프로그램의 예에는 세계화 · 개방화를 추구하는 국제사회 속에서 유연하게 적응할 수 있는 능력을 배양한다는 목적 아래 청소년들에게 다양한 활동 경험을 제공한 한국청소년개발원의 '청소년수련광장'을 들 수 있다. 여기에서는 '함께 하는 삶'이라는 주제하에 시민활동 프로그램, 정신건강활동 프로그램, 전통문화활동 프로그램, 도예실습 프로그램, 지역환경실태조사 프로그램, 지역사회 봉사활동 프로그램, 가치탐색활동 프로그램, 패러글라이딩 실습 프로그램 등 다양한 영역의 프로그램들이 일주일 동안 실시된다.

3) 활동내용에 따른 유형

일반적으로 평생교육 프로그램은 학습자들이 실생활에서 자발적으로 참여하여 이루어지는 모든 체험활동들로 이루어진다. 이러한 체험활동들은 참여자들의 생활 전체를 포함하는 총체적이고 포괄적인 것이기 때문에 어떤 기준도 그것 하나만으로는 모든 활동들을 다 설명할 수 없다.

여기에서는 주로 청소년 대상의 활동내용을 중심으로 한 평생교육 프로그램에 관하여 살펴보고자 한다. 프로그램을 청소년의 활동내용에 따라 분류하면 자연체험활동, 체육활동, 예능활동, 과학활동, 봉사활동, 예절수양활동, 전통문화활동, 자아계발활동 등의 활동 영역으로 나누어 볼 수 있다 (박명윤, 구창모, 신선미, 1991).

(1) 자연체험활동 프로그램

자연체험활동 프로그램은 학습자들로 하여금 자연을 이해하고 사랑하는 마음을 갖게 하는 것을 주목적으로 하는 프로그램을 말한다. 이 영역의 프로그램으로는 자연 속에서 이루어지는 무인도탐험활동 프로그램 · 국토탐사활동 프로그램 · 강탐사활동 프로그램 등의 탐사활동 프로그램, 자연농장활동 프로그램 · 환경보전활동 프로그램 등의 자연보존활동 프로그램, 자연관찰하이킹 프로그램 · 청소년이동캠프 프로그램 · 고정야영활동 프로그램 등의 레크리에이션을 겸한 자연탐구활동 프로그램 등이 있다.

(2) 체육활동 프로그램

체육활동 프로그램은 학습자들의 신체적 · 정신적 건강 증진을 주목적으로 하는 프로그램을 말한다. 예를 들면, 각종 스포츠활동 프로그램, 안전훈련 프로그램(응급처치, 안전사고대비훈련 프로그램 등), 영양과 보건 프로그램(식단짜기, 건강교양 프로그램 등), 스포츠행사 프로그램(체육대회, 전국해양제전 등) 등이 포함된다.

(3) 예능활동 프로그램

예능활동 프로그램은 음악 · 미술 · 문학 · 연극 · 영화 등의 예술활동에 대한 기본적인 소양과 안목을 갖추고, 정서발달과 창의력 증진에 도움을 주는 것을 주목적으로 하는 프로그램을 말한다. 예를 들면, 예능교실 프로그램 · 청소년 문화광장 프로그램 등의 종합예술 프로그램, 노래자랑 프로그램 · 음악감상 프로그램 · 영상음악과의 만남 프로그램 등의 음악활동 프로그램, 미술전시회관람 프로그램 · 서예교실 프로그램 · 미술대회 및 공예강습 프로그램 등의 미술활동 프로그램, 독서교실 프로그램 · 문학창작발표회 프로그램 등의 문학활동 프로그램 등이 포함된다.

(4) 과학활동 프로그램

과학활동 프로그램은 학습자들에게 직접적인 관찰과 실험활동을 통하여 기초적인 과학적 지식을 습득하고, 여러 가지 과학적 현상들에 대한 탐구 능력을 키워 주는 것을 주목적으로 하는 프로그램을 말한다. 예를 들면, 재미있는 곤충기르기 프로그램 · 유료작물조사 프로그램 · 컴퓨터교실 프로그램 등의 실험 · 실습활동 프로그램, 천체관찰 프로그램 · 해양탐구활동 프로그램 · 지역사회 환경오염실태조사 프로그램 등의 관찰 · 탐사활동 프로그램, 견학 프로그램, 과학공작 프로그램 등이 해당된다.

(5) 봉사활동 프로그램

봉사활동 프로그램은 학습자들에게 이웃 및 지역사회의 중요성과 필요성을 일깨워 주고 함께 더불어 사는 삶의 자세를 갖게 함으로써 민주시민 정신을 함양하는 것을 주목적으로 하는 프로그램을 말한다. 예를 들면, 불우이웃돕기 바자회 프로그램 · 고아원과 양로원위문 프로그램 · 장애청소년 위안행사 프로그램 등의 불우이웃돕기 프로그램, 꽃길가꾸기 프로그램 · 지역사회 청소활동 프로그램 · 교통지도활동 프로그램 등의 지역사회 봉사활동 프로그램 등이 포함된다.

(6) 예절수양활동 프로그램

예절수양활동 프로그램은 학습자들이 사회 구성원으로서 갖추어야 할 공동생활 규범을 습득하도록 하는 것을 주목적으로 하는 프로그램을 말한다. 예를 들면, 혼례 · 제례 · 상례 배우기 프로그램 · 전통다도 배우기 프로그램 · 명절쇠기활동 프로그램 등의 전통예절 프로그램, 가정생활윤리 프로그램 · 가정상호방문 프로그램 등의 가정생활예절 프로그램 등이 해당된다.

(7) 전통문화활동 프로그램

전통문화활동 프로그램은 학습자들에게 올바른 문화적 정체성을 형성시켜 주는 것을 주목적으로 하는 프로그램을 말한다. 예를 들면, 풍물놀이 프로그램 · 차전놀이 프로그램 · 강강술래 프로그램 등의 민속놀이 프로그램, 인간문화재조사 프로그램 · 역사의 증인과의 좌담회 프로그램 · 전통민속생활용품조사 프로그램 등의 향토민속 프로그램, 내고장 사적지탐사 프로그램 · 명승지순례 프로그램 · 성곽탐사 프로그램 등의 문화유적탐사 프로그램, 전통음악강습 프로그램 · 민요강습 프로그램 · 탈만들기 프로그램 등의 민속예술 프로그램, 기타 전통문화행사 프로그램 등이 포함된다.

(8) 자아계발활동 프로그램

자아계발활동 프로그램은 학습자들의 자신에 대한 이해를 넓혀 주고 긍정적인 자아개념 및 자아정체성의 형성과 사회성의 증진을 주목적으로 하는 프로그램을 말한다. 예를 들면, 심성계발 프로그램, 인간관계개선 프로그램, 가치관정립 프로그램, 진로탐색 프로그램 등이 해당된다.

제3절 평생학습사회의 구축

21세기 지식기반사회에서는 지식을 생성하고 교환하며 가공하고 이용하는 과정에서 발생하는 사회적 부가가치가 더욱 커지게 된다. 따라서 이러한 사회에서는 모든 사람들이 자신의 지식과 기능을 새롭게 하기 위하여 끊임없이 학습해야 한다. 평생학습사회를 지향하는 지식기반사회에서는 개인의 장래와 직업에 필요한 지식과 기능을 습득하는 데 바탕이 되는 기초 · 기본

능력을 갖추는 것이 무엇보다도 중요하다. 기초 역량이 부족한 상태에서 자신의 미래를 설계하는 것은 마치 모래 위에 성을 쌓는 것과 같다. 자신이 미래에 어떤 일에 종사하든지에 상관없이 모든 국민이 기초·기본 능력을 철저히 갖추어야 하는 이유가 바로 여기에 있다. 21세기 교육의 비전과 목표는 누구나, 언제, 어디서나 원하는 교육을 받음으로써 이러한 기초·기본 능력을 갖추도록 하는 길이 열린 '평생학습사회'를 구현하는 데 있다.

여기에서는 먼저 평생학습사회의 의미와 특징에 관하여 살펴본 다음, 평생학습사회의 구축을 위한 방안에 대하여 논의하기로 한다.

1. 평생학습사회의 의미와 특징

1) 평생학습사회의 의미

평생학습사회란 인간의 학습과 교육이 '학교'라는 독립된 시스템 안에서 고립적으로 이루어지는 사회가 아니라 일종의 삶의 양식으로서 사회 곳곳에서 교육 및 학습 활동이 이루어지는 사회를 말한다. 즉, 언제 어디서나 가르치고 배우는 삶의 양식이 사회 전반에 골고루 스며 있는 사회를 말한다. 이로 인하여 사회는 더욱 진화·발달하게 된다. 평생학습사회의 구축은 과거의 획일화되고 정형화된 교육의 틀에서 벗어나 개인과 사회·국가의 발전을 보다 촉진하고 많은 문제들을 해결해 주게 될 것이다.

2) 평생학습사회의 특징

평생학습사회는 다양성의 사회다. 현대사회는 태어나서부터 삶을 마감할 때까지의 학습을 강조하게 되면서 학습자집단이 다양해지고, 학습의 장소도 학교, 직장, 가정, 지역사회 등으로 다양해지고 있으며, 학습방법도 면대면 방법, 원격방법, 온라인 방법 등으로 다양해지고 있다. 아울러 다양하고 융통성 있는 교육 철학 및 정책들이 형성되고 있다. 이런 이유들로 평생학습사회에 대한 연구는 여러 학문 분야에서의 분석적 통찰과 통합적 접근을 필요로 하고 있다.

평생학습사회는 또한 인간과 사회의 질적 성장을 추구하는 사회다. 지금까지의 교육이 초·중·고등학교 의무교육의 확대와 대학교육 기회의 확대 등 양적으로 팽창해 왔다면, 앞으로 평생학습사회에서의 교육은 개개인의 삶의 질 향상과 사회·국가의 실질적 발전을 지향해야 한다. 이러한 변화에 발맞추어 지금까지의 교육이 양적 성장에 주력하여 왔다면, 앞으로 평생학습사회에서의 연구는 질적 수월성에 보다 큰 비중을 두어야 할 것이다. 이에 평생학습사회는 다양성을 전제로 하여 다양한 교육의 질적 수월성을 추구하고자 한다.

아울러 평생학습사회는 모든 개개인의 학습권이 보장되도록 노력하려는 미래 지향적 철학에 바탕을 둔 사회다. 지금까지의 교육이 학교 및 교수자 중심의 형식화된 체제를 기반으로 행해져 왔다면, 앞으로 평생학습사회의 교육은 시공간의 제약을 뛰어넘는 학습자 중심의 형식 및 비형식 체제의 협력을 기반으로 행해질 것이다.

2. 평생학습사회의 구축을 위한 방안

1) 가정교육과 학교교육 및 사회교육의 활성화

평생교육에 포함되는 교육 형태 중 가장 중요한 것은 아마 가정교육일 것이다. 왜냐하면 인간 발달의 기본적인 틀은 가정교육에 의하여 거의 결정되기 때문이다. 인간의 신체 발달 및 건강, 인지발달, 정서발달 및 사회발달의 기초는 거의 가정교육에 의하여 결정된다고 해도 과언이 아니다. 가정교육이 이와 같이 중요한 까닭은 어린 시절에는 가소성(可塑性, plasticity)이 많기 때문이다. 가소성이라 함은 인간의 선천적 경향의 발현이 환경에 따라 크게 달라짐을 뜻한다. 미성숙한 상태의 어린 시절은 거의 대부분 가정에서 지내기 때문에 가정교육의 여하에 따라 인간의 됨됨이가 크게 달라질 가능성이 높다. 성격의 기본적인 틀은 가소성이 가장 많은 시기, 좀 더 구체적으로는

6세 이전에 형성된다는 것이 많은 심리학자들의 주장이다. 인간의 성격 형성에 있어서 유년기 경험의 중요성을 제일 먼저 강조한 사람은 정신분석학자인 프로이트(Sigmund Freud)다. 이전까지만 하더라도 인간 성격의 형성 시기를 어린 시기에 두지 않았으나, 6세 이전의 경험이 성격 형성에 큰 영향을 미친다는 그의 주장이 널리 인식되면서 가정교육 및 유아교육의 중요성은 더욱 높아지게 되었다. 또한 유년기 경험은 성격 형성에만 작용하는 것이 아니라 인간의 지적 능력을 결정짓는 데 있어서도 중요한 작용을 한다는 사실이 밝혀지고 있다. 즉, 개인에게 지적 발달의 근원은 학교입학 후의 경험에 있는 것이 아니며, 학교에 들어가기 이전의 유년기 경험 여하에 따라서 개인의 지능과 그 밖의 여러 가지 지적인 능력이 결정될 가능성이 높다. 기초적인 지적 능력은 물론 적성, 창의력, 판단력, 사고력, 그 밖의 대부분의 성격적인 특성, 예를 들면 내-외향성, 주체성(주도성), 성실성, 자신감, 지배성 등의 특성과 그 외의 사회적인 동기 등도 가정환경의 여하에 따라 다르게 계발될 수 있다. 특히 취학 전 시기인 유아기에는 그 환경의 영향을 크게 받게 된다. 따라서 가정은 아동의 지덕체의 조화가 이루어진 전인적인 발달을 촉진하는 공간이며, 부모들은 자녀들이 각 시기에 획득해야 할 발달과업을 제대로 성취할 수 있도록 적극 도와주어야 한다.

한편 언제, 어디서나, 누구라도 배울 수 있는 교육 기회를 제공한다는 평생교육의 이념은 종래 학교교육의 개념에 대한 발상의 전환을 요구하고 있다. 학교는 학생들이 '배우는 일이 즐거운 일'이라는 것을 몸소 체득하도록 도와주어야 한다. 현대인들이 무엇보다도 배우는 일을 지속적으로 유지하도록 하기 위해 학교에서는 학습활동 촉진, 학습 의욕 향상, 학습 태도 발달, 학습 습관 형성 등이 이루어지도록 유도해야 한다. 특히 유·초·중등학교에서는 학습 의욕을 길러 주변 세상을 스스로 관찰하고 사고하여 거기에서 즐거움을 발견할 수 있도록 활기 넘치는 학습활동에 전념하도록 하는 것이 무엇보다도 중요하다.

평생교육체제에서 학교는 비단 학생들을 대상으로 하는 교육활동에만 관심을 갖는 것이 아니라 다양한 대상에게 교육적 기능을 수행할 것이 요구되고 있다. 모든 학교는 평생교육기관으로서의 역할 수행, 지역사회에 대한 교육 자원의 개방, 교육 형태의 탄력적 운영, 부모교육 실천, 지역사회와의 협력을 통한 좋은 학교 및 지역사회 만들기 등과 같은 역할을 수행해야 한다.

끝으로 사회교육이란 사회라는 여러 생활환경을 교육적으로 조직하여 학교 밖의 대중(유아, 아동, 청소년, 성인, 여성, 노인 등)을 대상으로 그들의 인간적·시민적·정치적·경제적·문화적·여가적 성장과 발달을 돕는 자주적이고 자발적인 교육활동이라고 할 수 있다. 이러한 사회교육은 먼저 학교교육의 부족함을 보충하는 역할을 수행한다. 학교는 이상적으로 아동들의 모든 사회생활을 지도해야 하지만, 현실적으로는 시간·비용·자원·전문가 등의 부족 등으로 그것을 제대로 수행하지 못하고 있다. 그리하여 사회교육이 이러한 교육활동의 부족함을 보완해야 한다. 또한 학교교육을 제대로 받지 못한 대중에게 학교를 개방하거나, 새로운 지식(정보)과 기술을 접하고자 하는 시민에게 대학을 개방하거나, 사회교육시설에 학교의 교직원이 적극적으로 참여하거나, 직업을 가진 사람들에게 직무 관련 교육 기회를 제공하는 것도 사회교육에 해당한다.

종합컨대, 가정교육, 학교교육, 사회교육의 통합과 연계는 상호 간의 한계를 보완하고 상호 협력적인 관계를 유지함으로써 그 교육적 역량을 극대화할 수 있다. 현대사회에서는 과학기술의 급속한 발달과 지식의 증가로 인한 직업구조의 변화와 사회적 이동의 촉진으로 말미암아 사회 및 직업 생활에의 적응을 위한 지속적인 재교육이 요구되고 있다. 시대와 사회의 변화는 전통적인 학교교육에 대해 새로운 변화와 다기능적 역할을 기대하고 있기 때문에 평생교육의 필요성이 더욱 증대되고 있다. 더불어 복지사회의 실현과 교육 기회의 균등한 제공으로 사회정의를 실현하는 데 있어서도 평생교육은 중요한 몫을 담당해야 한다. 앞서 언급한 바와 같이, 평생교육은 수직적으로는 개인의 전 생애에 걸친 요람에서 무덤까지를, 수평적으로는 전체 사회를 하나의 교육 공간으로 만들고자 하는 새로운 교육이념이자 철학이라고 볼 수 있다. 개인의 전 생애에 걸친 수직적 시간과 수평적 공간으로 전체 사회가 하나의 커다란 교육 공간이 되기 위해서는 가정교육과 학교교육 그리고 사회교육이 다같이 정진해야 한다.

2) 평생학습 활성화를 위한 종합적 추진체제 수립

평생학습 활성화는 개인의 삶의 질 향상을 돕고, 지식기반사회의 빠른 변화 속에서 계속적 학습을 유지하게 하며, 학령기 때 교육 기회를 놓친 사람들에게 계속적인 교육 기회를 제공하여 교육 격차를 완화하는 사회통합의 원천이라고 할 수 있다. 특히 고령화사회에 접어들면서 평생학습에 대한 관심이 높아지고 인적자원의 질이 국가 경쟁력의 핵심 요소가 되고 있는 현실에 비추어 볼 때 평생학습의 활성화를 효율적으로 추진할 수 있는 종합적 추진체제를 갖추는 것이 시급히 요청된다.

(1) 중앙부처의 평생교육 활성화

평생학습의 영역은 성인의 직업생활에 필요한 최소한의 기초 능력 내지 문해력 향상, 자기계발을 위한 외국어나 인문교양, 취업 또는 전직을 대비한 자격 취득 등 직업능력 개발, 건강 및 여가 프로그램 등 매우 광범위하고 다양하다. 따라서 국민의 전 생활 영역에 걸쳐 이러한 학습을 촉진하는 활동은 중앙부처인 교육과학기술부뿐만 아니라 보건복지부, 문화체육관광부, 노동부 등 모든 부처를 통해 추진되어야 한다.

(2) 지역 평생교육기관의 활성화

지역단위에서는 평생교육법에 의거하여 지정 · 운영되고 있는 지역평생교육정보센터 및 평생학습관 외에 기초자치단체가 주민의 평생학습에 대하여 더 많은 지원을 해야 한다. 특히 평생학습관은 지역 평생학습지원센터로서의 역할을 수행해야 하는데, 이는 지역 주민을 대상으로 평생교육 프로그램의 운영은 물론 평생교육에 관한 연구, 평생교육 종사자에 대한 연수 및 평생교육에 관한 정보의 수집 · 제공 등의 기능을 수행해야 한다.

이러한 평생학습관이 평생교육센터로서의 역할을 다하기 위해서는 무엇보다도 지역 내 평생교육 기관 및 단체를 선도할 수 있어야 한다. 평생학습관은 여타 평생교육기관의 적극적인 참여를 촉진 · 지원하고, 지역 내 평생학습 자체를 지원하고 활성화해야 하는 책무를 가지고 있다. 특히 평생학습관은 지역 주민을 평생학습의 장으로 이끌어 내는 핵심적인 역할을 수행해야 한다. 그리고 지역의 특성을 분석하고 그에 맞는 평생학습 지원 중장기 전략을 수립하여 그것을 추진하여야 한다.

(3) 평생학습 추진체제의 구축

평생학습 추진체제 구축의 기본 방향은 우선 범부처적인 평생학습 정책을 조정하고 사업 간 시너지 효과를 높이기 위하여 이미 확립되어 있는 인적자원개발(development of human resources: HRD) 추진체제를 활용할 필요가 있다. 또한 지역 차원에서는 시 · 도 지사 및 교육감의 역할 분담과 협조 체계를 구축하고, 기초자치단체의 평생교육 관련 기능을 강화하여야 한다. 시 · 도 지사 산하의 지역인적자원개발협의체와 교육감 산하의 평생교육협의회가 상호 연계하여 각 협의체의 장점들을 최대한 살리고, 지역발전과 평생학습 활성화가 동시에 추구되어야 하는 과제임을 인식해야 한다.

그리고 시 · 군 · 구에는 단체장 산하에 지역평생교육추진협의회의 구성을 법제화하여 기초자치단체 단위의 평생교육을 활성화해야 한다. 현재 '평생학습도시'에만 자발적으로 구성되어 있는 '평생교육추진협의회'를 보다 확산시켜 기초자치단체 단위의 평생교육 추진계획 수립 및 지원, 평생교육 사업 조정 및 조례 제정, 평생교육 전담조직 확립, 유관기관 간 협력 및 민간부문의 참여 유도 등이 활발히 이루어져야 한다.

(4) 평생교육 전담기구의 독립화

2000년부터 시행된 평생교육법에서는 국가의 평생교육을 전담 · 지원하는 기관으로서 국가 수준의 평생교육센터를 두도록 하고 있다. 이에 따라 교육과학기술부에서 한국교육개발원을 평생교육센터로 지정하여 평생교육에 관한 연구, 실무자 등에 대한 연수 실시 및 평생교육 정보 제공, 그 외 평생학습도시 컨설팅 등 평생교육 관련 사업을 위탁 · 수행하고 있다.

그러나 이와 같은 부설센터 지정으로는 평생교육 활성화를 기대하는 새로운 정책수요에 신속히 대응하는 데 한계가 있다. 평생학습 기반으로서 중요시되고 있는 성인의 학습인증 시스템을 통합적으로 구축하기 위해서는 그 전담기구가 독립적으로 설치되어야 한다.

학습과제

1. 평생교육사회가 도래된 배경을 설명하시오.
2. 평생교육의 일반적 의미를 설명하시오.
3. 우리나라 평생교육법에 규정된 평생교육에 대한 정의를 제시하시오.
4. 평생교육이 추구하는 이념은 무엇인지 설명하시오.
5. 평생교육 프로그램의 유형을 나열하시오.
6. 평생학습사회를 구축하기 위한 방안을 제시하시오.

참고문헌

『고려사』『구당서』『삼국사기』『삼국유사』

강선보(1992). 마틴 부버의 만남과 교육. 서울: 양서원.

강선보, 신창호(2009). 교육의 이해. 서울: 동문사.

고형일, 김현철, 윤종혁, 이건만, 이두휴, 이해성, 임선희, 정영애, 조용하, 조용환, 차윤경, 한준상, 홍문종(1996/2001). 신교육사회학. 서울: 학지사.

구병두, 김범준(2007). 교육과정 및 교육평가. 고양: 공동체.

권건일(1997). 교육학 개론. 서울: 양서원.

권대훈(2009). 교육심리학의 이론과 실제(2판). 서울: 학지사.

권성호(1998). 교육공학의 탐구. 서울: 양서원.

권성호, 서윤경(2005). 교육공학적 관점에 따른 미디어교육의 이론과 실제. 서울: 한울아카데미.

기영화(2001). 평생교육 프로그램 개발. 서울: 학지사.

김경식(2003). 교육학개론. 서울: 교육과학사.

김계현, 김동일, 김봉환, 김창대, 김혜숙, 남상인, 천성문(2009). 학교상담과 생활지도(2판). 서울: 학지사.

김달효(2006). 교육학개론. 서울: 시그마프레스.

김대현, 김석우(2005). 교육과정 및 교육평가. 서울: 학지사.

김도수(1996). 평생교육. 서울: 양서원.

김동위(2000). 평생교육개론. 서울: 교육과학사.

김동일(2005). 학업상담을 위한 학습전략 프로그램. 서울: 학지사.

김병성(1985). 학교교육과 교육격차: 교육사회학적 접근과 과제. 서울: 교육과학사.

김병성(1992a). 교육사회학 관련이론. 서울: 양서원.

김병성(1992b). 교육사회학: 학교사회의 탐구. 서울: 양서원.

김병성(2004). 교육과 사회: 교육의 사회학적 기초. 서울: 학지사.

김신일(2003). 교육사회학. 서울: 교육과학사.

김신일, 한숭희(2001). **평생교육학: 동향과 과제**. 서울: 교육과학사.

김영봉, 김경수, 강병재, 나향진, 박선미, 박영래, 박혜경, 이덕난, 이명숙(2008). **신교육학개론**. 서울: 서현사.

김영환, 이상수, 정희태, 박수홍(2003). **원격교육의 이론과 실제**. 서울: 학지사.

김인회(1968). 경험과학으로서의 교육학의 가능성과 한계성에 관한 검토. **새교육**, 124-135.

김재춘, 부재율, 소경희, 채선희(2005). **교육과정과 교육평가**. 서울: 교육과학사.

김정렬(2001). **웹기반 영어교육**. 서울: 한국문화사.

김종철(1985). **교육행정학 신강**. 서울: 세영사.

김준섭(1980). **서양철학사**. 서울: 정음사.

김진규(2008). **교육과정 및 교육평가**. 서울: 동문사.

김진화(2001). **평생교육 프로그램 개발론**. 서울: 교육과학사.

김진화, 정지웅(2000). **사회교육 프로그램 개발의 이론과 실제**. 서울: 교육과학사.

김천기(2003). **교육의 사회학적 이해**. 서울: 학지사.

나일주 편(1999). **웹기반 교육**. 서울: 교육과학사.

나일주, 정인성(1996). **교육공학의 이해**. 서울: 학지사.

남정걸(2007). **교육행정 및 교육경영(4판)**. 서울: 교육과학사

노안영(2005). **상담심리학의 이론과 실제**. 서울: 학지사.

동신대학교 교직과(2009년 미출판 자료). 교육학 특강.

문형만(1991). **교육철학 및 교육사**. 서울: 형설출판사.

박도순(2007). **교육평가**. 서울: 교육과학사.

박도순, 홍후조(2002). **교육과정과 교육평가**. 서울: 문음사.

박명윤, 구창모, 신선미(1991). 청소년수련거리 실태조사 및 개발방향 연구. 한국청소년개발원.

박성익, 임철일, 이재경, 최정임(2003). **교육방법의 교육공학적 이해**. 서울: 교육과학사.

박숙희(1997). **교육방법 및 교육공학**. 서울: 학지사.

박숙희, 염명숙(2007). **교수-학습과 교육공학(2판)**. 서울: 학지사.

박의수, 강승규, 정영수, 강선보(2005). **교육의 역사와 철학**. 서울: 동문사.

변창진, 최진승, 문수백, 김진규, 권대훈(1996). **교육평가**. 서울: 학지사.

서재복(2007). **교육사 · 교육철학의 이해**. 서울: 학지사.

성태제, 강이철, 곽덕주, 김계현, 김천기, 김혜숙, 봉미미, 유재봉, 이윤미, 이윤식, 임웅, 한숭희, 홍후조(2007). **최신 교육학개론**. 서울: 학지사.

성태제(2002). **현대교육평가**. 서울: 학지사.

손인수(1964). **한국신교육학**. 서울: 현대교육총서 출판사.

신용하(1974). 우리나라 최초의 근대학교. 문학과지성, 제5권, 제1호.
오만록, 김영숙, 김욱, 엄기욱, 정태신(2005). 사회복지 프로그램 개발과 평가. 서울: 교육과학사.
오만록(2002). 학교교육의 이론과 실제. 서울: 형설출판사.
오만록(2005). 교육학개론. 서울: 형설출판사.
오만록(2008). 교육심리학(제2판). 서울: 교육과학사.
주영흠, 박진규, 오만록(2002). 신세대를 위한 교육학개론. 서울: 학지사.
오인탁(1994). 고대 그리스의 교육사상. 서울: 종로서적.
윤덕중(1994). 현대 사회학: 격동하는 사회의 이해와 대응과학. 서울: 형설출판사.
윤정일, 송기창, 조동섭, 김병주(2008/2009). 교육행정학 원론(5판). 서울: 학지사.
윤정일, 허형, 이성호, 이용남, 박철홍, 박인우(2002/2009). 신교육의 이해. 서울: 학지사.
이만규(1988). 조선교육사 1. 서울: 거름.
이병승, 우영효, 배제현(2008). 쉽게 풀어 쓴 교육학. 서울: 학지사.
이성호(1989). 교육과정과 평가. 서울: 양서원.
이용남(2002). 교육학과 교육. 서울: 교육과학사.
이용남 편(2004). 교육 및 상담심리학. 서울: 교육과학사.
이재창(1988). 생활지도. 서울: 문음사.
이지헌, 김누리, 김수정, 김영록, 김희봉, 노석준, 손승남, 이두휴, 이정화(2009). 교육학의 이해(2판). 서울: 학지사.
이칭찬, 황선경(2007). 교육과정과 교육평가. 서울: 동문사.
이형행(2005). 교육학개론. 서울: 양서원.
이홍우(1991). 교육의 개념. 서울: 문음사.
이화여자대학교 교육공학과(2001). 21세기 교육방법 및 교육공학. 서울: 교육과학사.
임재윤(2009). 교육의 역사와 사상. 서울: 문음사.
장상호(2003). 교육이란 무엇인가, 학문과 교육(중-1). 서울: 서울대학교 출판부.
장선철, 정찬주, 이영자, 설재풍(2006). 교육학개론. 서울: 태영출판사.
전경갑(1994). 현대사회학의 이론. 서울: 한길사.
정명화(2009). 교육학의 이해. 경기: 공동체.
정범모(1968). 교육과 교육학. 서울: 배영사.
정종식, 이경배, 정찬주, 최영표(1999). 교육학에의 초대-교육학개론. 서울: 학이당.
조무남, 피정만, 김기수(2003). 교육사 교육철학 강의. 서울: 동문사.
조영일(2003). 새로운 접근의 교육학개론. 서울: 교육과학사.
주삼환, 천세영, 김택균, 신봉섭, 이석열, 김용남, 이미라, 이선호, 정일화, 김미정,

조성만(2009). **교육행정 및 교육경영(4판)**. 서울: 학지사.
한국교육공학회(2005). **교육공학 용어사전**. 서울: 교육과학사.
한국교육학술정보원(2000). ICT **활용 교수-학습 과정안 자료집(초등교원 연수용 교재)**. 서울: 한국교육학술정보원.
한국청소년개발원(1997). **프로그램의 개발과 운영**. 서울: 인간과 복지.
한기언(1983). **교육사**. 서울: 범문사.
한상길, 김응래, 박선환, 박숙희, 정미경, 조금주(2007). **교육학개론**. 고양: 공동체
한용진, 권두승, 남현우, 오영재, 류지헌(2006). **교육학개론**. 서울: 학지사.
홍경자(1986). **성장을 위한 생활지도**. 서울: 탐구당.
홍경자(2001). **상담의 과정**. 서울: 학지사.

孫喜亭(1993). **教育原理**. 北京: 北京師範大學出版社.
陳桂生(1993). **教育原理**. 上海: 華東師範大學出版社.

AECT(1977). *The definition of educational technology*. Washington DC: AECT.
Arlow, J. A. (2005). Psychoanalysis. In R. J. Corsini & D. Wedding (Eds.), *Current psychotherapies* (7th ed.). Belmont, CA: Brooks/Cole Publishing Company.
Atkinson, R. C., & Shiffrin, R. M. (1968). Human memory: A proposed system and it's control process. In K. W. Spence & J. T. Spence (Eds.), *The Psychology of learning and motivation: Advances in research and theory, 2* (pp. 89-195). New York: Academic Press.
Berk, L. E. (1994). *Child development* (3rd ed.). Boston: Allyn & Bacon.
Bernstein, B. (1973). *Class, Codes, and Control: Applied Studies towards a Sociology of Language*. London: Rouledge and Kegan Paul.
Blosser, P. E. (1973). *Handbook of Effective Questioning Techniques*. Worthington, Ohio: Education Associates Inc.
Bourdieu, P. (1977). *Cultural Reproduction and Social Reproduction*. In J. Karabel & A. H. Halsey (Eds.), *Power and Ideology in Education*. Oxford University Press.
Bourdieu, P., & Passeron, J. (1977). *Reproduction in Educational Society and Culture.*, Sage Publication.
Bowles, S., & Gintis, H. (1976). *Schooling in Capitalist America*. New York: Basic Books Inc.

Boyd, W., & King, E. J. (1994). 서양교육사(이홍우, 박재문, 유한구 공역). (원전은 1975년 출간) 서울: 교육과학사.

Brameld, T. (1956). *Toward a Recontructed philosophy of Education*. New York: Holt, Rinehart and Winston.

Brookover, W. B., Beady, C., Flood, P., Schweitzer, J., & Wisenbaker, J. (1977). *Schools Can Make a Difference*. East Lansing, Michigan: College of Urban Development, Michigan State University.

Brookover, W. B., Beady, C., Flood, P., Schweitzer, J., & Wisenbaker, J. (1979). School Social System and Student Achievement: School Can Make a Difference. New York: Praeger Publishers.

Bruner, J. S. (1960). *The Process of Education*. New York: Vintage Books.

Coleman, J. S. et al. (1966). *Equality of Educational Opportunity*. Washington, DC: Government Printing Office.

Collins, A., Brown, J. S., & Newman, S. E. (1989). Cognitive Apprenticeship: Teaching the crafts of reading, writing, and mathematics. In L. B. Resnick (Ed.), *Knowing, Learnig and Instruction: Essays in Honour of Robert Glaser* (pp.453-494). Hillsdale, NJ: LEA.

Corey, G. (2005). *Theory and Practice of Counseling and Psychotherapy* (7th ed.). Belmont, CA: Brooks/Cole Publishing Company.

Dave, R. H.(1976). Foundations of Life-long Education. Oxford: Pergamon Press.

Deborah Stipek(1999). 학습동기(전성연, 최병연 공역). 서울: 학지사.

Driscoll, M. P. (2000). *Psychology of learning for instruction* (2nd ed.). Boston: Allyn & Bacon.

Egan, G. (1994). *The skilled healper: A Problem-Management approach to Helping* (5th ed.). Pacific Grove, CA: Brooks/Cole Publishing Company.

Eggen, P. D., & Kauchak, D. (2004). *Educational Psychology: Windows on Classroom* (6th ed.). Upper Saddle River, NJ: Pearson Education.

Garrison, D. R., & Anderson, T. (2003). *E-learning in the 21st century: a framework for research and practice*. New York: RoutledgeFalmer.

Gibson, R. (1986). *Critical Theory and Education*. London: Hodder and Stoughton.

Good, H. G. (1955). *A History of Western Education*. New York: The Macmillon Company.

Hoy, W. K. & Miskel, C. G.(1982). *Educational Administration Theory,*

Research, and Practice (2nd ed.)., New York: Random Hause.

Hutchins, R. M. (1936). *The Higher Learning in America.* New Heaven: Yale University Press.

Jessup, F. W.(1969). *Life-long Learning: A Symposium on Continuing Education.* Oxford: Pergamon.

Jencks, C. (1972). *Inequality: A Reassessment of Effect Family and Schooling in American.* New York: Harper & Row.

Kneller, G. F. (1971). *Introduction to the philosophy of Education.* New York: John Wiley & Sons.

Lengrand, P. (1970). *An Introduction of Life-long Education.* Paris: UNESCO Press.

Long, H. B. (1983). *Adult and Continuing Education.* New York: Teachers College Press.

Marshall, J. P. (1973). *The Teacher and His Philosophy.* Nebraska: Professional Educators Publicatons.

Moehman, A. B. (1951). *School Administration.* New York: Houghton Mifflin, Co.

Ogburn, W. F. (1966). *Social Change.* New York: Viking Press.

Owens, K. (1993). *The world of the child.* New York: MacMillan Publishing Co.

Persell, C. H. (1977). *Education and Inequality: A Theoretical and Empirical Synthesis.* New York: The Free Press.

Peters, R. S. (1973). *The Philosophy of Education.* Oxford University Press.

Pinar, W. (1975). Currere: Toward Reconceptualization. In Curriculum Thoerizing. In W. Pinar (Ed.). *The Reconceptualists.* California: McCutchan Publishing Corporation.

Raymond J. C. & Danny W. (2004). **현대 심리치료**(김정희 역). 서울: 학지사.

Rosenthal, J., & Jacobson, L. (1966). Teachers' Expectancies: Determinants of Pupils' IQ Gains. *Psychological Reports, 19*, 115-118.

Seels, B. B., & Rishey, R. C. (1994). *Instructional technology: the definition and domains of the field.* Washington DC: AECT.

Seifert, K. L., & Hoffnung, R. J. (2000). *Child and Adolescent Development* (5th ed.). Boston, New York: Houghton Mifflin Company.

Tyler, R. (1949). *Basic Principles of Curriculum and Instruction.* Chicago: University of Chicago Press.

찾아보기

인명

내용

저자 소개

■ 권재환

전남대학교 대학원 교육학과(교육학박사)

현 동신대학교 교육대학원 교수

■ 김경희

목포대학교 대학원 교육학과(교육학박사 수료)

현 동신대학교, 목포대학교, 목포가톨릭대학교 외래교수

■ 오만록

고려대학교 대학원 교육학과(교육학박사)

현 동신대학교 유아교육학과 교수

■ 이명주

전남대학교 대학원 교육학과(교육학박사)

현 동신대학교, 전남대학교, 호남대학교 외래교수

■ 이성주

전남대학교 대학원 교육학과(교육학박사)

현 동신대학교 교육대학원 교수

■ 최영표

대만국립정치대학교 교육연구소(교육학박사)

현 동신대학교 교육대학원 교수

교육의 이해

2010년 8월 3일 1판 1쇄 발행
2020년 9월 25일 1판 2쇄 발행

지은이 • 권재환 · 김경희 · 오만록 · 이명주 · 이성주 · 최영표

펴낸이 • 김 진 환

펴낸곳 • (주) 학지사
04031 서울특별시 마포구 양화로 15길 20 마인드월드빌딩 5층

대표전화 • 02) 330-5114 팩스 • 02) 324-2345

등록번호 • 제313-2006-000265호

홈페이지 • http://www.hakjisa.co.kr
페이스북 • https://www.facebook.com/hakjisabook

ISBN 978-89-6330-398-7 93370

정가 **18,000원**